本书由西安文理学院师范学院资助出版

*本书系陕西省教育厅专项科研计划项目"基于 U-G-S 协同合作的小学教师职前培养体系构建——以西安文理学院为例"的阶段性成果。项目编号：17JK1113。

*本书系陕西省教育科学"十三五"规划 2020 年度课题"文化自信价值导向下陕西省中小学教师专业发展提升策略研究"的阶段性成果。项目编号：SGH20Y1296。

基于核心素养的

语文教学设计

主　编　吴婷婷　曹莹　史建奎　张莹
顾　问　栗洪武
编写人员（按照姓氏音序排序）

曹　阳　陈丽萍　褚芳芳　郭　柯
贺卫东　李　晶　李翠平　刘朋周
刘跃红　吕　洋　吕海波　汪振婧
吴婷婷　杨建涛　张　莹　赵海燕

西北大学出版社
·西安·

图书在版编目(CIP)数据

语文教学设计 / 吴婷婷等主编. —西安： 西北大学出版社，2021.9
ISBN 978-7-5604-4818-3

Ⅰ.①语… Ⅱ.①吴… Ⅲ.①语文教学—教学设计 Ⅳ.①H19

中国版本图书馆 CIP 数据核字(2021)第 184101 号

语文教学设计

主　编　吴婷婷　曹　莹　史建奎　张　莹
出版发行　西北大学出版社
(西北大学校内　邮编：710069　电话：029-88305287　88303593)
http://nwupress.nwu.edu.cn　E-mail: xdpress@nwu.edu.cn

经　销	全国新华书店	
印　装	陕西博文印务有限责任公司	
开　本	787 毫米×1092 毫米　1/16	
印　张	22.5	
版　次	2021 年 9 月第 1 版	
印　次	2021 年 9 月第 1 次印刷	
字　数	426 千字	
书　号	ISBN 978-7-5604-4818-3	
定　价	46.00 元	

如有印装质量问题，请拨打电话 029-88302966 予以调换。

前　言

2017年教育部启动普通高中思想政治、语文、历史教材统编工作，并于2019年9月率先在部分省市陆续投入使用统编版教材。陕西省也将于2021年完成统编版教材的更换。统编版语文教材体现了课程改革的基本理念，其选文丰富厚重，具有经典性、时代性、代表性，古今中外比例合理，突出了中华优秀传统文化和革命文化，创造性地设计了学习任务群，实现了继承传统与改革创新的统一。

基于以上语文教育改革的新契机及出现的新问题，我们组织编写了基于核心素养的《语文教学设计》一书。本教材以即将覆盖到位的统编版中学语文教材为参照编写，与同类教材相比呈现出以下几个特点：第一，本教材选用的代表性案例和教学设计出自统编版中学语文教材，正契合当下语文教材改革的实际，因而在同类教材中更具有时效性、预测性。第二，结构新颖。本教材分为理论篇和实践篇，兼顾理论与实践，与师范生在校专业课程学习同步，能够更好地促进职前、职后的衔接与职前、职后一体化培养模式的实现。第三，本教材以培养学生的核心素养为重点，将多重语文教育期待和时代教育特点融入其中。第四，加入"非连续性文本"教学内容，这在同类教材中为首次出现，不仅有理论研究，还提供了实践参考。第五，本教材编写团队由高校教授、中学名师合理搭配而成。本教材的理论篇，由大学专业教师编写，实践篇由中学教学名师团队编写。本教材结构安排科学、合理、有效，将理论与实践有机结合，符合语文教学中学生对理论的认知过程，在教学实践方面具有较高的参考价值。

本教材的编写是在对同期、同类教材的比较后展开的。目前市面上已有的同类教材，大多以宏观理论讲述为主，有少数编入教学设计案例的，但大都缺少对教学设计本身的解析和反思，即为什么这样设计，该教学设计是如何基于核心素养理念展开的，设计的优缺点各是什么。在本教材实践篇的编写过程中，所有教学设计者皆直面这些问题，展开"为什么"的阐述，符合教育学"3W"理论的基本研究范式。更重要的是，本教材通过一线教学名师的原创设计和教学反思，告诉学生"教学是一项非完美的艺术"，让学生在"镜鉴"的过程中养成批判性思维和反思习惯，明确语文教学设计的价值追求——教学结果不容忽视，教育过程更须关注；没有完美的设计，只有不断走向完美的设计。

值得一提的是，本教材的实践篇是由西安市第一中学从教十年以上的骨干教师团队编写的，他们大都是高级教师，省、市级优秀教师或教学能手。在编写过程中，他们倾注了大量心血，以极其负责和认真的态度将自己多年累积的教育教学经验毫无保留地融入教材当中。这些宝贵的见解和教学设计均为原创，为师范生客观、现实地把所学知识从理论认识转化为课堂实践提供了优质的教学资源，并为他们未来进一步成长搭建了平台。刘跃红老师作为"实践篇"的负责人，科学地分配了撰写任务，分别是：汪振婧老师编写第六章"诗歌"；李翠平老师编写第七章"散文"和第九章"戏剧"；吕海波老师编写第八章"小说"和第十章"文言文"；赵海燕老师编写第十一章"新闻"和第十二章"非连续性文本"；郭柯老师编写第十三章"论述类文本"；刘跃红、刘朋周老师共同编写第三部分"写作教学设计"（第十四章到第二十章）；褚芳芳老师编写第四部分"语文综合性学习教学设计"（第二十一章）；陈丽萍、杨建涛老师负责实践篇"研讨话题"和"教学设计"板块的设计与生成。

最后，衷心感谢坚守在语文教育岗位上的各位学者和教师们，感谢你们在师范生职前与职后衔接及未来专业成长中所给予的支持和帮助！同时，感谢我的学生张国力、臧彦瑭、赵心一等，感谢你们以双重身份对本教材进行试读并给出建议。相信各位教师和即将成为教师的同仁们用自身诠释的教育精神，必将推动语文课程的深入改革，并影响一代又一代的从教者为语文教育事业奋斗终身！

吴婷婷

2021年4月26日

目　录

理论篇

第一章　语文课程及其历史沿革 ………………………………… 3
　　第一节　先秦时期语文教育的萌芽与发展 ………………… 3
　　第二节　秦汉至清末语文教育的历史演变 ………………… 14
　　第三节　现代百年语文教育的曲折历程 …………………… 39

第二章　语文的本质属性与核心素养 ………………………… 53
　　第一节　本质属性的厘定与核心素养 ……………………… 54
　　第二节　课改修正期的语文课程性质 ……………………… 58
　　第三节　核心素养下语文教育的基本任务 ………………… 64

第三章　语文教学设计理念 ……………………………………… 74
　　第一节　教学设计的内涵与流程 …………………………… 74
　　第二节　教学设计的内容与方法 …………………………… 76
　　第三节　教学设计的基本原则 ……………………………… 81

第四章　语文教师的专业素养与成长 ………………………… 85
　　第一节　语文教师的专业素养及其基本构成 ……………… 85

第二节　语文教师的专业素养与教学能力 …………… 92
　　第三节　语文教师的专业素养与专业发展 …………… 104

第五章　语文教学的分解技能 ………………………………… 112
　　第一节　语文教学的基本技能 ………………………… 112
　　第二节　语文教学的分解技能 ………………………… 117
　　第三节　说课与评课技能 ……………………………… 124

实践篇

第一部分　文学类文本教学设计

第六章　诗歌 …………………………………………………… 139
　　第一节　诗歌教学概述 ………………………………… 139
　　第二节　诗歌教学知识点汇总 ………………………… 141
　　第三节　诗歌教学设计典型案例及设计说明 ………… 146

第七章　散文 …………………………………………………… 161
　　第一节　散文教学概述 ………………………………… 161
　　第二节　散文教学知识点汇总 ………………………… 163
　　第三节　散文教学设计典型案例及设计说明 ………… 169

第八章　小说 …………………………………………………… 182
　　第一节　小说教学概述 ………………………………… 182
　　第二节　小说教学知识点汇总 ………………………… 186
　　第三节　小说教学设计典型案例及设计说明 ………… 187

第九章　戏剧 ……………………………………………… 200
第一节　戏剧教学概述 ……………………………………… 200
第二节　戏剧教学知识点汇总 ……………………………… 203
第三节　戏剧教学设计典型案例及设计说明 ……………… 206

第十章　文言文 …………………………………………… 212
第一节　文言文教学概述 …………………………………… 212
第二节　文言文教学知识点汇总 …………………………… 217
第三节　文言文教学设计典型案例及设计说明 …………… 219

第二部分　实用类文本教学设计

第十一章　新闻 …………………………………………… 233
第一节　新闻教学概述 ……………………………………… 233
第二节　新闻教学知识点汇总 ……………………………… 238
第三节　新闻教学设计典型案例及设计说明 ……………… 240

第十二章　非连续性文本 ………………………………… 254
第一节　非连续性文本教学概述 …………………………… 254
第二节　非连续性文本教学知识点汇总 …………………… 260
第三节　非连续性文本教学设计典型案例及设计说明…… 262

第十三章　论述类文本 …………………………………… 269
第一节　论述类文本教学概述 ……………………………… 269
第二节　论述类文本教学知识点汇总 ……………………… 275
第三节　论述类文本教学设计典型案例及设计说明 ……… 277

第三部分 写作教学设计

第十四章 写作教学概述 …………………………………… 290

第十五章 立意 ……………………………………………… 299

第十六章 素材 ……………………………………………… 302

第十七章 结构 ……………………………………………… 305

第十八章 深刻 ……………………………………………… 307

第十九章 文采 ……………………………………………… 310

第二十章 写作教学设计典型案例及设计说明 …………… 314

    第一节 "横看成岭侧成峰，审题立意基本功"写作专题教学设计及其说明 …………………………… 314

    第二节 议论文结构之并列式结构教学设计及其说明 …… 323

第四部分 语文综合性学习教学设计

第二十一章 综合性学习 …………………………………… 330

    第一节 综合性学习教学概述 …………………………… 330

    第二节 综合性学习教学知识点汇总 …………………… 340

    第三节 综合性学习教学设计典型案例及设计说明 …… 344

理论篇

第一章 语文课程及其历史沿革

语文教育是一个民族的母语教育。母语是民族思想、情感和精神生活的历史记录，是一个民族文化精神的写照。在我国所开设的诸多基础教育课程中，语文最具人文特色和审美情怀，具有重要的文化教育功能。因此，对语文教育的发展历程进行研究，不仅可以清晰地掌握语文教育的历史脉络，还可以从具体的历史过程中考察母语教育的本质，并为语文教学实践提供充分的历史资料。

语文教育的历史源远流长，借用教育理论家杨贤江的话来说，即"自有人生，便有教育"。中国的土地上开始有人类活动时，广义的教育便开始了，广义的语文教育也就开始了。我国古代语文教育经历了先秦时期、秦汉时期、魏晋南北朝时期、隋唐五代时期、宋元时期、明清时期这一漫长的历史阶段。从1904年1月13日语文独立设科开始，语文教育进入现代教育期，经历了文学设科期（1904—1919）、国语国文期（1919—1949）、语文定名期（1949—1958）、语文波折期（1958—1978）、语文革新期（1978—2001）及21世纪的课程改革期（2001年至今）。"中国百年语文教育的发展历程，就是对本民族文化不断选择的过程；中国百年语文教育建设的历史，就是对语文教育现代性不懈追求的历史。"[1]

第一节 先秦时期语文教育的萌芽与发展

先秦时期是语文教育发生的最早阶段。若仅仅依照时间来限定，它指的是秦代以前各

---

[1] 吴婷婷. 近代国文教育文化史论［M］. 北京：人民出版社，2019：24.

个历史时期内所产生的语文教育内容。先秦语文教育跨越的历史时段极其漫长，历经了许多至今仍然未知的因素，包括蒙昧的歌谣、原始的神话、甲骨卜辞等，并在《诗经》《楚辞》及诸子散文的兴发中显示着自身的成熟。从这一源头开始，语文教育的意识已经萌芽，并在先秦时期激流澎湃的文学发展中愈加浓重与强烈，并体现在政治、道德、情感、审美等多重维度上。所以说，先秦时期也是语文教育从萌芽逐渐走向成熟的重要阶段。这一时期取得的语文教育成果，对秦汉以后各个历史时期的语文教育发展，产生了深远的影响，更是探索现代语文教育思想策略的历史借鉴。

一、诗歌和神话是语文教育的最原始质素

夏、商、周以前的漫长时期是我国古代语文教育的孕育阶段。这一时期语文教育的特点在于，语文的教育功能只是潜在地以口述历史、口头诗颂、神话传说等形式融于生产与生活之中，并未发展为独立的思想意识与理论形态。尽管如此，中国最早的语文教育意念却已经萌芽，并逐渐从潜在的状态向独立的语文教育思想发展。

到了夏、商以后，尤其是西周时期，中国社会已完全脱离了原始母体，越过了蒙昧期而进入高度文明的时代。这一时期的歌舞诗赋已经具有显性的文学教育功能，已完全具备在耳濡目染中触动内心情感、感染思想的效果，具有浓厚的语文教育的意味。孟轲在追述夏、商、周三代教育任务时，辨明了其共同的特点："皆所以明人伦也。"(《孟子·滕文公章句上》)例如，西周时期形成的"六艺"（礼、乐、射、御、书、数）教育已经集中体现了语文教育的核心思想。因为"六艺"不仅具有丰富的智性教育内容，也涵盖了德性、审美等人文主义教育思想；它既重视思想道德与社会文化，也不忽略社会生产与生活的实用之技；既放眼未来，也不摒弃历史传统；既要求外在的礼仪规范，也呼唤内心世界的自然与和谐。"六艺"教育的实施，使我国古代教育形成了文武兼备、诸育兼顾的特点，亦成为我国语文教育在其创始之初最光辉的一页。西周的语文教育形成和发展于"六艺"教育之中，凸显礼乐教化的教育特点。"礼"的内容是政治伦理的范畴，涉及的是意识形态与上层建筑中的社会素养、行为规范的训养。"乐"的内容是文学艺术的范畴，器乐、歌诗、舞蹈等都是其重要的内容。彼时已有"乐德之教""乐语之教""乐舞之教"的区别。《礼记·文王世子》曰："凡三王教世子，必以礼乐。乐所以修内也，礼所以修外也。礼乐交错于中，发形于外，是故其成也怿，恭敬而温文。"《礼记·乐记》说："乐者为同，礼者为异；同则相亲，异则相敬。"礼、乐是"六艺"教育的主干，也是语文教育的主要内容，

礼与乐互为表里，不可分割。

在从远古到西周时期的语文资料中，我们主要讨论作为语文教育原始基质的歌谣与神话。

在远古时期，虽然没有明确的语文教育观念和成熟的语文教育形态，但它的原始基质已经蕴含在与生产、生活紧密相关的语言传播与交流中。这些有特殊意义的语言内容又通过特殊的形式表达出来，借以传递特殊意义。其中，歌谣、祝辞、神话、传说是主要的传播形式。此时，虽然严格意义上的语文教育不存在，但普遍意义上的教育功能与教育效果是真真切切存在的。这些教育功能与教育效果在无意识中以歌谣传诵、神话讲述等方式存在着。诵唱者或讲述者的音容笑貌、举手扬眉，与歌谣的旋律、故事情节杂糅在一起。这是最初级的也是最本真的"多媒体"教学现场。

诗歌和神话是较为早期的语文教育现象，这种早期的语文教育现象的原始载体是口口相传的具有个性化语言风格的有声语言，并在历经特殊历史意义模式的集体加工中，形成了具有特殊教育意义的文化内容。可以说，最具影响力的国学经典大都是靠口传的方式发展而来的，它们的起点是口头叙事，而非书写文本。《周礼》就是较为经典的例证，它的内容是由为数众多的在官方负责传播礼乐任务的盲官遗留的。可以设想，这些盲官和几乎是同一历史时间下的古希腊诗人荷马一样，在没有影像的世界中，看似意外获得丰富的听觉感受能力，其实应该不是巧合。这应该是文字时代以前，人类文化发展中的普遍现象。所以，现代语文教育中所提倡的重归文学口头教育传统模式，无疑使长期沉浸在抽象演绎中的人们，"重新发现那最纵深也最持久的人类表达之根"[1]。

（一）歌谣传唱的历史源头与语文教育功能

远古歌谣是语文最初的萌芽和起源。根据《尚书》《吕氏春秋》等古籍的记载，远古歌谣的内容广泛、形式多样、数量庞大，只是在产生之初无法用文字记录下来，再经过漫长的时间，才用文字记下一鳞半爪。另外，作为口头文学的歌谣，本身具有流动性的特点，在生活中随时会产生，随时会消失。

歌谣的口耳相传就是最早的语文教育，并体现出多方面的教育作用，如传播生产经

---

[1]［美］约翰·迈尔斯·弗里. 口头诗学：帕里-洛德理论［M］. 朝戈金，译. 北京：社会科学文献出版社，2000：作者中译本前言.

验、表达内心感受、激励感情、陶冶情操等。在原始社会早期，由于环境恶劣，生产力低下，为了更好地生存，先民们不得不以群体行动的方式展开渔猎、农业活动。在劳动过程中，便产生了与先民的劳动生活密切相关的歌谣，而在传唱这类歌谣的过程中，自然达到了传播劳动和生产经验的教育目的。例如《吴越春秋·勾践阴谋外传》所记载的《弹歌》（又名《断竹歌》）："断竹，续竹，飞土，逐宍。"这首歌谣虽只有短短八个字，语言古朴，但已经具有韵律，它极其简略地描述了从制作工具到获取猎物的一次狩猎过程，应为一首原始猎歌。它反映的是渔猎时代原始先民的劳动生活，如何砍竹子、做竹器、投石块、追走兽。这首歌谣的文字简到不可再简，却把制造狩猎工具和追捕猎物的整个狩猎场景描绘了出来。可见，远古歌谣往往不是单独存在的，而是与劳动、生活、教育融合在一起的，尤其是这种劳动中的教育，既是劳动技能教育，又是生存的必需。这样的歌谣既是曲乐，又是劳动的重要组成部分。

能歌善舞是典型的远古民俗，古人常以"乐"称之。远古的所谓乐，是指由器乐、歌咏、舞蹈等相结合组成的综合性教育艺术，其基本目的与作用在于娱人、育人。远古歌谣就体现出诗、乐、舞合一的教育特点。现代行为心理学的研究发现，人的行为与心理的相互影响远远超出了研究前的预料。比如，不管是远古的人还是现代的人，在敲击石片（原始的打击乐器）的不同节奏声中，都会随着节奏的变换手舞足蹈。这种声音与动作的协同，尤其在集体仪式下，能产生特殊的心理效果。这也是现代人治疗所谓心理抑郁的一条理论策略。声音与动作有节奏地协调，可以满足人某些心理上与精神上的需求——可以宣泄消极心理，排郁解闷；可以抒发积极感情，使人奋发向上，斗志昂扬。所以，我们在历史的现象界中看到，人们在田耕、狩猎、御敌、祝祷等场合中，会载歌载舞。《吕氏春秋·古乐》中有关于这种情景的生动描述："昔葛天氏之乐，三人操牛尾投足以歌八阕：一曰载民，二曰玄鸟，三曰遂草木，四曰奋五谷，五曰敬天常，六曰建帝功，七曰依地德，八曰总禽兽之极。"

远古时期，载歌载舞逐渐出现在田耕、丰收、狩猎、御敌、祝祷等重大行为过程中。此时的歌、谣、曲、舞，不仅仅是一种集体仪式，也是一种对身心情感进行文学艺术教育的手段。"葛天氏"应是传说时期的一个部落酋长，从这段记载我们能够想象到葛天氏之民手操牛尾，踏着脚步，且歌且舞的情景。这首歌谣的歌词已经无可稽考，舞容也极其简单。从"八阕"乐曲的题目来推测：《载民》可能是歌咏始祖的由来；《玄鸟》可能是歌咏燕子图腾或一种古老的传说；《遂草木》歌唱草木茂盛；《奋五谷》歌唱五谷生长，喜获丰收；《敬天常》即歌唱自然法则；《建帝功》《依地德》《总禽兽之极》反映了原始先民的宗教信仰。由此可以看出，葛天氏时期已有比较丰富的农业、畜牧业知识，甚至还懂得只有顺应气候的变化，谷物才能丰收，禽畜才会兴旺。葛天氏之乐的表演，体现了诗、乐、舞三位一体的原始形态，蕴含了大量的社会文化信息。《尚书·虞书·舜典》中记载了舜帝和乐官夔的一段对话："帝曰：'夔！命汝典乐，教胄子，直而温，宽而栗，刚而无虐，简而无傲。诗言志，歌永言，声依永，律和声。八音克谐，无相夺伦，神人以和。'夔曰：'於！予击石拊石，百兽率舞。'"

这段对话称舜帝命夔主持乐教，并通过乐教，使年轻一代正直而温和、宽容而谨慎、刚正而不凌人、简率而不傲慢。在夔的带领下，氏族部众击石拊石，戴着各种兽形面具，跳起愉快的群舞。按舜帝的意见，诗歌和音乐是人的内心情感的表现，是重要的文学教育手段——和谐的诗歌和音乐可以陶冶人的内在情操，培养性情高雅的君子；诗歌教育的目的就是促进人的精神和谐、行为优雅、人格完美，最终目标是感天动地，和谐统一。舜帝与夔的这段关于诗歌音乐教育作用的对话，后来被儒家当作"诗教"的经典言论，成为历代统治者所推崇的文艺观，成为民族文化教育传统的主要组成部分，也是我国语文教育思想的重要渊源之一。因此可以得知，到了原始社会末期，部落首领已经认识到歌、谣、曲、舞等文化内容的固化作用与教育功能，认识到歌、谣、曲、舞等文化内容对于维持氏族社会正常生产生活秩序、维系沟通氏族成员间感情交流具有重要意义，于是歌、谣、曲、舞等文化内容逐渐进入自觉的教育意识视野内。

原始宗教出现以后，对歌谣内容产生了多方面的影响。图腾崇拜观念是诗歌的基本表现内容，而那种以征服自然力的热情和幻想为基础的巫术观念则成为原始歌谣新的内容。这类具有"感应巫术"特点的歌谣，表达了人们渴望支配自然，并令自然服从自己的愿望。在当时这虽然只是一种幻想，但在客观上增强了原始人改造客观世界的信心，达到了语文教育的目的。例如《礼记·郊特牲》记载的《蜡辞》："土反其宅，水归其壑，昆虫毋作，草木归其泽。"

《蜡辞》是一首农事祭歌，表达了农人的期盼，也流露出农人的担心。在屈服于自然力的远古时期，这种担心是沉重的，淤积于内心深处，唯有借助超自然力的帮助，抑郁的心情才能释放，精神世界也就有了解放的使者。《蜡辞》作为一首年终的祭神祝歌，描绘了农人在因敬畏自然力而举办的集体仪式中，寻求神（超自然力）的庇护，祈祷来年风调雨顺、大获丰收。《礼记》中也认为，伊耆氏作《蜡辞》，其用意为祈祷祭祀；刘勰从历史文化学上解释："昔伊耆始蜡，以祭八神。"（《文心雕龙》）可见，歌谣等文化内容的历史演变过程并非单一的、纯粹的，它们的身份是比较复杂的。虽然现代人对这种极富宗教性的行为已经了然——未来的幸福生活与其敬畏之神没有什么必然的联系,但先民们在集体仪式中的认真且虔诚的态度,何尝不是构成丰富多彩的氏族社会文化生活的一部分呢?

这些歌谣在传唱的过程中,一方面可以让人感受到人与自然相互依存的关系。由于原始先民认识水平的局限性,他们对于风、雨、雷、电等各种自然现象无法做出合理解释,并在一次次的自然灾害中获得强烈的痛苦体验,所以导致先民对自然的恐惧与崇敬。他们认为,凡是与人发生关系的外界——天地山川、日月星辰、一切动植物等,都是有生命的存在。这固然与人类的认识水平有关,但重要的是,人类几乎在开创文明之初,就已经意识到了他们与和他们密切相关的自然界之间有一种相依相存的关系。为了不破坏这种依存关系,才有了各种各样的信仰,才有了对和自己密切相关的自然界进行干预和保护的种种行为。另一方面,还有积极乐观、增强信心的教育效果。面对恶劣的生存环境,原始先民虽然忧虑自己的生存状况却并不因此悲观,他们通过自己的想象,希冀通过祭奠和吟唱的形式与自然建立共生共存的关系,并相信共生共存的可能性。因此在虔诚的祷告中,更多的是对未来生活的美好祝愿。那源于原始先民集体心理下的对自身生存状况的忧惧、对自然神明的虔诚以及对未来生活的美好愿望,使得远古歌谣表现出庄严的崇高感和先民对生活的积极乐观的态度。

透过歌谣产生的历史,我们不仅能还原出原始先民劳动与生活的情景,而且能细微地体察到在先民的精神世界里,埋藏着虔诚的敬畏之心、朴素的美学观念以及丰富的情感和真挚的爱恋。《礼记·乐记》云:"诗,言其志也;歌,咏其声也;舞,动其容也。三者本于心,然后乐器从之。"诗、乐、舞的互融互合,是远古歌谣表情达意的基本方式,具有强大的感染力和教育作用。

(二)神话传讲氛围中的语文教育方式

远古先民的认知能力是有限的,感性认识成为其最主要的认识方式,他们在有限的、只能直观的感觉中,理解变化万千的自然现象和纷繁芜杂的社会生活。神话蕴含着人类对自然世界与精神世界最为朴素的理解。如果可以更精简一点,也可以说,神话是人类在自然力统治下形成的精神产品。神话出现在生产力和思维水平都还十分低下,人与自然还混沌不分,尚无书面文字出现的蒙昧时代中。因此,一切被神化的幻想和想象,自然和社会本身的内容,集体口头性及群众意愿,都属于神话的内涵范畴。毫无疑问,神话源自生活,但它的存在和影响已超出了故事传讲活动本身。神话不仅是原始先民最喜欢的精神食粮,而且已成为古代语文教育的重要组成部分和原始文明的精神支柱。

神话作为一种传播语文教育的手段，在我国具有悠久的历史。鲁迅在《中国小说史略》里说："昔者初民，见天地万物，变异不常，其诸现象，又出于人力所能之上，则自造众说以解释之：凡所解释，今谓之神话。神话大抵以一'神格'为中枢，又推演出叙说，而于所叙说之神、之事，又从而信仰敬畏之，于是歌颂其威灵，致美于坛庙，久而愈进，文物遂繁。故神话不特为宗教之萌芽，美术所由起，且实为文章之渊源。"这段文字说明，尽管今人视神话为非理性的内容，但在其流行的历史中，却是一种最有力、最值得信任的理解世界的方式，也是"自然与人类命运的富有教育意义的意象"[1]。

神话在故事内容上的吸引力与情节编排上的艺术性，使其从诞生始，便具有强大的传播能力。神话传播并发生教育性影响的方式很多，如在日常生活中传讲神话，在宗教活动或祭祀仪式中吟唱神话，有时还由巫师将神话传授给自己的接班人，等等。其中，传讲神话是一种不可或缺的教育方式，也是原始社会极为普遍并相当活跃的文学教育活动，对社会成员颇有教育意义。这种形式将娓娓动听的声音、栩栩如生的形象与离奇曲折的故事情节编排融合于一体，情真意切，扣人心弦。因此，神话早在远古社会便成为语文教育的素材。盘古、女娲、精卫、后羿、仓颉等神话人物形象，已化为远古时代人们所认同的一种精神品质、一种道德情怀、一种人生价值理念。

中国古代神话的历史烟波浩渺，内容饱满逼真，情节瑰丽多姿，包含着多种意义元素与教育主题，表达着中国人在特定历史时空下的生活追求与精神向往。这些神话中所描写的世界，实质乃是现实世界的折射；神话中所歌颂的人物，亦反映了人们对精神偶像的渴望。中国古代神话中的神，虽超凡脱俗，但一般都具有普通人的同情心，为人类的福祉劳作。例如精卫、夸父、刑天等，这些中国古代神话中的人物形象无不具有某种伟大的品质与能力。因而，这些神话中的英雄人物已不仅是虚幻时空的影像，而且是现实世界中人们所认同的某一理想人格的原型。他们坚守公平正义，诚实善良，公而无私。另外，中国古代神话还具有一个比较明显的特点，就是善胜于恶，美胜于丑，有道胜于无道。这些神话所弘扬的精神力量与价值观念，在历史文化的沉淀中，逐渐成为中华文化的重要内容。

例如《淮南子·览冥训》中所记载的女娲补天的故事："往古之时，四极废，九州裂，天不兼复，地不周载。火爁焱而不灭，水浩洋而不息。猛兽食颛民，鸷鸟攫老弱。于是女

---

[1] [美]雷·韦勒克，奥·沃伦. 文学理论［M］. 刘象愚，邢培明，陈圣生，译. 北京：生活·读书·新知三联书店，1984：206.

娲炼五色石以补苍天，断鳌足以立四极，杀黑龙以济冀州，积芦灰以止淫水。苍天补，四极正，淫水涸，冀州平，狡虫死，颛民生。"

这里所描绘的正是一幅天塌地陷、家破人亡的大毁灭景象：天盖破漏，地块坏损，大雨倾盆，山洪倾泻，大火蔓延不灭，猛兽恶禽穷凶极恶地捕食着惊恐万状、无处藏身的人类，人类面临一场灭顶之灾。女娲炼出五彩石块填补了残破的天穹，又勇敢地斩断巨鳌的大足代替断裂的天柱撑起四极，堆积起神奇的芦苇灰土止住淫溢的大水，解救了濒临灭亡的下民。女娲补天是原始人借助想象构思出来的一个使大自然回归正常秩序的神话。女娲补天止水，驱妖斩魔，实际上是人类与大自然殊死斗争的一个缩影。在这里，人类的创造之神又成为人类的拯救之神，因而女娲成为力量的化身、智慧的化身、善良的化身……

再如以下一系列的神话记载。共工怒触不周山："与颛顼争为帝，怒而触不周之山，天柱折、地维绝。"（《淮南子·天文训》）息壤祸身："洪水滔天，鲧窃帝之息壤以堙洪水，不待帝命，帝令祝融杀鲧于羽郊，鲧复（腹）生禹。"（《山海经·海内经》）夸父追日："夸父与日逐走，入日；渴，欲得饮，饮于河、渭；河、渭不足，北饮大泽。未至，道渴而死。弃其杖，化为邓林。"（《山海经·海外北经》）后羿射日："尧乃使羿诛凿齿于畴华之野，杀九婴于凶水之上，缴大风于青丘之泽，上射十日而下杀猰貐，断修蛇于洞庭，禽封豨于桑林。"（《淮南子·本经训》）精卫填海："又北二百里曰发鸠之山，其上多柘木。有鸟焉，其状如乌，文首、白喙、赤足，名曰精卫，其鸣自詨。是炎帝之少女，名曰女娃。女娃游于东海，溺而不返，故为精卫，常衔西山之木石，以堙于东海。漳水出焉，东流注于河。"（《山海经·北山经》）刑天舞干戚："与帝至此争神，帝断其首，葬之常羊之山，乃以乳为目，以脐为口，操干戚以舞。"（《山海经·海外西经》）

这些开山、治水、追日、射日、填海、舞干戚的英雄，其英勇气概不仅留存在蓄意编排的故事情节中，也深深刻在人们的精神世界里。娓娓动听的故事情节表达着人类最原初的想象，以及最朴素的道德理念与审美情怀，它们随神话一起也被流传了下来。这些神话没有《一千零一夜》中的故事那样冗长，而是在精短的故事情节中，把故事原型塑造得栩栩如生，或力拔山兮，或壮志难酬，或英雄气短，或儿女情长。不同的情节编排赋予神话不同的语文教育内容，满足不同人的精神需要。神话以情动人，欣赏作品也要动情。因此在传讲神话的过程中，人的喜怒哀乐、爱憎忧恐等情绪得到充分调动。

上古神话多为悲剧神话。悲剧能唤起人的悲悯与畏惧之情，并使这类情感得以净化。也就是说，悲剧使人获得伦理道德的提高和情感意志的升华。真与假、善与恶、美与丑的戏剧冲突，容易引起人强烈的伦理观。在展示它们的斗争中，能给予人种种审美感受，如对美的崇敬、对假的蔑视、对善的赞美、对恶的义愤等。尤其是美的、崇高的东西的毁灭更能给人带来道德上的强烈震撼，从而激发人的意志。精卫填海、夸父逐日等神话庄严而不恐怖、悲壮而不悲哀，它们描写了英雄的毁灭和死亡，它们要传递的不是恐惧、消极和悲观，恰恰相反，它们展示的是从恐惧、消极和悲观中走出的无畏、积极和乐观。在适当的情节编排中释放被抑制的情感，满足心灵的追求与安放。

二、春秋战国时期语文教育功能的体现

（一）政治教育功能

春秋战国时期语文的政治教育功能，指语文要为现实政治服务。其首先表现为语文担当着与史书一样的重任，要反映社会现实，要褒善贬恶，要有益于教化。

《诗经》是我国第一部诗歌总集，也是我国最早的富于现实主义精神的诗歌，表现出对现实的强烈关注，充满忧患意识和干预政治的热情。宋李纲《湖海集序》这样评价《诗经》："诗以风刺为主，故曰：'上以风化下，下以风刺上。主文而谲谏，言之者无罪，闻之者足以戒'。……《小弁》之怨，乃所以笃亲亲之恩；《鸤鸠》之贻，所以明君臣之义；《谷风》之刺，所以隆夫妇、朋友之情。使遭变遇闵而泊然无心于其间，则父子、君臣、朋友、夫妇之道或几乎熄矣。"其鲜明地概括了《诗经》批评不良时政和过失、教育感化百姓的政治教育功能。《春秋》是我国现存的第一部编年体史书，其鲜明地体现了孔子维护周礼，明王道，重人事，褒善贬恶的思想。所以，孟子称："孔子成《春秋》而乱臣贼子惧。"（《孟子·滕文公章句下》）司马迁也说："《春秋》之义行，则天下乱臣贼子惧焉。"（《史记·孔子世家》）他们都强调《春秋》的政治教育功能。《庄子》是先秦说理散文中最具文学价值的作品，在丰富的寓言和奇崛的想象中，在诡谲的艺术形象和瑰丽的艺术境界中，反映了作者对现实社会的认识，充满了社会政治批判精神，洋溢着浓郁的政治教育色彩。屈原的《离骚》是楚辞的代表作品。《离骚》就是屈原根据楚国的政治现实和自己的不平遭遇，"发愤以抒情"而创作的一首政治抒情诗，具有强烈的针砭时弊的政治教育功能。

春秋战国时期语文的政治教育功能其次表现为语文必须经世致用，"学而优则仕"，人们通过语文教育进入仕途。《尚书·尧典》要求以乐（诗）"教胄子"。孔子曾说："不学《诗》，无以言。"（《论语·季氏》）"人而不为《周南》《召南》，其犹正墙面而立也与！"（《论语·阳货》）"诵诗三百，授之以政，不达；使于四方，不能专对；虽多，亦奚以为？"

(《论语·子路》)这些已体现了语文的政治教育功能。

(二)道德教育功能

《左传·襄公二十四年》记载:"'太上有立德,其次有立功,其次有立言。'虽久不废,此之谓不朽。"孔子继承了这一观点,他说:"志于道,据于德,依于仁,游于艺。"(《论语·述而》)又说:"有德者必有言,有言者不必有德。"(《论语·宪问》)这里"言"的含义包括语文(如诗歌)在内。在一个人的道德功业和言辞、知识的关系上,先秦文人强调德行在先。这种观念直接影响了先秦文学的创作,从而使先秦文学承载了厚重的道德教育功能。例如,《国语》是我国最早的一部国别体史书,其中有不少关于忠、信、仁、义、智、勇、孝、惠之类较为系统的品德观念的论述,"崇德"的倾向尤其引人注目。

《论语》是一部记载孔子及其弟子言行的散文集,其中提倡的"克己复礼""仁者爱人"的道德修养、"杀身成仁"的道德追求、"岁寒,然后知松柏之后凋也"的坚贞道德品质及安贫乐道的道德情怀,初步确立了儒家以"仁、义、礼、智、信"为核心的道德规范。

(三)情感教育功能

《尚书·舜典》说:"诗言志,歌永言,声依永,律和声。"《左传·襄公二十七年》记赵文子对叔向说:"诗以言志。"《庄子·杂篇·天下》说:"诗以道志。"《荀子·儒效》篇说:"诗言是其志也。"它们都指出诗具有抒发情志的作用,并在志与情之间,特别强调诗歌是抒发人的思想情感的。这种观念在春秋战国时期普遍流行,不仅为儒家所接受,也为道家所接受。如庄子就强调文学真情的重要性,所谓:"故强哭者虽悲不哀,强怒者虽严不威,强亲者虽笑不和。真悲无声而哀,真怒未发而威,真亲未笑而和。"(《庄子·渔父》)荀子也十分注重语文由情而发、以情感人的特质。他在《乐论》中说:"夫乐者,乐也,人情之所必不免也。故人不能无乐;乐则必发于声音,形于动静;而人之道,声音动静,性术之变尽是矣","足以感动人之善心","其感人深","其化人也速"。先秦诗、乐不分,论乐的情感特质,实际即是论诗歌与文学的情感特质。这一特质,使先秦语文教育承载了浓郁的情感教育功能。

就诗歌而言,《诗经》中的作品有丰富复杂的内容和情感取向。例如战争徭役诗,或颂记战功,叙写军威,洋溢着战胜侵略者的激越情感;或述征夫厌战,思妇闺怨,充满对战争的厌倦、对和平的向往以及诗人思乡自伤之情。又如情诗,《周南·关雎》《邶风·静女》《郑风·子衿》《秦风·蒹葭》《卫风·氓》《周南·桃夭》等,广泛反映了那个时代男女爱情生活的幸福欢乐和挫折痛苦，充满坦诚、真挚的情感。再如农事诗，在客观反映农业生产、农夫生活的同时也抒发了农奴们的愉悦、哀怨和不满。《诗经》作品由于承载有这些丰富的情感内容，其自身便有了浓郁的情感教育功能。千百年后的读者，在读《诗经》作品时，不仅能了解当时百姓生存与生活的状况，而且能真切地感受到他们的欢乐、不幸和痛苦。

就散文而言，《春秋》以一字寓褒贬，在谨严的措辞中表现作者的爱憎，开后世史传文学在史著中灌注强烈感情色彩的先河。《老子》以充满哲理的表述体现了作者强烈的自我意识和愤世嫉俗的情感，奠定了先秦说理散文注重情感的基本特征。之后《孟子》在论述自我的理想、坚定的信念时，总是激昂慷慨，深情无限。《庄子》更是多情，或苦闷，或愤怒，或孤独，或悲哀乃至悲凉，因此成为先秦散文中文学性最强、艺术成就最高的作品，并为后世所称道。先秦散文因其强烈的情感色彩承载了浓郁的情感教育功能。

（四）审美教育功能

诸子百家典籍中的语文，虽然实际上只是对文化学术的泛指，但在追求至真、至善、至情、至理、至性的文学内容时，从未排斥其中"会集众彩以成锦绣，合集众字以成辞义"这种文彩措辞之美所体现的形式美。孔子就曾说："文，犹质也；质，犹文也"（《论语·颜渊》），"质胜文则野，文胜质则史。文质彬彬，然后君子"（《论语·雍也》）。又说："言以足志，文以足信""言之无文，行而不远"《孔子家语·正论解》，"情欲信，辞欲巧"（《礼记·表记》），等等。这些都主张质文并茂，质文并美。故先秦文学无论质、文，普遍都蕴含着美的无穷魅力。

就"文"而言，包括语言美、结构美、修辞美、风格美。从语言来看，《尚书》佶屈聱牙，《春秋》凝练含蓄，《左传》委婉典美，《国语》平实自然，《战国策》辩丽横肆，不一而足；从结构来看，《诗经》回环往复、舒卷徐缓，《离骚》长短自由、新鲜生动，《庄子》汪洋恣肆、跌宕跳跃，《孟子》大气磅礴、严谨细密，《荀子》意脉贯通、条达舒畅，都给人以无尽的艺术享受；从修辞来看，《诗经》《离骚》的比兴，《庄子》的夸张，《孟子》的譬喻，《荀子》的层递，都收到化平凡为神奇的美学效果；从风格来看，《诗经》朴素自然而温柔敦厚，《离骚》瑰丽哀婉而悲壮蕴藉，《孟子》刚正不阿而气势浩然，《庄子》奇丽诡谲而飘逸逍遥，等等。

就"质"而言，包括形象美、人物美、哲理美、意境美、情感美、思想美、文化美等。美的形象、美的人物，如神话中的英雄，《离骚》中的抒情主人公；美的情感、美的思想，如儒家散文中修身、齐家、治国、平天下的人生理想，道家散文中无功、无名、无己的自由品格；美的哲理，如《孟子》中的"五十步笑百步"的譬喻，《庄子》中的庄周梦蝶的人生；美的意境，如《诗经·蒹葭》中的凄迷恍惚、耐人寻味之境，《离骚》中的飘逸深邃之境，《庄子》中的瑰玮諔诡之境；美的文化，如神话中的图腾文化，《诗经》中的民俗文化，《左传》中的礼节文化……总之，先秦文学中蕴含着丰富的美的因素，具有很高的审美价值，从而承载了强烈的审美教育功能。

第二节　秦汉至清末语文教育的历史演变

一、秦汉时期的语文教育

秦汉是我国封建制度形成和确立的时期。从文教政策的角度来看，秦代除统一和简化文字外，有益之处不多，因此关于语文教育发展，主要探讨的是汉代。汉代以后，儒家思想成为维护封建统治的精神支柱，并且出现了以治经（经籍的整理和传授）为主要内容，重师法、重考据的汉代学风。

所以，谈汉代的学风，主要是指儒生治经的学风。它有积极的一面，就是人们常常提到的"实事求是"。唐颜师古解释这四个字是："务得事实，每求真是。"（《汉书注》）实事求是本身正是教育及治学的基本态度。

（一）汉代学风对语文教育思想的影响

影响之一，把语文教学看成经学的附庸，认为学语文只是治经的手段。"《左氏传》多古字古言，学者传训故而已"；"《尚书》初出于屋壁，朽折散绝，今其书见在，时师传读而已"。（《汉书》）其深远影响表现在汉以后历代只重视古典书面语言的传习，不重视甚至不考虑口语的习得。并且，语文在特定时期曾成为政治的附庸。

影响之二，重视识字写字教学。正音正字，解释词义，这在当时称为"小学"。西汉平帝时，扬雄收集讨论的结果写成《训纂篇》。东汉和帝永元十二年（100），许慎作《说文解字》。许慎在《说文解字叙》中写道："盖文字者，经艺之本。"可见他解字是为了读经。

影响之三，重视教师的讲解。经书的传授需要讲解，所谓师法，是指不同经师的不同讲解内容。

影响之四，重视记诵。"六经"从秦末到汉初，被完整保存传授下来的只有《易经》和《诗经》。由于重视记诵，在后代产生了的帖经、墨义等考试办法。

（二）现存最早的习字课本《急就篇》

《急就篇》，西汉史游编撰，成书时间约在公元前40年。全书共2144字。据前人考证，最后的128字是东汉人补加的。姚振宗《隋书经籍志考证》曰："国朝太宗皇帝尝书此篇。又于颜本外多'齐国''山阳'两章，凡为章三十有四。此两章盖起于东汉。按《急就篇》末说长安中泾渭街术，故此篇亦言洛阳人物之盛以相当。"从内容上看，《急就篇》把当时常用的单字编集起来，使之成为三言、四言、七言的韵语，便于记诵。从体例上看，《急就篇》是"类而韵之"，把一些物类相近的字，以类相从，编在一起。《急就篇》分为三个部分：一是"姓氏名字"，400多字；二是"服器百物"，1100多字；三是"文学法理"，440多字。第一部分用三言，如"宋延年，郑子方。卫益寿，史步昌"；第二、第三两个部分用七言，如"稻黍秫稷粟麻粳，饼饵麦饭甘豆羹""治礼掌故砥砺身，智能通达多见闻"；第三部分的末尾有一小部分用四言，如"汉地广大，无不容盛""边境无事，中国安宁"。三字句和四字句隔句押韵，七字句句句押韵。《急就篇》由于句式整齐又押韵，读起来朗朗上口，容易记忆。正如章太炎在《论篇章》中所说："详儿童记诵，本以诸于唇吻为宜，故古人教字，多用此种体制。"

《急就篇》在唐都城长安作为蒙学教材延续使用，除了整齐押韵、便于记诵外，更受教师和学童欢迎的是其密集的生字和包含的丰富知识。《急就篇》中的生字密度很大，据王国维统计，2144字中，只重复335字。长安学童在不太长的时间内，通过读、写两方面的训练学完这本书，就可以掌握近两千个生字。这对于学生在蒙学阶段的进一步学习很有好处。《急就篇》包含的知识非常丰富。正如颜师古《急就篇注叙》中所说，这书"包括品类，错综古今"。全书都是实词，把当时与各种知识有关的有用词汇都收集进来，知识的密集度和容纳量都是比较大的。文中收录了100多个姓、400多种器物名称（包括布帛、衣服、粮食、肉食、蔬菜、金属工具和器皿、竹木瓦器、化妆用品、乐器、兵器、车辆工具等）、100多种动植物、60多种人体部位和器官名称、70多种疾病和药物名称，还有官名、法律知识、地理知识。2000多字容纳这许多事物，简直够得上一本日常生活小百科全书。

唐颜师古在《急就篇注叙》中谈到《急就篇》的使用情况时说："蓬门野贱，穷乡幼学，递相承禀，犹竞习之。"可见汉代史游的这本书到唐初仍然相当盛行。作为一种儿童课本，其使用时间竟达 600 余年之久。这种现象，在世界教育史中是极少见的。这固然是由于长期所处的封建社会的政治经济条件所致，但《急就篇》本身实用性强、符合教学需要的特点，也是不可忽视的因素。

（三）第一部语文教学专门用书《尔雅》

《尔雅》在汉代是一部重要的语文教学专门用书。一是作为教学用书。汉代教师和学生都用它，先是用作教学参考书，以后用作教材。二是作为写作的"词语手册"。汉代喜欢写辞藻华丽的辞赋，这需要运用大量的词汇。

（四）汉代文体和写作训练

汉代出现了许多新的文章体裁。《后汉书》共有 120 卷，900 余篇文章，包括赋、诗、文、表、书、论、说、碑、铭等文体。

汉代的写作教学，可以分为两个阶段：第一个阶段，和识字教学相配合，主要教日常应用文字；第二个阶段，和读经配合进行，学习范围很广，几乎包括了上面说的各种文体的训练，大概会因学者和教者的不同而有所侧重。

（五）汉代语文教学的方式方法

（1）上大课。西汉把这种方法叫"大都授"。当时一个教师教的学生很多，只好采取这个办法，学生平时主要靠自学。

（2）次相授业。这种方法亦称高足弟子代授法。此法在孔子的教学活动中已露端倪，在汉代名儒的讲学中被广泛运用。它首创于私学，后来官学大都借鉴此法。这是中国古代最有特色的教学方法之一。

（3）师生问答。这种教学方法在汉以前就有了。《论语》即是孔子和弟子问答的记录。有的教师回答学生的提问采取启发诱导的方法，很受学生欢迎。

（4）学生之间互相讨论。关于此法，《后汉书》中有大量记载。这种讨论方法在当时很常见，学生在讨论中互相启发，可加深对学问的理解。

（5）学生自学。就是学生自己读书、写文章，读书有疑难，通过自己钻研，反复诵读领会，求得解决。

（6）考试。以考试取吏，源于秦代；以考试作为教学管理手段，则起自西周。在汉代，有开卷、抽签命题考试等多种考试形式。

二、魏晋南北朝时期的语文教育

魏晋南北朝是我国历史上政权更迭最频繁的时期，国家长期处于动乱和分裂状态，为时近400年。这一时期也被称为"文学的自觉时代"，士人主动进行文学与学术创作，文学呈现出繁荣的景象，自然也带来语文教育的直接发展。魏晋时代是门阀士族盛行的时代，高门士族垄断着国家的政治、教育，因此这一时期的教育呈现出独特的面貌——家庭教育和私学在这时占据着相当重要的地位，语文教育也呈现出家族化的色彩。高门士族对学术和语文相当重视，他们利用家庭和私学的优势对后辈进行语文修养的教育培养，形成了以家庭和私学教育为主的教育模式。

（一）魏晋南北朝时期的语文教育概况

1. 家训与激励机制的引入

中国传统教育一直非常重视家庭教育。古人"修身、齐家、治国、平天下"的训示中，"齐家"放在第二位，可见家庭教育在古人心目中的地位。而家庭教育中最主要的形式便是家训。魏晋南北朝是一个门第社会，魏晋高门贵族世代为官，后辈往往多以先祖荣耀为训。他们称扬祖宗的功业，一是用来自警，二是用来激励子孙以先祖为模范，期望子孙能够延续祖宗功业。所以这一时期的诫子书、诫子诗数量颇多。诫子书的内容多为对德行情志的教导，而高门贵族为了保持门风不堕，也每每教导子孙以文才自见，提高他们在经籍文史等语文方面的修养。王僧虔教育子孙要多读书："或有身经三公，蔑尔无闻；布衣寒素，卿相屈体。或父子贵贱殊，兄弟声名异。何也？体尽读数百卷书耳。"（《南齐书·王僧虔传》）诸葛亮《诫子书》中说："夫学须静也，才须学也，非学无以广才，非志无以成学。"家训中，先辈的激励作用影响最大。琅琊王氏家族的重要人物梁代的王筠在《与诸儿书论家门集》云："史传称安平崔氏及汝南应氏，并累世有文才，所以范蔚宗云崔氏'世擅雕龙'。然不过父子两三世耳；非有七叶之中，名德重光，爵位相继，人人有集，如吾门世者也。沈少傅约语人云：'吾少好百家之言，身为四代之史，自开辟已来，未有爵位蝉联，文才相继，如王氏之盛者也。'汝等仰观堂构，思各努力。"（《梁书·王筠传》）陈郡谢氏家族的谢混、谢庄也多教育子孙蝉联祖业，以才闻世。因此六朝两大家族琅琊王氏和陈郡谢氏的学术、文学修养世代绵延。谢氏家族有"阳夏八谢",以诗文著称,尤以谢灵运、谢朓为最,文学史誉为"大、小谢";王氏家族"七叶重光",有王融、王筠诗文传世。王氏的书法世代相传,有东晋王羲之、王献之父子,到南齐王僧虔也善书。在这些高门士族中,祖辈的风雅爱好往往对后代产生极大的影响,成为这一家族世代引以为豪的荣耀。所以家族文学是魏晋南北朝时期文学的突出特征。例如,建安时期的三曹;西晋的三张、二陆、两潘;梁代的萧衍、萧纲、萧绎父子,徐陵父子,庾信父子;等等。其他像贺循、杜预等亦如此。这些都是和良好的家学渊源分不开的。这也正说明了家庭教育在形成魏晋士人的良好的语文修养上具有举足轻重的作用。

2. "诗文赏会"与互动式教育

魏晋南北朝时期的教育方式还表现在兴盛的私学上。世家大族家底殷实,族中子弟往往众多,故大多延师于家塾,以教子弟。他们往往重金聘请饱学博识之士,系统教授学业。因为高门大族数世同堂,所以其家塾规模也相当大。《北齐书·杨愔传》记载杨愔"一门四世同居,家甚盛隆,昆季就学者三十余人"。另外家族中有声望的人经常组织同族子弟在一起切磋诗文技艺,最典型的当数陈郡谢氏。谢安在隐居东山和身居要职时经常组织子弟进行"诗文赏会"活动。《晋书·谢安传》载谢安"又于土山营墅,楼馆竹林甚盛,每携中外子侄往来游集",用山水陶冶其下一代。有一次,谢安在下雪天组织子侄辈赏雪吟诗。谢安出一题,让他们即景赋诗,形容眼前的雪景。"俄而雪骤下,安曰:'何所似也?'安兄子朗曰:'撒盐空中差可拟。'道韫曰:'未若柳絮因风起。'"(《晋书·王凝之妻谢氏》)谢安非常高兴,逢人便说:我家又出了一个才女。诗文赏会是一种群体性的诗文艺术的探讨活动,通过同一题材的集体创作或对某一作品的集体评价,促进文学艺术的切磋、研磨。这种诗文赏会的形式,可使学子的诗文技艺和语文水平在比较中迅速得到提高。陈郡谢氏是声势最煊赫的家族之一,族中子弟从小便接受很好的语文教育,在共同的教育氛围中形成了极具特色的家族文化传统,谢氏子弟以"雅道相传"的精神实质造就了"追求山水"的家风。这种诗文赏会形成了互动式的语文教育模式,可以激励参与者的热情,调动每一个人的积极性,而互相进行品评,其优劣长短就有了比较,对各自的创作特点和风格都会产生交叉影响,甚至会形成群体性的文风,对一代文学产生影响。

(二)魏晋南北朝时期阅读教学的现状

1. 清谈玄学的风气盛行,对阅读教学产生影响

魏晋的清谈是从汉末的清议演变而来的。汉末清议的内容着重在人物的臧否和时政的

得失。魏晋之际，一些名士往往因为言论得祸，于是士人为了避祸，或是缄默不言，或是言及玄远。清谈的内容主要就是玄学。

玄学是老庄之学在魏晋南北朝时期的特殊表现形态，它直接承袭先秦道家的"自然""无为"等观念，并在兼涉各家中得以发展。讲读儒家经典时渗入老庄的思想，由独尊儒术到孔老调和。如王弼在《论语释疑》一书中解释"志于道"时，便用他所理解的老子的"道"的概念来解释孔子的"道"。

阅读教学由汉儒的习章句演变为魏晋的通意旨。这也和清谈玄学有关。汉儒讲经，每每着重文句的解释，朴实说理较多，有时不免陷于拘泥。这就是章句之学的流弊。"言意之辨"是魏晋清谈的重要论题之一，争论的焦点是"言可尽意"或"言不尽意"，当时一般主张"言不尽意"。这一辩论的结果是，魏晋南北朝讲经多求会通意旨，不拘泥于文字。

2. 文学从经学中分离出来

魏晋南北朝时期，对文学作品已经有一定的认识，当时人已经能够把文学与经学、史学、玄学分开。南朝宋文帝置四学馆，已经将文学与儒学、玄素学、史学并列。梁《昭明文选》没有选经、子、史的文章。

《昭明文选》是这一时期重要的选文读本。昭明太子萧统，是梁武帝的长子，史称他三岁受《孝经》《论语》，五岁读完"五经"，及长"读书数行并下，过目皆忆"。这些语句有些夸张，但说明其语文学习、接受能力强。

《昭明文选》收集了从周代到梁朝七八百年间129位知名作者和少数佚名作者的作品700多篇。原书共30卷，唐李善作注时，分为60卷。《昭明文选》在编撰上，就是经书不选，子书不选，说话的记录不选，史书一般不选，只选其中有文学价值的叙述。萧统选文对文章的艺术技巧要求很高。《昭明文选》中对于诗文华丽雕琢一类如颜延之、谢灵运等的作品选得较多，平易自然一类如陶渊明的作品选得少，地位低下的文人的作品只选了《古诗十九首》，为数极少。南北朝的优秀民歌则没有选入，倒是善于创作宫体诗的徐陵在《玉台新咏》里选录了像《古诗为焦仲卿妻作》这样的好民歌。

《昭明文选》是按文章的体裁分类编排，共有39种文体。《昭明文选》是我国现存最早的语文阅读课本，唐以后的文人学子都要读这部书。读它的目的，一是为了写文章，二是为了应付科举。

（三）魏晋南北朝时期阅读教学的教材

魏晋南北朝时期的阅读教学，一般是在学童学完识字写字教材，已经会认会写一部分汉字之后开始的。这沿用了汉代的办法。此时的诵读教材有以下几种：

（1）《孝经》《论语》。这两种书是诵读教学的必读教材，从汉代以来就是如此。《孝经》的地位到东晋南北朝时被抬得特别高。封建统治者重视《孝经》是为了巩固他们的统治。当时，有人特制金字《孝经》，有人每天限定要读《孝经》20遍，像和尚念《观音心经》一样。

（2）"五经"。学童读完《孝经》《论语》后，一般接着读"五经"。学童读"五经"大致有个次序，先读押韵的、容易上口的（如《诗经》），或者字数少的（如《尚书》），后读难读的、字数多的（如"三礼""三传"）。

（3）《老子》《庄子》。这个时期读《老子》《庄子》的学童大大增多，这是汉代所没有的。《南史》载，梁周弘正10岁通《老子》《周易》；《陈书》载，徐陵12岁通《庄子》《老子》义。读《老子》《庄子》的青少年增多，这和清谈玄学的风气盛行有关。

（4）诗赋文章。因为诗赋押韵、好读，所以也常被选用为学童初学诵读的教材。魏曹植"年十岁余，诵读《诗》《论》及辞赋数十万言"（《三国志·魏书》卷十九）。这些诗赋文章有《楚辞》《鲁灵光殿赋》《蜀都赋》等。这些古诗和辞赋，有的人在读了《孝经》《论语》以后读，有的人将它们和《孝经》《论语》同时读。这时文章也作为教材，所以有《文章流别集》《昭明文选》等书的产生。

（5）史书。要求学生读历史书籍，大概是考虑到日后的需要。蜀刘备教子读《汉书》。西凉武昭王诫子云："古今成败，不可不知，退朝之暇，念观典籍。"他们都是这种用意。有人甚至认为学童读史书比读《论语》《老子》《庄子》等更有用。

（四）魏晋南北朝时期阅读教学的方法

这时期的阅读教学仍然以自学为主要形式，辅以教师的讲解。教师有的是自己家中的长辈（南朝的何承天、谢贞，北朝的房景先、辛公义等都是由母亲教读的，由父兄教读的更多），有的是学馆的教师。家族子弟往往都有自己的学馆。

学童自学的方法，首先是读书。当时的读书有口治与目治的区别。

口治指朗读和吟咏。《南史》记载臧严讽诵《汉书》，略皆上口。萧励"尤好《东观汉记》，略皆诵忆"。这说明他们朗读这些书，以至能熟记背诵。吟咏多用于诗赋，吟咏得好往往受到称赞。这时吟咏有一种特殊的腔调，叫"洛生咏"。开始大概是洛阳的书生吟诵的腔调，后随着渡江名士传到江左。东晋的谢安就以此见长。《世说新语·雅量》载：桓温想要杀害谢安，设下伏兵请谢赴宴，谢安"望阶趋席，方作洛生咏，讽'浩浩洪流'，桓惮其旷远，乃趣解兵"。宋明帝《文章志》曰："安能作洛下书生咏，而少有鼻疾，语音浊，后名流多学其咏，弗能及，手掩鼻而吟焉。"

目治指浏览快读，就是只用眼看书，口里不发出声音，有的采取跳读的方法。这样读书就快得多。史书说宋武帝"读书七行俱下"，梁简文帝"读书十行俱下"。这都近于夸张，不过形容读书的速度快罢了。

自学的另一种方法是抄书。有的是因为家贫无书而抄写，也有的人家里有书，为了加深记忆，便于检阅而抄写，甚至有人竟将抄书当成一种乐趣。

阅读教学中，大部分时间用于学生自学，但也不能没有教师的讲授和朋友间的切磋。教师讲授的方式是比较自由的。有的教师上大课。还有的讲学，不光是学生听讲，同行专家和朝廷官员也来听讲。

阅读课有不同的风格。有的注重讲解的逻辑层次，如梁严植之"讲说有区段次等，析理分明"；有的注重讲课语言的修饰，如卢广讲课"言论清雅"；有的只阐明体例，如北魏刘献之讲《左氏传》；有的旁征博引，如樊深"每解书，多引汉魏以来诸家义而说之"（但因他没有注意到度的问题，征引超过了学生的接受能力，所以有学生反映他讲书"多门户，不可解"）。

魏晋时期的语文教育对文学和文化的发展起了非常重要的作用，对今天也具有很好的借鉴意义。现阶段的语文教育处于严重缺失的状态，中华传统文化和文学受到了冷落。中国的基础教育虽也认识到了提高语文学科核心素养的重要性，但教育模式的陈旧和教育者语文修养的不足，影响了学校教育的效果。文学作品被肢解成一个个层次、段落，文学内在的"神""气"荡然无存。魏晋南北朝在家庭教育中推行的模范教育、榜样教育对后代具有很好的垂范作用，历史上的文学家大多是因为早年对某一作家的喜爱和崇拜而走上文学之路——家风的严谨和对文学的倡导会强烈激发后学者的学习兴趣。而现在社会中，个性意识的崛起却导致对自我的崇拜和理想的丧失。因此在学校教育中，如何在发扬个性意识的前提下推行榜样教育，培养学生对语文和文学的兴趣是值得研究的课题。魏晋南北朝时期的语文教育给我们提供了一个可资借鉴的思路。

三、唐代的语文教育

（一）唐代语文教育概说

唐诗鼎盛，开一代诗风，创一代诗教，是这一时期语文教育最显著的特点。唐代在不到 300 年的统治中，遗留诗歌将近 5 万首，比自西周至南北朝一千六七百年间遗留下的诗篇数目多出两三倍。独具风格的著名诗人有五六十个，也大大超过战国到南北朝著名诗人的总和。在诗歌形式方面，初唐诗人创造了七言歌行，并且在学习前人经验的基础上，完成了五言、七言近体诗的形式。中唐以后，一些文人效仿民间的"曲子词"进行创作，诞生了"词"这种新的诗歌体裁。

韩愈、柳宗元提倡的古文运动和散文教育，与诗教相得益彰，对后代语文教育影响很大。继六朝以后，在唐初的文坛仍然是骈文占统治地位，公私文翰都讲究声律对仗、用典使事。其时文风浮靡，内容贫乏，早为有识之士所反对。陈子昂就是第一个以复古为革新的人。韩愈、柳宗元更是从理论与实践上大力提倡、领导古文运动。

从隋炀帝大业二年（606）开始的科举制度，到唐代逐渐完备，一直沿用到清末，对语文教育影响很大。

（二）科举制度对唐代语文教育的影响

1. 科举考试情况介绍

参加科举的考生，大致来自两条渠道：一是从皇家国子监所辖之六学的在籍生中选拔；二是由地方州、县长官将在家自学的士人择优发送。被选拔或选送者，前者称为"生徒"，后者名曰"乡贡"，集中后统称为"贡生"。考生要求自带身份、履历证书及鉴定材料。生徒和乡贡到京后，要举行盛大的拜谒先师的活动。国子监所辖六学包括国子学、太学、四门学、律学、书学、算学。《新唐书·选举志上》有专门记载："国子学，生三百人，以文武三品以上子孙"；太学"以五品以上子孙、职事官五品期亲若三品曾孙及勋官三品以上有封之子为之"，但年龄有硬性规定，限制在"十四以上，十九以下"；书学、四门学、律学、算学招收七至九品低级官吏子弟及"庶人之通其学者"。唐代为了广开才路，打破常规。

科举考试分为常科和特科两类。常科设有秀才、进士、明经、明法、明字、明算诸科目。特科有三礼、三传、武举等。在考生的录取方面，如明经科每10人可取1~2人，每次录取总数不得超过100人；进士科每100人可取1~2人，每次录取以20人为上限。玄宗以来，唐代科举唯重进士一科，高官率由此出。在上层和下层的反复较量中，才学的标准逐渐突显出来，大量有才学的孤寒子弟亦可中取进士。

2. 科举制度对语文教育的影响

唐代科举制度不仅对当时的文学创作产生了很大影响，也成为语文教育的有效指挥棒。朝廷以科举考试来检验学校培养的人才，造成了科举考试支配学校教育的局面。学校与科举考试的关系是：学校为科举考试服务，受科举考试制约。科举考试的内容是儒家经典，使得从学校到社会都重视读书、习文、创作诗赋和研习儒经，这对于结束魏晋以来的清谈学风与玄虚思想造成当时"五尺童子耻于不闻文墨"的风气，具有积极意义。科举考试中明法、明算、明字、武举、医科举、童子等科目的设置，对于重文轻武、重文轻算、重成年轻少年的陈规陋习，或多或少地进行了冲击，从而促进了当时语文教育的发展。

（1）科举制度以诗赋取士推动唐代诗歌的发展。

进士重在诗赋，虽难及第，但及第后仕途广泛，颇易晋升，尤为士人所重。"缙绅虽位极人臣，不由进士者，终不为美。"（《太平广记》）科举考试的应制诗多为点缀升平、雕字琢字之作。但以诗取士的科举制度刺激了人们发愤学诗，把大部分精力投入诗歌创作，这有利于诗歌艺术形式的不断完善和创作经验的广泛传播。"科举"二字具有分别科目、举送人才之义。唐代科举考试包括特科与常科两种，对语文产生影响的主要是常科，尤其是其中的进士科。唐代的进士科尤其重视文辞，而诗赋是最能显示士子的文学才华的。在正常情况下，诗赋的好坏对士人的弃取实际上起着颇重要的作用。诗赋倘若突出，就容易被有司称赏录取。虽然进士科所试诗具有一定的程式，如唐文宗开成元年（836）秋对礼部侍郎高锴所诏示的"其所试诗赋，则准常规；诗则依齐梁体格"。这对试诗作者有所拘缚，并由此而影响到其平时为应试而准备的诗作练习，产生某些不良作用。但是诗歌既然已成为科举仕进的一块极有效的敲门砖，一般士子唯有善于此道才有希望敲开仕进之门，这也就必然迫使他们更加重视诗歌，讲求诗艺，同时也促使更多的人关心与创作诗歌。当他们在日常研习吟咏之时，为寻求诗材与灵感，必然留意观察生活、社会与自然，优秀的诗作往往由此产生。

（2）科举制度对唐代的行卷之风起到推动作用。

唐代科举考试的试卷不实行糊名和誊录制度，这就使主考官有对人不对文的录取自由。且主考官录取进士除看试卷外，还要参考考生平日的作品和声誉。因此，考生必须向

"先达闻人"尤其是那些决定录取名单的人呈献自己平日的力作,争取他们的称颂与引荐。这种行为就是所谓的行卷。直接从科举中产生出来的精华之作,就应该归功于唐代士人的行卷之风。在行卷之作中,作者所表现的是自己所熟悉的生活,所抒发的基本上也是自己的真情实感,所采用的也是自己擅长的体裁,阐发社会、政治、美学思想也较自由。行卷之作不仅发挥了考生在文学领域的专长,激发了其创作热情,也产生了一些流传后世的优秀作品,如白居易的《赋得古原草送别》、李贺的《雁门太守行》、朱庆馀的《闺意献张水部》等作品。唐代的科举考试以及行卷之风推动了唐代文学的发展与繁荣。

（3）科举制度促进了唐代小说的盛行。

唐代科举考试对小说的影响并不是直接的,而是通过科举士子的交游聚会实现的,也就是科举士子诗文中常常提到的"壮游""浪游"。各地举子为了科考而长途跋涉聚会长安,宿游与共,形成文人小团体。进士放榜后,还须共同参加一系列仪礼活动,拜谢座主和参谒宰相,之后又有"曲江会""杏园宴"等活动。考中科举以后,士子免不了要异地为官,甚至升迁贬谪,奔走颠簸。同时,唐代文人尚奇好异,在游历的过程中积累了大量各地见闻和奇闻逸事,或是亲身经历,或是由他人口中听来。于是诗酒酬唱和宴集聚谈的内容,自然就离不开这些见闻和逸事了。集宴中的一些人建议把这些奇闻逸事整理成文,于是就成了征奇记异的笔记小说或传奇小说。许多小说就是在这种交游聚会上产生的。

（三）唐代蒙学教材考述

唐代蒙学教育以识字教学为主,同时进行知识教育和思想教育。具体而言,主要围绕三个方面展开:识字开蒙,以资记账、写信、阅读书札文告等生计需要和进一步学习之需;品德培养,以求知书达礼、应对进退、待人处事礼数周全,明善恶、辨是非,忠君尊上、父慈子孝、长幼有序、兄友弟恭;中举及第,以期扬声名、显父母,晋身统治阶层,即所谓的"草泽望之起家,簪绂望之继世"[1]。可以说,唐代蒙学教育离不开上述三个方面,只可能由于地区差异和个人需求的不同会有所偏重。就教育而言,不同的教育内容会产生不同的教育效果。"蒙学和作为其主体内容的蒙学读物,是传统文化的重要组成部分。在某个时代,为什么而教学、教或学些什么以及怎样教学,往往是这一时代性格和气质的典型体现。通过蒙学这扇窗口,我们就能了解这个时代的精神风貌,了解这一时代的文化

---

[1]［五代］王定保. 唐摭言校注［M］. 阳羡生,校注. 上海:上海社会科学院出版社,2003:81.

特征。……在产生或流传于某个时代的蒙学读物中,往往潜藏着这个时代的文化秘密。"[1]因此,我们将唐代新编蒙学教材从被冷落的角落里找寻出来,尝试了解唐代蒙学教学的规律和蒙学教材编写的经验。

唐代的蒙学教育与前期相比已经达到高度自觉的发展阶段。发达的蒙学教育思想及时地拓展了蒙学教材的编写范畴。在原始的单纯识字类教材基础上,唐代新编教材衍生出道德、知识、应用等各种类型,如《太公家教》《蒙求》《兔园册府》等。

1. 抄集名言谚语,向学童进行识字教育和思想教育的蒙学教材

这一类蒙学教材品类众多,既摘录古书上的名言,也吸取流行的谚语,尽量做到通俗易懂。有的干脆用白话,多数是不严格的对偶句,容易念,容易记。因此这类教材风行全国,几乎家喻户晓,如《太公家教》《新集严父教》和《新集文词九经钞》等。

《太公家教》作者未详,在史志和宋人书目中均未著录。唐人李翱在《答进士王载言书》中提到过《太公家教》:"义不主于理,言不在于教劝,而词句怪丽者有之矣。《剧秦美新》,王褒《僮约》是也。其理往往有是者,而辞章不能工,有之矣。刘氏《人物志》,王氏《中说》,俗传《太公家教》是也。"李翱把这本书与《人物志》《中说》相提并论,可见对它是比较重视的。《太公家教》是中唐到北宋初期普遍流行的一本蒙学教材,到宋代才在中原亡佚。不过,它仍然为中国北部和东北的辽、金、高丽各民族内的说各种语言的儿童们所诵习,被翻译成几种文字,一直用了四五百年,由此可知此书影响之大。在敦煌所出的古写本中,《太公家教》是数量最多的一种。

作为蒙学教材,《太公家教》最显著的特点是用语浅近通俗。句式上主要为四字短句,少量间杂五字、六字和七字句。有些语句和口语很接近,如"他篱莫越,他事莫知;他贫莫笑,他病莫欺;他财莫取,他色莫侵;他强莫触,他弱莫欺;他弓莫挽,他马莫骑;弓折马死,偿他无疑","罹网之鸟,悔不高飞;吞钩之鱼,悔不忍饥","男年长大,莫听好酒;女年长大,莫听游走"。《太公家教》一书用语的浅俗,曾经遭人诟病。宋人严有翼《艺苑雌黄》在论及杜荀鹤诗的鄙俚时用《太公家教》作为比照说:"(杜荀鹤)《唐风集》中诗极低下,如'要知前路事,不及在家时','不觉裹头成大汉,初看骑马作儿童'之句,前辈方之为《太公家教》。"宋人张淏《云谷杂记》亦云杜荀鹤诗:"其他往往伤于俚俗。前辈因之为《太公家教》,正以其语多鄙近也。"王明清《玉照新志》也称"世传《太

---

[1] 徐梓. 蒙学读物的历史透视[M]. 武汉:湖北教育出版社,1996:2.

公家教》，其言极浅陋鄙俚"。上述言论都对《太公家教》文辞的粗浅通俗有所鄙斥。然而，这种浅近通俗的语言可以说正是蒙学教材的特色，家庭教育处于日常话语的氛围，所以其措辞粗浅是显然的。从儿童学习语言的特点来看，感性化、口语化的文本更适合他们的认知水平和能力。因此，《太公家教》语言的浅近通俗其实也是在运用儿童所能理解和感受到的语言文字来为他们编写教材，主要是为了适应儿童的理解和接受能力。

《太公家教》的另一特点是采撷谚语，训示品德。《太公家教》一书中也采集了不少唐代之前流行的有助于道德教育的俗言谚语，如"一日为师，终身为父"，"凡人不可貌相，海水不可斗量"，"香饵之下，必有悬钩之鱼；重赏之下，必有勇力之人"，"一人守险，万夫莫当"，"看客不贫，古今宝语"，"近朱者赤，近墨者黑；蓬生麻中，不扶自直"，"勤是无价之宝，学是明月之珠"，"积财千万，不如明解一经；良田千顷，不如薄艺随身"，等等。这些谚语具有易于接受、便于口传和利于记忆的特点。培养品德是儿童教育的重要内容，通过谚语的形式训示品德，使儿童在顺口诵习中潜移默化地接受这些道德规范，而不至于感到枯燥、乏味和教条。这恐怕是《太公家教》作为蒙学教材之所以能流传久远的原因。

另外，在唐代长安盛行的此类蒙学教材还有《新集严父教》和《新集文词九经钞》。《新集严父教》的性质与《太公家教》相近，其用五言韵语，说明严父教子的道理。例如第一篇说："家中所生男，常依严父教。养子切须教，逢人先作笑。礼则大须学，寻思也大好。"[1]《新集文词九经钞》作者不详。王重民在《敦煌古籍叙录》里评价说：此书"杂辑九经诸子中佳言粹语，颇有助于修身，盖在《开蒙要训》之上，为入德之门也。卷内刘通、刘会之言，《九谏》《要诀》之书，与古经史并引，而其人不见于正史，其书亦未见著录，则并当时社会上通行之童蒙书也"。《新集文词九经钞》作者自序说："包括九经，罗含内外。通阐三史，是要无遗。今古参详，礼仪咸备。忠臣孝子，从此而生；节妇义夫，亦因此起。"可见，这是一本着重向学童进行封建思想道德教育的书。

2. 将典故编成韵语，供学童识字和学习历史知识的蒙学教材

唐代还盛行一些重在用典使事的蒙学教材，这类教材沿用南朝隶事的做法，将典故编成韵语，供蒙童学习。除识字外，还可习得历史故事和知识。这类教材有《蒙求》《兔园册府》《籯金》等。

---

[1] 向达. 唐代长安与西域文明[M]. 北京：生活·读书·新知三联书店，1957：249.

《蒙求》是中唐至北宋最为通行的蒙学教材，作者唐代李翰，成书大约在746年。《蒙求》在蒙学史上可与《急就篇》《千字文》前后辉映，对于唐代以后的蒙学教材产生了极大的影响。从编写体例来看，其有如下一些特点：

《蒙求》继承六朝以来隶事的传统做法，篇幅不多，内容丰富。全书只有2卷，正文596句，2384字，共收集典故590多个。基本上是一句一个典故，只有最后四句结束语没有用典。李氏原著对每句正文都自作注解。唐李华《蒙求序》里说："每行注两句。"[1] 注解就是所集的事，正文是每件事的题目。例如"周嵩狼抗"，《晋书·周嵩传》作"抗直"，《蒙求》不仅注出了《晋书》所引，还借《世说新语》本作"狼抗"来作说明。注文都写明出自何书。这样，唐代学童读了这句正文，不仅知道了一个故事，而且懂得了"抗直""狼抗"等词语的意义和用法，还初步接触了记载此典故的书籍。当时学童用此书者甚多，有的学童把正文、注解一起读，有的只读正文，注解由老师讲。所以敦煌写本的《蒙求》，有的有注解，有的没有注解。《蒙求》以前的集事书，都是分门类的。《蒙求》却不分门类，把500多个典故组成一篇完整的四言诗。这是一种创新，对于学童记诵也许更方便一些。

《蒙求》通体是四字句，整齐押韵。每两句为一组，互为对偶，包括两个性质相近的故事。逢双句押韵，每八句押一个韵。例如开头的16句为："王戎简要，裴楷清通。孔明卧龙，吕望非熊。杨震关西，丁宽易东。谢安高洁，王导公忠。匡衡凿壁，孙敬闭户。郗都苍鹰，宁成乳虎。周嵩狼抗，梁冀跋扈。郗超髯参，王珣短簿。"最后四句为结束语，单独押韵："浩浩万古，不可备甄。芟繁摭华，尔曹勉旃。"基本上是一句记载一个典故，如果一个人身上有两个典故，就分作两句，编在两处，如"陶潜归去""渊明把菊"。就内容而言，《蒙求》所介绍的都是历史人物的事迹，是帮助学童熟记典故的蒙学教材。在唐代的科举考试制度中，诗赋与策的考试就要求考生具备丰富的经史知识、熟记各类典故，只有这样才能在考试时信手拈来，为最终的及第增加胜算。而这些知识的积累绝非一日之功，需在幼年的学习中就开始积累。《蒙求》无疑为童蒙熟记、积累典故提供了便利。

《蒙求》成书不久便开始流行。唐杜荀鹤《赠李镡》诗云："地炉不暖柴枝湿，犹把《蒙求》授小儿。"宋陈振孙《直斋书录解题》说：《蒙求》三卷，唐李翰撰。本无义例，信手肆意杂袭成章，取其韵语易于训诵而已。遂至举世诵之，以为小学发蒙之首，事有甚

---

[1] 王重民. 敦煌古籍叙录[M]. 北京：中华书局，1979：207.

不可晓者。"为了押韵易读，《蒙求》不分门类，看上去好像"信手肆意杂袭成章"，其实是作者花了不少工夫组织的。这是《蒙求》的一个特点，大概也是它"遂至举世诵之，以为小学发蒙之首"的一个原因。

3. 供学童讽诵的当代诗歌选本

将诗歌教学普遍纳入童蒙计划的，应该在唐高宗时期。680年，主管贡举的吏部考功员外郎刘思立，奏请在当年科举考试的"进士科"中加试杂文两首，其中就包含诗赋。从这以后，入列考试内容的诗歌便成了唐代长安及其他地区学生重点要学习的科目。

唐代诗歌创作最为繁荣，诗歌选本的编写也很活跃。除了选编传统经典诗文以外，有人开始尝试以诗歌形式重写蒙学教材。其中，诗人胡曾编的《咏史诗》堪称最佳，在晚唐、五代时颇为盛行。有学者认为，《咏史诗》是我国最早的一部诗歌类启蒙教材。《咏史诗》将多达150个历史事件，以诗歌的形式介绍给学生，学生既读了诗歌，又学了历史。例如《咏史诗·沛宫》："汉高辛苦事干戈，帝业兴隆俊杰多。犹恨四方无壮士，还乡悲唱《大风歌》。"张政烺在《讲史与咏史诗》里说："自晚唐至明人，常用咏史七言绝句为小学课本。"又云："胡曾《咏史诗》盛行于日本，常与《千字文》《蒙求》合刻，称为'明本排字增广附音释文三注'。盖三者皆训蒙之书，性质相近，故合刻之。"[1] 咸通年间（860—873），邵阳陈盖为《咏史诗》作注，也是做教学之用。

《文场秀句》是唐代长安另一本较为流行的诗歌选本，在历朝史书中都有相关记载。《新唐书·艺文四》《通志·艺文八》等书皆著录"王起文场秀句一卷"。《旧唐书》卷一百六十四所附《王起传》中有"为太子广五运图及文场秀句等献之"的记述。《宋史·艺文六》著录"文场秀句一卷"，但未标注撰者姓名。敦煌文献唐抄本《杂抄》中则有"《文场秀句》，孟宪子作"的记载。《旧五代史·冯道传》有"中朝士子，止看《文场秀句》便为举业，皆窃取公卿"的话，可见此书不仅用于蒙学教育，也是当时科举考试用的初级读本，供学子讽诵模仿。另外，《日本见在书目录》"小学类"中有《文场秀句》一卷，日本所存有注本《游仙窟》中亦有引自"孟献忠文场秀句"的释文。可见，《文场秀句》在唐代就已经流传到日本了。

敦煌变文《左街僧录大师压座文》中有一段话："设使身成童子儿，年登七八岁，髻双垂。父怜漏草竹为马，母惜胭腮黛染眉。女即使闻《周氏教》，儿还教念《百家诗》。算

---

[1] 孟宪承，陈学恂，张瑞璠，等. 中国古代教育史资料［M］. 北京：人民教育出版社，1961：203.

应未及甘罗贵，早被无常暗里追。笄年弱冠又何移，渐渐颜高即可知。"《周氏教》《百家诗》都是蒙学教材，但书已亡佚。《周氏教》应是与《女诫》同类的女孩读物。《百家诗》则是给男孩念的诗歌选本。从《左街僧录大师压座文》可以看出，《百家诗》在当时是很流行的，它对后来《千家诗》的撰写自然会产生影响。

除了这类选本外，有时教师会临时选用当代流行的诗篇作为教材，如白居易、元稹、杜牧等人的诗作。一般来说，儿童读的诗应该是短章，这样好读，容易接受。不过也有读长篇巨制的。唐宣宗《吊白居易》诗有云："童子解吟长恨曲。"《长恨歌》就是长篇。

蒙学教材是传统文化的重要组成部分。周谷城先生在1985年岳麓书社出版的《传统蒙学丛书》序言中说："研究唐五代文化，除了《北堂书钞》、《监本九经》，还不妨研究今存《兔园策》残篇；研究宋代文化，除了《困学纪闻》、《剑南诗稿》，也不妨研究研究《三字经》和《百家姓》。虽然《兔园策》不必为虞世南所编，《三字经》不必为王应麟所撰，而且《三字经》也不一定只为村夫牧子诵读；但当时普通人所受的教育，以及他们通过教育而形成的自然观、神道观、伦理观、道德观、价值观、历史观，在这类书中，确实要比在专属文人学士的书中，有着更加充分而鲜明的反映。"[1] 周谷城先生特别强调蒙学教材所特有的研究价值，是极富深意的，这的确应该成为我们研究唐代蒙学教材、发掘其现代价值的指导性原则。可以说，探古溯源对我们今天的教材建设有着极其重要的意义，当然还有许多方面需要我们继续深入地去探讨。

（四）韩愈的语文教育思想

韩愈，唐代杰出的文学家和教育家。他所提出的文学理论和教育主张，对我国语文教育产生过重要影响。韩愈十分注重阅读和写作，对此都有比较完整、系统的见解。

1. 阅读方面

（1）阅读要求。

一是勤学苦读。韩愈在《进学解》中不仅向学生提出进学的目标是"业精""行成"，而且指出达到这一目标的途径是"勤""思"，而力戒"嬉""随"，即所谓"业精于勤而荒于嬉，行成于思而毁于随"。二是尊师重道。韩愈认为读书是为了学习"道"和"业"。所谓道，自然是存"圣人之志"的儒家之道；所谓业，也无非是那些既能载道，又能作为文

---

[1] 喻岳衡. 传统蒙学丛书[M]. 长沙：岳麓书社，1985：1.

章典范的"三代两汉之书"。在学习的过程中，需要老师来传道、授业、解惑。

（2）阅读方法。

首先是多读多看，吟诵涵泳。"口不绝吟于六艺之文，手不停披于百家之篇。"这种多读多看的方法，是传统读书法的精华。其次是区分读物，提要钩玄。韩愈说："记事者必提其要，纂言者必钩其玄。"意即阅读资料一类的书，一定要抓住要点；阅读理论一类的书，一定要探究它的精义。根据不同的读物采用不同的阅读方法，这里面已经包含辩证唯物主义因素，值得充分肯定。再次是广采博取，认真积累。韩愈认为读书还应该"贪多务得，细大不捐"，此外还应"旁搜""俱收并蓄"。这些既是阅读的基本方法，也是治学的必要途径。

2. 关于写作的要求，韩愈提出了许多有益的见解

辞事相称。他认为文章是根据它所反映的事物来写的，因此文辞、言语必须与其所反映事物的实际相符。即所谓因事陈辞，或者说其具体标准是"丰而不余一言，约而不失一词"，否则"文字暧昧，虽有美实，其谁观之？"这就从正反两个方面阐明了写作教学中的一条基本原则：为了准确有力地表达文章的思想内容，必须重视语言形式，使形式与内容相统一，形式服从于内容。

言为德表。韩愈认为文章是作者思想品德的反映，一个人的思想意识和品德修养是写作的根本。只有加强思想修养、提高认识水平，才能写出好文章来。因而，他把文章比作果实、灯光，把思想认识比作果树、灯油。

辞必己出。韩愈在指导青年学习古文时，特别要求创新，大力提倡独创精神，反对模拟抄袭。他认为"惟古于辞必己出，降而不能乃剽贼"，至于"师古圣贤人"，应"师其意，不师其辞"，语言形式、显现方法还是应该由自己创造。

文从字顺。"文从字顺各识职"，是韩愈在写作理论上又一著名论点，即要求作文遣词造句应通顺妥帖，符合语法规律。

四、宋、元、明、清时期的语文教育

宋、元、明、清时期，地主阶级的教育理论和学校教育，在严重的民族危机和统治危机面前，加剧了地主阶级中不同阶层和政治集团之间的斗争，并在这一政治及经济、科学技术的基础上发展变化。各种不同派别的教育思想形成了体系，学校设立更为普遍，学校种类增多，出现了书院。但由于整个封建制度已渐趋没落，教育上的弊端也日益增多。

（一）宋代三次教育改革

宋代继承了唐代的学校教育制度并继续发展。宋开国之初，朝廷过于重视科举考试制度而忽视学校教育。但通过学校教育培养人才是当时一些有识之士的共识，因而得到重视。于是，自庆历四年（1044）起，宋代先后兴起了三次著名的学校教育改革。

第一次学校教育改革史称"庆历兴学"，时间在宋仁宗庆历年间（1041—1048），主持人是范仲淹。范仲淹任参知政事，实行"庆历新政"，提出10项改革方案，要求兴学育才，改革不重学校教育只重科举考试取人的做法。范仲淹的教育改革主要有三项内容。一是通过兴办学校来培养人才，下令州县立学，并改进了太学与国子学，主张参加科举考试的人须先接受一定时间的学校教育，如一般考生须在学校学习300天以上才准许参加科举考试。二是改革科举考试制度，规定科举考试先考"策"，次考"论"，再考"诗赋"，废"帖经""墨义"，改变过去重视死记硬背的考法。三是创建太学并改革太学教学制度，推广著名教育家胡瑗所创立的"苏湖教法"。其做法是设立"经义""治事"两斋，分斋教学。入"经义"斋的学生，主要学习"六经"等儒家经典著作。入"治事"斋的学生，主要学习军事、民政、农田水利、测量计算等内容。学生可先确定一个主修学科，然后选一个副科，一主一副，可使学生学得广、深、新、活，扩大知识面。这种经义与实践并重、因材施教与学友互相切磋相结合的方法，大大提高了太学的教学质量，改变了当时空疏的教育内容和形式主义的学风。

第二次学校教育改革史称"熙宁兴学"，时间是宋神宗熙宁年间（1068—1077），主持人是王安石。王安石任参知政事，后拜同中书门下平章事。王安石在神宗的支持下，推行"熙宁新法"，认为造就人才、统一思想，是实行新法的重要条件。这就需要改革学校教育及科举考试制度，使之适应造就人才这个目标。王安石的教育改革主要有四项内容。一是改革太学，创立"三舍法"。所谓三舍法，就是将太学分为外舍、内舍和上舍三个程度不同、依次递升的等级，太学生相应分为三类。初入太学者，为外舍生，每月考试一次，在每年举行的升舍考试中，成绩获得第一、第二等者，参酌平时行艺，升入内舍学习，为内舍生。内舍每两年举行一次升舍考试，成绩为优、平两等者，参酌平时行艺，升入上舍学习，为上舍生。上舍每两年举行一次考试，考试方法与科举考试"省试法"相同，太学学官不能参与，而由朝廷另委考官主持。成绩评定分为三等：平时行艺与所试学业皆优为上等，一优一平为中等，全平或一优一否为下等。上等者免殿试，直接授官，中等者免礼部试，直接参加殿试，下等者免贡举，直接参加礼部试。三舍法是在太学内部建立起严格的升舍考试制度，对学生的考查和选拔力求做到将平时行艺与考试成绩相结合，学行优劣与对其的任用相结合。这有利于调动学生学习的积极性，提高太学的教学质量。同时又把上舍考试与科举考试结合起来，融培养人才与选拔人才之功能于太学，提高了太学的地位。这是中国古代太学管理制度上的一项创新。二是恢复和发展州县地方学校。三是恢复与创立武学、律学、医学等专科学校。四是编撰《三经新义》，即对儒家经典《诗经》《尚书》《周礼》三经重新训释，书成后颁发给太学与诸州府学作为统一教材，书中内容即科举考试的基本内容和标准答案。此外，王安石还对科举考试进行了改革，他下令废除明经诸科；进士科考试，试以经义、论、策，不再考诗赋、帖经、墨义。

第三次学校教育改革史称"崇宁兴学"，时间是在宋徽宗崇宁年间（1102—1106），主持人是蔡京。蔡京任尚书右仆射，秉承徽宗旨意，希望继承"熙宁新法"来挽救北宋统治危机，恢复和发展了"熙宁兴学"的某些措施。其改革的主要内容有三项。第一，全国普设地方学校。第二，建立县学、州学、太学三级相联系的学制系统。规定县学生须经考选升州学，州学生每三年根据考试成绩升入太学不同的斋舍。成绩上等者升上舍，中等者升下等上舍，下等者升内舍，其余升外舍。这种学制系统对后世产生了一定影响。第三，新建辟雍，发展太学。辟雍也称为外学，作为太学的外舍。第四，恢复医学，创设算学、书学、画学。第五，罢科举考试，改由学校取士，这是对取士制度的重大改革。

上述北宋三次学校教育改革，虽前两次均未能取得预期的效果，但都不同程度地将北宋的学校教育事业向前推进了一大步。第三次学校教育改革的主持人是蔡京，此人以复新法为名，排斥异己，加重剥削，大兴土木，挥霍浪费，被称为"六贼之首"。但在执政任内，尚大事兴学，力主学校教育改革，对宋代学校教育事业的发展起到了促进作用。

（二）宋代胡瑗的"苏湖教法"

胡瑗是北宋著名的教育家、学者，也是开宋代学术先河的重要人物。他学识渊博，为人正直。初办私学，后受到苏州知事范仲淹的赏识，被聘为苏州郡学教授，后任湖州州学教授。他前后在这两所学校任教20余年，形成一套独特的教法，世称"苏湖教法"。后在太学任教，弟子遍布天下。由此看来，其教学方法及思想有着非常大的研究和借鉴意义。

1. 胡瑗其人

胡瑗，字翼之，生于宋太宗淳化四年（993），死于宋仁宗嘉祐四年（1059），是江苏泰州海陵（今江苏如皋）人。因为他世居安定（今属陕西安定），故后世学者多称他为安定先生。

胡瑗7岁时就能写文章，13岁时已读完儒家经典，成为乡里引人注目的才子。青年时期的胡瑗为了避免世事的干扰，跟好友孙明复、石守道一同上泰山隐居读书，深入研读儒家经典和百家之言。胡瑗为了不扰乱自己专心求学的心思，每逢家书捎来，他只要看到"平安"二字便将信投入山谷不再细读。他们三人日后都成为一代人师，被世人称为"三先生"。三人中以胡瑗的学生最多、教法最备，他还形成了自己独特的"沈潜、笃实、醇厚、和易"的学风。[1]

经过数年的教学，胡瑗逐渐成为苏州地区远近闻名的学者。后来，由于范仲淹非常景仰胡瑗的学识和为人，所以在郡学建立之时，就聘请胡瑗作为郡学的教授，并把自己的两个儿子都送到郡学中跟胡瑗学习。胡瑗在苏、湖二州郡学和州学的教学实践中，辛勤地培养学生，并着手进行了大胆的改革，著名的"分斋教学法"就是他这一时期的杰出创作。

宋仁宗庆历四年，经过范仲淹、宋祁等人的努力，宋代开始了第一次大规模的兴学运动。在这次运动中，朝廷很注意收拢高级人才。由于胡瑗在苏、湖地方教学中取得了很大的成功，闻名遐迩，所以仁宗皇帝下诏，派员到苏、湖两州考察胡瑗的教法，并主张采用胡瑗的"苏湖教法"为太学法。因此，胡瑗对教育理论的贡献，一言以蔽之，即为"苏湖教法"的创立。[2]

2."苏湖教法"的内容

胡瑗长期从事教学活动，经验十分丰富。欧阳修称赞他"教学之法最备，行之数年，东南之士莫不以仁义礼乐为学"。这种教法一反当时盛行的重视诗赋歌律的学风，提倡经世致用的实学，重经义和时务，主张"明体达用"。事实上，胡瑗教育思想中最精彩的部分也就是教学方法。他的这些教学方法，是在教学实践中摸索出来的，也是在继承古代教育家教学的基础上发展起来的。具体来讲，有以下几种[3]：

（1）分斋教学法。

分斋教学法是"苏湖教法"的核心。这是宋代风靡一时并惠及以后诸代的教学组织法。它将学校分作经义、治事二斋。经义斋"选择其心性疏通有器局，可任大事者，使之讲明六经"，将学生培养成在政治、刑教等方面有所作为的管理人才；治事斋分治民、堰

---

[1] 毛礼锐. 中国古代教育家传［M］. 北京：北京师范大学出版社，1987：172-177.
[2] 喻本伐，熊贤君. 中国教育发展史［M］. 武汉：华中师范大学出版社，1999：238.
[3] 苗春德. 宋代教育［M］. 开封：河南大学出版社，1992：248-252.

水、历算等科，旨在培养精干实用的技术、管理人才。经义斋，学习六经经义等儒家经典，培养学生的文字阅读、思维和研究的能力。在治事斋中，每人要选择一个主科，同时还要选择一个或几个副科。

分斋教学法是世界上最早的文理分科制度，使学生能根据自己的兴趣与才能择其一种并兼一种，有利于学生接触生活实际，学以致用。黄宗羲曾称赞分斋教学法说："盖就先生之教法，穷经以博古，治事以通今，成就人才，最为得当。"

胡瑗开创的"分斋教学法"其实是因材施教教学理念的具体体现。胡瑗在对其弟子进行分斋时，首先要充分了解每一个学生的特点和其所擅长的方面，再根据每个学生的特长和志趣去发挥他们的积极性。这一点，和当代美国教育心理学家加德纳所提出的"多元智能理论"相符合。但是，"分斋教学法"不仅将各个科目分门别类，而且对于同一科目，也要根据学生的不同特点来进行课程安排和设置；在教学评价中，还设计了不同的标准来对学生进行评价。

（2）讲授教学法。

讲授法是古代教学中最常用的一种方法，教师通过讲授可以给学生一系列系统的、连贯的知识，学生易于理解所学的内容。特别是在学生众多的情况下，这是个可行的办法。丁宝书所辑《安定言行录》记载："安定胡翼之，皇祐至和间，国子直讲，朝廷命主太学。时千余士。日讲《易》，予执经在诸生列，先生每引当世之事明之。"胡瑗在给学生讲授教材时很有特点，他循循善诱，真诚恳切，抓住重点，深入浅出，很受广大弟子的欢迎。

胡瑗在讲授的过程中还经常穿插使用讨论教学法和激励教学法。胡瑗始终把学生看成是学习的主人，并将学生按兴趣爱好及才能分成各小组，组员之间互相问难。他除从旁点拨外，还结合时政加以阐发，以激发学生浓厚的学习兴趣，取得了很好的效果。另外，胡瑗对学生的学习甚为关心，常常用激励法促使学生立定志向，努力思考，深入钻研。例如，胡瑗时常在学生中，"择其过人远甚人畏服者奖之激之，以劝其志"。这些做法，都极大地调动了学生学习的主动性和积极性。

（3）直观教学法。

直观教学法是教学过程中一个重要的环节和方面，也是达到教学目的较为有效的方法。胡瑗在湖州州学的教学实践中，就把"三礼"（《周礼》《仪礼》《礼记》）中所记载的礼仪器物描绘成图，悬挂在讲坛之上，供学生学习，帮助学生理解古代礼仪制度，使"人人得窥三代文物之懿，朝夕对之，皆若素习"，取得了良好的教学效果。

（4）娱乐游戏教学法。

娱乐游戏教学法是胡瑗组织教学的一个重要方面。在太学任教时，每次考试完毕之后，胡瑗总要带领学生到肯善堂（当时的礼堂）去奏乐歌诗，并亲自指挥学生演唱，直到深夜。可以肯定的是，游戏可以调节学生的生理和心理状况，促进他们学习效率的提高。从某种意义上讲，这样的教学法是符合教育科学规律的。这样做不仅联络了师生之间的关系和感情，也有利于学生身心的健康和性情的陶冶。

胡瑗自己对古代礼乐就很有研究，曾几次应诏入京，更定雅乐，铸造钟磬，还撰写了《景佑乐府奏议》等著作。娱乐游戏教学法，可以说是他的礼乐理论与教学实践相结合的结晶。

（5）游学考察教学法。

游学考察是古人将书本知识和客观实际相结合的一种良好的教学方式，虽然古老，但是一种行之有效的教学方式。胡瑗很重视游学考察，他说："学者只守一乡，则滞于一曲，则隘吝鄙陋，必游四方，尽见人情物态，南北风俗，山川气象，以广其闻见，则为有益于学者矣。"他曾亲自带领弟子数人游学关中。至潼关，因路峻隘，舍车而步，即上至关门，目睹了"黄河抱潼关，委蛇汹涌，而太华、中条环拥其前，一览数千里，形式雄张"的壮丽景观，胡瑗便感叹道："此可以言山川矣，学者其可不见之哉！"由此可以看出，游学考察不仅能锻炼人的意志，还能使人增长见识。因此，胡瑗力主让学生走出书斋，到名山大川、到大自然中去进行考察，以增长见闻。这一点是很积极，很有进步意义的。对于游学考察教学法，唐宋八大家之一的苏辙在《上枢密韩太尉书》曾指出："辙生好为文，思之至深。以为文者气之所形，然文不可以学而能，气可以养而致。……太史公行天下，周览四海名山大川，与燕、赵间豪俊交游，故其文疏荡，颇有奇气。"再者，古语有言道：读万卷书，行万里路。

（6）言传身教法。

在实际教学中，胡瑗对学生一直严格要求，而且他要求学生去做的自己会先做到，以人格感化、教育学生。《宋史·胡瑗传》上记载："瑗教人有法，科条纤悉备具，以身先之。"在生活上，他对学生倍加关心、爱护，师生关系十分融洽。所以，欧阳修曾称赞他说："先生为人师，言行而身化之，使诚明者达，昏愚者励，而顽傲者革、故其为法严而信，为道久而尊。"

上述六种具体的语文教学方法，总体而言是承前启后的。"分斋教学法"关注学生的特长，发展学生的智趣，对当代语文教学中生活资源的开发、针对性教学的开展具有借鉴意义;"讲授教学法"将讨论和激励贯穿于教学中,启发了当代语文教学对科学讲授的全面认识、科学运用;"直观教学法""娱乐游戏教学法"对语文教学具象化、参与性的强调,与当代语文教育改革倡导的"自主、合作、探究"的学习方式不谋而合;"游学考察教学法"将书本知识和教育实践相结合,诠释了当下语文即生活的"大语文"观;"言传身教法"要求语文教师成为杂家,对当代语文教师角色的转化具有指导意义。这六种教学法在一定程度上,能够促进学生语文学科核心素养的形成与发展。

(三)元代及明清时期的教育思想

1. 元代程朱理学教育思想的盛行

元代教育继承了辽、金、西夏的教育制度和基本体系,实行"尊用汉法、重用汉人、推行汉化"的政策和"尊孔崇儒"的方针。伴随元朝统一,宋代理学逐渐北传,经过赵复、杨惟中等人的不懈努力,宋代理学不断受到统治者重视,逐渐成为思想界和教育界的核心与主流。可以说,元代教育思想主要是理学教育思想占主导地位。元代学者或是合会朱陆,兼容理学和心学,以推动儒学教育思想的普及;或是发展朱学,在教育教学实践当中将朱熹教育思想进一步细致化、具体化。前者以吴澄为代表,后者以程端礼为代表。吴澄著《五经纂言》、程端礼著《程氏家塾读书分年日程》等对推行理学教育颇有影响,为我们展示出元代教育思想发展的面貌。

2. 明清时期教育的专制化与时代特色

从明代到鸦片战争结束是中国封建社会从成熟进入衰亡的重要时期。中国传统教育在明清时期,已发展得相当成熟,教育机制和教育管理制度都已经非常完备。数千年的文明成果和教育经验累积在这一时期被纳入君主专制和文化专制的框架。与此同时,伴随专制的高压和资本主义的萌芽,明清时期的各类"异端"思想也层出不穷,如明代王守仁的心学、明清之交的实用思潮和反理学思潮、清代的汉学思潮等。但是它们并未动摇明清官学教育的地位,整个国家教育依然带有专制化特性。总体来说,明清时期,为了封建君主专制统治的需要,统治阶级尊经崇儒,以程朱理学作为其文化教育的指导思想;但是意识形态领域则并非铁板一块,仍涌现出不少新的学术观点、教育思想流派,并形成了新的学风,在中国教育思想发展史上留下了浓重的一笔。具有代表性的就是明中叶,以王守仁为代表的心学教育思想,作为程朱理学教育的对立面而崛起,曾盛行200余年。

王守仁提出了以"存养"为特征的教育过程论。他认为教育的起点不是程朱学派提出的博学,而是"致良知"。"良知"即是人心自然固有的"天理",是忠、孝、仁、悌、信等道德观念，是不学而能辨别是非善恶的能力。由于人私欲的遮蔽，才使"良知""昏昧放逸"，行为陷入"非辟邪妄"。"致"就是"省察存养"，"省察是有事时存养，存养是无事时省察"。他说读书的作用仅仅是印证心中的"良知"而已。"致良知"的教育过程，便是教人直接做"去人欲，存天理"的功夫，也就是"谨守其心"。这是王守仁早年提倡的道德修养方法。他认为道德修养的根本任务是"去蔽明心"，即去除物欲的昏蔽，发明本心所具有的"良知"。因而，道德修养无须"外求"，而只要做静处体悟的功夫。他在《与辰中诸生》中写道："前在寺中所云静坐事，非欲坐禅入定。盖因吾辈平日为事物纷拏，未知为己，欲以此补小学收放心一段工夫耳。"王守仁在这里表明他所说的静坐与佛教的"坐禅入定"并不是一回事，然而所谓"静处体悟"，实际上就是叫人静坐澄心，摈去一切私心杂念，体认本心。

王守仁认为理学家的"知先行后"说，导致宋明以来的读书人思想和行为表里不一，言行脱节。为了克服此种弊端，王守仁提倡"知行合一"说。他认为"知行本体"是合一的，凡"真知"必然表现为"行"，进而将人的主观意念、动机、感情均划入"行"的范畴，混淆了"知""行"界线，否定由"知"到"行"的转化过程，目的在于强调道德动机与道德行为的严格统一。就道德教育而论，仍有其重要意义。这是王守仁晚年提出的道德修养方法。他认识到一味强调静坐澄心，会产生各种弊病，容易使人"喜静厌动，流入枯槁之病"，甚至使人变成"沉空守寂"的"痴呆汉"。因此，他改而提倡道德修养必须在"事上磨炼"。很显然，王守仁晚年重视在"事上磨炼"，这是他"知行合一"思想在道德修养方法上的反映。

王守仁十分重视儿童教育，在《训蒙大意示教读刘伯颂等》一文中，比较集中地阐发了他的儿童教育思想，主要有以下内容：揭露和批判传统儿童教育不顾儿童的身心特点；儿童教育必须顺应儿童的性情；儿童教育的内容是"歌诗""习礼"和"读书"；要"随人分限所及"，量力施教。王守仁认为儿童时期正处在一个重要的发展时期，儿童的精力、身体、智力等方面都在发展过程中，即所谓"精气日足，筋力日强，聪明日开"。因此，教学必须考虑到儿童的这些特点，儿童的接受能力发展到何种程度，便就按这个程度进行教学。同样，如果不顾及儿童的实际能力，把大量的高深的知识灌输给他们，就像直接把一桶水浇注在幼芽上会把它浸坏一样，对儿童毫无益处。同时，王守仁还认为儿童教学"授书不在徒多，但贵精熟"。因此，教学应该留有余地，"量其资禀能二百字者，止可授以一百字"，使儿童"精神力量有余"，这样他们就"无厌苦之患，而有自得之美"（不会因学习艰苦而厌学，而乐于接受教育）。

王守仁的儿童教育思想，虽然是为了向儿童灌输封建伦理道德，即所谓"今教童子，惟当以孝、弟、忠、信、礼、义、廉、耻为专务"，但他反对"小大人式"的传统儿童教育方法和粗暴的体罚等教育手段，要求顺应儿童性情，根据儿童的接受能力施教，使他们在德育、智育、体育和美育诸方面都得到发展等的主张，反映了他教育思想的自然主义倾向。他早在十五十六世纪就提出这一思想，确实难能可贵。

3. 明清时期的蒙学特色及教育改良

明清时期的蒙学有三种形式，一是坐馆或教馆（指地主士绅豪富聘请教师在家进行教学），二是家塾或私塾（指教师在自己家内设学），三是义学或义塾（指地方或个人出钱资助设立小学招收贫寒子弟，带有慈善事业的性质）。明清时期的蒙学教育已经定型，有固定的教学制度和教学程序，也有一批教蒙学的教师队伍。学生读完《三字经》《百家姓》《千字文》后，读《千家诗》《神童诗》《鉴略》，再读"四书"——《大学》《中庸》《论语》《孟子》等。

《千家诗》共选诗200余首，大部分语言流畅、词句浅近、易读易记，包括不少脍炙人口的名篇，如李白的《静夜思》、孟浩然的《春晓》、王之涣的《登鹳雀楼》、杜牧的《清明》、苏轼的《饮湖上初晴后雨》等名诗。由于《千家诗》成为蒙学主要的诗歌教材，人们便将它与"三、百、千"（《三字经》《百家姓》《千字文》）合称为"三、百、千、千"。后来，清代孙洙又择唐诗中脍炙人口之作，编成《唐诗三百首》，署名蘅塘退士印行。此书一出，风行海内，几至"家置一编"，不只用于蒙学也是社会上十分流行的诗歌集。

还有一种蒙学课本叫作杂字书，在历代史书上很少著录，但其内容切合日用，又分类编纂，既可做识字课本，又能起字典的作用，适合一般手工业者、农民、商人及其子女使用，在蒙学中也占有一定地位。

清王朝为了维护摇摇欲坠的封建统治，陆续对当时的书院和科举制度采取了一些改良措施。1902年，朝廷公布了由管学大臣张百熙拟定的一系列学堂章程，即《钦定学堂章程》（旧称"壬寅学制"）。但这个学制未及实行。1903年，清王朝又命张百熙、荣庆、张之洞等人以日本学制为蓝本，重新拟订学堂章程，于1904年1月公布，即《奏定学堂章程》，亦称"癸卯学制"。这是中国第一个以法令形式公布并在全国推行的学校教育系统。"癸卯学制"，从纵的方面看，分三段六级，共25~26年：小学教育9年（包括初等小学堂5年、高等小学堂4年两级）；中学教育5年（一级）；高等教育11~12年（包括高等学堂或大学预科3年、分科大学堂3~4年、通儒院5年三级）。从横的方面看，有师范学堂和实业学堂。师范学堂又分为初级师范与优级师范两个层次。实业学堂则分为初等实业学堂、中等实业学堂和高等实业学堂三个层次。此外，还设有实业补习普通学堂和艺徒学堂以及译学馆等。1904年开始实行"癸卯学制"，1905年废除科举制度。虽然"癸卯学制"的指导思想仍然是"中学为体，西学为用"，在课程设置上仍然注重读经，并排除了女子教育，学制年限也较长，但是它的颁布与实行，标志着封建时代旧的学校教育制度在形式上的结束，近代化的学校教育制度开始形成和确立，从而完成了中国学校教育由古代到近代的历史性转变。

"癸卯学制"是中国近代第一个比较完备的学校教育制度，它以教育法令的方式正式公布，并在全国实行。它规定了各级各类学堂在学校体系中的地位和作用，使得分散在全国的多种多样的学堂统一成一个整体，还以法令形式规定了普及义务教育的年限，引进了西方现代科学知识和技术，促进了普通教育在数量上的发展和质量上的提高。它还促使了中国教育的近代化，具有教育革新的重大历史意义，为中国近代学制的建立和完善奠定了基石。

在"癸卯学制"的推动下，全国学校迅速发展。据当时学部统计，自光绪二十九年（1903）至宣统元年（1909），学校数量由719所增至52000所，约增长73倍。自光绪二十八年（1902）至宣统元年，学生人数由6943人增加到1562170人，增长近225倍。光绪三十一年（1905）成立了新的教育行政机关——学部，并将原有的国子监并入。第二年又裁撤各省提督学政，另设提学使司，专管各省教育事务，是统辖各省新教育的行政机构。提学使司设提学使一员，统辖全省学务。同年还规定各省及府、州、县都可以设立教育会，作为各级教育行政的襄助机关。

第三节 现代百年语文教育的曲折历程

"任何教育问题，归根结底都是文化的问题，也是看待文化的基本态度问题。语文教育因其母语文化的地位在这一定义中更具代表性。就语文课程而言，这个基本态度的落实是通过语文教育（包括语文课程、语文教科书等具体层面的问题）对文化的选择来实现的。"[1]语文教育的重要性和特殊的价值与功能正被越来越多的人所理解，日益成为有识

---

[1] 吴婷婷. 近代国文教育文化史论[M]. 北京：人民出版社，2019：2.

之士甚至是全社会的共识。人们日渐达成共识：语文教育应强调文化特色，立足以人为本，提高学生的品德修养和审美情趣，逐渐使学生形成健康个性和健全人格。然而对这一认识的取得却经历了百年艰难曲折的探索，且至今未息。回顾并反思这段沧桑历程，有助于我们了解过去，正视现实，促进语文教育在今后更臻完善。

一、文学设科期的语文教育（1904—1919）

（一）学制的变迁和语文教育的发展

1903 年由张之洞等制订、1904 年 1 月由清廷颁布的《奏定学堂章程·学务纲要》中专门谈到了"中国文辞"的学习，即研习中国历代各体文选，并最早提出"中国文学"这一科目名称。其中有这样的表述："其中国文学一科，并宜随时试课论说文字，并教以浅显书信记事文法，以资官私实用，但取得明词达而止"，"其要义在使通四民当用之文理，解四民常用之词句，以备应世达意之用。读古文每日字数不宜多，止可百余字，篇幅长者分数日读之，即教以作文之法，兼使学作日用浅近文字……并使习通行之官话，期于全国语言统一，民志因以团结"。

《奏定学堂章程》规定的 12 门课程中，有读经讲经与中国文学两门和文学教育相关的课程。晚清的教育改革对后世的语文教育有着重要的影响。在学科设置上，"中国文学"科独立出现，第一次作为一门学科进入教育体制，开启了历年的国语课、国文课和今天的语文课的先声，其凿空之功不可埋没。在教育目的上，强调：其一培养忠君、明礼、尊儒思想；其二通文理，解词句，习文法，备应用；其三统一全国语言，团结民众。此时的语文教育在救亡图存的语境中，偏重道德教化、开启民智、民族认同、凝聚人民的宏大叙事，偏重工具性、应用性。此后的语文教育便具有强烈的政治性、道德思想指向性和工具性。

（二）我国第一部教科书——《蒙学课本》

教科书，或称课本，是我国近代教育史上出现的名词，始见于 1871 年。光绪二十三年（1897），我国第一部教科书是由朱树人编写的南洋公学出版的三本《蒙学课本》。其特点比较明显：内容贴近日常；行文虽为文言体，但已较为通俗。

（三）清末的中学堂用《国文教科书》

1908年，吴曾祺为五年制中学编的五册《国文教科书》，由商务印书馆出版。全书分五编，按文学史各时期逆推选文，注重经世文字。在编写体例上，此书也颇见特色，每编都附有细批和综论。其有两点不足之处：一是材料的去取之间，似未尽善；二是全书材料过多，似非中学五年所能卒业。

（四）"中国文学"教育方法

"中国文学"的教育方法是努力变革旧私塾的教授法。私塾的主要教学是讲经诵经，其教法特别注重记忆和背诵。在这一时期，教育家们努力变革旧方法，尝试加入国外的心理学，如赫尔巴特的教学形式阶段理论：提示（感知教材）—联合（新旧知识）—系统（知识体系）—应用（巩固）。语文学科根据赫尔巴特的教学形式阶段理论编了一套教学程序，即事物教学、目的指示、课文大意、新字解释、课文讲解、讲读练习、段落大意、文体结构、应用练习。该教学程序被普遍应用于当时的语文课堂。

（五）蔡元培与现代语文教育

蔡元培是我国近现代著名的思想家、革命家和伟大的教育家。他对我国现代教育特别是高等教育产生过巨大影响。他科举仕途，一路顺风；自由读书，通古博今；兴办教育，屡遭挫折；出国考察，学贯中西；身居要职，领导教育。他对我国语文教育的影响主表现在：

主张废止读经，改革课程和学制。他为单独设科不久的语文教育的改革指出了正确的方向，彻底完成了从传统语文教育到现代语文教育的过渡。

反对注入式教学方法。蔡元培反对注入式的教学方法，特别重视学生自学能力的培养，要求学生自动、自学、自助、自己研究，举一反三，学以致用。他说："案我们教书，并不是像注水入瓶一样，注满了就算完事，最要是引起学生读书的兴味。做教员的，不可一句一句，或一字一字的，都讲给学生听。最好使学生自己去研究，教员竟不讲也可以，等到学生实在不能用自己的力量了解功课时，才去帮助他。"

二、国语国文期的语文教育（1919—1949）

1919 年以后，语文教育出现重大变革。1919 年，全国教育联合会通过《推行国语以期言文一致案》，要求高等小学"言文互用"，这迈出了我国言文一致的第一步。1920 年，胡适在《新青年》上发表了著名的《论中学国文的教学》，指出国文教学失败的现状，并认定其原因在于"中学校教授的并不是普通的语言文字，仍是少数文人用的文字"。在 1920 年商务印书馆于北京举办的国语讲习所里，胡适发表演讲说："现在把这种已很通行又已产生文学的普通话认为国语，推行出去，使他成为全国学校教科书的用语，使他成为全国报纸杂志的文字，使他成为现代和将来的文学用语——这是建立国语的唯一方法。"此时的语文教育笼罩于文言与白话之争，以及国语、语体文与普通话的纠葛之中。

1923 年，国民政府教育部委托叶圣陶起草了《新学制课程标准纲要初级中学国语课程纲要》，胡适起草了《新学制课程标准纲要高级中学公共必修的国语课程纲要》。叶圣陶在初级中学国语课程纲要中对教育目的有如下陈述：其一，使学生有自由发展思想的能力；其二，使学生能看懂古书；其三，使学生能作文法通顺的文字；其四，使学生发生研究中国文学的兴趣。在叶圣陶所拟纲要基础上，1929 年 9 月国民政府教育部又颁布《初级中学国文暂行课程标准》，对教学目标做了如下规定："一、养成运用语体文及语言流畅地叙说事理及表情达意的技能；二、养成了解平易的文言文书报的能力；三、养成阅读书报的习惯和欣赏文艺的兴趣。"连同叶圣陶 1932 年编成的《开明国文课本》、1935 年与夏丏尊合编的《国文百八课》，语文教育的主要立足点于此可见，正如叶圣陶所说：语文是生活上必要工具之一种。他强调从工具意义上注重循序渐进地培养语文能力。胡适起草的"高中国语课程纲要"中教学目的的第一条就是："培养欣赏中国文学名著的能力。"具体到方法上，他给出了一些文学书目供学生阅读，如《西游记》《侠隐记》等白话小说、戏剧作品。叶圣陶、胡适二人把编写在晚清学堂章程及民初学校校令中与"语言"和"文学"有关的细则单独列出来，将其统领在国语课程纲要之中，并贯彻到教学之中。它们是第一批现代意义上的课程标准，几乎限定了此后 80 年来中学语文学科的发展方向和讨论范围。

1946 年在解放区，由胡乔木主持编写的《中等国文》出版，共 6 册。编者在教材说明中指出："本书确认国文教学的基本目的，是对于汉语汉文的基本规律与主要用途的掌握。在这个方针下，本书打破向来国文教材偏重文艺或偏重政治的缺点。"解放区出版的国文教材，也以知识教育与技能训练为重心，并辅之以思想政治教育和文化知识教育。在教学方法上，仍承袭传统的讲授方法。它们与中华人民共和国成立后的语文教育具有某种关联性和延续性。

（一）国语国文期的语文教育内容

1. 20世纪20年代的语文教材

白话文此时进入语文教材。"五四"以前的中小学国文教材一般都是文言文。"五四"以后，白话文学作品相继问世，优秀的白话文学作品开始收录到教材中。具体有三种情况：文言文和白话文合编，文言文和白话文分编，专选现代白话文做教材。选文的思想内容大大改观。许多反映新时代、新文化、新思想的优秀作品，被选入语文教科书，如鲁迅的白话小说、郭沫若的新体诗歌、周作人的散文作品等。

2. 20世纪三四十年代的语文教材

这一时期的语文教材主要表现为对单元组合方式的探索。最具代表性的是夏丏尊和叶圣陶合编的《国文百八课》，其1935年出版，每课为一单元，有一定的目标，内含文话、文选、文法或修辞、习问四项内容。

（二）国语国文期的语文教育方法

1. 启发式的贯彻与发展

1929年12月29日，毛泽东总结红军教育的十大教学原则：启发式（废除注入式）；由近及远；由浅入深；说话要通俗；说话要明白；说话要有趣味；以姿势助说话；后次复习前次的概念；要提纲；干部要用讨论式。其第一条就是提倡启发式，而且其他的几条都同启发式有联系。这种启发式教学法，在一定程度上对各类教育具有普遍的适应性。

2. 精读与略读指导

20世纪30年代公布的中学国文课程标准，规定中学国文包括精读和略读两个部分，对教材和教学方法的指导也有明确规定。精读和略读指导开始受到各方面的重视。叶圣陶、朱自清1942年编撰了《精读指导举隅》，1943年编撰了《略读指导举隅》。

3. 文章作法指导

叶圣陶于1924年出版《作文论》。20世纪30年代，叶圣陶、夏丏尊等语文教育家在期刊《中学生》及读写故事《文心》《文章例话》等作品中，继续讨论文章作法指导。作文教学要"从整个生活里去下功夫"。

4. 语文课外活动指导

古代学校教育就有课外活动，主要是体育、艺术、游戏、礼仪等。现代学校教育中的课外活动内容更丰富，形式更多样，如演讲、辩论、出版刊物、社会调查、文学社团等活动，对促进学生身心发展发挥了重要作用。就语文学科而言，语文课外活动拓展了语文课内的实践和空间。

从20世纪20年代起，语文课外活动开始逐渐显露端倪。对语文课外活动关注尤为突出的，是当时名校春晖中学。该校由教育家经亨颐于1921年创办，夏丏尊主持教学改革。

（三）国语国文期的语文教育专家及其著述

1. 梁启超

梁启超，字卓如，号任公，别号饮冰室主人，广东新会县（今广东江门新会区）人。1922年著《中学以上作文教学法》，专为中学作文科教师讲授及学生自学之用。

梁启超对阅读教学的内容和教学方法有如下意见：

教授要分期分类。这是指教学内容的顺序问题。梁启超把学生应读的文章分为记述文、论辩文两类，主张一学期教记述文，一学期教论辩文，令学生分组阅读比较。他认为语文教学必须启发学生自动地在课堂以外预习，"须选文令学生多看"；不能篇篇课文都讲，须一组一组讲。教学中主要使用讨论式。

对作文教学的具体方法，他指出："最要是养成学生整理思想的习惯"，"出题目令学生作文不可过多"，"作文预备由先生指导"。

2. 胡适

胡适，字适之，安徽绩溪人，中国现代著名学者。他虽然没有中学语文教学的经历，却在《中学国文的教授》《再论中学的国文教学》等文章中提出了许多宝贵的意见。从今天语文教育的要求来看，其中有许多思想和方法仍然于我们有益处。如：

第一，上课有三件事可做：第一件，学生质疑问难；第二件，大家讨论所读的书的内容；第三件，教员可以随时加入一点参考资料。第二，用活的语言做活的教授法，比如演讲、辩论等。

3. 刘半农

刘半农，名复，江苏江阴人，中国诗人、语言学家。

在阅读教学方面，刘半农提出了国文教材的12条选文标准。例如，凡是"骈俪文及堆砌典故者"，"违逆一时代文笔之趋势，而极意模仿古人者"，"思想过于顽固，不合现代生活……"者，不选。重视引导学生独立分析、研究问题，强调预习。在作文教学方面，设计了"二次批改，一次讨论"的作文批改方式。初次批改，只用种种记号将文章的"毛病"逐一指出；初次批改后，以原卷发还学生，令其互相研究，自行改正；一次讨论，要求师生共同参加，重在学生的研讨质问。

4. 朱自清

朱自清，字佩弦，江苏扬州人，中国现代著名作家、学者。他的语文教育主张有：重视语文教育的目的；语文教学要把课内和课外结合起来；在教学法方面，重视诵读和情感熏陶。

5. 叶圣陶

叶圣陶，原名叶绍钧，江苏苏州人，中国著名教育家、文学家、出版家和社会活动家。他的语文教育主张有："语文"就是本国的语言文字，而不等于文学；语文是人生日用不可缺少的工具；语文教材作为语文教学的凭借，是供学生学习的一些例子，而不是教学的终点；"例子"要切合学生的生活和学习程度。

三、语文定名期的语文教育（1949—1958）

中华人民共和国成立以来，语文教育走过了曲折坎坷的发展历程。1950 年 8 月，教育部颁发了《中学暂行教学计划（草案）》，其中的中学语文课程标准是一个修改本。在这个课程标准中，将民国时期使用的"国语""国文"课程合称为"语文"课程。1951 年，人民教育出版社出版了由国家出版总署审定的全国统一的语文课本《初级中学语文课本》和《高级中学语文课本》。这套课本的"编辑大意"指出："无论哪一门功课，都有完成思想政治教育的任务。这个任务，在语文科更显得重要。""说出来是语言，写出来是文章。文章依据语言，语和文是分不开的，语文教学应该包括听话、说话、阅读、写作四项。"从这些表述中可以看到，在中华人民共和国成立初期，对"文"的理解是指"文章"，在语文教育中同时强调政治思想教育，强调语文能力培养。

1953 年，由《红领巾》观摩教学引发的关于语文教学的大讨论促成了中华人民共和国成立后第一次语文教育大改革。苏联教育专家普希金对观摩课提出了建议："①过低估计了学生的接受能力，7 页课文要讲 6 个小时是费时低效的。②教师讲了 45 分钟，学生只讲了 5 分钟，没有调动学生的积极性。③语言和文学因素过少。④过分强调政治思想教育。"5 月 27 日在普希金的指导下，北京师范大学中文系学生到北京师范大学附属中学再次试教《红领巾》。这次用了4课时：第一课时，介绍教材来源，由学生讲述梗概，教师补充；第二课时，分析教材；第三课时，分段，写段落大意；第四课时，分析写作技巧、文体特点。这个过程后来被总结为"《红领巾》教学法"，一时间影响到全国语文教育界。许多学校研讨并模仿"《红领巾》教学法"——文学分析成了语文教学的重点，"提问"与"谈话"成为语文课的主要手段。此后的几十年，"《红领巾》教学法"几乎成了语文教学的唯一类型。1953年12月，根据中央政治局会议要求，语文教学问题工作委员会向中央提出报告，建议把语文改为"汉语"和"文学"两科。1954年2月1日，中央政治局批准了这个报告。按照中央指示，教育部指定人民教育出版社组织人员制定大纲，编写教材。1955年，教育部公布了《初级中学文学教学大纲（草案）》《高级中学文学教学大纲（草案）》，此后出版了初中文学和高中文学教材，并于1955年秋季，在全国70多所学校试用。1956年秋季，正式向全国推行。这一时期的初中文学教学，注重培养学生的观察和叙述客观事物的能力，注重培养学生分析和理解较为复杂事物的能力。高中文学教学大纲规定的教学内容包括：中国文学作品以及结合作品的系统的中国文学史基本知识、外国文学作品、文学理论的基本知识。文学作品的体裁有诗歌、小说、戏剧，还有书信、游记、传记、随笔、杂文和富有文学情趣的论文等。这次改革将文学教育序列化和系统化，是一次有益尝试，但由于教材过于系统和烦琐，在教学中也遇到了一些问题。1957年9月，按照相关指示对教材进行了修改，砍去了部分文学作品，改选一些政治论文、社论和应用文。到1958年将汉语、文学课重新合并为语文课，汉语、文学的分科教学告终。文学教材也被停用、废止。汉语、文学分科教学从1955年秋季开始试教，到1956年秋全面实施，再到1958年停止，前后不到三年的时间。总体看来，广大师生对分科是欢迎的，对文学和汉语教材还是喜欢的，但是仍存在一些问题：文学教材分量过重；文学课和学生写作练习如何结合的问题没有解决；教学时间紧；汉语教材内容缺乏重点；等等。

这一时期语文教育在方法上有以下两个方面的改进：

（1）改进串讲分析。串讲是我国语文教学的一个传统方法。中华人民共和国成立初期的语文教学就受这个老传统的影响。许多老先生旧学修养很好，教文言文有办法，习惯用串讲法，但教白话文就缺少办法。在这一时期，分析法代替了串讲法。

（2）改进课堂结构。在课文研究方面，分为三个步骤：朗读课文，重视自由朗读；讲解课文，注意讲解与板书的结合；研讨课文题材、结构。

四、语文波折期的语文教育（1958—1978）

（一）语文波折期的语文教育基本内容

语文波折期是我国现代语文教育史上一个非常特殊的时期。由于"大跃进""极左"思潮的影响和片面理解党的教育方针，这一时期我国的语文教育事业自然就偏离了正确的方向。具体体现在：语文教学为政治服务；不重视课堂教学；不讲教学规律。

1. 1958年的语文教材

1958年的语文教材选文不多，其中的古典文学作品很少，"五四"至1949年间的作品除鲁迅作品外基本不收，以毛泽东著作以及反映"大跃进"等运动的作品为主。1958年秋，人民教育出版社推出新的初高中语文课本共12册。初高中选文共156篇，其中的古典作品极少，除鲁迅以外的现代作家的作品很少选用，当代作家的作品也选得极少，大量选用的是毛泽东著作以及反映"大跃进""人民公社""总路线"的作品。政治标准取代了文学标准，政治性取代了文学性，语文教育也就演化成了思想教育，这造成了教学质量的严重滑坡，由此引发"文道"之争。1961年12月3日《文汇报》发表社论《试论语文教学的目的任务》，对这次讨论做了总结："语文，归根到底是一种工具，是阶级斗争的工具，是生产斗争的工具，是交流思想情感的工具，是传播知识的工具……语文基础知识教学和政治思想教育就是这样密切不可分离，在统一的教学过程中同时进行的。"语文教育的目的应该是：使学生正确、熟练地掌握与运用祖国的语言文字，培养与提高学生的阅读与表达能力，并通过教学内容的教育与感染，培养学生具有正确的观点、健康的思想感情和高尚的品德。而这一时期对语文教育的理解是：突出语文的工具性，突出语文的政治思想教育作用和意识形态功能，注重语言知识和技能。对"文学"方面的要求则基本不提。

2. 1963年的语文教学大纲和教材

1963年5月，教育部公布了《全日制中学语文教学大纲（草案）》。同年秋季，人民教育出版社出版了全日制初、高中语文教材。全套教材共选文360篇，其中多数篇目在教学实践中被证明是效果良好的。大纲和教材都突出强调加强"双基"，即基本知识的掌握和基本能力的培养。"大纲"明确指出：不要把语文课讲成文学课。实际上文学教育在这段时期成为禁区。"十年动乱"期间，古今中外绝大多数作家的作品被批判，语文教学内容被限定在极为狭窄的范围内，即使教材中选入了文学作品，编者也会使其面目全非，语文课完全变成政治工具，语文素养当然无从提起。

（二）语文波折期的语文教育家的理论探索

1. 叶圣陶语文教育思想的发展

叶圣陶的语文教育论著始于 1916 年，终于 1983 年，前后几近 70 年之久。他的语文教育思想博大精深，既继承和发扬了我国语文传统，又充分吸收了外来的积极因素，是近百年来影响最大、最有代表性的语文教育思想。他的主要观点有：语文、生活要联系；语言与思维并重；培养能力靠持久训练；发挥教师的主导作用，"不多讲，以提问与指点代替多讲"；语文教师本身水平的提高；教师的本钱，一为善读，一为善写。

2. 吕叔湘对语文教育的理论思考

吕叔湘认为，从事语文教学的人要做到两个"必须认清"。首先，必须认清"教的是什么"。这是语文教学的一个根本问题。他着重强调及时对学生进行口语训练。其次，从教的角度说，就是认清"怎么教"的问题。他强调："少而精，少讲，精讲。"

3. 张志公对语文教育理论的探索

张志公从 1954 年起，从事并研究语文教育。例如，对传统语文教育做了深入探讨，撰写《传统语文教育初探》；探讨语文课的性质和"文道"统一的问题，认为"语文是个工具，进行思维和交流思想的工具"；重视教师自身素养的提高，认为"身教胜于言教"。

五、语文革新期的语文教育（1978—2001）

继前面两次曲折发展后，我国的语文教育进入一个比较活跃、比较开放的时期。这主要表现在广大语文教师思想上的解放，各种语文教材改革试验广泛开展，语文教育出现了生机勃勃的大好局面。许多语文教师提出把时代"活水"引入语文教学，目的就在于使语文教学现代化。1982 年 6 月，联合国组织发起一次世界中学生作文比赛。此外，语文教学现代化还体现在教学手段的现代化，如在语文教学中使用幻灯片、影片、语文朗读录音，进行语文课堂教学实录，进行课本剧表演，等等。

"文革"结束后，随着高考制度的恢复和对教育的重视，我国的语文教育重新走上正轨。1978 年秋季，教育部颁布了语文教学大纲，人民教育出版社出版了全国统编语文教材。1982 年，人民教育出版社在《阅读》《写作》分编教材的说明中，重提语文教育的价值和任务。1986 年的《中学语文教学大纲》要求高中学生"初步具有鉴赏文学作品的能力"。1992 年的《语文教学大纲》要求初中学生"初步具有欣赏文学作品的能力"。2000 年 3 月颁布的《全日制普通高级中学语文教学大纲》指出语文教材中文学作品可占全部选文的 60%。

在语文革新期，语文教学实现了导学范式的转型。语文教学导学范式是语文教学适应改革开放和世界教育发展趋势，在 20 世纪 80 年代形成的一种新的教学范式。在改革开放的大背景下，特别是 20 世纪 80 年代后，语文教学改革呈现出异彩纷呈的局面，涌现出于漪、钱梦龙、宁鸿彬、魏书生等众多语文教育名师，他们在教学思想、教学方式方法上都进行了富有创造性的改革。另外，语文教学范式的转型也受到当时世界教育发展趋势的影响。

（一）语文教学导学范式的基本理念

（1）导学范式的喻设：教学是演戏。在导学范式里，教学就像演戏，教师就是导演，学生就是演员，教学效果的好坏是由教师和学生配合的好坏决定的。钱梦龙确定了"学生主体，教师主导"的思想，蔡澄清确立了"双主体"思想，洪宗礼提出了"教与学都是主体"的思想。

（2）指向能力的教学目的观。导学范式对能力的关注超出了对知识的关注。导学范式的教学目的既重视知识又重视能力，它是以知识传授与能力培养为双重目的的教学范式。导学范式的教学在整体上是指向实践的。实践则主要是通过各种各样的训练、练习来进行的。

（3）教学指导观。新时期的许多语文教师都确立了教师的主要作用是指导学生学习的观念，并在教学实践中通过各种各样的"导"来进行语文教学。

（4）导练方法论。导学范式里的"学"有多种含义：教师引领之中学，从师学；同学之间互相学，从伴学；外助之下自己学，自学。在导学范式里，"学"与"练"近乎是同义语。

（二）语文教学导学范式的教学实践

1. 钱梦龙的导学思想与语文导读法

为冲破讲读教学模式的藩篱，钱梦龙创造性地提出了"三主"教学模式。"三主"是导读教学的指导思想，即"以学生为主体，以教师为主导，以训练为主线"。"学生为主体"，即确认学生在教学过程中是认识的主体和发展的主体，是具有独立地位和极大认识潜能的实践者。在教学过程中，学生必须发挥主体作用，获得"发现真理"的主动权，而且在个性的全面发展以至世界观的形成上，同样必须由主体来实现。"教师为主导"，即确认教师在教学过程中处于领导、支配的地位，而教师的领导、支配作用，只有通过"导"，才能得到充分发挥。导之有方，学生才能成为名副其实的主体。"训练为主线"，即教学过程中学生的主体地位和教师的主导作用，只有进入"训"的过程，二者才能达到和谐统一。而这种以师生双向活动为特征的训练，贯穿教学的整个过程，是"主线"，其他的教学措施都是服从于训练并为之服务的。

主体、主导、主线，是诸教学因素在教学过程中的动态平衡、和谐统一。钱梦龙指出："学生为主体"是教学的前提，着眼于使学生"善学"，"教师为主导"是强化学生主体地位的条件，着眼于"善导"，而学生的"善学"与教师的"善导"都必须通过"善练"的科学序列才能实现，所以说"训练为主线"是"主体"与"主导"相互作用的必然归宿。

钱梦龙又提出导读范式的基本课型，其表现形态为"自读式—教读式—练习式—复读式"，后称"四式"。自读式，不同于"预习"，是在课内以培养学生的独立阅读能力为目的的一种训练方式。自读，是"学生为主体"思想的体现，但自读的成功离不开教师的主导作用。在自读训练过程中，师生之间的配合大致有三种情况：一是先教后读；二是先读后教；三是边读边教或边教边读。自读，是一个有目的、有计划的训练过程，不是学生随心所欲的自由阅读。教读式是教会学生自读。教读与自读同步，或先教后读，或先读后教，或边读边教。教读的最终目的是使学生真正学会自读，从而达到不需要教师再教的境界。教读比较集中地体现了教师的主导作用。但教师的主导作用，只有通过强化学生的主体地位才能得到充分、正确的发挥。在教读中，教师的主导作用表现在：第一，激发学生的阅读兴趣；第二，进行阅读方法的指导；第三，帮助学生克服阅读中的困难。练习式是指学生在学习新课以后，完成一定的口头或书面作业。其目的是为加深对新课知识的理解，强化记忆，也是为了促进知识的迁移。复读式是在指导学生阅读了一些课文之后，要"温故而知新"。

2. 魏书生课堂教学六步法

魏书生课堂教学六步法为定向、自学、讨论、答疑、自测、自结。定向：就是确定这一课的学习重点；自学：学生把课文通读一遍，然后逐段翻译，不懂的地方留待下一步解决；讨论：前后左右每四人为一组，把自学中不懂的地方提出来，互相讨论，讨论也不能解决的问题，留待答疑去解决；答疑：也是立足于由学生自己去解答疑难问题，由每个小组承担回答一部分问题，如第一组回答第一段中的疑难问题，第二组回答第二段中的疑难问题，这样疑难问题就会越来越少，然后由老师回答解决剩下的疑难问题；自测：根据定向指出的重点、难点，以及学习后的自我理解，由学生拟出一组十分钟的自测题，由全班学生回答，自己拿出红笔来评分，自己检验学习效果；自结：下课前，每个学生在自己的座位上口头总结一下这节课的学习过程和主要收获，在不同类型的学生中选出一两名单独总结，使学生接受的信息得到及时总结。

　　这六步是基本的"导学"课堂结构，但并不意味着在每堂课上都是不可或缺的。根据课文本身特点和学生理解课文难易程度，有的步骤可少用甚或不用。例如，浅近的若能"自学"解决，"讨论"就可不用，"答疑"也可少用；"自测"效果很好，"自结"便可省略。课堂教学六步法的特点是：第一，每堂课通过"定向"，师生都明确教学目标，从而可以从教与学两个方面提高效率。第二，突出"自学"，显示了学生学习的主体地位。自学遇到的疑难问题，可以通过在教师指导下的集体讨论解决，这就把个体的学习与集体的切磋统一起来，就能产生相互学习、相得益彰的效应。第三，"自测""自结"使学生当堂能获得自学的信息反馈，并在总结中提高认识、把握规律，有利于以后的学习与实践。

　　从教师的教学工作角度看，这显示着：第一，把某些教学工作下放给学生，体现了教师教学思想的民主化；第二，让学生参与部分教学工作，意在让学生了解学习过程，以提高他们学习语文的自觉性；第三，教与学是对立的统一，学生了解教师的教学工作，有助于培养与提高他们的自学能力。

　　可以看出，魏书生将管理融入教学是有效的，并将"教之法"移交给"生之法"。"移交"的工作，是主要的法子，是让学生"扮演教师的角色"。让学生"讲课"，激发学生的兴趣，加强学生的学习责任感和学习的信心，在许多语文教师日复一日、一篇又一篇地执着于"讲"与"抄"的情势下，仍有现实的意义。调动学生的兴趣，使之愿学、善学，才算是好的方法。所谓"善学者，师逸而功倍又从而庸之；不善学者，师勤而功半又从而怨之"。可见，教师的引导作用不仅对学生有影响，也会直接影响自己在学生中的地位。

（三）语文教学导学范式的思考与评价

1. 语文教学导学范式的案例与思考

　　1980年，钱梦龙做过一次简单的教学实验。在两个条件大体相同的班级中，用不同教法教同一篇课文《一件小事》。甲班：完全由教师讲授，从文章的时代背景讲起，详细讲解了文章的段落层次、中心思想、写作特点。乙班：采用学生自读、思考、讨论，教师只用重点指导的教法。实验结果：没有做过练习题的乙班同学的成绩竟然超过了甲班。在这个实验的推动下,钱梦龙逐渐形成了自己的导学思想和教学方法,从而推动了导学范式教学方法的诞生。

2. 语文教学导学范式的评价

积极方面:第一,重构了教师与学生在教学中的地位与作用;第二,打破之前模式化的课堂教学方式,形成了多种多样的教学模式与方法;第三,实现了以书本知识传递为中心到以语文能力训练为中心的教学中心的转移。

消极方面:第一,教师仍然处于支配地位,课堂教学尚未真正解放;第二,侧重认知与能力的训练,对学生其他方面的素养训练重视不够;第三,教学评价仍然注重单一的总结性评价。

研讨话题

话题1:语文"前世今生"的演变,带给你对语文的内涵和外延怎样的思考?

话题2:语文与历史、语文与哲学是什么关系?它们对你今后在语文教学中实现跨学科迁移有怎样的启示?

拓展学习

语文即生活,生活即语文。请结合你的语文学习经历,谈谈对这句话的认识和思考。

第二章 语文的本质属性与核心素养

对学科本质的认识既是对学科存在意义的追问，也是对学科性质的定位。一个语文教师如果缺乏对学科本质、本体意识的思考，是很难有效实施语文教育的。这是因为性质是事物存在的前提，没有了前提，也就失去了对错之说。21世纪以来，语文课程伴随着基础教育改革发生了巨大的变化，其突出表现为对语文性质认定的变化。语文属于人文学科，与历史、现实保持着高度紧密的关系。语文的性质，如同其他事物一样，自诞生之后便在理论工作者的辨析中成长。语文成为一门学科是现代教育发展的结果，因此关于"语文是什么"的争论主要集中于现代论域中。吕叔湘先生曾经说过："一个从事语文教学工作的人，他首先必须'认清'两个问题：一是认清他教的是什么，即认清语言和文字的性质，认清普通话和方言、现代汉语和古代汉语的区别与联系；二是必须认清人们学会一种语文的过程。"[1] 显然，吕叔湘先生认为语言教学是语文教学的根本问题。著名特级教师于漪说："在语文教育观念体系中最为核心的是性质观，它统帅语文教育的全局，决定语文教育的发展方向……"[2] 所以，要探究语文教学，先得归纳与总结语文本身的特点和规律，而规律和特点是基于人的目的的。因此，认识语文的性质就在于不断理解语文与人的发展之间的关系，尤其是对语文塑造学生未来方面的期待。21世纪语文课程改革以来，关于语文课程的性质依然纷争不断，先后经历了《全日制义务教育语文课程标准（实验稿）》（2001年）、《普通高中语文课程标准（实验）》（2003年）、《义务教育语文课程标准（2011年版）》、《普通高中语文课程标准（2017年版）》、《普通高中语文课程标准（2017年版2020年修订）》多个课程标准的厘定。目前，我国中小学语文课程与教学执行的是《义务教育语文课程标准（2011年版）》《普通高中语文课程标准（2017年版2020年修订）》。为了对

---

[1] 吕叔湘. 吕叔湘论语文教学[M]. 济南：山东教育出版社，1987：82.
[2] 饶杰腾. 语文学科教育探索[M]. 北京：首都师范大学出版社，2000：117.

语文性质有更为深入的理解，有必要对语文性质的基本演变做一个梳理。

从逻辑学的角度看，《普通高中语文课程标准（2017年版）》并未对该阶段的语文课程性质做清晰的界定，但接续了《义务教育语文课程标准（2011年版）》对语文课程性质的认定。《全日制义务教育语文课程标准（实验稿）》（2001年）与《义务教育语文课程标准（2011年版）》都明确提出："工具性与人文性的统一，是语文课程的基本特点。"《普通高中语文课程标准（实验）》（2003年）将语文性质也同样界定为："工具性与人文性的统一，是语文课程的基本特点。"21世纪初制定的这些纲领性文件，明确了新时代高中语文课程的基本性质，采用了描述的方式来概括语文课程的性质，反映出语文课程性质界定之难，同时也反映出对语文课程本质属性的关注和21世纪社会建设对语文的新期待。

第一节 本质属性的厘定与核心素养

基础教育课程改革是迎接21世纪信息化时代到来的必然选择，也是语文课程现代化的需要。21世纪的头十年是语文课程改革实验的十年，首先在经济相对发达的省、市进行了实验，进而向全国推广，突出表现为在教材的编写上给予各省市以较大的自由。在"一纲多本"教材编写思想的指导下，各实验省份都编写了符合各地需要的语文教材。这些教材也较为充分地体现出语文课程"工具性与人文性统一"的特点。

一、工具性与人文性相统一的语文课程的本质属性和基本特点

20世纪末，教育领域掀起了一场关于语文课程的大讨论，对多年来语文的教条化、形式化、说教化教学方式予以了深刻的批判与反思。如以邹静之、王蒙、流沙河等为代表的文学界人士，对长期以来语文学习的答案标准、文本解读的唯一性等"繁、难、偏、旧"问题进行了深入批评。当下，社会的进步、科学技术的迅猛发展推动人在认识方法上的改进，这也使得语文教学在进入21世纪后，面对新形势，必须做出改变。2001年，教育部颁布《全日制义务教育语文课程标准（实验稿）》，在"课程性质与地位"中对课程标准做了较为清晰的厘定："语文是最重要的交际工具，是人类文化的重要组成部分。工具性与

人文性的统一，是语文课程的基本特点。"[1] 该界定为语文课程张扬人文性特征提供了理论与政策的保证，使得21世纪的语文教材连同语文课程内容、语文教学等都具有较浓郁的人文气息，也为语文教育的生本化提供了一定依据。《普通高中语文课程标准（实验）》（2003年）在课程性质的界定上，与义务教育阶段的语文课程标准保持了一致。这一界定为语文课程改革的实验提供了明确的方向，也使得21世纪语文教学充满了人性的光辉，语文教材的编写更是进一步展现了这些特点。

在这一性质的指引下，在21世纪的头十年，我国语文课程与教学的研究聚焦于人文性的释放，尤其在文本解读方面，提出了诸多关于文本的人文性解读。这与20世纪过度政教化的文本解读形成鲜明对比，也是对语文教育政教化倾向的一种反哺。例如，基础教育一线教师于漪老师就特别强调语文教学需要增强人文性；理论界的王尚文教授则认为语文学科"绝对不是工具学科，而是人文学科；它的基本特征是人文性，而不是工具性"[2]。追溯历史，自从1904年"癸卯学制"颁布，即语文独立设科以来，语文性质争论的焦点就是工具性与思想性，其实就是形式与内容哪个更为重要的问题。人文性的提出具有消弭二者争论的特点，同时高扬人性关怀的大旗，突出语文的文学文化气息。从语文作为一门学科存在的独特意义上看，工具性无疑是语文的基本属性，即语言的交际运用价值，这是语文其他功能发挥的前提。没有语言的运用就无所谓人文性抑或是思想性等价值的发挥。因此"语文教学就是科学地掌握这件工具的性能与特征，并运用在实践中"[3]。当然，也有学者认为人文性的内涵本身就非常丰富，难以对实践进行相对清晰的指导。但是，由于长期以来对语文的道德性教育功能的过度彰显，压抑了文学及文本本身的意蕴美、思想美，使得人文性在21世纪一被提出就得到了广大语文教育工作者和文艺理论工作者的赞同。语文课程本质属性的更新也成为新课程改革中的一大亮点。这些变化突出体现在语文教材的编写上，在"一纲多本"教材编写思想的指导下，诸多版本的语文教材相继问世。这些教材最突出的特点之一就是选文更加具有人文气息，文本的适切性更强，包容性更广，更有利于提升学生的阅读兴趣、培养他们的语文素养。

---

[1] 中华人民共和国教育部. 全日制义务教育语文课程标准（实验稿）[S]. 北京：北京师范大学出版社，2001：1.

[2] 王尚文. "人文说"和"工具说"的分歧 [G] //顾黄初，李杏保. 二十世纪后期中国语文教育论集. 成都：四川教育出版社，2000：1246.

[3] 杨澄宇. 论两套思想谱系下语文的"工具性"与"人文性" [J]. 中国教育学刊，2014（3）：82.

二、形成与发展语文素养是语文新课程改革的基本目标

语文的性质决定了语文课程的基本任务,"工具性与人文性的统一"这一表述使得语文课程的内涵更加丰富,也肩负起更多的语文教育任务。21世纪初,语文课程标准明确将语文素养的形成作为语文课程与教学的基本任务。"全面提高学生的语文素养,充分发挥语文课程的育人功能。高中语文课程应帮助学生获得较为全面的语文素养,在继续发展和不断提高的过程中有效地发挥作用,以适应未来学习、生活和工作的需要。"[1] 同样的表述也出现在义务教育阶段的语文课程标准中。较之于语文知识的掌握,语文素养的形成对于教师来说具有更大的挑战性。长期以来,语文教学重知识轻智能、重记忆轻理解等的特点,使得教师对素养的理解相对滞后,也导致了语文教学过程程式化、格式化、套路化的特征明显,这些均不利于学生语文素养的形成。这一时期诸多学校也在语文课程与教学方面做了大胆的改革与尝试。例如北京四中的"走班制"教学,真正将选修课变成了学生自主选择的课程,为学生的个性化学习提供了课程环境。从这一时期的课程设计来看,有必修模块与选修模块的课程,为各地学校根据自身生源与教学设施等情况灵活进行教学提供了前提。例如,选修课有五个系列,即诗歌与散文、小说与戏剧、新闻与传记、语言文字应用、文化论著选读。这些系列从实际开课情况看,尽管多数学校并未能够切实有效地开展,一方面受制于校舍,另一方面受制于教师资源等,但从认识上为广大语文教师提供了多元化的新视角。

从内涵看,"素养"一词比"能力"更加丰富。语文素养是语文能力和语文知识、思想情感、语言积累、语感、思维品质、品德修养、审美情趣、个性品格、学习方向、学习习惯的有机整合。语文素养包括语文态度、语文情感等基本内容,比语文知识更加具有活动性,需要语文知识转化为实践的过程性参与。21世纪初对语文课程的性质定位,为语文教学实践重视学生的语文活动、养成语文素养奠定了基础。这一时期,语文课程与教学对20世纪过度重视教授、支离破碎的讲解、重视知识的记忆等语文基本教学任务进行了修正。基于对工具性与人文性相统一的语文本质属性的认识,语文更加重视教学过程的开展,尊重学生的知识与经验,尤其是通过言语活动培养与发展学生的语言能力、生活能

---

[1] 中华人民共和国教育部. 普通高中语文课程标准(实验)[S]. 北京:人民教育出版社,2003:2.

力、审美能力等，对于长期以来以知识教知识的传统教法进行了有效的矫正，从而使得语文素养及语文学科核心素养的提出成为可能。

语文学科核心素养在经历了一些过程后被提出，此后仍不断被细化、完善。从21世纪开始，就有一些国际组织、经济体及一些国家和地区，对核心素养展开研究。他们分别从不同维度，对核心素养做出阐述。2003年，联合国教科文组织提出核心素养的"五大支柱说"，认为教育培养的人要做到：学会求知，学会做事，学会共处，学会发展，学会改变。2005年，经济合作与发展组织提出"关键能力说"，认为核心素养的标志是：具有利用社会、文化、技术资源的能力，人际交往的能力，自立、自主行动的能力。2005年，欧盟则提出"八大素养说"，认为核心素养应包括：①母语沟通；②外语沟通；③数学能力及基本科技能力；④数位能力；⑤学会如何学习；⑥人际、跨文化与社会能力及公民能力；⑦创业家精神；⑧文化表达。其核心是批判性思维与创造力。2013年，联合国教科文组织发布题为《走向终身学习——每个儿童应该学什么》的报告，提出教育要使人的情感、智力、身体、心理诸方面的潜能和素质都得到发展的总目标。在我国，官方和民间对核心素养也进行了许多研究。其中，林崇德教授领衔的专家团队，经过多年的潜心研究，提出了有中国特色的核心素养指标体系。

语文学科核心素养是一种以语文能力为核心的综合素养[1]，主要包括语言建构与运用、思维发展与提升、审美鉴赏与创造、文化传承与理解四个方面。语文学科核心素养与课程目标如下表所示：

语文学科核心素养与课程目标

核心素养	课程目标		
语言建构与运用	语言积累与建构	语言表达与交流	语言梳理与整合
思维发展与提升	增强形象思维能力	发展逻辑思维	提升思维品质
审美鉴赏与创造	增进对祖国语言文字的美感体验	鉴赏文学作品	美的表达与创造
文化传承与理解	传承中华文化	理解多样文化	关注、参与当代文化

可见，语文学科核心素养是核心素养在语文学科的具体化，是学生学习语文学科之后

---

[1] 中华人民共和国教育部. 普通高中语文课程标准（2017年版2020年修订）[S]. 北京：人民教育出版社，2017：4-7.

所形成的具有语文学科特点的关键成就,是语文课程本质属性下语文学科育人价值和功能的集中体现。

第二节　课改修正期的语文课程性质

2011年,义务教育阶段的语文课程标准开始修订,也拉开了对21世纪语文课程改革的修正序幕。从2011年版语文课程标准对语文性质的修正看,修正后的性质体现出学科的综合性与运用性特征。2018年教育部又颁布了《普通高中语文课程标准(2017年版)》,其接续了《义务教育语文课程标准(2011年版)》对语文性质的界定。从语文的发展历史我们可以看到,语文的发展过程就是一个不断综合的过程,语文不断吸收现实世界与精神世界的营养,从而体现出工具性与人文性相互交融的特点。这种融合就是语文不断在实践中综合、在实践中发展的过程。语文的综合性决定了语文具有多层性。例如,语言最基本的属性就是作为交际符号的工具,其工具性是着眼于语文课程培养学生语文运用能力的实用功能和语文课程的实践性特点这一基本属性。因此,无论在哪个历史时期和哪种意识形态下,语文的交际性都从未缺席,而且学习语言成为学习语文的起点。因此,修订版课程标准也坚定地将"学习祖国语言文字运用"作为语文课程的基本目标和出发点。这也是语文教学的基本立足点,否则其他功能都将成为空中楼阁,甚至导致舍本逐末的教学结果。

一、语文课程是一门学习祖国语言文字运用的综合性、实践性课程

《义务教育语文课程标准(2011年版)》和《普通高中语文课程标准(2017年版2020年修订)》都进一步明确和强调了语文课程的综合性与实践性。《普通高中语文课程标准(2017年版2020年修订)》在"课程性质"部分明确了"语言文字是人类社会最重要的交际工具和信息载体,是人类文化的重要组成部分。语言文字的运用,包括生活、工作和学习中的听说读写活动以及文学活动,存在于人类社会的各个领域"[1]。综合性与实践性始

---

[1] 中华人民共和国教育部. 普通高中语文课程标准(2017年版2020年修订)[S]. 北京:人民教育出版社,2017:1.

终是语文课程的主要特征，也是提高学生语文学科素养乃至核心素养的重要途径。教师在教学过程中尤其要注重实践性的落实。例如，教师要充分尊重学生的主体地位，走出传统教学的模式，调整设计思路，从学生的生活实例和符合学生情况的课程内容出发，恰当地运用多种多样的教学活动，引导学生在真实的语言情境中发现、创新、探究；教师要加强授课的情境化、结构化和选择性，从而促进学生语文学习方式的转变。

从语文发展的历程看，无论语文是"工具性与思想性的统一"还是"工具性与人文性的统一"，都充分说明语文的综合性，以及语文作为人类交流工具的基础作用。因此，修订后的语文课程标准将语文的综合性加以强调，旨在突出语文学习的目的在于运用。修订后的语文课程标准也明确了语文学习的综合性方式与目标。例如，要求"语文课程应引导学生在真实的语言运用情境中，通过自主的语言实践活动，积累言语经验，把握祖国语言文字的特点和运用规律，加深对祖国语言文字的理解与热爱，培养运用祖国语言文字的能力；同时，发展思辨能力，提升思维品质，培育社会主义核心价值观，培养高尚的审美情趣，积累丰厚的文化底蕴，理解文化多样性"[1]。这个性质的厘定也为语文学科四个方面核心素养的确立奠定了基础。工具性只是揭示了语文课程的外在价值和意义，语文课程的内在价值和意义则集中体现在人文性上。语文是一种文化的构成，承载了多姿多彩的人类文化，包孕着无限丰富的人文精神。任何民族的语言都是该民族认识世界、阐释世界的意义符号体系和文化价值体系，语言的文化代码性质决定了它鲜明的人文属性。汉语汉字的人文属性尤为突出，它重人生、人伦、人情、人性，讲审美、体验、感悟、直觉，体现了汉民族独特的心理结构和思维方式，积淀着汉民族深厚的历史文化传统和丰富的民族情感。

高中语文比义务教育阶段的语文更加强调综合性，其将语言的交际性与文化性结合得更加紧密。我国语文教育脱胎于经、史、子、集的综合教育，历来将道德修养与语言运用紧密结合起来，使得语文教育具有更强的综合性与复杂性。例如，修订后的语文课程标准进一步强调了"普通高中语文课程，应使全体学生在义务教育的基础上，进一步提高语文素养，形成良好的思想道德修养和科学人文素养，为终身学习奠定基础，为传承和发展中华文化、增强民族凝聚力和创造力发挥独特的功能"[2]。它将语文教育的要求提高到道德

---

[1] 中华人民共和国教育部. 普通高中语文课程标准（2017年版2020年修订）[S]. 北京：人民教育出版社，2017：1.

[2] 中华人民共和国教育部. 普通高中语文课程标准（2017年版2020年修订）[S]. 北京：人民教育出版社，2017：1.

修养和民族文化等的层次,具有鲜明的社会性价值,而且将个人需要与社会的各种人文性需要相结合。与《普通高中语文课程标准(实验)》(2003 年)相比,新的课程标准在语文的性质方面有了新的内涵和要求:

新旧课标中关于语文性质的内涵和要求的不同表述

课程标准名称	语文性质的内涵和要求
《普通高中语文课程标准(实验)》(2003 年)	语文是最重要的交际工具,是人类文化的重要组成部分。工具性与人文性的统一,是语文课程的基本特点。 　　高中语文课程应进一步提高学生的语文素养,使学生具有较强的语文应用能力和一定的语文审美能力、探究能力,形成良好的思想道德素质和科学文化素质,为终身学习和有个性的发展奠定基础。
《普通高中语文课程标准(2017 年版 2020 年修订)》	语言文字是人类社会最重要的交际工具和信息载体,是人类文化的重要组成部分。语言文字的运用,包括生活、工作和学习中的听说读写活动以及文学活动,存在于人类社会的各个领域。语文课程是一门学习祖国语言文字运用的综合性、实践性课程。 　　工具性与人文性的统一,是语文课程的基本特点。语文课程应引导学生在真实的语言运用情境中,通过自主的语言实践活动,积累言语经验,把握祖国语言文字的特点和运用规律,加深对祖国语言文字的理解与热爱,培养运用祖国语言文字的能力;同时,发展思辨能力,提升思维品质,培育社会主义核心价值观,培养高尚的审美情趣,积累丰厚的文化底蕴,理解文化多样性。 　　普通高中语文课程,应使全体学生在义务教育的基础上,进一步提高语文素养,形成良好的思想道德修养和科学人文修养,为终身学习奠定基础,为传承和发展中华文化、增强民族凝聚力和创造力发挥独特的功能,为培养德智体美劳全面发展的社会主义建设者和接班人发挥应有的作用。

　　2017 年的语文课程标准进一步对道德修养、科学人文素养、终身学习、全面而有个性的发展、传承和发展中华文化、增强民族凝聚力和创造力提出了新要求,强调语文的国家意识和民族意识,这使得语文教学必须做出相应的调整。当下的语文教育强调对学生语文素养的培养,这使得语文的功能更加复杂,也对语文教学提出了更高的要求。

二、新课标中语文性质的新内涵与教学实践

　　《普通高中语文课程标准(2017 年版)》是在党的十九大精神的指引下,立足本国特

色、着眼于国际、顺应现代化的需求设计的，因此具有新的内涵。性质的变化赋予了语文教学实践新的功能，这是教师应予以重视的。近年来，语文作为"立德树人"的核心课程，一直受到国家、社会、广大教育工作者的密切关注。因此，语文学科被赋予了更多的使命和全新的内涵。

（一）突出传统文化在语文教育中的价值

修订后的语文课程标准在性质部分的阐述中，多次强调语文的文化性，尤其是民族文化的特性。例如，"普通高中语文课程，应使全体学生在义务教育的基础上，进一步提高语文素养，形成良好的思想道德修养和科学人文素养，为终身学习奠定基础，为传承和发展中华文化、增强民族凝聚力和创造力发挥独特的功能"[1]。要求丰富、充实、加强中华优秀传统文化教育的相关内容，始于2016年实施的统编版义务教育阶段语文教材中与民族文化相关的文章及古诗文的大幅增加。在落实"引导学生自觉继承中华优秀传统文化"方面，语文教材所选古诗文的数量有所增加，体裁也更加多样。统编版小学语文教材中有古诗文129篇，初中语文教材中有古诗文132篇，且以古诗词为主（如《木兰诗》《悯农》《游子吟》《出塞》《过零丁洋》《示儿》等），还有一些文言文（如《愚公移山》《〈论语〉十二章》《〈孟子〉二章》《出师表》《少年中国说（节选）》等。其还增设专题栏目，安排了楹联、成语、谚语、歇后语、蒙学读物等传统文化内容，使学生在积累语言的同时，受到中华优秀传统文化的熏陶。2019年版的统编版高中语文教材中，古诗文占全部选文的**49.3%**。其选文为反映中华优秀传统文化的经典名篇，近乎涵盖了所有的文体，包括古风、民歌、绝句、律诗、词曲及历史散文等，如两汉论文、魏晋辞赋及唐宋明清古诗文、白话小说等。这些充分说明新时代语文教育对传统文化的需求。

修订后的高中语文课程标准特别强调语文对中华优秀传统文化继承的重要性。它指出，抓住语文课程对继承和弘扬文化、培养文化自信、推动文化创新发展的优势，加强学生对中华优秀传统文化、革命文化、社会主义先进文化的深入学习和思考，形成正确的世界观、人生观和价值观，从而充分发挥语文课程的育人功能，达到立德树人，增强文化自信的目标。因此，高中语文课程标准在"课程内容"部分增设了"中华传统文化经典研

---

[1] 中华人民共和国教育部. 普通高中语文课程标准（2017年版2020年修订）[S]. 北京：人民教育出版社，2017：1.

习",将"学习目标与内容"定位为:"(1)选择中国文化史上不同时期、不同类型的一些代表性作品进行精读,体会其精神内涵、审美追求和文化价值。(2)在特定的社会文化场景中考察传统文化经典作品,以客观、科学、礼敬的态度,认识作品对中国文化发展的贡献。……(5)学习传统文化经典作品的表达艺术,提高自己的写作水平。"[1]其要求学生从不同角度学习中华优秀传统文化,并明确了学分(2学分)和学时(36学时),可见修订后的语文课程标准对传统文化的重视程度。这要求语文教师在教学中应多角度地灵活运用语文教学素材,并结合现实生活与实践帮助学生习得中华优秀传统文化。

(二)重视语文对社会主义核心价值观与革命文化的传播与渗透

修订后的语文课程标准基于"立德树人"的核心理念,强调了学科的社会道德色彩,尤其强调了对社会主义核心价值观的传播,因此明确了"发展思辨能力,提升思维品质,培育社会主义核心价值观"的语文功能。而且在语文课程的内容中增加了社会主义、革命主义方面的内容。例如,《普通高中语文课程标准(2017年版2020年修订)》明确要求语文教材要体现社会主义核心价值观:"教材编写要以马克思主义为指导。坚持立德树人,体现社会主义核心价值观,面向现代化、面向世界、面向未来;要贯彻国家课程改革的精神,落实普通高中语文课程标准要求。"[2]其对语文的革命教育功能也做了清晰的要求,如"教材编写要高度重视继承和弘扬中华优秀传统文化、革命文化和社会主义先进文化"[3],"任务群旨在阅读和研讨语言典范、论辩深刻、时代精神突出的革命传统作品,深入体会革命志士以及广大群众为民族解放事业英勇奋斗、百折不挠的革命精神和革命人格;学习在社会主义革命、建设过程中涌现的英雄模范事迹,感受其无私无畏的爱国精神……进一步发展语言运用能力、思维能力和审美鉴赏能力"[4]。这些要求均在统编版的语文教材中得到体现。

---

[1] 中华人民共和国教育部. 普通高中语文课程标准(2017年版2020年修订)[S]. 北京:人民教育出版社,2017:21.

[2] 中华人民共和国教育部. 普通高中语文课程标准(2017年版2020年修订)[S]. 北京:人民教育出版社,2017:1.

[3] 中华人民共和国教育部. 普通高中语文课程标准(2017年版2020年修订)[S]. 北京:人民教育出版社,2017:49-50.

[4] 中华人民共和国教育部. 普通高中语文课程标准(2017年版2020年修订)[S]. 北京:人民教育出版社,2017:22.

为了强调这些功能,《普通高中语文课程标准（2017 年版 2020 年修订）》在"课程内容"部分单独设计了"学习任务群 9：中国革命传统作品研习"。例如，将"诵读革命先辈的名篇诗作，体会崇高的革命情怀。精读反映革命传统的优秀文学作品，特别注意选择反映党领导人民进行革命、建设、改革伟大历程的作品，感受作品中革命志士、英雄人物和劳动模范的艺术形象，弄清作品的时代背景，把握作品的内涵，理解作者的创作意图，获得审美体验。结合自己的生活经验和阅读写作经历，发挥想象，加深对作品的理解，力求有自己的独到认识"[1] 作为重要的"学习目标与内容"。其要求学生能够阅读关于革命传统的新闻、通讯、报告、演讲、访谈、述评等实用性文体的优秀作品，联系思想实际和亲身见闻，以正确的价值观，深入理解其内容，学习其写作手法。将革命教育渗透于所有文体，使得高中语文教学与义务教育阶段语文教学保持了一致。在强化革命传统教育方面，统编版义务教育阶段的语文教材收录了大量革命传统经典篇目，如《纪念白求恩》《为人民服务》《清贫》《吃水不忘挖井人》《朱德的扁担》《狼牙山五壮士》《开国大典》《黄河颂》《我爱这土地》等文章，小学约 40 篇，初中 30 多篇；教材中既有关于毛泽东、周恩来、朱德、邓小平等老一辈革命家的作品，也有关于江姐、赵一曼、刘胡兰、董存瑞、黄继光、雷锋等革命英雄人物的作品，以及钱学森、邓稼先等为中华人民共和国建设做出巨大贡献的著名科学家的，还有鲁迅、茅盾等著名文学家的作品。2019 年的统编版高中语文教材中，选取了反映革命传统与精神的优秀作品，如毛泽东的《沁园春·长沙》《改造我们的学习》等文章，鲁迅的《拿来主义》《记念刘和珍君》等文章，还有《长征胜利万岁》《大战中的插曲》《百合花》等多篇革命题材的优秀作品。这些选文多以歌颂革命领袖伟大功绩为主题，赞颂为民族自由自强而献身的各种英雄的事迹。语文教材努力发挥革命理论文章所具有的指导价值，旨在激发学生热爱共产党、热爱祖国的情感。

新时代语文教材中革命题材文章的增多，给语文教学提出了一定的挑战。不同阶段的语文教师要充分利用多种形式，针对不同学段学生的认知能力、审美趣味、思想水平等，敏锐发现热门话题，开展研讨活动，促进学生对我国社会主义道路的认同，引导学生理解中国革命文化、敬慕人民英雄，从而热爱社会主义，实现对社会主义核心价值观的理解和接受。

---

[1] 中华人民共和国教育部. 普通高中语文课程标准（2017 年版 2020 年修订）[S]. 北京：人民教育出版社，2017：22.

第三节　核心素养下语文教育的基本任务

语文课程的任务会因特定历史条件和现实环境的需要发生相应的变化，也承担起相应的语文教育任务。新时代，在核心素养的规定和指引下，语文教育承载着实现中国教育梦想的总任务，同时也从不同方面承担了具体的任务。

一、坚持立德树人，增强文化自信，充分发挥语文的育人功能

语文教育是播种中华儿女精神的重要园地。语文，对继承和弘扬中华优秀传统文化、革命文化、社会主义先进文化，培养文化自信，推动民族文化的创新发展，具有不可替代的地位和优势。中学语文教育在新时代具有更高的追求，在语言运用的基础上增加文化的含量既是国家的需要，也是学生身心发展的需要。"立德树人"的教育方针是教育个性与共性的统一。文化是一个民族、地区或国家经过长期沉淀形成的行为习惯与风土人情，也是人之精神命脉，对于一个国家与地区的稳定与发展具有重要意义。为国家培养人才的教育，需要将个人需要与国家社会需要结合起来并完美统一，从而使人才在具有良好的品德的基础上得到发展，这也是立德树人的基本需要。文化自信源自对本民族文化、国家各种优秀文化的认同。因此，语文课程标准的实验版与修订版都加强了这一方面的内容，以促进学生形成民族自豪感、家国情怀、人文意识等。尤其是《普通高中语文课程标准（2017年版）》将中华优秀传统文化、革命文化和社会主义核心价值观贯穿在了必修、选择性必修、选修课程的所有板块和选文当中。学习汉语言，让学生感受汉族先贤智者的心灵、深邃的思想，增加对人生、对世界理解的智慧等，接受汉族博大精深的多样文化的熏陶和感染。

"文化的传承与理解"是让学生在具体实践中完成对文章情感、态度和价值观的认同，进而培养学生高尚的道德情操和积极健康的审美情感，形成正确的人生观、价值观和积极的人生态度。中华文化是形成中华民族凝聚力的坚实基础，是使中华民族生生不息的血脉。中国语言与文学传承了博大精深的中华文化。例如朴实优雅的《诗经》，诡谲瑰丽的《楚辞》，雍容华贵的唐诗，细腻绮丽的宋词，大气磅礴的明清小说，清新淡雅的晚明小品

文，自由洒脱的近代文学，丰富鲜活的当代文学，等等。这些艺术瑰宝与思想精华都是通过文学、语言显现出来的，既包含了民族文化精神，也反映了中华民族传承的历史故事。语文教材加大了古诗文的数量，并提高了它们的学习要求，目的就在于加强学生对中华优秀传统文化的继承和发扬。

中华民族文化与语言文字的结合为语文教育传承中华优秀传统文化提供了良好的载体。民族文化是一个民族精神的依托，也是个体精神成长与幸福的寓所。学生通过基础教育习得中华文化，与中华文化产生紧密的心理联系，从而形成健康的民族意识和强烈的民族感情，是教育与文化的共同诉求。语言和文字，都是人类社会化需要的工具，是人类传情达意的符号与象征。语言的声、韵、调等要素是"声"符号，文字是"形"符号，二者结合则构成了"意义"的象征。在学习汉语言的过程中，学生通过对字词情感的接受与理解潜移默化地接受了传统文化的熏陶。《普通高中语文课程标准（2017年版2020年修订）》要求普通高中语文课程"融入社会主义核心价值观教育，培养热爱中华文明……增强为中华民族伟大复兴而努力的历史使命感和社会责任感"[1]。普通高中语文课程标准修订组负责人王宁强调："在课程中教育学生继承和弘扬中华优秀传统文化，培育和践行社会主义核心价值观，增强民族自尊心，提升文化自觉和文化自信，培养热爱中华文明、热爱祖国、热爱人民、热爱中国共产党的深厚感情，以及热爱美好生活和奋发向上的人生态度，增强学生为中华民族伟大复兴而努力的历史使命感和社会责任感，这些都是语文课程必须做到的，但又必须通过语文课的特质来实现。"[2]

与其他民族的文学语言相比较，汉语言文学具有相对的含蓄性和教化性特征，因此语文教学中需要借助语文教材的文本提炼出隐含的民族与国家意识情感，回避消极落后的文化糟粕对学生的影响。国家与民族情感的教育并不是采用简单的说教与灌输知识的方式就能够达成的，而是需要通过文章的情、意进行潜移默化的渗透和引导，教学需要联系学生的生活经验与成长过程来使学生理解文章，以文学叙事的方式让学生从情感、态度上予以吸收、内化和提升，从而获得较为愉悦的审美体验。语文是生活的反映和需要。因此，教师需要引导学生积极参与各种语言实践活动，从而理解国家民族、认识自然、认识社会、认识自我、规划人生，形成积极健康的社会观、世界观，最终实现全面发展。

---

[1] 中华人民共和国教育部. 普通高中语文课程标准（2017年版2020年修订）[S]. 北京：人民教育出版社，2017：2.

[2] 王宁. 走进新时代的语文课程改革[J]. 基础教育课程，2018（1）：23.

文化是人类的精神家园，也是孕育幸福的乐土。因此，语文教育需要发扬本民族的优秀文化。同时，文化传承不仅需要继承本民族的优秀文化，也要具有世界视野，从建设人类和谐相处的人类命运共同体的角度出发，选择和吸收世界优秀文化。"理解多样文化。通过学习语言文字作品，懂得尊重和包容，初步理解和鉴赏不同民族、不同区域、不同国家的优秀文化，吸收人类文化的精华。"[1] 例如，对具有关爱、理解、担当、反思等核心价值的文明，不因意识形态的差异和国家的不同而带有种族、民族、地域的偏见；扬长避短地学习他人长处，以强大自身，从而使优秀文化为我所用。我国从近代洋务运动、新文化运动到 20 世纪改革开放，均在强调学习域外优秀文化以发展本民族的传统文化，使中华文化在不断的扬弃中得以强大的重要价值。语文教育的重要任务之一在于培养包容且开放的胸怀，这需要不断地学习世界文明。因此，在文化的传承与创造方面，既不能盲目自大，也不必妄自菲薄，对优秀文化需要自信，对传统的糟粕也必须抛弃。正如叶圣陶所说："为学生着想，我们以为急需革除传统的教育精神。传统的教育精神是什么？让一些人读书，应考，考上了的做或大或小的官……"[2] 叶先生批判过度名利的教育文化，这对于今天教育的发展依然具有重要的警示作用。在信息时代，对于任何一个国家与民族来说，闭关锁国是没有出路的，也是不可能的。语文教育需要教师更新理念，不断吸收优秀思想，而只有这样，教师才能在各种文化的碰撞中形成理性的分析指导能力与教育教学智慧。

二、以语言运用为根本，发展语文学科核心素养

事物的本质是人类认识的本质，是目的性的根本反映。从语文学科的属性看，使学生语言能力得到提升是其基本任务，也是其独特性的存在。因此，自语文独立设科以来，尽管关于语文的本质（属性）存在不少争论，但语文工作者一直将语文的语言属性作为其基本属性。修订后的语文课程标准将语文的属性界定为一门学习祖国语言文字运用的综合性、实践性课程，也将语言的运用属性作为语文的本质属性，即"工具性与人文性的统一，是语文课程的基本特点"。因此，提升学生的语言运用能力是语文的基本任务，这一

---

[1] 中华人民共和国教育部. 普通高中语文课程标准（2017 年版 2020 年修订）[S]. 北京：人民教育出版社，2017：7.
[2] 叶圣陶. 叶圣陶教育名篇 [M]. 北京：教育科学出版社，2007：58.

点是毫无疑义的。

　　语言的运用始于对基本词汇、句式、语法、逻辑、修辞等知识的积累，同时需要学会对这些知识的运用，掌握运用的基本法则与具体语境等。近年来，由于对"双基"（基础知识和基本技能）的过度矫正，导致去语言知识教育成为一种重要的教学倾向，也使得学生的基本语言知识、运用语言规则的基本能力较差。知识是形成能力的基础，没有词汇、句式、语法、逻辑、修辞等知识的语文是难以形成高水平的语文和语文教育的。无论从认知规律看，还是从教学经验看，离开语文知识空谈语文能力与素养是毫无价值的。语文教育不能以死记硬背基础知识为能事，也不能简单否定对语言文学能力起着重要作用的基础知识的教学。恰恰相反的是，语文教育需要夯实一些具有再生性的如基本的语法、逻辑、修辞等知识，从而使语言的表述更加准确与生动，提升语言的运用能力。总之，语言的运用能力是语文素养形成的基础。

　　与过去的教学大纲和课程标准相比，《普通高中语文课程标准（2017年版2020年修订）》强调语文教学的任务在于形成语文学科核心素养。语文学科核心素养是由语文的性质所决定的，也是社会发展、国家意识的反映。语言离不开思想情感，核心素养是知识与能力、态度等综合作用的结果。因此，语文教学既要关注知识技能的外显功能，更要重视课程的隐性价值，还要关注语文课程的内涵在社会信息化过程中的新变化，从而使静态的知识与动态的能力内化为人的基本修养与能力。素养的表现形式是语言，但决定语言的内核是认知、思维、思想、情感等要素。《普通高中语文课程标准（2017年版2020年修订）》要求："让学生多经历、体验各类启示性、陶冶性的语文学习活动，逐渐实施多方面要素的综合与内化，养成现代社会所需要的思想品质、精神面貌和行为方式。"[1] 核心素养的形成需要广泛的阅读、写作、听说、交际等语言实践活动。因此，修订后的课程标准设计了18个"学习任务群"，即"整本书阅读与研讨""当代文化参与""跨媒介阅读与交流""语言积累、梳理与探究""文学阅读与写作""思辨性阅读与表达""实用性阅读与交流""中华传统文化经典研习""中国革命传统作品研习""中国现当代作家作品研习""外国作家作品研习""科学与文化论著研习""汉字汉语专题研讨""中华传统文化专题研讨""中国革命传统作品专题研讨""中国现当代作家作品专题研讨"

---

[1] 中华人民共和国教育部. 普通高中语文课程标准（2017年版2020年修订）[S]. 北京：人民教育出版社，2017：2.

"跨文化专题研讨""学术论著专题研讨"。这些任务群之间相互交织、相互渗透，其根本任务就在于使学生养成语文学科的核心素养。

语文教育需要尊重基本的学习规律，从核心素养的培养看，也有其基本的规律。"语言建构与运用"是语文学科核心素养的基础，是其他三个核心素养发展的前提；"思维发展与提升"是语言发展的结果，也是语言形成的基础，二者的发展相互依存，通过语言运用而获得思维的发展和思维品质的提升；"审美鉴赏与创造"是通过阅读中华传统文化经典作品、中国革命传统作品、中国现当代作家作品、外国作家作品、科学与文化论著，形成文明健康的审美情趣和鉴赏品位；"文化传承与理解"是热爱中华文化，理解多样文化，接受先进文化，参与体悟当代文化。这些核心素养相互作用形成一个整体，就是语文教育的核心任务。教学设计中尽量设计丰富多样的，能够促进学生多方面素养提高的语文教学活动。培养学生良好的语感，使他们掌握学习语文的基本方法，养成良好的学习习惯，提高运用祖国语言文字的能力。语言文字运用和思维密切相关，语文教育必须同时促进学生思维能力的发展与思维品质的提升。语文教育也是提高审美素养的重要途径。要让学生在学习运用语言文字的过程中受到美的熏陶，培养自觉的审美意识和高尚的审美情趣，培养审美感知和创造表现的能力。对语言文字的运用体现时代的发展状况和人的文化修养。语文课程应该引导学生自觉继承中华优秀传统文化和革命文化，吸收世界各民族文化精华，积极参与中国特色社会主义先进文化的建设与传播等。

三、加强"自主、合作、探究"的语文学习方式

语文学习的基础是语言素养的形成。语言是人类区别于其他动物的重要标志之一，是判断一个人的德行品质等的重要尺度之一。因此，培养学生语言能力本质上是"树人"的重要过程。语言是人与人交流沟通的工具，人的本质属性是社会性，二者相辅相成，相互依存。无论是社会性的实现还是交流能力的培养，都需要合作的培养性教育方式。由于我国传统教育更重视独善其身的读书方式，"两耳不闻窗外事，一心只读圣贤书"的传统学习文化根深蒂固，缺乏对他者的关心，尤其鼓励静读、苦读、自读等学习方式，忽视了合作性的学习方式的培养。现代社会是个专业性极强的社会，社会分工精细，工作的专业化程度加深，没有一个人完全依靠自己就能够顺畅地工作与生活，每个独立的个体都需要通过合作的方式解决生存、生活、发展等的问题。20世纪末，"国际21世纪教育委员会"向联合国教科文组织提交的报告《教育——财富蕴藏其中》中，明确将"学

会做人"[1]作为"教育的四大支柱"之一。因此,语文教育必须为学生的未来努力奠基。

语文能力的形成离不开积极的探究与自主学习,语文教学需要培养学生自主、合作、探究的学习习惯,这也是在为学生终身成长筑底。自主与探究是一脉相承的,没有自主能力就难以形成探究的学习主动性。因此,确立以学生为主体的教学观念,是引导学生自主、合作、探究学习的重要前提。语文与生活的紧密性、开放性等为学生自主、合作、探究地学习语文提供了可能。现代语文教育需要把握信息时代的新特点,积极利用新技术、新手段,建设开发多样、有序的语文课程体系,使学生的语文素养能满足社会发展的需要。开放、活泼的语文教学内容为语文学习方式提供了各种可能,倡导自主、合作、探究的学习方式,也是语文教学的亮点。因此,语文教学应为学生创设良好的自主学习情境,帮助他们树立主体意识;学生根据各自的特点和需要,调整学习心态和策略,探寻适合自己的学习方法和途径。为改变过去强调接受学习、死记硬背、机械训练的教学方式,要特别重视探究的学习方式,教师应努力提高组织教学和引导学生学习的质量。多个任务群的设计可以调动学生合作性学习的积极性,这种方式有利于在互动中提高学习效率,有利于培养合作意识和团队精神。应鼓励学生在个人钻研的基础上,积极参与讨论及其他学习活动,善于倾听、吸纳他人的意见,学会宽容和沟通,学会协作和分享。相对于个体性学习、竞争性学习,合作性学习是指学生在学习群体中为完成某项共同的学习任务而进行的互助性学习。它以目标设计为先导,以师生、生生、师师合作为基本动力,以小组活动为基本教学形式,以团体成绩为教学评价标准,以提高多数学生的学习成绩、改善班级的社会心理气氛、形成良好的非认知心理品质为根本目标。

四、注重开发学生思维,形成良性的语言认知

语言与思维构成相互促进的关系。语言是思维表达的工具,思维是语言表达的内驱力,二者相互依存。词语是刺激思维成长的基本材料,思维是按照社会规则构筑语言材料的框架。在一定程度上,可以说,有什么样的语言就会有什么样的思维品质,拥有怎样的思维就会有相应的语言与之呼应。因此,作为为学生身心健康成长筑底的基础语文教育必

---

[1] 雅克·德洛尔. 教育——财富蕴藏其中[M]. 联合国教科文组织总部中文科,译. 北京:教育科学出版社,1996:75.

须培养学生良性的语言品质。好的语言建立在具有辨别真假能力的语言认知的基础之上，所以培养学生识别真伪的思维能力是形成良性语言的前提。

现代教育的终极目标不是呈现知识，而在于使学生具有良好的思维品质，掌握明辨是非的能力，拥有学会关爱的情怀，等等。其中，思维对于人的判断能力的形成具有核心的作用。因此，语文学科与所有的学科一样，必须对改善学生的思维品质产生积极作用。语言表达的质量一般取决于思维品质，清晰的逻辑决定了语言表达的流畅性，思维逻辑的严密性也决定了语言的严密性。因此，要想培养学生具有良好的语言表达能力，必须着眼于改善学生的思维品质。叶圣陶在《如果我当老师》一文中说："教识字教读书只是手段，养成他们的语言好习惯，也就是思想的好习惯，才是终极目的。"[1]《义务教育语文课程标准（2011年版）》中的"总体目标与内容"明确指出："在发展语言能力的同时，发展思维能力，学习科学的思想方法……能主动进行探究性学习，激发想象力和创造潜能，在实践中学习和运用语文。"[2]《普通高中语文课程标准（2017年版2020年修订）》也明确提出："提升思维品质。自觉分析和反思自己的语文实践活动经验，提高语言运用的能力，增强思维的深刻性、敏捷性、灵活性、批判性和独特性。"[3]思维是一种认知活动，也是认识世界的一种能力，包含记忆、理解、分析、综合、运用、评价等过程，也包括推理、归纳、演绎、创造等不同种类的思维形式。在语文教学中，对语言符号的积累是基础，思维培养是语文教学的核心。突破简单化的机械性记忆，运用学生的基本经验，不断扩充学生的认知图式，对于改善学生思维具有至关重要的作用。

思维与语言的密切关系，使得二者在语文教学中相互影响、相互促进，对改变传统的倚重死记硬背，不关心理解和运用的教学理念与方式，具有重要的意义。"现代社会要求人们思维敏锐，富有探索精神和创新能力，对自然、社会、人生具有更为深刻的思考和认识。"[4]现代教育要求语文教育开发学生的智力，尤其是探究能力，培养学生的批判意识等思维品质。语文教学运用不同的教学素材可以激发出学生不同的思维方式、思维风格等。例如，通过学生的适度记忆完成学生图式建构的基础。因此，对课文中的关键词语、

---

[1] 叶圣陶. 叶圣陶教育名篇 [M]. 北京：教育科学出版社，2007：39

[2] 中华人民共和国教育部. 义务教育语文课程标准（2011年版）[S]. 北京：北京师范大学出版社，2011：6.

[3] 中华人民共和国教育部. 普通高中语文课程标准（2017年版2020年修订）[S]. 北京：人民教育出版社，2017：6.

[4] 倪文锦，谢锡金. 新编语文课程与教学论 [M]. 上海：华东师范大学出版社，2006：45.

句式、篇章结构要强化积累，以利于学生的后续学习；从传统的教学经验看，这一点是可行且必要的。思维是行动的先导，思维对情感的走向起着引导的作用，情感可以推动思维的培养与开发。因此，激活学生思维的积极性是语文教学的基本任务之一。课程标准明确要求语文教学"运用批判性思维审视语言文字作品，探究和发现语言现象和文学现象，形成自己对语言和文学的认识"[1]。积极思维表现为乐于进行交流和思想碰撞，学生可以在相互切磋中加强对知识的领悟，共同提高。因此，无论是文学作品还是实用类作品在培养学生思维方面，均具有可行性与现实性。例如，诗歌对于激发学生的想象力、联想力具有独特性；小说在培养学生的推理能力、归纳能力、分析能力等方面具有不可比拟的有效性；论说文对于培养学生思维的严密性、深刻性、逻辑性等方面具有不可替代性。长期以来，语文教学更重视知识性和贯穿课文的情感属性，以自上而下地灌输知识、标准答案为基本特征，严重禁锢了学生的思维创造力。现代语文教育需要为学生的终身成长奠定基础，培养良好的思维力是其在符合语文基本属性之外的增长性需要与任务。语文教育发展学生的思维，有利于培养学生的语文学习方法和习惯，对学生的终身发展具有重要的意义。

五、建立多元化、立体化的语文学习评估体系

语文课程应适应社会对人才的多样化需求和学生对语文教育的不同期待，精选学习内容，变革学习方式，确保全体学生都获得必备的语文素养；帮助学生认识自己语文学习的已有基础、发展需求和方向，激发学习兴趣和潜能，在跨文化、跨媒介的语文实践中开阔视野，在更宽广的选择空间里发展各自的语文特长和个性。从语文发展史看，传统语文课程结构都较为单一，基本上都是以统一必修课程的形式出现。尽管《普通高中语文课程标准（实验）》（2003年）设计了选修课，但从调查中看，绝大多数学校并未设置自主的、个性化的选修课，而是采用固定的、封闭的必修课形式，导致语文学习缺乏活力。修订后的语文课程标准在课程结构遵循共同基础与多样选择相统一的原则基础上，为实现学生语文素养的普遍进一步提高和为不同需求的学生提供更大选择性发展空间的目标，构建了开放而有序的课程结构，设计了18个"学习任务群"。这些任务群要求教师紧密结合课堂与书

---

[1] 中华人民共和国教育部. 普通高中语文课程标准（2017年版2020年修订）[M]. 北京：人民教育出版社，2017：6.

本，加强课程与社会生活、学生生活以及科技发展的联系，开发适合本地区和学生发展需要的，体现均衡性、综合性、多样性和选择性的课程资源。

语文教育的丰富性为个性化的语文学习提供了更多的可能，也使得多元化的评价成为必然。语文学习的开放性特征决定了语文学习的结果不具有唯一性，而是丰富多彩的。例如，文本解读会因读者的审美经验不同而形成不同的感受和体验，这些理解并不影响文本本身，但会对学生产生直接的影响。语文学习的评估需要给学习者提供广大的空间，让他们充分发表并分享独特的认识和情感体验，这有利于激发学生的创造力、体会成就感，进而形成良好的语文学习习惯。须知，多元化的文本解读、表达与交流都是符合人基本需要的语文学习过程。因此，语文教育应该尊重学生的主体能动性，使得语文教育的活力得以释放。长期以来的语文学习过分强调知识化、权威化的结论，使得语文失去了应有的光彩。课堂气氛沉闷，学习缺乏内驱力，学习内容与过程均比较呆板，学习的结果使得语言表达比较单调，缺乏生动性……这些都是新时代语文教育必须予以关注和克服的问题。

语文的丰富性，也使得评价需要多层次，即根据不同学生的实际来确定评价体系，从而有利于语文教学效率的提升。科学的教学评价是促进教学活动的重要依据，也是对教学结果的有效监督。修订后的语文课程标准也在教学评价部分明确了教学评价要体现学习目标、内容与评价的一致性。新课标增添了"学业质量要求"，这是对学生多方面发展状况的综合衡量，改变了过去单纯看知识、技能掌握程度的较为单一的评价模式。修订后的语文课程标准把学业质量划分为不同水平，可以帮助教师更好地把握教学要求，因材施教，也为考试评价提供了依据。这也要求日常语文学习评价要充分考虑语文实践活动的特点，注意考查学生在活动中表现出来的参与程度、思维特征，以及在沟通合作、解决问题、批判创新等方面的综合能力。还要明确必修与选修课程的重点以及二者之间的联系，要注意区分重点和层次，以便在考查学生完成不同难度的学习任务时，其语文学科核心素养发展的不同表现。语文教育要立足于时代的发展、社会的需要以及地域特色，有针对性、有选择地进行教学设计。可以融入先进的教学模式与教学方法，加入现代化教学手段，体现教学的时代性，引导学生结合资源进行自主、合作、探究式学习。鼓励和引导教师充分利用地方和学校的资源，根据学生语文学习的实际情况设计课程与教学。

综合来看，语文的本质属性也是反映不同历史时期教育要求的一面镜子。语文的社会属性决定了语文在不同的历史时期具有不同的历史功能与性质。"迄今为止的我国语文教育'理论'，本质上是适应社会变革、回应社会思潮、在既定的历史条件和学术背景下，对语文课程与教学'应该如何'的意见和构想。"[1]可见，语文所表现出的性质是不同时期、不同价值立场的认识结果，均具有其合理性；从语文属性的争议发展来看，根源在于语文的综合性特点，同时这些性质也是可以共存的；从整个发展趋势来看，语文课程内容是一个复合体，是对文章、语言以及文学等的综合呈现；语文的课程与教学问题注重语文课程最为本质的核心追求即语文性质的问题，对语文性质进行寻根问底的目的在于对语文教学目标与教学任务的确立。语文独立设科百年来，语文课程始终把培养学生读、写、听、说的应用汉语能力作为重点，即使在重视思想教育的时期，阅读与写作的能力依然是语文教学的重点。无论科学技术如何发展，教育思想如何变化，语文离不开语言运用能力的培养和基本语言知识的学习，这也是整个语文课程最为本质的内容。只有抓住这个核心去实施语文教学，语文教师才不会随波逐流，也不会简单复制他人的教学方法与教学风格，不会迷失于各种喧嚣的教学形式及其变化之中。

"真正的语文教育应该是在科学教育理念指导下、关于文化的自主学习和创新，这种创新既源于继承又勇于突破、既忠于科学又崇尚人文。"[2]总之，教育是国家需要与个性需要的统一，基础语文教育需要全面贯彻党的教育方针，以社会主义核心价值观为指导思想，旨在落实立德树人根本任务，发展素质教育，推进教育公平，培养德智体美全面发展的社会主义建设者和接班人。

研讨话题

话题1：辨析语文性质的意义是什么？请依据本章相关内容，自主查阅相关资料，具体阐述对语文本质属性的界定的发展与演变过程。

话题2：结合具体教学案例，分析其教学目标的合理性。

拓展学习

语文学科核心素养设计的基本维度是什么？尝试列举一位你知道的语文教育专家，从其教学细节中解读其对相关核心素养的培养方式。

---

[1] 王荣生. 语文科课程论基础[M]. 上海：上海教育出版社，2003：48.
[2] 吴婷婷. 百年语文教科书选文文化分析——基于清末、民国时期、现代三套语文教科书选文的比较[J]. 课程·教材·教法，2018，38（7）：126.

第三章 语文教学设计理念

第一节 教学设计的内涵与流程

一、教学设计的基本内涵

加涅在《教学设计原理》(1988年)一书中将"教学设计"界定为:"教学设计是一个系统化(systematic)规划教学系统的过程。教学系统本身是对资源和程序作出有利于学习的安排。任何组织机构,如果其目的旨在开发人的才能均可以被包括在教学系统中。"

帕顿在《什么是教学设计》一文中指出:"教学设计是设计科学大家庭的一员,设计科学各成员的共同特征是用科学原理及应用来满足人的需要。因此,教学设计是对学业业绩问题(performance problems)的解决措施进行策划的过程。"

赖格卢特对教学设计的定义与对教学科学的定义基本上是一致的,因为在他看来,教学设计也可以被称为教学科学。他在《教学设计是什么及为什么如是说》一文中指出:"教学设计是一门涉及理解与改进教学过程的学科。任何设计活动的宗旨都是提出达到预期目的的最优途径(means),因此,教学设计主要是关于提出最优教学方法的处方的一门学科,这些最优的教学方法能使学生的知识和技能发生预期的变化。"

梅里尔等人在新近发表的《教学设计新宣言》一文中,对教学设计所做的新界定值得引起人们的重视。他认为:"教学是一门科学,而教学设计是建立在这一科学基础上的技术，因而教学设计也可以被认为是科学型的技术（science-based technology）。"

美国学者肯普给教学设计下的定义是："教学设计是运用系统方法分析研究教学过程中相互联系的各部分的问题和需求。在连续模式中确立解决它们的方法步骤，然后评价教学成果的系统计划过程。"

综上所述，教学设计是在分析教学需求与问题的基础上，为了提高教学效率和教学质量，使学生在单位时间内能够学到更多的知识和提高各方面的能力，从而获得良好的发展，所确定的解决教学问题的步骤和方案。教学设计是通过评价和反馈来检验方案实施效果，并以此修订、完善方案，以优化教学的一种规划性的操作过程。它以教学效果最优为目的，以解决教学问题为宗旨。具体而言，教学设计具有以下特征：

第一，教学设计是把教学原理转化为教学材料和教学活动的计划。教学设计要遵循教学设计过程的基本规律，选择教学目标，以解决"教什么"的问题。

第二，教学设计是实现教学目标的计划性和决策性活动。教学设计以计划和布局安排的形式，对怎样才能达到教学目标进行创造性的决策，以解决"怎样教"的问题。

第三，教学设计以系统方法为指导。教学设计把教学各要素看成一个系统，分析教学问题和需求，确立解决的程序、纲要，使教学效果最优化。

第四，教学设计是提高学习者获得知识、技能的效率和兴趣的技术过程。教学设计是教育技术的组成部分，它的功能在于运用系统方法设计教学过程，使之成为一种具有操作性的程序。

二、教学设计的基本流程

许多研究者认为，教学就是以促进学生学习为目的，并对学习过程和学习资源做出科学合理的安排。就其本质而言，教学设计是运用系统方法对各种课程资源进行有机整合，对教学过程中相互联系的各个部分做出整体安排的一种构想，即为达到教学目标对"教什么""怎样教"以及达到什么结果所进行的策划；教学设计是一种系统设计、实施和评价教与学全部过程的方法。一般的教学设计流程图如下：

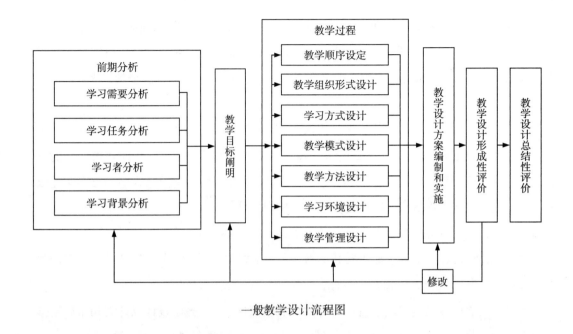

一般教学设计流程图

由上图可以看出，教学设计分为三个阶段。第一个阶段是教学设计的分析阶段。在这个阶段中，设计者要对学习需求、学习任务、学习者、学习背景进行分析和把握。第二个阶段是教学设计的决策和生成阶段。这个阶段要求设计者对教学目标、教学策略、教学信息资源、教学传媒以及设计的方式方法做出选择和决定，并且创造性地设计出方案，同时考察该方案的可行性。第三个阶段是教学设计的评价阶段，即对整个设计方案进行评价与修订。这三个阶段贯穿整个教学管理过程，并形成一个闭合的反馈调节系统。

第二节　教学设计的内容与方法

教学设计一般包含以下五项基本内容：教学内容及对象、教学目标、教学策略、教学过程、教学评价。这五项基本内容相互联系、相互制约，构成了教学设计的总体框架。

一、教学内容及对象设计

任何学科的教学设计必须搞清以下三个问题：为谁设计，设计什么，如何设计。这三个问题有行为上的逻辑关系，只有搞清教学设计的对象、内容，才能有效地设计教学。

教学内容是完成教学任务，实现教学目标的主要载体。以往我们仅关注教材分析，在分析过程中，教师将教科书（或教学大纲、课标）作为主要依据，基本关注教学的重点、难点及考点，比较注重显性教材的运用而忽视隐性教材的挖掘和利用，较少关注与学习教材内容有密切关系的认知和心理因素，以及教材对学生能力的要求，而对教学的重点和难点也只是阐述其内容，没有做进一步的分析。事实上，对于教材的理解，一方面，教师内心所组织的教学内容及课堂中由于师生思维相互碰撞而产生的各种现象，都是一种隐性教学内容；另一方面，教学的载体不应局限在教材，教师在教学中对于教材应该二度开发，创造性使用。因此，分析教材不应局限在显性方面，不仅要对教材进行分析，还要对教学内容进行分析。

不同的学习者具有不同的学习态度、起始能力、已有知识和个性特征，这些能力和特征直接或间接地影响着学习者的学习效果。教学对象不同，教学起点也不同。因此，教师在确定教学起点时要充分考虑学习者的起始状态。教学对象分析要求教师做到以下两点：一是要了解教学活动开始前学生在认知、情感、态度等方面已经达到了什么样的水平，这个水平标志着学生已经能"做什么""说什么""想明白了什么"等。这是学生掌握新的学习任务的起点水平。二是要预估教学活动结束后学生在认知、情感、态度等方面应达到的状态。对这种状态的把握最终会转化为确定的教学任务与具体的学习目标。只有当教师的心中对教学前和教学后这两种状态的差距做到心中有数时，才能根据学生的年龄特点，确定真正恰当的切合学生实际的教学任务和学习目标。

二、教学目标设计

教学目标是指通过教学活动，学习者在知识和技能、过程和方法、情感态度和价值观等方面发生的预期变化。教学目标是分析教材和设计教学活动的依据，也是评价教学的科学依据，同时还可以帮助教师评价和修正教学过程。所以教学目标的设计很重要。在对教学目标的理解和陈述上，与以往传统教案相比应该有较大变化，具体体现在目标的维度、目标陈述的主体等方面。

教学目标以学生的学习目标为依据，学习目标对于学生的学习具有指向性，同时还可以作为学习效果的检测标准。所以制订准确、适合学生的学习目标是非常重要的。现代教育理念从关注学生出发，强调学生是学习的主体，教学目标是教学活动中师生共同追求的，而不是由教师所操纵的。因此，教学目标的主体显然应该是学生。而传统教案对于教学目标的设计所体现的主体是教师而非学生。从教学目标设立的维度来看，应该有知识与技能、过程与方法、情感态度与价值观，这是发展性教学的核心内涵。这与传统课堂教学只关注知识的接受和技能的训练是截然不同的。因此，在设计教学目标时应注重追求知识与技能、过程与方法、情感态度与价值观三个方面的有机整合。在教学目标的描述中，要把知识与技能、过程与方法、情感态度与价值观三个方面都考虑到。而在传统的教案中，目标设置较多地关注知识、技能的培养，缺少对能力和情感领域的设计。

由于教学目标是具体规定学生在教学活动结束后，在认知和情感态度等方面能够达到的新水平，所以教师在陈述教学目标时要明确并做到以下三点：

一是对知识、技能目标的陈述要反映学生所形成的具体行为。在陈述上不宜用含糊不清、缺乏质和量规定的"了解""理解""掌握"等词，必须用可观察和测量的行为动词来描述学生所形成的具体行为，要符合学生的认知水平，陈述词要具体、鲜活。二是对过程性目标的陈述要具体、明确。新课程标准关注学习的过程、关注改变学习的方式和方法。因此，过程性目标的陈述要具体、明确。三是对情感态度与价值观的目标陈述，要明确学生应参加什么活动或体验，阐述时通常只明确学生应参加的活动或体验内容，而不具体规定学生应从活动中获得什么结果。

三、教学策略设计

教学策略是指在不同的教学条件下，为达到特定的教学结果所采用的方式、方法和媒体的总和。教学策略具有指示性和灵活性，不具有规定性、刻板性。对于不同的教学目标、教学内容，不同的教学设计者对于各种方式和媒体的组合，将产生许多各具特色的教学策略。没有任何单一的策略能够适用于所有的情况。评判特定的教学策略是否合理、有效，其标准就是此教学策略是否有利于教学的顺利开展，是否能够促进学习者的学习，是否能够得到最优的教学效果。教学策略不是固定不变的，必须因地制宜，因人而异。由于具体的教学情景是复杂的，计划实施过程中行动的变化和方法的灵活选择是必然的，所以教学策略具有很大的创造性特征，它是教师智慧和教学艺术的充分体现。在制订教学策略时，可以从以下几个方面去加以考虑：

（1）教学组织形式。教学组织形式是指在教学过程中，师生按照一定要求组织起来进行活动的结构方式。符合先进教学理念和教学目标要求的新的课堂组织形式，是教学设计不可忽视的一个要素。

（2）教学方法。面对多种多样的教学方法，哪些是教学设计中应优先考虑的方法，这些方法又该如何有机地结合在一起，都是制订教学策略的基本问题。应该根据教学目标、学生特点、学科特点、教师特点、教学环境、教学时间、教学技术条件等诸多因素来选择教学方法。

（3）学法指导。教师既要重视对学生学习兴趣的培养、动机的激发以及教学过程的情感化，还要关注对学生学习能力和创造能力的培养，更要考虑教学的有效性。因此，可从以下几个策略来考虑学法指导：

第一，制订促进学生主动学习的教学策略。即把调动学生学习的内驱力放在首位，让学生置身于民主的、愉悦的课堂氛围中，放飞思维，潜心探究，快乐创造。

第二，制订促进学生自主学习的教学策略。教师要从学生的经验、生活出发，创设一定的问题情境，引导学生发现、分析、解决问题，为学生的自主发展提供时间和空间，使学生在实践探索的过程中培养自主学习的意识、发展自主学习的能力。

第三，制订促进学生创新学习的教学策略。教学设计中要考虑让学生学会质疑，善于发现问题、思考问题；学会探究，乐于进行研究性学习；学会评价，敢于发表不同意见和独特见解；学会反思，敏于分析自身学习的得失、探索学习的规律。

（4）教学媒体。媒体作为教学环境设计的一个部分，也是教学活动中教学呈现的一种载体。它们不是独立地存在于教学之中，而是与教学方式结合在一起成为教学策略的主要因素。应改变媒体以往只传递知识信息的刻板印象，在情境创设、思想方法的展开和过程体验等方面也应有它的一席之地。随着多媒体这一新型教育技术越来越多地进入课堂，媒体设计比起板书设计多了丰富性和生动性，因而设计也更要花费时间和精力，更要有一定的专业要求。特别要指出的是，板书作为传统的、常规的媒体在我们的教学中还应该有一席之地，而且应占相当大的比重，所以在设计媒体时千万不要忽视了对板书的设计。年轻教师在平时要多练习写字，也有必要练习写板书。

四、教学过程设计

确定了目标，选择了教学方法之后，接着要进行教学过程的设计，即教学环节和师生双边活动的设计。教学过程设计的一个重要问题是教学方式（或称教学活动形式）的选择。教学方式由若干种教学方法组合而成，二者的区别是："方式"更宏观，更带有理论色彩,"方法"则微观些,更带有实践性和可操作性。教学方式主要有讲解、阅读、问答、讨论、练习、演示、操作和评价等。设计教学过程实质上就是选择适当的教学方式,并将它们合理地组合、排列起来。教学方式大都贯穿于师生双方的活动,体现了师生的共同主体作用。教学过程是课堂教学设计的核心,教学目标、教学任务、教学对象的分析以及教学媒体的运用、课堂教学结构类型的选择与组合等,都要在教学过程中得到体现。那么,怎样在新的理念下把诸多因素很好地组合起来,值得我们探讨。

现代教学关注学生的主动参与,让学生在自主探究中、在情感体验中学习知识,完善人格。一方面,教学不再是单一的教师传授知识,学生纯粹接受和掌握知识与技能;另一方面,教学不再仅在封闭的状态下进行,教学更趋向于多维的、开放的教学形态的呈现。在新理念指导下的教学过程的设计,与以往教案编写那种单一、线性的主要设计教师教学步骤和方法的思维形式及编写格式有很大的不同,教师在每一个教学环节都要同时考虑教学的意图,教学组织中参与活动的主体(学生,教师,或者他们共同参与),学生参与的具体行为(探索、思考、讨论、操作等)和方式,媒体的使用,时间的分配,以及对教学效果的预期,等等。所以,在单位时间内教师对于教学的活动过程是呈师生双主体或网状思考状态,教学诸因素不是沿"教"这条单行线前行,而是在学与教中交错朝着教学目标行进。

教学设计是以目标为导向的,所以教学目标是在教学过程中通过不断的反馈调控来实现的。对预期效果的设计便是实现反馈调控的一个关键手段。另外,教学设计的目的是能够使教师在目标指引下理性地进行教学。因此,对于每一个环节的教学目的,教师都应该有充分的认识。在过程设计中,要时刻将目标作为一个重要的比对和参考要素,以保障过程设计最终不至于偏离了基本的教学目标。

五、教学评价

任何教师可能都想知道他所设计的课堂教学是否达到了预期目标,是否比别人的更优越,哪些地方还需要改进,等等。这就需要对他的课堂教学设计进行评价。对课堂教学设计进行科学评价有三个目的:一是建立运行机制,有效推进课堂教学设计落实到每位教师的教学实践;二是通过评价,促进教师的课堂教学设计水平和课堂教学质量的提高;三是利于总结和经验交流,促进教学改革。有效的课堂教学设计是指教师的教学设计遵循教学活动的客观规律,能以尽可能少的时间、精力和物力投入,取得尽可能多的教学效果,从而实现特定的教学目标，满足社会和个人的教育价值需求。

一个好的课堂教学设计的产生过程要经过三个环节，即课前的准备设计、课中的再次设计和课后的反思性设计修正。因此，课堂教学设计的科学评价要渗透在课堂教学设计的各个阶段、各个部分中，不应该有所偏颇、有所忽视，否则会影响整个教学的效果和质量。

第三节　教学设计的基本原则

课堂教学设计是以教学论、教育心理学和传播学理论为基础，用系统的观点和方法分析教学任务，确定课堂教学目标和教学策略。课堂教学设计的对象主要包括教学目标、教学内容、教学方法、教学媒体、教学结构、教学评价等。

一、教学目标的设计原则

教学目标是整个教学活动的指导思想，是教学活动的出发点和归宿，也是检查和评价课堂教学效果的依据。课堂教学目标设计应遵循的原则是：

（一）目的性原则

每堂课的教学活动都应该围绕教学目的展开。教师必须熟悉教学大纲，吃透教材内容，掌握教材的各个知识点，把握每一个具体要求和区分度，完成课程教学任务。

（二）适度性原则

要求从学生的认识特点和班级基础出发，既不盲目求多也不过于松散，既不盲目拔高也不降低要求，力求预测使每一位学生都能接纳学习要求、完成学习任务的可能性。

（三）可测性原则

对应达到的要求指向明确。对识记、理解、运用、分析、归纳、综合等行为要求，要有具体的检测内容和明确的评定标准与依据，使其具备可测性。

（四）全面性原则

确定课堂教学目标，不仅要考虑学生的知识、能力要达到的程度，还要渗透对其思想品德的教育和非智力因素的培养，努力使学生在知识、能力、思想、心理等各方面都得到全面、协调的发展。

二、教学内容的设计原则

教材中的信息一般都有较强的独立性，缺乏内在层次的联系，如果我们不进行序列化信息编码，就难以使学生获得完整的、系统的知识，从而影响学生的逻辑思维。这就需要教师对教学内容进行优选和序列化组合。在优选和组合时，必须遵循以下几个原则：

（一）针对性原则

针对具体学情，凡是学生通过自学能够弄懂弄通的内容，就应尽量少讲或不讲；对一些次要的内容，教师略加点拨学生就能理解、掌握的内容，可轻描淡写，一带而过；而对一些尚未被学生认知结构所接纳且有一定难度的内容，应浓墨重彩，讲深讲透。

（二）集中性原则

课堂教学时间有限和教学信息的多维性，要求教学内容要集中。教师在钻研教材时，要把握教学内容中主要的、本质的东西，抓住重点，把有限的教学时间集中在最核心的教学任务上。

（三）整体性原则

教师必须把握知识结构体系，认真分析每节课的知识在整个知识体系中的地位和作用，找出这一课内容的铺垫知识是什么、新旧知识的连接点是什么、后继知识是什么，尽量使知识结构整体呈现。

（四）延伸性原则

必要时，还要适当补充一些与教学内容有关的边缘学科知识和尚未被学生知晓的新知识，以便开阔学生视野、满足学生求知欲望、激发学生学习兴趣。

三、教学方法的设计原则

教学方法是为完成教学任务而采用的办法。它包括教师教的方法和学生学的方法，是教师引导学生掌握知识技能，学生获得身心发展，师生共同活动的方法。课堂教学方法的设计应有利于知识的传播和能力的培养。在教学上，既要考虑如何教给学生已经概括了的社会基本经验，又要考虑教给学生获得这些经验的有效方法；在学法上，既要考虑怎样指导学生去获得各类知识和经验，又要考虑如何指导学生自动更新自身知识结构，如何不断调控自己的学习状况。

首先，在教法设计上要遵循启发性原则。教师要始终把启发思想贯穿于教学设计的整个过程，以学生为学习的主体，点拨学生独立思考，启迪学生积极思维，提高学生分析问题和解决问题的能力。

其次，在学法设计上要遵循指导性原则。教师不仅要把学生当作教育对象，还要当作研究对象，研究学生学习规律，指导学生学习。教师要指导学生掌握教学信息的方法，掌握预习、听课、记笔记、写作业、总结学习过程的方法，掌握调节心理的方法，等等。

四、教学过程的设计原则

课堂教学过程是为了完成一定的教学目标，在时间和空间上，对各种教学因素进行排列和组合的过程。在确定了教学目标，选择了教学内容、教学方法和教学媒体后，教师就需要对课堂教学做整体的安排。比如，需要确定哪些教学环节，各个教学环节占用多少时间，如何应用教学媒体和方法进行教学活动，等等。这就要求教师在对课堂教学结构进行决策时应体现科学性原则。一是时间分配要合理。一堂课只有45分钟，如果在课堂的起始阶段，慢条斯理，而到后半堂课草率收兵，学生在课内获得的知识信息就难以得到巩固。同时，由于后半堂课属非黄金时间，学生大脑已趋于疲劳，记忆力、思维能力等已明显降低，容易出现听课走神现象，此时若加快教学速度，会影响学生对知识的接收。课堂上应合理使用教学时间，避免造成时间上的浪费。二是教学环节要协调。现阶段课堂教学结构一般包括预习、讲授、练习三个部分。这三个部分并不是截然分开的——预习中有讲、有练，讲授中也有练，练习中也有讲。在具体课堂教学设计中，教师要把握每个环节的任务和要求，使它们相辅相成，相互协调，以实现课堂结构的整体优化。

研讨话题

话题 1：进行一则教学设计的物质前提、心理前提各是什么？

话题 2：教学设计的基本流程是否有交叉？现实教学设计的流程是怎样的？

拓展学习

语文教学既是随心所欲的，又不是随心所欲的。请运用本章相关理论，谈谈你对此看法的理解。

第四章 语文教师的专业素养与成长

第一节 语文教师的专业素养及其基本构成

"专业"一词源于拉丁语,本义是指公开发表自己的观点或信仰。[1] 较为系统地论述"专业"的是社会学家卡尔-桑德斯,他认为:"所谓专业是指一群人在从事一种需要专门技术的职业。专业是一种需要特殊智力来培养和完成的职业,其目的在于提供专门性服务。"[2] 可见,专业是指在人类社会科学技术进步、生活生产实践中,用来描述职业生涯某一个阶段、某一类人群,用来谋生,长期从事的具体业务和作业规范。由此,我们可以总结出专业的一般特性,即专门组织性、特定技能性、特殊活动性、不可或缺性和不可替代性。作为专业性人员,教师不仅需要具备以上属性,还需要具备教师职业不同于其他专门性职业的特殊性质,即职业的透明性和价值实现的间接性。透明性是指与其他专业性职业如医生、律师相比较,教师职业总可以得到来自各方的、多元主体的评价;价值实现的间接性,是指教师自身价值实现周期较长,且需要通过学生的成绩或发展的结果来作为重要依据——当然这和目前教育的基本评价方式是相联系的。因此,教师的专业素养既包括专门性职业的共性,又包括其他专门性职业所不具备的特殊性。

众所周知,语文课程的基本性质是工具性与人文性的统一。"语文作为人文教育的典

---

[1] 连榕. 教师专业发展 [M]. 北京:高等教育出版社,2007:3.
[2] 转引自台湾师范教育学会. 教师专业 [M]. 台北:台湾师大书苑,1992:1-18.

范，采用训练心智、养成审美价值的眼光看待世界是其必然的价值追求，而传统文化中经过时间的检验流传至今的就是其经典存在的力证。因此，好的语文教育就在于能传递好文本之中的这种价值，而不轻易被'时尚'所改变。传统的经典让我们'洞见'到的是一种敏感性、同情心和'神我两忘'的触动，它帮助我们记录了当时的生活，却又超越了时空；虽然驻足于文本，却能引起不同时代的人的共鸣。"[1]因此，语文教师作为特殊的教师人群既需要具备教师职业的一般属性，又需要具有学科属性指引下的特殊属性，唯有如此，才能使语文独具的文化的、历史的传统价值传承下来。这要求语文教师的专业素养必须是全方位的。那么，成为一名合格进而卓越的语文教师，为什么要基于专业素养的养成？语文教师的专业素养具体包括哪些方面？这些素养又该如何养成？

一、语文教师专业素养提升的必要性及其含义

（一）语文教师专业素养提升的必要性

什么才是一个国家的长久发展之计？当我们回过头来以历史的眼光、客观的态度进行梳理和评价时，就会发现一个真谛——教育的发展和人才的培养是国家发展之本。于是，教师素养的提升成为解决这一问题的基本前提和必须条件，所谓良师兴国就是这个道理。一名专业的教师不仅要掌握扎实的专业知识，还需要具备深厚的教育理论功底和教学技能。这个要求对于语文学科的教师而言，还是比较难实现的：语文课程涉及的专业知识极其博大，天文地理、古今中外、历史哲学……几乎无所不包。因此，语文教师应有的知识容量和文化积淀应超出任何一门学科的教师。语文教师因为承担母语教育和民族精神文化传承的使命，受到的关注也更多，往往成为教师素养和教学能力的标杆和典范。[2]目前，基础教育课程改革已经进入更加深入的阶段，我们借鉴其他国家基础教育课程改革遭遇失败的原因，不难发现，无论课程理念谱写得怎样深刻、改革意志如何坚决、实施步骤怎样完善，归根结底都需要"教师"来实施，需要广大"教师"集体合力来贯彻和发展。因此，教师专业素养的提升是课改的关键和人才培养的重心。

---

[1] 吴婷婷. 近代国文教育文化史论［M］. 北京：人民出版社，2019：270.
[2] 倪文锦，欧阳汝颖. 语文教育展望［M］. 上海：华东师范大学出版社，2002：489.

以上是从外在需求阐述语文教师专业素养提升的必要性。下面将从内在因素和价值实现层面谈谈语文教师专业素养提升的必然性。马斯洛需求层次理论是人本主义科学的理论之一，由美国心理学家亚伯拉罕·马斯洛于 1943 年在《人类激励理论》一书中提出。书中将人类需求像阶梯一样从低到高按层次分为五种，分别是：生理需求、安全需求、社交需求、尊重需求和自我实现需求。我们通常对教师价值的定位围绕"育人"展开，即关注教师职业对他人生命的影响。无论育人功能如何阐述，实际上还停留在需要的较低层次。然而，教师如何"育己"这一对教育质量、教师生命质量具有决定性意义的问题却常常被人忽视。我们坚信：没有教师的生命质量的提升，就很难有高质量的教育；没有教师精神的解放，就很难有学生精神的解放；没有教师的主动发展，就很难有学生的主动发展；没有教师的教育创造，就很难有学生的创造精神[1]；没有教师专业素养的提升，就很难谈学生核心素养的养成。因此，语文教师专业素养的提升，是教师职业发展内在的、高层次的基本需求，"育己"意味着对职业生命的重新认识、对职业价值和水平的更高追求，它要靠教师在育人的过程中对完美职业角色和形象的探究和实践、对专业素养的思考和修炼。21 世纪的教师，谁能先认识到这一点，谁就能把握住发展的先机，掌握职业生活的主动权，也就能在职业生活和专业成长的历程中真正创造和享受教师作为一种专业性职业的尊严与幸福。

（二）语文教师专业素养的含义

素养是指一个人的修养，大多数情况下与素质同义并通用。从广义上讲，它包括道德品质、外表形象、知识水平、能力等各个方面。《汉书·李寻传》："马不伏历，不可以趋道；士不素养，不可以重国。"宋陆游《上殿札子》："气不素养，临事惶遽。"《后汉书·刘表传》："越有所素养者，使人示之以利，必持众来。"然而，素养与素质并不是完全一致的。素质这个词，尤指先天的特点，与能力接近。素质是个体在先天基础上，通过后天的环境影响和教育训练而形成的顺利从事某种活动的基本品质或基础条件。素质一词本是生理学概念，指人的先天生理解剖特点，离开这个物质基础谈不上真正的发展。各门学科对素质的解释不同，但有一点是共同的，即素质是以人的生理和心理实际做基础，以其自然属性为基本前提。也就是说，个体生理的、心理的成熟水平的不同决定着个体素质的差异。因此，对人的素质的理解要以人的身心组织结构及其质量水平为前提。

---

[1] 叶澜. 教师角色与教师发展新探[M]. 北京：教育科学出版社，2001：1.

由此可见,"素质"与"素养"的差异性体现在:素养是素质与修养的结合,一个"养"字充分说明了其从开始到不断发展的动态性、过程性和复杂性。因此,素养是先天天赋条件和后天习得才能所形成的"合金"。专业素养则是对素养的特殊职业限定,它不同于一般的素养,而是该专业以职业技术的标准对素养进行了再划分。因而,教师职业的特殊性界定了其基本范畴。本章旨在强调作为一名从事语文教师职业的专业性人员,在满足职业需要、坚定职业信念、超越职业理想时应当具备的基本素质和修养,强调语文教师后天习得和坚持的重要性;指出语文教师专业素养的提升必将是"浸漫式"的过程;希望广大语文教师可以在先天禀赋和基本教学感知的基础上,积极进取,终身学习,涵养精华,不断发展。

二、语文教师专业素养的构成

从逻辑学的角度而言,教师专业素养与语文教师专业素养具有属种关系,即前者是上位的属概念,后者是下位的种概念。逻辑学原理告诉我们,所有的种概念都具有其上位属概念的基本性质。因而,谈语文教师专业素养应当从教师专业素养谈起。

(一)素养与教师专业素养的构成

博雅特兹在麦克里兰的基础上,于1982年提出了洋葱模型[1]。在这个模型当中,里层因素和外层因素是相互影响、相互制约的。一个人的知识、技能可以影响外层的环节,也可以影响里层的自我形象、社会角色、态度和价值观,反过来里层对外层的影响也是一样的。但是,洋葱模型中的各环因素越向里层就越稳定,越不容易改变;反之,越往外层就越不稳定,较容易被塑造和改变。因此,一个人的个性或动机是素养中最稳定的内核,但会受到自我形象和社会角色、态度和价值观、知识和技能的影响。教师这一职业也必将受到相应的影响而产生特殊性。

教师的专业素养是对以教师为专门性职业的从业人员的整体要求,指教师所拥有的能够影响教学的一切知识、能力、信念的集合。由于教师素养以结构性形态存在,所以对教师素养的研究大都从结构分析入手。其中具有代表性的就是叶澜在《教师角色与教师发展

---

[1] 转引自连榕. 教师专业发展[M]. 北京:高等教育出版社,2007:9.

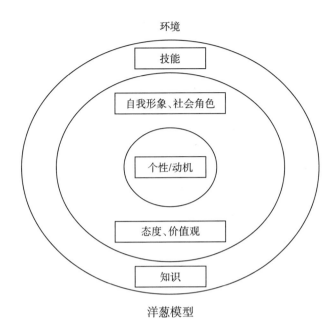

洋葱模型

新探》一文中,将教师专业素养分为五个基本方面:专业精神、专业观念、专业知识、专业能力、教育智慧。这一划分成为当代最具代表性的素养认识。综合其他专业素养的分类和认识,教师的专业素养至少包括以下两大基本层面的内容:其一,专业精神与理念;其二,专业知识与能力。因此,下面将从这两个方面来谈谈新时期语文教师专业素养的构成。

(二)语文教师专业素养的结构

语文教师因为所在学科的性质而成为其他学科教师的典范,所以,语文教师专业素养的结构具有综合性和多元化的特点。

其一,语文教师的专业精神与理念。教师的专业精神与理念是指作为教育工作者对待工作和学生的基本态度,是对成为一名成熟的教育教学专业人员的向往和追求。这是教师专业发展的不朽源泉和不竭动力。作为母语教育工作者,语文教师不仅要具有所有教师都应具有的爱岗敬业、无私奉献、诲人不倦、爱生如子的精神,还应当具有中国五千年文明传递至今,尊师重道的教育传统所带来的更为厚重的自豪感和自信心。因此,语文教师的专业精神与理念伴随着社会期待的加深而更加严格,语文教师常常成为其他学科教师的标杆和典范。"生活即语文""大语文观"等对语文课程的定位更多是对语文教师提出了精神层面的高标准,这种标准有科学、客观的合理性,但在一定程度上也存在不稳定性和主观性,给语文教师造成一定的心理压力并带来多重角色的困扰。语文学科的人文性在另一个侧面也暗示着语文教师对学生"成才""成人"的培养更重于其他学科,似乎教育人的伟大工程更多是由语文教师承担或决定的。因此,在未来发展的过程中,语文教师自身要积极乐观开朗,善于趋利避害,主动热情地对待身边的人和事,用专业的精神和信念去获取专业认同感,要真诚投入语文教育工作,对待教书育人要抱有极大的热情。唯有如此,才能真正获得职业的幸福感。教育理念(在大多数国外研究中多用"教育信念"一词)"是指教师在对教育工作本质理解基础上所形成的关于教育的观念和理性信念"[1]。教师专业理念从宏观层面看包括教育者的教育观、学生观、教育活动论和价值论,从微观层面看包括教育者对教学的信念、对学生学习及成才的信念、对自身发展的信念、对学科的信念及其内部相互关系、作用的信念等。它是个非常具体和细化的表征。同时,教育理念的更新决定着教师的发展。新时代的语文教师,要熟悉教育教学基本规律、理解语文新课标;要终身学习,不断更新教育教学理念,探索教育教学方法;要积极与同事同行进行合作,相互帮助,互促共进,获得共赢;要不断突破自我,战胜职业倦怠,争取尽快获得职业更新。唯有如此,才能真正做到对学生负责、对成才负责、对青春负责。

从教师专业发展的角度出发,语文教师的专业精神与理念所反映的是现阶段教师对整个教育、全体学生、全部学习等的基本看法,这种看法从价值标准的最高层面规定着在今后一段时期内语文教育发展的方向和空间,具有相对的稳定性。教师的专业精神与理念在教师专业结构的体系中处于核心地位,它的形成和改变统摄并限定着整个教师专业结构的其他方面。可以说,教师专业精神与理念系统的改变将成为较高层次的教师专业发展。

其二,语文教师的专业知识与能力。对教师专业知识的研究是教师研究中一个较为成熟的领域。众多学者都对教师专业知识进行了结构划分和总结,其中最具影响力的是美国教育家舒尔曼基于知识转化理论对教师专业知识进行的划分和建构。他将教师的专业知识划分为学科知识,一般教学法知识,学科教学知识,学生知识,教育环境的知识,有关教育宗旨、目的等的知识[2]。舒尔曼强调,在不同学科的具体教学中,教师传授知识是建立

---

[1] 叶澜. 新世纪教师专业素养初探 [J]. 教育研究与实验, 1998 (1): 41-46.
[2] Shulman, L. S.. Knowledge and Teaching: Foundations of the New Reform. Harvard Educational Review, 1987, 57 (1): 1-22.

在将自己头脑里所储存的学科知识进行加工、改造为学生易于接受和理解的学科教学知识基础之上的。那么，教师能否将知识转化为学生所获则不仅取决于教师本身对知识的积累和理解，也取决于教师是否拥有对学科知识的加工能力、对具体学科知识的有效表征方式和对学生学习困难的准确把握能力。唯有如此，才能真正实现学科知识向学科教学知识的转化。而实现这样的转化或迁移就需要教师的专业能力。专业化的教师应当具备的能胜任教育教学工作的基本技能就是教师的专业能力。如果说前文所述的教师专业精神与理念是一个成熟教育专业人员的价值追求和奋斗目标、是教师专业发展的动力，那么教师专业知识和能力则是教师专业发展的保障和前提。

语文教师的专业知识涵盖面非常广泛，包括文学知识、个性化阅读和文本分析的知识、汉语言文字应用的知识、书面表达与读写教学的知识、推荐课外阅读的知识、语文新课程改革和课程标准的知识、语文教材编写的知识等。但无论怎样细化，在理论层面，依据语文学科的性质，都将这些知识分为三种，即语文"本体性知识"——语文学科的具体知识，"实践性知识"——语文教师教学经验的积累和转化，"条件性知识"——语文教师所具备的教育学、心理学及其他学科的知识。这是从范畴上对知识的划分。有教育研究者将教师专业能力也概括为三个基本方面，具体而言有："教学认知能力"——语文教师对语文学科的理解，对学生心理的了解，对自己选择的教学方式、方法的认知水平；"教学操作能力"——语文教师在语文教学中所使用的策略、达到教学效果的水平（这是专业能力的核心和关键所在，包括教师引导学生掌握知识、习得方法、积极思考、主动探究、运用多种方法解决问题的各种具体能力）；"教学监控能力"——语文教师为了确保教学目标的顺利达成而将教学过程本身作为意识对象，运用各种方式进行主动计划、组织、设计、监督、控制、反馈、评价、检查和调节的能力。在这个教学能力结构中，教学认知能力是基础，教学操作能力是集中体现，而教学监控能力是关键。[1]

---

[1] 连榕. 教师专业发展［M］. 北京：高等教育出版社，2007：13.

第二节　语文教师的专业素养与教学能力

素养与能力在本质上具有很多共通性，前文中也提到素养本身包含着能力方面的内容，将二者混淆、等同的文献和研究资料也不在少数。那么，为什么会出现这种情况？笔者认为，这是因为在现阶段的教育体系中、现时代的教育理想下和当代的教育目标上，二者的定位和要求等达到了高度一致。这种一致性忽视了二者之间的差异，同时这种不强调差异性的语态更适合广大群众对教育理念的解读，这种普适性和理念的普及性要求，抑或是不严密逻辑论述的广泛存在，促成了对于素养和能力之间差异的淡化，一定程度上也使得二者沟通、融合……但是，伴随着素质教育的深入和个性化教育的突出强调，素养和能力之间的差异也进一步浮出水面。对于差异的考量，人们首先是从二者产生的渊源和关系上思考的。

一、能力是核心素养的现代语境

（一）"德性"是传统素养的形成坐标

从文献中看，"素养"这一概念的提出主要始于20世纪90年代，特别是经合组织于1997—2005年所开展的"素养的界定与遴选：理论和概念基础"（DeSeCo）研究项目。[1] 于是，素养便成为各种专业对从业者基本价值观、能力等的要求。从历史上看，素养的提出和普遍运用的时间似乎较短，但其所蕴含的思想却由来已久，是对不同阶段人类认知的不断总结的结果。首先，"德性"是素养概念产生的传统语境。在传统哲学中，素养几乎等同于正义、勇敢、智慧的集合。传统的教育哲学是素养产生的理论基础。这个认识演变的历史有千年之久，代表人物有西方的苏格拉底、亚里士多德和我国的教育家孔子。

---

[1] 林崇德. 21世纪学生发展核心素养研究［M］. 北京：北京师范大学出版社，2016：2.

在2000多年以前的苏格拉底时代,"美德即知识"的伦理学命题指导了"德行可教"的教育主张,从而赋予了道德可以通过教育习得的普遍基础。

(二)"能力"是现代素养的生长语境

在我国,孔子的"仁"学教育思想、"内圣外王"的传统人才观都在强调"修身""修己"的素养的习得。《大学》说:"古之欲明明德于天下者,先治其国。欲治其国者,先齐其家。欲齐其家者,先修其身。欲修其身者,先正其心。欲正其心者,先诚其意。欲诚其意者,先致其知。致知在格物。"由此可见,"齐家、治国、平天下"不仅是教育目的和人生价值的体现,更是实现教育目的和人生价值的能力要求,它们的实现以"修身"的成果为基础和前提。而"格物、致知、诚意、正心"则是达到"修身"的必经之路或方式方法。"修身"之后才能"齐家、治国、平天下",说明"治国""平天下"和个人道德修养的内在联系。换个角度来看,"格物、致知、诚意、正心"是道德层面的素养要求,"齐家、治国、平天下"则更注重能力层面的考量,这便可以得出本章所形成的话语语境,也可以理解为现代素养理论的基本观点——能力的形成和提升是现代教育的追求。

二、语文教学能力的要求

本节将从具体操作层面谈谈在现实教学过程中,一名新时期的语文教师应当具有的基本教学能力的内涵。

(一)教师教学能力在实践操作层面的具体分类

我国很多学者都对实践层面的教师教学能力进行过总结,具体见下表[1]:

---

[1] 叶澜. 教师角色与教师发展新探[M]. 北京:教育科学出版社,2001:238.

几种关于教师教学能力结构的代表性观点

研究人	关于教师教学能力结构的观点
陈顺理	①对学生的调节、控制和改造能力（了解学生的能力、因材施教的能力、启发引导的能力、教会学生学习的能力、组织管理学生的能力）； ②对教学影响的调节控制和改造能力（对教学内容加工处理的能力、对教学方法手段选择和运用的能力、对教学组织形式合理利用的能力、言语表达的能力、检查教学效果的能力）； ③教师自我调节控制的能力（较强的自学能力、较强的自我修养能力、敏感地接受反馈信息的能力）
孟育群	①认识能力（思维的逻辑性、思维的创造性）； ②设计能力； ③传播能力（语言表达、非语言表达、现代教育技术的运用能力）； ④组织能力； ⑤交往能力
罗树华、李洪珍	①基础能力（智慧能力、表达能力、审美能力）； ②职业能力（教育能力、班级管理能力、教学能力）； ③自我完善能力； ④自学能力（扩展能力、处理人际关系的能力）

综上所述，上述代表性的观点在大体上是趋于一致的，都是围绕教学四要素即教师、学生、教材、教学情境展开的思考，不同的是各自的关注点和分类的标准存在差异，但却可以成为我们对教师基本教学能力认识的重要支撑。

（二）新时期语文教师应当具备的基本教学能力

语文教师不仅具备教师应具备的一般能力，还应具备从事语文学科专业的特殊能力。这种能力包含相互联系的两个方面：第一个方面是与语文学科性质所牵涉的教育教学实践直接相关的特殊能力，如朗读示范的能力、文本分析的能力、语言表达的能力等学科教学的能力；第二个方面是现阶段着重强调的深化教师对语文教学实践认识的和促进教师专业发展的教学反思及教育科研的能力。下面对语文教师应具备的具体教学能力进行大致的概括和梳理，并在对比传统教学能力的基础上对其进行着重分析。但这并不意味着要否定传统教学能力，而是扬弃，是在关注现时代新课标推进过程中对其所强调的内容进行的重点归纳。

1. "引导"的能力

韩愈在《师说》中对教师进行了传统的定位："师者，所以传道授业解惑也。"这种定位延续至今，使得知识传授的能力成为教师最基本的能力之一。时至今日，各种新教育理念的涌入和渗透，更新了我们对教师教学能力的认识，但知识传授的能力依然是教师专业发展的必要的基础性技能。只是与传统观念不同的是，它不再是语文教师唯一或常规的单纯能力要求，语文教师作为知识传授者的角色正发生着根本变化。

传统的语文教育是以知识为核心展开的，语文教师教学工作也就是围绕知识展开的。语文教师是知识答案的传递者，是学生学习课程知识情况的组织者，是学生掌握知识的评价者。伴随着行为主义、建构主义理论的深入，我们对知识、对教师、对学习都有了更科学化的认识。例如，建构主义理论认为学习并不是个体获得越来越多外部信息的过程而是知识的建构过程，而且在这一过程中蕴含着有关个体认识事物的过程与方法。这从根本上改变了行为主义指导下将学生视为知识存储器的灌输教学行为，加强了对学生的情感、态度、价值观的关注。

在当代多元价值理论的影响下，语文教师的知识传授者的角色必然发生根本性变化。首先，在信息时代，知识的无限增长使得学校想穷尽知识的做法在现实中无法进行；其次，随着科技的迅猛发展、计算机辅助教学的逐步实施、网络教育的发展普及，语文教师的知识传授者的角色将受到冲击，教师不再是唯一的知识源、信息源；再次，人作为认识的主体不是原封不动地反映现实，个体在认识过程中总是以其独有的经验与方式对现实进行选择、修正，并赋予其独特的意义。学习并不是教师把知识简单地传递给学生的过程，而是由学生主动建构知识体系的过程，是对事物和现象不断进行解释和理解的过程，是对既有的知识体系不断进行再创造、再加工以获得新的意义、新的理解的过程。[1]联合国教科文组织在《学会生存》一书中对此也做了很好的表述："教师的职责现在已经越来越少地传递知识，而越来越多地激励思考；除了他的正式职能以外，他将越来越成为一位顾问，一位交换意见的参与者，一位帮助发现矛盾论点而不是拿出现成真理的人。他必须集中更多的时间和精力去从事那些有效果和创造性的活动：互相影响、讨论、激励、了解、鼓舞。"[2]

---

[1] 朱宁波. 新课程倡导师生"新"关系[N]. 中国教育报，2002-09-04.
[2] 联合国教科文组织国际教育发展委员会. 学会生存[M]. 华东师范大学比较教育研究所，译. 北京：教育科学出版社，1996：108.

语文教师的角色从知识的单纯传授者向学生学习的引导者转换，语文教师的教学行为将发生如下新变化：由重知识传递向重人的发展转变；由统一规格的教育向差异性教育转变；由重教师的"教"的表演向重学生的"学"的指导转变；由重结果向重过程转变。语文教师传授知识不是以灌输为主，而是引导学生在发现与探索中学习知识、建构知识。教的本质在于引导。引导的特点是含而不露、指而不明、开而不达、引而不发。引导的内容不仅包括思维与方法，同时因为语文教师是母语教育工作者，肩负着传承中华民族优秀文化的历史重任，所以也包括价值和做人！

语文教师要成为成功的引导者，其角色的具体表现有：帮助学生决定适宜的学习目标，并协调制订达到目标的最佳途径；指导学生形成良好的学习习惯，掌握学习策略，发展原认知能力；创设丰富的教学情境，激发学生的学习动机，培养学生的学习兴趣，充分调动学生的学习积极性；为学生提供各种便利，建立一个接纳的、支持性的、宽容的课堂气氛；作为学习的合作者，与学生分享自己的感情与想法，和学生一道寻找真理；能够承认自己的过失与错误；等等。

需要注意的是：引导是要讲究方法的，对低年级的学生，引导的方法更是重要。引导贵在方法，"给"永远只能给死的知识，而"导"却能激活活的源泉，关键在于怎么教、怎么引导。[1]

2."对话"的能力

"对话"已经成为当代社会的关键词。"从国际事务到人与人之间的关系，从政治领域到学术领域，'对话'已经成为人们追求的一种状态，同时也成为人们达成目的的有效策略。人类社会似乎正步入一个对话的时代。"[2]那么，什么是对话？从教育的角度看，对话是交往在教学中的重要表现形式，是一个开放的、未完成的动态过程，对话的意义是在师生交往过程中不断得以丰富的。"真正的对话教学中的对话，发生在对话双方自由的探讨中，发生在对话双方精神上真正的相互回应与相互碰撞中，发生在双方认知视界的真正融合中。"[3]

素质教育要求教学过程成为师生互动、共同发展的交往过程。语文教师要从过去的单向独白式表演者的角色中解放出来，进而成为课堂教学过程中与学生展开平等交流的对话

---

[1] 余慧娟. 新课程的课到底该怎么上 [J]. 人民教育，2002（5）：32-36.
[2] 刘庆昌. 对话教学初论 [J]. 教育研究，2001，22（11）：65.
[3] 刘庆昌. 对话教学初论 [J]. 教育研究，2001，22（11）：69.

者。传统"师道尊严"的语文课堂中,语文教师以"独白"的方式进行教学。这种方式虽忠诚于学科知识,却背弃了学生;关注的是自己的表演,忽视的是学生的反应与参与;体现了独断与专制,忘却了民主与平等。[1]与此相反,建构主义把师生交往看作动态的过程。"交往意味着人人参与,意味着平等的对话,教师将由居高临下的权威转向'平等中的首席'。"[2]

如何体现语文教师作为学生对话者的角色呢?首先,有赖于语文教师走下讲台,深入学生中间,同学生建立起民主平等、相互信任的"我-你"关系。其次,在课堂教学中,语文教师要改变自身的话语方式,采用学生可以理解、可以接受的生活化语言。再次,为学生创设开放的、贴近学生生活的教学情境,激发学生求知的欲望与兴趣,同时为对话的展开提供可操作的平台。也就是说,在对话教学过程中,语文教师和学生都要以真实完善的人格亲身参与,以真诚开放的心态彼此相待。语文教师只有在主动放下架子或身份,坦然面对来自学生的挑战以及自身的不足时,才可能实现角色的转变。

这里要防止几个误区。一是认为交谈即是对话。对话一定要通过交谈,但交谈不一定是对话。我们这里所说的对话,不仅指各方的言谈,而且指各方的内心世界的敞开,是对对方真诚的倾听和接纳,在相互接受与倾吐的过程中实现精神的相知相通。用一句话概括,即对话是各方相互理解的过程。这是对话在质的方面的要求。二是认为对话越多越好。这里存在一个量的问题,我们不能为对话而对话,否则就会走向形式主义。三是认为对话的目的是取得一致的同意。有人认为在师生对话的过程中,如果同对方唱反调,就会伤害对方的感情,所以要尽量达成意见一致;也有人认为对话的目的就是为了达成一致。这都是误区。因为对话不是为了消除差异,而是为了更好地理解和审视差异,观点的不同正说明问题的复杂性和进行对话的必要性。从本质上理解对话的目的,应当是制造意义,探寻真理。四是认为对话式的教学应当有规则性、确定性和计划性。这里应依具体情况而定。比如对话的主题可以共同确定,但不能对对话的进程进行控制,也是无法控制的。所以说,教学活动并不能按照事先计划好的每一个细节进行操作,因为交互活动没有规则性和确定性,交互活动始终是处于动态变化的过程中的。但对于低年级的学生来说,由于自主性差,可以进行适当的计划和控制,这是允许的,也是很有必要的。

---

[1]蔡春,扈中平. 从"独白"到"对话"——论教育交往中的对话[J]. 教育研究,2002(2):49-52.
[2]李建平. 课程改革对教师提出全新挑战[J]. 教育发展研究,2002(1):16.

3. "合作"的能力

在传统教学中,教师扮演教育教学管理者的角色。这种角色定位是建立在以对象化"主体-客体"二元对立模式的教育观基础上的。教师作为主体,对客体——学生永远处于主动和管理的状态,导致了"教师中心论"。教师作为教育教学管理者,主要表现为两个方面:一是学生集体的领导;二是纪律的执行者。这样一来,教师往往处于至高无上的地位,具有至上的权威,容易造成师生以知识为中心的授受关系、主从关系和不平等的权威与依赖关系,形成主客体截然分开的角色关系。这就如同在师生之间划开了一条鸿沟,给师生的交往互动造成了障碍。

新课程理念倡导自主、合作、探究的新型学习方式。所谓合作,是指"社会互动的一种方式。指个人或群体之间为达到某一确定目标,彼此通过协调作用而形成的联合行动。参与者须具有共同的目标、相近的认识、协调的活动、一定的信用,才能使合作达到预期效果"[1]。按照这一定义表述,合作教学是指教学过程中,教师与学生之间、学生与学生之间,为达到某一教学活动的目标,彼此通过协调的活动,达到教学的预期效果。合作者就是以上所指的参与者,指在同一活动中为了共同的目的而做不同的事情的人。教师作为合作者,合作的对象很多,有与学生的合作、与其他教师的合作、与家长的合作、与科研人员的合作等。本章关注在教学工作中的师生合作,即为了达到某一教学预期效果,教师与学生协调合作,共同开发教育资源,成为学生学习的合作者。教师作为合作者应关注师生之间的关系,创设条件,引导学生同教师对话,并促成学生与教师合作。教师作为合作者,更是促进者,其表现应为:尊重学生人格,与学生平等交往对话,积极旁观、倾听;感受学生的所作所为,减少学生的学习焦虑;给学生以自信,随时了解教学过程中出现的新情况;在学生学习过程中,给学生一个开放的平台,点燃学生智慧的火花,起爆学生的主动性和创造性,让学生的内在力量充分展现。[2]

在语文课堂上,知识至少由三方面组成:语文教科书及教学参考所提供的知识,教师个人的知识,师生互动产生的新知识。教科书一统课堂的模式被打破,教师不再只传授知识,教师个人的知识也将被激活,师生互动产生的新知识的比重将大大提高。这种学习方式的改变,必然导致师生关系的改变,使教师长期以来高高在上的"传道授业解惑"的地

---

[1] 夏征农,陈至立. 辞海(缩印本)[M]. 上海:上海辞书出版社,1999:398.
[2] 钟启泉. 新课程师资培训精要[M]. 北京:北京大学出版社,2002:16.

位发生变化，教师的角色由知识的传授者变为学生学习、研究的合作者和参与者。网络时代的师生交往日益平等化、普遍化，教学过程是师生交往、共同发展的互动过程。学习者主体地位的获得，要求教育者改变传统的管理者角色，而以合作者的身份进行教育，教学应由教育者和学习者合作完成。教师不再是至上的权威，而应以自己的学识、能力、人格魅力去感染学生，建立起自己的崇高威信，以"随风潜入夜，润物细无声"的奇特效果影响学生。交流、对话、感染成为教育活动发生、发展的基本方式。作为合作者的语文教师要做到以下几点：

第一，必须打破"教师中心"，构建民主、平等、合作的教师"文化生态"，营造融洽和谐的学习气氛。这样，学生自由表达和自主探究学习才可能成为现实。有研究表明，80%的学习困难与过重压力有关，解除这些压力，明显有助于学习效率的提高和创造潜能的开发。当学生处于轻松愉快的状态时，视觉、味觉、听觉、嗅觉、触觉就会更灵敏，记忆力会大大增强，联想也会更加丰富，学习效率会大大提高，学习潜力也可以得到更大发挥。对于语文教师来说，是否能为学生营造宽松愉悦的成长环境，比自身的学识是否渊博更为重要。当然，宽松并非不要纪律，并非不要学校管理准则和行为规范。[1]

第二，语文教师要自觉改变传统教学中"我讲你听"的教学模式。那种认为学生只是被动听讲、越安静、越能跟着教师思维走就越好的观念，不变不行。教师在教学过程中应把问题交还给学生，以问题为载体，与学生一起搜集资料、分析资料、寻找问题的答案。同时注意培养学生的问题意识，精心设计问题情境，教给学生提问的技能，引导学生质疑、探究、发现，要尽量给每位学生同等的参与讨论的机会。

第三，语文教师要尊重学生的个性。主体性是个性的核心内容，学习是个体自主建构的过程。由于以往知识经验的不同，对同一个问题，不同的学生会有不同的理解，教师应设身处地地分析学生的所思所想，使每个学生主动积极地探究一切。

第四，语文教师要放下"师道尊严"的架子，应以尊重、理解、关心、赏识的态度去对待学生，和学生一道探寻真理，共同感受知识的形成过程，与学生分享情感和想法，并且能够承认自己的过失和不足。

总之，新时期所期待的教学过程应当是从被动接受式的认知活动走向交往、对话与合作，从对象性的主客体关系走向主体间的交往关系。师生双方围绕教学内容，以知识作为

---

[1] 贺彬. 教师怎样与新课程同行 [J]. 教育理论与实践，2002，22（5）：30-35.

对话的文本，共同参与，产生交互影响，以动态生成的方式推进教学活动。在这个过程中，师生分享彼此的经验和知识；交流感情，取得心灵沟通；求得新的发现，生成新的知识，从而达成共识，达到共享、共进。这是教学相长的真谛，也是对教学过程的正本清源。

4."课程开发"的能力

教师的"课程角色"是20世纪70年代以后逐渐在课程研究领域凸显的一个术语。80年代以后，随着建构主义的深化，人们普遍认识到，教师实施课的方案的过程中从来就不是"中立"的，他们会为了自己的课堂教学而对外部提供的课程教材和研究成果进行修改、调整和转换，通过这些活动渗入自己的知识和观念。小威廉姆·E.多尔认为"后现代主义强调每一个实践者都是课程的创造者和开发者，而不仅仅是实施者。如果课程真正成为协作活动和转变的过程，那么'创造者'和'开发者'便比'实施者'更适合讨论后现代教师的作用"[1]。

传统教学中，教学与课程是分离的，教师只是按教科书、教学参考资料、考试试卷和标准答案去教，课程游离于教学之外。教学内容和教学进度是由国家教学大纲和教学计划规定的，教师不敢越雷池一步。而建构主义的课程理念则不同，它倡导民主、开放、科学的课程理念。同时，我国确立了国家课程、地方课程、校本课程三级管理政策。这就要求教学与课程相整合，教师要在课程改革中发挥主体作用，同时也要求教师形成强烈的课程意识与参与意识，改变以往学科本位的观念和消极被动的执行方式。要了解和掌握各级课程之间的关系，提高和加强课程建设的能力，使国家课程、地方课程在课堂实施中不断增值、不断丰富、不断完善。而且与建构主义内在统一的新课程也要求教师在兼顾语文课程共性的前提下可以自主设计、选择、开发、实施和评价课程。这种不同程度的个性化课程，是判断语文教师创造精神和创造才能优劣强弱的重要标志。语文教师应该由课程计划的消极执行者转而成为课程改革的研究者。概而言之，课程开发能力包括下述几个方面：

第一，就课程的动态性建构而言，语文教师要以强烈的母语课程资源意识主动建构与社会、世界和日常生活的广泛联系。诸如让报刊、电影、广播、网络、演讲、辩论、广告、自然风光、文物古迹、风俗民情、全球事件等素材性课程资源进入教学流程。语文教学资源无处不在，而且会不断再生。作为新课程理念下的语文教师，要有开发语文教育资源的意识，有整合包括教科书在内的语文教育资源的能力。课前引导学生观察、调查、查

---

[1] [美]多尔. 后现代课程观[M]. 王红宇，译. 北京：教育科学出版社，2000：23.

阅相关资料，为学习课程做好准备；课中引进相关文字、音像资料，特别是适时、适当地结合课文进行补充阅读；课后适当拓展延伸，或推荐课外阅读内容，或引导进行实践活动，或开展各种形式的练笔。这都应当成为教师备课必须考虑的内容，成为每位教师日常的功课。教师应当是语文课程资源的开发者、语文课程的建设者。

第二，就既定课程内容而言，语文具有独特的学科特征，在课程中出现的内容既有自然的也有人文的，既有生活的体验也有哲学的道理，既有历史的也有当今的，甚至是未来的。如何促进和引导学生学习这些内容？语文教师必须学会组织、开发、利用相关的课程资源。在以往指令型的课程范式中，单一的必修课程、统一的教学材料、刻板的实施机制，导致语文教师异化为毫无创意的课程计划的消极执行者，连对教科书的自主选择和重组尚且很少有可能，更难有对校内外多种课程资源的自觉而广泛的开发。而在新课程改革之后，语文课标要求教师满足学生对语文教育的不同期待，能为具有不同需求的学生提供更大的发展空间。这样，教师既要关注必修课的基础性和均衡性，更要适应选修课的选择性和个性化，并使课程实施充满生机与活力。教师可根据教学需要，采用自己认为最合适的教学方式和教学方法，决定课程资源的开发和利用。为此，语文教师要具备对语文知识的开发整合能力，能利用现代信息技术条件下的各种课程资源，自行设计创造性的课堂教学，自行设计以多样性和丰富性为前提的教学过程，尤其要从学生的兴趣、爱好和个性化选择出发去拓展语文课程的内涵和外延。

第三，就课程具体实施而言，语文教师要努力改善和优化教学流程，使课程进展充满创造性的生机和活力。英国著名课程理论家劳伦斯·斯腾豪斯教授在论及人文学科课程实施时，认为应遵循以下五条程序性原则：课堂上应提出有争议的问题；教师应秉持中立准则；教学的主要方式应是讨论而不是讲授；教师要保护不同观点；教师应对课程学习的质量和标准承担责任。这五条原则的精髓将对日益走向开放性、生成性和创造性的语文课程，产生深刻影响。

应当明确：教师不仅是上述素材性课程资源的重要载体，而且自身首先是课程实施的基本条件性资源。语文教师要从教无定法的基本法则出发对课程做出再度调适，即从激发学生超越于知识之上的智慧、灵感、激情和创造性生命活力这个宗旨出发，改善和优化整个教学流程，使每个教学环节都充满生机和活力，使学生最大限度地突破知识体系的"茧缚"而焕发出个体生命所特有的灵气和才情。

5. "教育科研"的能力

"教"，《说文解字》的解释是"上所施，下所效也"。"教师"一词本身就蕴藏有"施教者"之义，很多教师把自己的角色定位在教书而不是教学生。时代的转变迫切地要求语文教师成为自己教育教学理论与实践的研究者。语文教师对教育工作面临的问题具有最为深切的感受和认识，他们不仅处于最佳的研究位置，而且拥有最佳的研究机会。他们完全可以而且应该成为研究者，使教育实践活动在不断进行自我反省和探索实践的基础上得以改进。

现代知识的多元建构性特征愈来愈明显，语文教师担负的建构教学知识、创造性地设计有助于师生合作及学生独立探究的学习情境的任务，使教师成为研究者成为必要。20多年来深入持续的社会改革、教育革新，不仅促进了物质文明的全面发展，也使人们的精神面貌焕然一新。语文教师要关注新时代对教育提出的新要求、新挑战，积极参与教育教学改革，不断探索教育教学活动的新内容、新方法、新技术，做教育教学改革的研究者。

教师教育科研的能力包含两方面的内容。其一，做语文教育内容的研究者。长期以来，语文教师的任务只是在一线进行教育实践，研究工作做得很少。然而，新型知识体系的构建，要求现代语文教师在完成教学工作时不仅要"教"也要"研"。这就意味着教师应转变思想和观念，做语文教育内容的研究者，要以研究者的心态置身于语文教学过程之中，以研究者的眼光对待教学实践中的各种问题，深入思考，积极探究语文教学的新思路、新方法。教师要把语文课堂作为教学改革的阵地，改变传统的教学行为，尝试新的教学方式，真正成为教学改革的自觉探索者。其二，做语文教育行为的反思者。反思是教师以自己的职业活动为思考对象，对自己在职业中所做出的行为以及由此所产生的结果进行审视和分析的过程。当前，不断深入的课程改革，多种多样的学生个体差异和教师的教学行为，迫切需要教师的反思。教学反思被认为是教师专业发展和自我成长的核心因素。按教学的进程，教学反思分为教学前、中、后三个阶段。在教学前进行反思，这种反思能使教学成为一种自觉的实践；教学中的反思，即自动地在行动过程中反思，这能使教学高质高效地进行；教学后的反思，在行动结束后进行反思，能使教学经验理论化。教学反思会促使教师形成自我反思的意识和自我监控的能力。总之，语文教师要不断反思所学知识与学生的经验和心理感受的关系，反思教学的设计与实际教学的差距，反思教学中存在的问题，等等；在反思中检查验证，积累经验，改进教学，从而增强教育研究的能力。

值得注意的是：语文教师研究的立足点应是解决教育中的实际问题。语文教师成为研究者，并不是否认或取消其育人的角色。恰恰相反，它正是为了让语文教师在实际的教育活动中反思地、探究性地处理各种问题，从而更好地担当起育人的责任。这对于其他学科的教师也同样适用。因此，教师的研究有别于专职教育科研工作者进行的研究，它必须同教师育人的角色统一起来，立足于解决教育工作中的实际问题。

6."创造教育智慧"的能力

叶澜教授在《教师角色与教师发展新探》一书中将教师专业素养分为专业精神、专业观念、专业知识、专业能力、教育智慧五个基本方面。把教育智慧列于与专业能力等素养平等的层面进行探讨，可见教育智慧对教师发展和专业成长的重要性。

教育智慧是处理教学过程中的突发状况的机敏与能力的综合表现。课堂教学是在一个非常复杂的场所，教师所面对的是几十个面貌不同、成长经历各异、家庭背景不同的学生。这些学生带着不同的学习动机、不同的知识结构，还包括对教师不同的看法走进课堂。教师将怎么满足不同学生的需求？这就要靠教育智慧了。

教育智慧是通过"意外"表现出来的。"意外"包括两类。一是教师自身所创造的"意外"。比如教师通过有意识地设置幽默的例子使课堂生动活泼带给学生意外，这类意外是教师提前设计并可加以控制的。二是学生带给教师的"意外"。这类意外是最常见的，具有突发性，难以驾驭，也是考查与培养教师教育智慧的最佳标尺。有位教师要在少年感化院（少年管教所）上第一节课，他十分忧虑，因为成败系于这次的首度接触。当他快步走向讲台时却被绊倒在地，重重地摔了一跤。全班爆笑不已。老师慢条斯理地站起来，挺身说："这是我给你们上的第一课，一个人可以在跌得鼻青脸肿后重新站起来！"沉默片刻后，掌声响起，学生接受了老师的教诲。[1]这位教师是真正的管教人才，他使用教育智慧的力量恰到好处地扭转了情势。在尴尬的时刻，没有使用威胁或惩罚去慑服学生，而是以个人的应变力渡过难关，同时也赢得了学生由衷的尊重与敬佩！

教育智慧的创造是以尊重和赞赏学生为前提的。"为了每一位学生的发展"是建构主义教学观的目标，也是当下课程改革的核心理念之一。为了实现这一理念，教师必须尊重每一位学生做人的尊严和价值，尤其是尊重以下六种学生：智力发育迟缓的学生；学业成绩不良的学生；和自己意见不一致的学生；被大家孤立和拒绝的学生；有过失的学生；有严重缺点和缺陷的学生。从生命意义上来说，教师是人，学生也是人；就社会角色而言，教师扮演着"教"的角色，学生扮演着"学"的角色，二者仅是职守不同，没有人格的不平等。教育的技巧和艺术就在于，要使每个学生的力量和可能性发挥出来，使他们享受到学习给他们带来的精神上的满足和有所发现的快乐。因此，在教学过程中，教师和学生的相互尊重和相互信任相结合，学生就不会把教师单纯地看成严厉的监督者，师生之间会是

---

[1] 李敏. 新课程校本教研（上册）[M]. 北京：新华出版社，2003：453.

平等的关系,而不是控制与被控制、支配与被支配的关系。

由此可见,教育智慧已经潜移默化地成为优秀教师必备的特质,缺少创造和运用教育智慧能力的教师无疑将被日益丰富的课堂所淘汰。教师自身应当有意识地锻炼并利用教育智慧的力量,由此去发现问题、分析问题,并找到解决问题的最佳途径。

第三节　语文教师的专业素养与专业发展

在教学的基本四要素中,教师是居于主导地位的,教师素养的提升直接关系到其他三个要素的实现成效。因此,全世界都对培养高素质的教师的教育工作非常重视。然而,目前的结果是教师作为一个单独个体、和作为一种专业群体的发展都不尽如人意。从我国教师教育的实践来看,"自然成熟"的倾向几乎成为每一位教师专业发展的必然规律和过程。新任教师的这种自发、不自觉的成长过程可能需要几年、十几年甚至更长的时间才能完成。[1]我国提出并研究教师专业发展的问题并予以关注的时间尚短,但它却愈来愈引起我国教育政策制定者、教育决策者、教育理论研究者及广大教师的关注。从历史发展的总趋势看,教师的专业发展和研究经历了由忽视到逐步关注、由关注教师专业群体专业化到关注教师个体专业发展、由关注专业发展的"外部"环境和对教师社会专业地位的认可到关注专业发展的"内部"环境和专业素养的提升等过程。

一、教师素养的提升是实现教师专业发展的前提和保障

(一)教师素养的提升是教师个体主动获得专业发展的重要表征

20世纪80年代以来,教师专业发展成为各国关注的焦点。我国中小学在改革各种教学模式,以适应"素质教育"的发展。我们提出"核心素养"的理念,但学生核心素养的养成和提升必须以教师素养的养成和提升为前提。教育部于1998年颁布了《面向21世纪

---

[1] 林沛生.关于促进青年教师职业成熟的思考[J].天津师范大学学报(社会科学版),1993(1):42-45.

教育振兴行动计划》，正式提出实施"跨世纪园丁工程"——全面提升教师专业素养的工程。这一工程意味着对我国教师的专业要求打破了学历的限制，转向了对教师作为专业人员其内部素养的提高的关注。这一计划推行至今，我们已经为教师专业素养的提高和发展构建了全面、规范的教师继续教育体系。

教师的专业发展存在被动和主动两种状态，有时也会表现为从被动向主动发展的两个阶段。谈到教师专业发展，不得不说与其相近的另一个词——教师专业化。二者从一般意义上讲具有相似性，但当对照使用时，可发现：教师专业发展强调教师作为个体而存在的内在专业性的提升；而教师专业化则强调教师作为群体而存在的外在专业性的提升。而这两个概念本身也是相互关联的，我们对教师的专业性的期待经历了术语中由"教师专业化"向"教师专业发展"的演变。这在表面上是词语的替换，而内在却反映了教育的一般规律。教师的个体存在是不容忽视的，个体得到发展，群体才能整体实现质变；反之，整体的提升也会带动个体明确发展方向，从而更快促成发展。

综上所述，教师专业发展的外部因素和条件是"个人职业阶梯的上升和各种专业荣誉的获得"等；而教师专业发展的内部因素和条件是"内在专业素养的提升和专业实践的改进"等。前者是被动的专业发展，后者才是主动的专业发展。因此，教师专业素养的提升是教师个体主动获得专业发展的重要表征。

（二）"专家型教师"的养成是教师素养提升的目标和追求

斯滕伯格认为所谓专家型教师就是在教育教学领域中具有某种专长的人，他们拥有更为厚重卓越的专业知识和能力，能够有效地思考和解决教育领域中的问题，表现出良好的教育教学行为。专家型教师的养成是教师专业素养提升的目标和追求。因此，了解专家型教师的特征有助于明确教师教育的方向。

第一，专家型教师拥有更多的经验性知识。与新入职的教师相比，专家型教师并不一定拥有更多的知识，而是在对知识进行加工、转化上，专家型教师能够掌握更多的方法，效率也更高。他们所拥有的知识是一种经验性知识。他们往往能根据这些从经验中得到的知识，对新的知识进行再加工，经过周而复始的累积，经验知识变得更加厚重可靠。他们可以根据这些经验知识准确、高效地理解和解决问题。

第二，专家型教师的工作具有更高的信度和效度。与新入职的教师相比，专家型教师能更为有效地判断问题，从而做到事半功倍。这是因为，专家型教师对教学技能的掌握和运用已经熟练。这种"自动化"的处理模式自然会节省时间，可以在较少的时间内做更多的事情。专家型教师拥有更强的计划、监管、组织和评价的能力。专家型教师遇到问题并不急于着手解决，而会选择认真地思考、理性地分析问题，对比筛选出最适合的解决方案；而新入职的教师则会把大量的时间花费在尝试各种解决方法的过程中，而较少思考问题本身。

第三，专家型教师具有超前的洞察力。与新入职的教师相比，专家型教师在解决问题时往往具有创造性。专家型教师会将与解决问题有关的信息和无关的信息区别开来，会按照有利于解决问题的方式对信息进行组合，能够发现单独看起来与解决问题无关的两个信息组合在一起后就可能是相关的。他们会将在其他情境中获得的知识应用在教学领域。专家型教师在解决问题时善于观察和对比，这种能力使得他们总能够发现解决办法，而新手却不可能做到。[1]

成为一名专家型教师是每一位教师素养提升的目标和追求，每一位教师都会经历从"新手"到"熟手"的成长过程，但不是每一位教师都会继续产生从"熟手"到"专家"的飞跃。因此，专家型教师的养成有赖于教师专业素养的提升。没有教师专业素养的提升，教师专业发展和专家型教师的实现就会失去基础和保障；反之，教师素养的提升会敦促教师专业发展，促进专家型教师的养成。二者相互促进，相互制约，共同发展。

二、语文教师的专业生涯与专业发展途径

职业，是每个人所从事的服务于社会并作为主要生活来源的工作。选择一份职业也就意味着选择了一种生活方式和社会责任。每个人都有自己的职业规划，如何形成自己的职业规划，以实现个人的职业理想和抱负、实现人生价值，是每位社会人不得不去思考的问题，思考的过程和付出的实践也同时筑造了属于每个人自己的职业发展历程。教师是备受关注和期待的职业，正因为如此，教师所担负的责任也更多，对教师的评价标准和职业要求也更高。这种超出职业本身的隐性因素既给予了教师发展的广阔空间，也给教师职业的从业人员带来了巨大压力。因此，了解教师职业生涯的周期性和规律性，有助于教师在规划专业发展时更客观、更科学，从而在从容中获得成长，在发展中体会快乐和幸福。

---

[1] 连榕. 教师专业发展 [M]. 北京：高等教育出版社，2007：111.

(一)语文教师的专业生涯阶段理论

教师的专业发展都是从师范生阶段开始,而后进入教师行业的专职教学。这种教师专业发展中必须经历的职前阶段和在职阶段的过程被称为教师专业发展的"职前与职后的发展一体化"。[1] 这一理念的提出反映的是社会对教师职业的要求,体现了终身学习的理念在教师专业发展中的重要作用。实现这一一体化发展不仅取决于职前预备阶段的基础,更看重的是职后扩展和继续阶段的发展。没有发展性阶段就不会有真正成熟的教师,就不会实现教师职业的可持续发展。在职阶段是教师将专业知识转化为能力的重要时期,但这一时期并不是一帆风顺的。这一方面是教师对职业的疲惫和倦怠所造成的;另一方面是知识经济时代下,科技进步所带来的知识日新月异,教师需要不断地补给和创新,而很多教师在这一环境下疲于应付,逐渐被社会和专业所淘汰。因此,教师专业发展问题亟待解决。

国内外对教师专业生涯发展阶段的理论研究是教师获得专业发展的理论基础。20世纪60年代以来,对教师专业发展的研究日益丰富起来,具有代表性的有以下几种:

第一,美国"福勒"的"关注阶段理论"。作为研究教师专业发展的先驱,福勒提出了教师专业发展的四个关注阶段。①教学前关注阶段,即职前阶段的师范生,对教师职业的理解大都处于想象阶段,因而更多的是关注自己。②早期生存关注阶段,即新入职教师的状态,体现在关注自己教学和工作表现等职业生存问题。③教学情境关注,即教师开始积累各种教学经验,体现在更多地关注自己的教学方式和经验挫折等。④关注学生阶段,处于此阶段的教师开始真正把学生作为关注的核心。尽管福勒的理论没有涵盖教师专业发展的其他方面,只是从关注的角度看待教师的专业发展,却开创了教师专业发展理论之先河。

第二,美国"费斯勒"的"生涯的循环论"。该理论基于将教师作为一个生存发展的个体进行的调查,在考量教师职业群体所固有的生命周期和规律的基础上,将教师作为发展中的个体来考察。教师专业发展既受到生命周期的影响,也受到环境周期的制约,是一种动态、多变、非线性的发展模式。该理论将教师专业发展分成八个阶段:①职前教育阶段;②入门阶段;③能力建立阶段;④热心和成长阶段;⑤生涯受挫阶段;⑥稳定和停滞阶段;⑦生涯泄劲阶段;⑧生涯退出阶段。这种较为完整的纵贯教师专业成长的发展理论

---

[1] 刘捷. 专业化:挑战21世纪的教师 [M]. 北京:教育科学出版社,2002.

具有重要的参考价值。

第三，美国"斯特菲"的"人文发展模式"理论。该理论是建立在斯特菲人文心理学派的"自我实现理论"基础之上的。它将教师专业的成长分为五个阶段：①预备生涯阶段；②专家生涯阶段；③退缩生涯阶段（包括初期退缩、持续退缩、深度退缩）；④更新生涯阶段；⑤退出生涯阶段。斯特菲的教师专业生涯发展模式将教育在教师职业生涯中的特征进行了清晰而完整的描述。这对于教师认定自己，突破并超越瓶颈期以获得新发展，有重要的价值和意义。

以上理论是研究者对教师专业生涯阶段的研究里几个具有代表性的观点，国内对此的研究也在展开，但具有民族特色的、行之有效的教师专业发展理论的研究并不深入，有待进一步丰富。教师专业发展是一个漫长的、动态的、纵贯整个职业生涯的过程。科学化地认识教师专业发展的各个阶段，有助于教师认清自己所处的阶段，从而有效地面对并解决问题，合理规划自己的成长方案，确定适合自己发展的个人近期或长期的专业发展目标。而教育行政和管理部门也可据此为不同阶段、不同需求的教师提供适时适当的资源和协助，以促进专业发展，激发教师的工作热情，实现教师的价值追求，使教师享受到教师职业所带来的幸福。

（二）基于素养坐标的语文教师的专业成长途径

语文教师专业成长的途径从不同的视角会总结出各异的方法，但无论何种方式方法都是以教师专业发展为基本价值取向的。因此，本章所阐述的语文教师的专业成长途径是在这一基本价值取向之下，以教师素养为坐标，以现阶段更为关注或较易忽视的方面为指引的主要方法，无法涵盖全面，但求具体实效。

第一，语文教育理念的更新与"文化自觉"。这里的语文教育理念是教育理论和教育信念的统一。前者侧重于新理论的学习和更新，后者侧重于信仰的树立和奋斗。语文教师面临课改的机遇和挑战，必须主动、积极地更新教育理念。真正意义上的教育，其实质是一个文化继承、发展和创新的过程。如果教育失去文化的背景和前提，那么其所剩下的就只是知识的背影。"文化自觉就是人类对自身命运前途的理性认识和把握。这种认识和把握形成主体的一种文化信念和准则。人们自己意识到这种信念和准则，并主动将之付诸社会实践，在文化上表现为一种自觉践行和主动追求的理性态度。"[1] 特级教师程红兵老师

---

[1] 吴婷婷. 近代国文教育文化史论［M］北京：人民出版社，2019：49-50.

说:"教师的文化自觉决定课改的成功与否。"教育说到底就是文化的传承,知识和技能仅仅是文化较浅层面的内容,文化的意义在于精神的引领和意志的浸染。因此,忽视孩子人格成长的教育不是真正的教育,是没有文化的塑造。课程不仅仅是文化传承的工具,其本身就是文化,是活的文化;教师就是课程,教师所具有的素养就是课程资源。"课程改革如果仅仅停留在技术层面,停留在方式、方法层面,显现的是工具技术化趋势。作为以育人为旨归的课程与教学,如果仅仅落实在工具技术层面,那这个教育境界就太低了。教育要促进儿童的身心发展,更高位的是培育、提升儿童的心灵世界。这个目标的达成,那是改进技术、方式、方法所难以承受的。心灵的培育,必然需要文化的底蕴,需要创造性的教育教学活动,需要教师用'心'来做教育,而不局限于技术、手法。"[1]

因此,作为一名良心教师,要实现语文教育理念的更新与"文化自觉",就应当坚守持之以恒的教育信仰,扎实教学,恢复最为朴素的教育。面对多元信息和文化,具有正确、科学的价值判断,坚定不移的文化追求,始终如一的实践探索,将看似虚无缥缈的文化浸养过程付诸"五个实之上,即扎实、充实、丰实、平实、真实,有了这五个实,灵动的教育思想、教学创意就会落地、生根,于是课堂渐渐地变得具有文化的气息"[2]。

第二,语文教育知识的积累与"教学反思"。王荣生老师把语文知识从三个方面进行区分。①教师知识与学生知识的区分。他认为教师必须具有系统的理性专业知识,学生的知识状态是语感。②教师知识、学生知识与课堂交往中名词术语的区分。他认为此二者应具有一致性理解,即教师与学生的知识既需要区别也需要关联,可以在课堂交往中以术语为中介实现二者之互通。③学生需要掌握的知识。他认为语文教师的专业知识由语文学科知识、语文教学设计、语文教学实施和语文教学评价四个方面构成。而语文学科知识包括语文学科的基础知识、语文学习领域知识、语文课程与教学论知识、语文课程资源知识。可见,语文教育知识的积累是"大面积的、长时期的、集团性的",也是语文教师实现专业发展的基本前提。要实现真正意义上的语文教师的专业成长,就必须进行扎实有效的知识积累,奠定教师持续性发展的根基。

"反者道之动也。"教学反思是近几年伴随越来越多的成长发展理论而凸显出来的一条教师专业成长的途径。"教学反思是教师自觉地把自己的课题教学实践作为认识对象进行的全面而深入的冷静思考和总结,从而进入更优化的教学状态,使学生得到更充分的发

---

[1] 王荣生. 语文教师专业发展十四讲[M]. 上海:华东师范大学出版社,2015:27.
[2] 王荣生. 语文教师专业发展十四讲[M]. 上海:华东师范大学出版社,2015:32.

展，其具有实践性、个体性、主动性和过程性的特点。"[1]古语云："吾日三省吾身。"就是强调内省的功效，认为内省是个人修炼和提升的必要方式和必然路径。教师教学思想及风格的形成需要自觉的批评意识和深入的分析能力，并且更多的是对自我实践的批评和经验的分析。在这一过程中，教师原本的思想和固有的观念会变得松动，在松动的同时便可以重塑自我。因此，有效的教学反思就是教师的二次成长，也就意味着教师自我的更新和提升。有效的教学反思是"自发到自觉""浅表到系统""随机到系统"的进化过程，这与教师的专业成长几乎是同一过程。

因此，对语文教育知识的积累和有效的教学反思是教师专业成长与发展的动力。通过知识的积累增强反思的自觉性和有效性，通过有效反思进一步积累知识、增加经验，实现互促增长。二者之间的良性互动有助于教师更新教育理念、总结提炼教育经验，进而升华教育智慧，实现终身学习，从而成为一名具有灵敏教育触觉、卓越教育智慧、科学教育决断力、既"育人"也"育己"的专家型教师。

第三，语文教学能力的提升与"教育科研"。前文强调的有效教学反思的深入就是教师参与教学实践并将其作为研究对象进行分析探究的过程。教师成为研究者是教师专业成长的内在规定，是时代和教育使命赋予教师的重大目标，是教师个体得到发展进而影响同行，使得教师群体共同发展的重要责任。教育科研与专业发展之间是互为前提又互为结果的关系。伴随教师教学能力的提升，教师驾驭课堂的能力增强，教师对教学现象和规律的把握也就更为敏锐和准确。这既为教师做教育科研提供机会，也为科研工作本身的开展提供保障。语文教师对一线语文教学的充分感知和判断，远比教育研究人员更具实效性，因此，做教育科研，成为"研究者"，是现代教师专业成长的必然要求。教师教学能力和素养的变化是一个连续的过程，这个过程会呈现在对其所从事的研究的反馈中，形成一条回路，反之亦然。因此，教育科研和专业发展是在动态发展、不断反馈的过程中交错发展的。

促进教师进行相应领域的教育科研是全社会的共同追求。这就要做到：首先，学校和教育部门要为教师的科研和发展提供空间、保障、机会；其次，确立"问题就是课题""广大一线教师都应成为教育科研有心人"的科研理念，聘请专业人士帮助教师建立具有研究特色，能够实现从教书匠到研究者的角色转变的通道；再次，构建和谐的校园生态，建立师生间的和谐对话关系；最后，加强内部激励，促进教师由内而外的自我激励和发展，克

---

[1] 连榕. 教师专业发展 [M]. 北京：高等教育出版社, 2007：212.

服职业疲惫和发展瓶颈，尽快成长为专家型教师。

研讨话题

话题1：与其他学科相比，语文教师的专业特殊性都有哪些？

话题2：你有没有理性地自我评价或请他人评估过自己的专业发展阶段？请将自己目前真实的教学关注和教学表现进行条目化的归类罗列和整理，并据此制订出近三年的专业发展规划。

拓展学习

"从做中学"，教师做科研既不是他人的专利，也不是遥不可及的领域。请思考你未来教育科研的话题和方向。与其他同学或教师合作，尝试完成一项较为深入的课题研究，并记录研究过程。

第五章　语文教学的分解技能

第一节　语文教学的基本技能

一、教学技能概述

（一）教学技能

教学技能是指教师运用已有的教学理论知识，通过练习而形成的稳固、复杂的教学行为系统。它既包括在教学理论基础上，按照一定方式进行反复练习或通过模仿而形成的初级教学技能，也包括在教学理论基础上因多次练习而形成的，达到自动化水平的高级教学技能，即教学技巧。教学技能是教师必备的教育教学技巧，它对取得良好的教学效果、实现教学的创新，具有积极的促进作用。它不单指实际操作能力，还包括心智能力。心智能力主要指认知能力，其核心是思维能力。要使教学成为一种艺术，需要经过长期反复的训练才能获得。但一些基本技能，我们通过学习一些基本的方法，再加以训练，就可以初步掌握。

（二）教学技能分类

教师的教学技能包括五个基本方面：

第一，教学设计的技能。包括制订课程授课计划的技能、撰写教案的技能、使用教学媒体的技能、了解学生的技能。

第二，课堂教学的技能。包括组织教学和导入新课的技能、运用教学语言的技能、课堂设疑和提问的技能、板书的技能、讲授的技能、结课的技能等。

第三，作业批改和课后辅导的技能。包括布置作业的技能、批改作业的技能、课后辅导的技能。

第四，教学评价的技能。包括命题的技能、评卷及分析试卷的技能。

第五，教学研究的技能。包括掌握教学研究的基本方法、了解学科发展动态和吸收科研成果的技能以及信息检索的技能。

二、教案的编写技能

编写教案需要掌握教案的一般内容，具体有：①课题；②教学目的；③教学设想；④教学重难点；⑤教学方法；⑥教具；⑦课时；⑧教学过程；⑨教学后记。

三、备课的基本技能

（一）备课的重要性

"凡事预则立，不预则废。"备课设计教案是教师教学前最重要的一项准备工作。这项工作做得充分与否，直接影响着教学效果。

（二）备课的基本要求

（1）科学性——科学地规划与设计。

①选择的学习内容是科学的。

②对内容的阐述是科学的。

③学习的方法是科学的。

④教师的态度（对知识、对学生、对自己）是科学的。

（2）目的性——备课目的要明确、集中。

（3）针对性——教师要心中有学生，以学生的各方面表现设计教学过程。

（4）计划性——主要指教学过程的安排应井然有序。

（三）备课的基本步骤与方法

（1）"吃透"教材。
①要从宏观上对教材进行把握；
②要从微观上对教材进行把握。
（2）"吃透"学生。
①了解学生的一般情况。
②了解学生对所学课文的理解程度。
（3）合理安排教学步骤，精心设计教学方法。

四、粉笔字的书写与板书设计

（一）粉笔字

1. 教师为什么要写好粉笔字

第一，教师写好粉笔字是教师基本素养的体现，是教师职业的特殊要求。

第二，教师写好粉笔字，本身就是对学生的一种美的教育，能唤起学生丰富的情感体验。

第三，教师写好粉笔字对本学科专业理论知识学习的促进有不可忽视的作用。

因此，作为教师，我们应该努力写好粉笔字。

2. 粉笔字的书写姿势

写粉笔字只能站在黑板前，采用"站立悬臂"的姿势书写。具体要做到：头平、身正、臂曲、足稳。

第一，头平是为了保证视线的平正，使写出的字行列整齐。随着书写高度的变化，可略有仰俯，但要尽量保持头部平正不歪斜。

第二，身正是指身体端正不偏斜。身体要随着书写位置的左右变动而平移。直也不是僵硬呆板，应该以自然大方、方便书写为好。

第三，臂曲是指执笔的右手臂曲成直角，举到眼睛的高度最便于书写。随着书写位置的上下、高低变动，手臂弯曲程度也要做相应的变化。左手或持书，或按黑板，或下垂，都要以轻松、自然、方便为准。

第四，足稳是指两脚分开站立，以保持身体的平衡、稳定。随着书写高度的变化，可以踮脚或屈膝，随机应变。

3. 粉笔字练习的方法和步骤

第一，以楷书入手，循序渐进，由慢到快，逐渐过渡到行书。

第二，选择字帖。最好选用符合自己书写特点的钢笔或毛笔字帖，作为练粉笔字的参考范本。

第三，粉笔字板书要求横成行、竖成列，切忌忽上忽下。因而初学时最好在黑板上打上方格线，渐而只打横线。学写粉笔字要一丝不苟地认真练习，久而久之，便可形成一种技能，便可自由运用发挥了。

第四，初学时，先写一段粉笔字，再退到远处进行观察对比和分析研究。

第五，教师之间经常互相品评、相互研讨练习，持之以恒，自然会有长足进步。

（二）板书

板书，从动态的角度理解，是教师上课时在黑板上书写的文字、符号，以传递教学信息、教书育人的一种言语活动方式，又称为教学书面语言。从静态的角度理解，它是教师在教学过程中为帮助学生理解掌握知识，而利用黑板以凝练简洁的文字、符号、图表等呈现的教学信息的总称。

1. 板书的作用

板书有利于知识传授，有利于学生智力的开发、能力的培养，有利于学生情操的陶冶，有利于课堂气氛的活跃，有利于学生知识的记忆。

2. 板书的内容

（1）教学内容的内在逻辑结构。

（2）教学的重点和难点。

（3）教学内容的补充知识。

3. 板书的类型与应用

（1）提纲式板书。它是教师根据教学重点内容的内在联系和教学设计程序，将教学内容用大小括号和编号编排成一个系统的板书形式。这种板书的优点在于条理清楚、重点突出、字句简洁、教学思路清晰，是各科教学常用的板书形式。

（2）对比式板书。它是教师根据教学内容和学生已有的相关知识，运用对比方法显示出知识的异同的一种板书形式。这种板书对比强烈，有利于指导学生分清知识的共性与个性，有利于学生求异思维能力的训练。

（3）词语式板书。它是教师根据对教学内容的分析研究，从中提炼出关键性的重点字、词以组成板书提纲的一种板书形式。这种板书多用于语文学科。它的特点是能帮助学生分析、理解重点词语，进一步明确教学的主要内容。

（4）线索式板书。它是教师根据教学内容间的某种联系，按照一定顺序，反映教学主要内容的一种板书形式。这种板书的特征是能够显示出事情发生、发展的过程，能够突出知识形成的过程，有利于学生学会学习。

（5）图画式板书。它是教师根据教学内容显现出的特征，采用图中夹文或文中夹图的办法形象地勾画出事物间的内在联系的一种板书形式。这种板书生动、形象、直观，将事物的内在关系显现得淋漓尽致，能有效地激发学生的学习兴趣，促进学生抽象思维能力的发展。

（6）分析综合式板书。它是教师运用分析、综合等思维方式，揭示教学内容，展示思维过程的一种板书形式。它的基本特征是思路清晰、逻辑严密、启发性强。这种板书是小学数学、语文教学中常用的板书形式。

4. 板书注意事项

第一，板书要为教学服务。

第二，板书要简洁扼要。

第三，板书要完备美观。

第四，板书要有启发性。

第五，板书要抓住机遇。

5. 板书的缺陷

在黑板上板书，粉笔末容易被教师及前排同学吸入，因此教师要合理板书，并辅之以多媒体教学。

第二节 语文教学的分解技能

一、导入的技能

导入技能是教师在一个新的教学内容或教学活动开始时,为了引导学生进入新的学习情境而进行的一种行为方式。导入的语言即导语。导语的目的,是为了把学生的注意力集中到预定的教学任务或程序上,使学生从心理上或思维认同上做好"学习的准备"(包括知识准备、心理及态度的准备等)。

导语的共同特点:教师都意图把听者的思维引向将要学习的目标或将要涉及的事情上去。这说明,导语必须要引起学生的关注,使其集中精力,为后面的学习做好铺垫。

(一)导语的功能

第一,给学生提供必要的信息,以必要的刺激引起学生的注意,使学生进入学习准备状态。

第二,设置问题情景以引起学生的认知需要,激发其主动性,营造良好的学习氛围。

第三,通过对学生反应的强化,使学生产生进一步参与教学活动的需要。

第四,调动情感,创设情境,引发学生的想象与联想,开启学生的思维空间。

(二)导入技能的结构

导入结构一般按以下顺序呈现:集中注意—引起动机(兴趣)—明确目的—进入课题(联系)。此结构顺序会根据具体情况有所变化。

(三)导语设计的基本原则

第一,内容尽量贴近学生生活。

第二,话题尽量贴近课本内容。

第三，语言自然、贴切。

第四，题材新颖别致。

二、提问的技能

提问作为一种技能，不单指教师的发问，它更注重对学生学习产生真正意义的指引。

（一）提问的功能

（1）强力推进与动机满足功能。提问不仅是一种调动学生智力的行为，它还具有启动非智力因素的功能，以强力推进学生的学习动机。

（2）启发和优化心智的功能。这主要体现在以下三个方面：

首先，提问创造了各种"学习情境"，引导学生合理地、自动地进行心智活动。

其次，提问为学生提供思考的路向，学生在答题中会产生复杂的心智活动，使认知结构得到完善和强化。

再次，提问的"新情境"强制学生进入一般或高水平的"解决问题"的心理状态。

（3）提高学生认知水平的功能。有效合理、适时适度的提问，使得学生对知识的把握上升到反思和深化阶段；在解决问题的过程中，学生的认知水平和能力不断得到提升。

（4）提问的反馈评价功能。通过提问，掌握学生的学习状况，如寻找知识点的缺失、教学忽略处、检查教学目标的达成度等。

（二）提问的分类

提问在语文教学中的分类，目前大致有以下几种：

（1）按认知水平分类：按照知识水平由低到高的发展逻辑，可将其分为认知性提问、了解性提问、理解性提问、运用性提问、评价性提问、创造性提问。

（2）按讲读进度分类：引读性提问、探索性提问、发散性提问、总结性提问。

（3）按内容结构分类：总分式、铺垫式、连环式、阶梯式、插入式。

（三）提问的设置

（1）认知性提问：确认言语信息类知识。

此类提问多用于导入、初读、课的收束承启等教学环节，有温故知新、提示注意的功能。这类提问对于发挥学生才智和认知策略、发挥个人见解、培养创造性和评价性能力的效果不显著，但在教学中占的比例最大。

（2）了解性提问：在于培养学生对所学内容的感知力，为深入理解打下基础。

回答这类问题，主要以记忆为基础，但又不同于记忆。了解性提问需要学生经过自己头脑的转换与重新组合，再以自己的语言来回答，而答案则无统一标准，语言组织上也会一人一个样。

（3）理解性问题：这是属于运用智慧和认知策略的问题类型。

回答此类提问，需要对所接受或记忆中的资料进行分析与整理，通过推理、比较，进行简单的叙述和解释，必要时须提供具体例子。

（4）运用性提问：它以心理学的迁移理论为依据，要求学生把所学知识运用到阅读中去，从而把所学基础知识转化为阅读技能。

此类提问可使学生从语法、修辞、读写知识等方面分析阅读中的问题，既复习了旧知识，又使学生认识到这些知识在表达中的作用。

（5）评价性提问：这是关于批判、抉择对象的问题类型。

评价性提问的指向不是作品（课文），而是学生自己的观点和认识经验。发展学生的评价能力，是为学生以后的继续学习、持续发展、终身发展奠定基础。

（6）创造性提问：这是关于构建和发表独创见识的问题类型。

创造性提问的答案不仅是多元的，还可是易生歧义的或各自悖谬的。它们都是以个体经验、知识、智慧技能为基础的。

（四）提问编拟策略

第一，注重环节的策略。

语文教学中的提问，是教师依照阅读的不同阶段而相应产生的教学过程。其环节有：发生—持续—发展—对象化。

在这一过程中，教师个人的阅读经验是提问能否超越课文、高于课文的决定性因素。因此，在设计提问时，教师应本着谨慎性的原则，使问题为教学目标、教学主旨、学生发展服务。

第二，问题边界的策略。

问题以不导致歧义、不扰乱思路、不干扰目标为准，有利于推进师生互动讨论。

第三，目标靶向的策略。

教学过程中的提问体现了教学的目的,即当问处问,非为问而问。

第四,提问结束的策略。

提问结束后,教师应展示的技能有两项:评价和小结。教师对学生的回答讨论予以确认,对学生的回答讨论情况做出小结,并提出学生应予以注意的问题。教师引导学生,通过探讨与学生达成共识,共同成长,真正做到教学相长。

(五)提问的原则

有道是"学起于思,思源于问"。教师在课堂上设置的各种问题以及引导学生所提出的问题,共同组成了课堂教学的问题环境。良好的问题环境对引发学生的学习兴趣,调动其思维的积极性、创造性,圆满地完成教学任务,具有极其重要的意义和作用。那么在语文课堂教学中,如何科学、合理地设置问题呢?问题的设置应把握好"五度",即法度、信度、深度、梯度和密度。

1. 遵循"法度"

所谓法度,就是以大纲为准绳、以教材为依据、以学生为核心制订出切实可行的课堂教学目标,根据教学的具体需要,明确提问的目的。这就要求教师在设置问题时,要紧扣教学目标、围绕教学目标来展开。教学目标成为一切问题的立足点和出发点。把教学目标按照教学进程分解为若干个问题,力求使所设置的每个问题都具有明确的目标性。通过问题的设置将学生的学习活动引向确定的方向,使潜在的学习需要转化为活跃的学习动机,以问题为中心,释疑解惑,完成教学任务。杜绝信马由缰、随心所欲、漫无目的地提问。

2. 讲求"信度"

简单的提问,没有思维价值;空泛的提问,无法引起思考。这些都属于问题设置信度低或无信度的现象。课堂教学中,问题设置的核心在于设疑,旨在激发学生兴趣,激活学生思维,引起他们的探索活动,在探索中获取知识、提高能力。因而科学的提问,绝不是为提问而提问,所提问题的启发性可有可无;也不是简单的教师问上句,学生答下句。问题的设置要给学生留有广阔的思维空间,既要有顺向、横向的思考,又要有逆向、纵向的思考,启发学生讲求思维过程,从思维过程中引出结论。只有这样,才能充分发挥学生的主观能动性,激活其思维的积极性。

3. 把握"深度"

课堂教学中的知识传授和技能训练是一个由浅入深、由低到高的循序渐进的过程,学生的知识和技能应进入怎样的一个层面、达到怎样的一个高度,这就是"深度"的问题。

问题设置难度过大，学生无从回答，太小又不能引发思考而有所领悟，这都不利于学生智力的发展和能力的提高。因此教师在设置问题时，首先应考虑学生现有的知识和能力水平，明确学生的"最近发展区"；所设置的问题，宜让学生的思维强度出现在"临界状态"。如果学生的认知水平达不到，教师就要交代必要的背景知识，切不可无视学生的认知规律和现有的实际水平。

4. 具有"梯度"

问题设置无疑是要面向全体学生，但学生的基础和自身素质的差异是客观存在的。如果问题的设置不充分考虑到这些因素，就会使学有余力的学生"吃不饱"，而使基础差的学生"吃不了"，这样不利于全体学生的思维等各方面能力的培养和提高。因此，教师在设置问题时，应充分考虑各层次学生的智能状况和接受能力，设置不同要求的问题。教师应根据学生的个性差别，有的放矢地进行提问，并选择多种方式启迪思维，实现因材施教，让各个层次的学生均能从中品尝到成功的喜悦，各尽所能，各得其所。

5. 讲究"密度"

课堂提问固然是一种有效的教学手段，但不是唯一的教学手段。不少教师不顾教学情境的变化，一味牵强附会地套用提问方式，形成"满堂问"的弊病。殊不知烦琐的提问，不仅混淆了内容重点，模糊了学生的认识，也使学生思维活动的"弦"一直处于紧张状态，以致心智无法承受。这样是不可能取得良好的教学效果的。因而课堂提问要适量、适时。适量是指问题设置要力求少而精，问在理解教学内容的关键处，问在知识要点上；适时是指当学生欲知而未知，思维处于困惑之时，提出有一定针对性的问题，及时解惑。

在课堂教学中，把握好问题设置的"五度"，不仅体现了语文课堂教学的科学性和艺术性，也是衡量语文课堂教学优劣的原则和标准。因此，广大语文教师应重视对问题设置的研究，以期达到最优的效果。

三、讲解的技能

讲授方式，通常有讲述（叙述、描述）、讲读（以讲导读，以谈促讲，互相推进）、讲解（对概念、规律、思想、情感的解释和分析）及演讲等。教师常常依据教学内容与情况需要而对这些方式进行交叉运用。而对文章中的一些思想内涵的理解、重点和难点的把握、修辞运用之功效、写作特色的分析等内容，则更多地需要运用讲解技能。

（一）讲解的基本方式

（1）解说式——运用耳闻目睹的事例，引导学生从情境中接触概念，从感知概念到理解概念，把新知、旧知联系起来，从而达到对问题的理解。

（2）解析式——解析或分析事物的规律和关系。有归纳与演绎两种。

（3）解答式——以解答问题为中心，一般具有探讨性。

以上三种方式应灵活结合运用，以开发学生智力，培养学生能力。

（二）讲解的基本方法

（1）实例解说，即对"为什么"做出解说，就事说理。

（2）对比求异解说，即在比较中找出差异，鉴别本质特征或属性。

（3）引经据典解说，引用经典进行论证、解释。

（4）层层剥笋解释，即一环套一环，一层推一层，步步推进。

（5）逻辑推理式解说，即从若干事例中推出一般规律。

在语文教学中，常常以一种讲解方法为主，兼用其他方法。

四、课件的制作与使用的技能

课件是根据教学大纲的要求，经过教学目标确定、教学内容和任务分析、教学活动结构及界面设计等环节，而加以制作的课程软件。它与课程内容有着直接联系。所谓多媒体课件是根据教学大纲的要求和教学的需要，经过严格的教学设计，并以多种媒体的表现方式和超文本结构制作而成的课程软件。

（一）课件设计的基本原则[1]

第一，教育性原则。要明确教学目标，要突出重点和难点，要有灵活的教学形式，教学对象要有针对性。

第二，启发性原则。主要包括兴趣启发、比喻启发、设题启发。

---

[1] 张琴珠. 计算机辅助教育［M］. 北京：高等教育出版社，2003：55-57.

第三，科学性原则。课件应该能正确表达学科的知识内容。

第四，艺术性原则。课件的艺术性表现在声音、画面以及人机交互的传递信息上。

第五，技术性原则。课件的技术性是通过程序中各种数据结构、控制技巧以及运行的可靠性来衡量的。

（二）优秀课件的评价标准[1]

第一，教学设计上，精心的设计是优秀结果的保证。没有正确、完整的设计，后续一切都会像散沙一样无法凝聚，缺少灵魂。

第二，教学生动性上，把教学内容的重点与多媒体手段充分地结合起来，带给学生最易理解的方式。

第三，课堂交互性上，让学生参与到学习过程中，充分调动学习积极性，加深理解和记忆。

第四，设计便捷性上，好的导航可以扫除非教学因素的学习障碍，不让学生迷失在技术障碍中，始终能便捷地访问。

第五，学习自由性上，自由学习是课件的一大特色，学生任何时候都清楚地知道自己所处的位置和进度，方便控制自己的学习进程。

第六，设计个性化上，提供多种模式和习惯的选择，让每门课给每个学生都带来最贴心的学习感受。

第七，教学评估上，检查学习效果是必需的手段，没有科学有效的评估可能会丧失理性发展的契机。

更重要的是，一个优秀的课件，其采用的形式及产生的效果应该是高于传统教材的。也就是说，如果连传统教材的效果都无法达到，这个课件就是不合格的。优秀的课件必须充分体现教师的教学思想，否则不仅普通教师和教学名师没有区别，而且教师和放映员也没有区别。

---

[1] 王小英. 综合素质［M］. 长春：东北师范大学出版社，2011：298.

第三节　说课与评课技能

一、说课的内涵与意义

（一）说课的内涵

说课是一项实践性、操作性、应用性较强的教师技能，是教师上好课的前提准备，也是教师深入反思教学活动的重要途径。具备一定的说课技能，利用科学的眼光和理论的视野分析一节课，思考其教学目标、教法学法和教学过程的设定与计划，是教师从事教育教学工作的一项基本功。教师说课的主要目的是优化课堂教学结构，提高教学活动的效率。

说课实际上是介于"备课"和"上课"之间的一种特殊教学研究活动。它是指教师在正式授课之前或授课完成之后，依据某些教育教学原理，以某一授课班级学生为预想对象（课前说课）或直接对象（课后说课），以口头叙述与评议的方式，就某堂课的教学设计、教学进程、教学内容、教学效果等问题，面向教研组、实习小组或指导教师陈述自己的教学思路、设计情况及设计理由，然后由听者进行评价，并提出意见和建议，以此达到提高授课效果、互相交流、共同学习的目的。就其实质来讲，说课是一种新兴的教研形式和备课形式，它具有研讨、答辩、交流、备课、教学协作等多项功能，是教师学会教学、提高授课质量的重要环节。

（二）说课的意义

如果说备课是把一节课的教学设计与构思用书面语言表达出来的过程，那么说课则是以口头语言形式将之呈现出来的过程。"说"在"做"（讲课）之前，说课环节的实施对教师授课、教学效果提高、自身专业发展而言意义重大，是教师必须掌握的一项基本教学技能，也是教师专业提升的重要内容。

首先，说课是教师全面思考教学设计的契机。在教育教学理论、学生学情与一节课的具体教学内容的结合中，说课给教师提供了一次全面、深入思考其教学设计的科学性、合理性、可行性的契机。

其次，说课是促使教师专业发展的实践性学习。教师专业发展的途径实际上有两条：一条是在职前接受教师教育理论课程，一条是在职后参与教育教学实践。在说课中，教师可以获得大量实践性知识，是教师专业发展的重要途径。

最后，说课是提升教学质量的重要形式。说课能够加深教师对教学目标的认识，说课有助于教师优化课堂结构，确保教师以最少的投入达到最优的效果，提高教学活动的效率。

二、说课的具体要求与方法

（一）具体要求

（1）说课要求"六说"，即说课标、说教材、说学生、说教法、说训练、说程序。课标是教学的依据。教材特点和学生情况既是教学的出发点，又是教学的归结点。教法是根据教材的特点和学生的情况而选择的，是达到教学目标的手段。训练包括课内的和课外的，是培养学生能力的途径。程序则是优化教学过程和优化课堂结构的教学方案。

（2）"六说"构成说课的整体内容，也构成课堂教学的全过程。

（二）"六说"方法

1. 说课标

（1）主要说所选课题在本科教学中的地位和作用。这要依据课标所规定的教学原则和要求，在整体把握教材知识体系和编写意图的前提下，通过分析新选课题（章、节、课）的内容特点，确定其在整体或单元教学中的地位。通过分析新旧知识的联系，确定其在整体或单元教学中的作用。

（2）根据"地位"和"作用"制订本课题的学习目标。通常从三方面来制订：

第一，思想教育目标。包括：

①思想政治教育。如"五爱"教育，历史唯物主义、辩证唯物主义教育，道德品质教育，等等。

②学习品质教育。指非智力因素的培养，如毅力、态度、方法、习惯等。

③思维品质教育。各学科有其独特的思维方式和特点，需要通过教学来培养学生良好的思维品质。数学：等价转换，数形结合，分类讨论；语文：学习与生活相结合；英语：

交际能力。

第二，知识传授目标。主要指语文的基础知识、基本理论、基本技能的教学目的。

第三，能力形成目标。即记忆什么、理解什么、掌握什么、运用什么、评价什么、综合什么等。

2．说教材

主要说对教材内容的理解、分析和处理，包括理论上的理解、知识点的解析以及重点、难点的确定和解决。分析教材是常规备课的重点，也是说课的重要内容。说课要侧重于说明处理教材的理论依据和采用的处理方法，而不对某些具体知识做更多的解释和说明，如语文的解释词义、归纳段意，数理化的概念、定理的解释，等等。

3．说学生

主要是分析学情，如学生的原有基础，学习本课题的有利因素和存在的问题，上、中、下三类学生的分别，以及学法指导等。学生情况是教学的重要依据，难点的确定、教法的选择、课堂训练的设计都应根据学情而定。但这在常规备课中是最薄弱的一环。大多数教师习惯于精英教学，喜欢从高点来设计，而忽视了学生的实际接受能力。说课，把说学生提出来，就是为了加强教与学的针对性，使老师的每一分努力都能作用在全部学生身上，收到实在的课堂效果。

4．说教法

主要说明教学方法及教学手段的选择和运用。问题不在于什么方法最好、什么手段最简便，而要根据教材的特点、学生的实际、教师的特长及教学设备的情况等，来说明选择某种方法和手段的依据。有些教法从理论上讲是科学的、合理的，但是在选择运用它时，还是要依据学生的实际而定。所以说教法的选择，最大程度上取决于对学情的分析。

5．说训练

主要说明训练目的、训练方式、训练题目的设计。训练是培养学生能力的主要途径，是教学的重要环节。课堂教学中的训练，要根据学习目标来设计，为学习目标而服务。训练一般分为形成性训练、巩固性、分层能力训练三种类型。

6．说程序

说明整堂课的教学流程，即各个教学环节的实施过程。说课的内容是"六说"，常用的方法有两种。一是将材料按"六说"分六块，一一分别来说。这样说，材料容易组织，条理清晰，但艺术性不强，给人以支离破碎的印象。二是综合组织，按教学程序来说，将"六说"内容分布在各教学环节中。这样说，艺术性强，流畅，浑然一体，但组织材料费力，还会条理不清。总之，每个人要根据自己的实际情况选择适合自己的说课方法。

三、说课的基本原则

尽管教师可以完全自主控制说课的过程，但要真正做到灵活驾驭说课过程，提高说课的水平，还必须掌握一系列说课的原则与方法。原则就是根本的规则。说课原则是教师说好课的基本要求，是确保说课活动顺利进行的根本规则，它决定着教师说课活动的大方向。方法就是具体的方式。说课方法是教师在组织说课内容、设计说课进程、安排说课结构时所采取的具体方式。遵照说课原则，灵活选用说课方法，合理安排说课程序，是教师说好一节课的保证。

在说课实践中，要保证说课的基本质量，需要遵循一些必要的准则，这就是说课的原则。所谓说课的原则，是指教师在说课中应该遵循的一些基本要求与大体规则，是保证说课活动顺利推进、有序展开的基本要求。当然，"原则"只是做某件事时要遵循的大致要求，而非绝对要求。教师在说课过程中只有灵活地解释原则、变通原则、体现原则，这些原则才能够成为教师提高说课质量的助手，不至于成为束缚教师说课活动的枷锁。在说课活动中，教师遵循的一般说课原则主要有以下几条：

（一）科学性与灵活性相结合的原则

说课的合理性首先体现为科学性。所谓科学，就是符合教学活动的内在规律，符合学生身心发展的特点，遵循教育学和心理学的理论要求。科学性原则既是教师组织说课活动时应坚持的基本原则，也是教师在具体说课活动中应遵循的具体要求，又是保证教师说课质量的前提和基础。在说课中，如何科学地设计课堂教学结构，使教学活动与学生学习新知识的顺序一致起来？充分论证每一个教学设计、教学环节安排的合理性，说出其所凭依的教育理念、教育规律，是说课中要"说"出的关键问题与内容。它要求教师说课时要在正确分析、深入理解、充分挖掘教材的基础上，密切联系学生的身心发展和年龄特征，紧密结合最新教育理论，全力使说课活动有章可循、有据可依，提高课堂教学设计的科学化水平。

同时，科学性还是对说课活动的一般性要求。在说课中，教师要将教育教学的一般程序与基本理论具体化到说课的每一个环节中去，要灵活地运用这些程序和理论，努力将之渗透到每一个教育教学的细节中去。为此，教师在说课中要将科学性与灵活性结合起来，努力实现一般程序与具体内容间的密切关联。说其贯彻主体性教育理论很容易，但要将这一说法在课堂上体现出来则需要具备一定的智慧与教学艺术。

（二）理论与实际相联系原则

说课的实用性源自其与教学实际间的关联性，源自其对教学实情的积极适应。理论与实际相联系原则是指教师在说课活动中要把说课的内容即教学设计及其实施情况等与教育教学理论结合起来，把教学的构想与学校师生的实际情况结合起来，努力实现预期的教学构思、科学的教育教学理论与实际的教育教学状况的有机统一。在教学实践中，授课活动与说课活动之间的差异是明显的：授课注重的是教学实践艺术的呈现，理论与道理在其背后运行，教师所遵循的道理与理论不一定要用言语表达出来；而说课注重的是说理与说事的统一，说课时不一定要做出来，但一定要把自己的教学设计、教学行为与所依据的教育道理明明白白地说出来。说课是说道理与说做法的统一，是理论设想与实际实施的统一，是教学与研究的统一。

所以，说课的成败关键在于能否把预期的做法、实际的做法与科学的理论、理性的道理结合起来。既说事又说理，说理源自说事，说事紧随说理，事、理统一，事、理相融，是说课的现实要求。在说课中，教师不仅要把现实的做法与科学的理论、教学的构想与教育的道理结合起来说，还要把教学的构想设计与学校师生的实情结合起来，这是说课中理论与实际相联系的又一内涵。在说课中，教师面对的最大实际是学校师生、教育教学的自身情况，这是说课活动必须时刻关注的教学实际。在说课活动中，说课人——教师不仅要说清其教学活动的构想，还要说清其构想的两大依据——科学的教育教学理论与现实的教育教学实际，如学生的学情、教师的教情、学校的校情等，尽力做到理论与实际的统一。

（三）创新与继承相结合原则

说课是一种深层次的教研活动，是教师将自己的教学活动构想转化为具体活动之前的一种预演，或是对自己教学活动实施状况的一种注释性解说，它类似于"集体备课"。这就要求教师在说课中既要追求创新又要继承已有的优良教学经验，既要大胆开创、提出创见又要脚踏实地、勇于继承，努力体现传统与现代、优良经验与创新精神的统一。说课毕竟不同于学术活动，学术活动追求的是标新立异，而说课活动追求的是实践创新以及科学的做法和对问题的解决。说课的目的不是要让课堂教学按部就班、机械运转，而是要体现创意，突破常规，找到一条应对教育教学问题的新路子。尤其是前人积累和总结的优良教育教学经验依然有效，只要它还能够对教学新路子、新思路的探索有所裨益，就要积极借鉴与弘扬。

所以在说课活动中，说课人即教师，一方面要立足自己的教学特长、教学风格、教育智慧，创造性地构思出新颖的教学设计，勇于提出新的教学理论、教育观点来坚实自己的理论功底，发挥新理论、新思想对教育教学实践的牵引功能；另一方面，教师还要善于学习别人的优良教学经验和做法，总结自己已形成的一些旧经验、老想法、老做法，让其在新的教育教学情境中绽放异彩，不断提高说课的质量和层次。

四、评课的内涵与意义[1]

（一）评课的内涵

所谓评课，顾名思义，即评价课堂教学。它是在听课活动结束之后的教学延伸，是对教师在课堂教学中的得失、成败进行评议的一种活动，是加强教学常规管理、开展教育科研活动、深化课堂教学改革、促进学生发展、推进教师专业水平提高的重要手段。评课要求能够从教育理论的高度对课堂上的教育行为做出正确的解释。

评课是指评者对照课堂教学目标，对教师和学生在课堂教学中的活动以及由此所引起的变化进行价值的判断。评课是教学、教研工作过程中经常开展的一项活动。评课的类型很多，有同事之间互相学习、共同研讨的评课，有学校领导诊断、检查的评课，有上级专家鉴定或评判的评课，等等。

（二）评课的意义

在当前教育政策日新月异的背景下，客观、公正、科学地评价课堂教学，对探讨课堂教学规律、提高课堂教学效率、促进学生全面发展、促进教师专业成长、深化课程改革有着十分重要的意义。

---

[1] 转引自栗洪武，秦立霞，龙宝新. 教师实用教学技能 [M]. 西安：陕西师范大学出版社，2012：172.

首先，有利于促进教师转变教育思想、更新教育观念、确立课改新理念。教育思想，通俗地说，就是教育的观念，即对教育的认识或对教育的主张。教育思想，人人有之。教育思想有层次之分，即教育认识—教育观念—教育理念。教育理念是教育思想的最高境界。教育理念也称为教育理想、教育信念、教育信条等。教育理念是一种思想，一种观念，一种理想，一种追求，一种信仰。所以，可以说，教育理念是一种理想化、信仰化了的教育观念。教师一定要确立自己的教育理念，它是教师的主心骨。先进的教育思想不仅是课堂教学的灵魂，也是评好课的前提。所以，评课者要评好课，首先必须研究教育思想。在评课中，评课者只有用先进的教育思想、用超前的课改意识去分析、透视每一节课，才能对课的优劣做出客观、正确、科学的判断，才能给授课者以正确的指导，从而促进授课者转变教育思想、更新教育观念、揭示教育规律、促进学生发展。若用传统陈旧的、僵化的教育思想去评课，不仅不能给授课者以帮助，反而可能会产生误导。

其次，有利于帮助和指导教师不断总结教学经验，形成教学风格，提高教育教学水平。我们经常可以看到，同样的一个学科，同样的一节课或同样的教学内容，不同的教师表现出的教学风格则不同。有的教师的教学风格是精雕细刻，把课上得天衣无缝；有的教师的教学风格是大刀阔斧，紧紧抓住重点和难点，使疑难问题迎刃而解；有的教师的教学风格是善于归纳推理，用逻辑思维本身的魅力把学生吸引进去；有的教师的教学风格是运用直观、形象、幽默的方法，使学生在课堂上感到轻松愉快，充满学习的乐趣。同时，我们还可以看到，同一个班的学生，面对不同的教师上课，有不同的表现。平时表现异常活跃的班级，面对新教师表现出沉默寡言；平时不主动参与课堂教学的班级，却在新教师的引导下积极、主动地学习。

以上事实告诉我们，在评课中，评课者必须十分注意去发现和总结授课者的教学经验和教学个性，要对教师所表现出的教学特点给予鼓励，并帮助总结；让教师的教学个性由弱到强、由不成熟到成熟，逐步形成自己的风格。

再次，有利于信息的及时反馈、评价与调控，调动教师教育教学的积极性和主动性。通过评课，可以把教学活动的有关信息及时提供给师生，以调节教学活动，使之始终目的明确、方向正确、方法得当、行之有效。第一，通过评课的反馈信息可以调节教师的教学工作，了解、掌握教学实施的效果，反省成功与失败原因所在，及时修正、调整和改进教学工作，激发教师的教学积极性、创造性。第二，通过评课的反馈信息，可以调节学生的学习活动。心理学研究表明，肯定的评价一般会对学生的学习起鼓励作用。通过评价，学生在学习上的进步受到肯定，心理上得到满足，强化了学习的积极性；否定的评价虽会使学生产生焦虑，但在某种程度上，焦虑也具有积极的促进作用，可以成为学生学习的内动力。其实，学生从评课中获得与自己学习的有关信息，加深了对自我的了解，为下一步的学习提供了帮助。矫正以往学习中的错误行为，坚持和发扬正确的学习方法与作风，是提高学习效率的方法之一。

综上所述，评课的目的不是为了证明，而是为了改进，以有利于当前新课程的教学。它集管理调控、诊断指导、鉴定激励、沟通反馈及科研为一体，是研究课堂教学最直接、最具体、最有效的一种方法和手段。

五、评课的原则与方法

（一）评课的基本原则

科学有效的评课，是帮助教师确立现代教学观，促进教师专业发展的重要活动。评课时应该把握以下三点：

第一，明确评课目的。评课应该根据教研活动的目的或听课者的听课目的确定评课的目的。评课时一定要围绕已确定的目的进行，做到既有理论阐发，又有具体的教学建议，有说服力和可信度。评课过程中，要根据上课教师提供的课堂教学实例，交流教育与教学思想，总结教学经验，探讨教学方法，帮助、指导上课教师和参与听课活动的教师提高教学能力。通过评课，使参与活动的全体教师从一个课堂教学实例中吸取教益、学习教学方法、改进不足之处，以达到共同提高教学水平的目的。同时，引导教师学会将公开课教学与自己的课堂教学进行比较性研究，借鉴他人的成功经验，再结合自己的特点，提高富有个性化的教学水平。让每位教师都有机会在适合自己的领域做第一，鼓励每位教师都能抓住机会获得成功。因此，评课必须围绕这些已确定了的目的进行，以便使评课活动具有针对性，收到应有的效果。

第二，评课要有重点，切忌吹毛求疵。评课的重点应主要围绕教学任务的完成情况、课堂教学的组织结构、课堂信息的传递结构、学生思维活动的密度和质量、教师的基本功等方面进行，因此不要在琐碎的问题上吹毛求疵。课堂教学的目标一般由三个方面组成：知识目标、能力目标和思想教育目标。即学生对知识掌握与技能转化的程度是否实现，教学对促进学生智能发展的作用如何，是否实现了思想品德教育或熏陶，以及这些目标是否符合教育目标的要求，是否紧密联系教学内容的实际，是否符合本班学生的实际水平和能力现状,是否突出了本节课的重点内容。

第三,评课要全面衡量,切忌以偏概全。日常评课活动中,我们往往会发现有些教师在某一个方面有十分突出的优点,令人赞叹不已。例如,粉笔字写得很漂亮,或者板书的图画得非常漂亮,等等。这些突出的优点往往会使听课的人产生一种愉快的心境。相反,有时候也会因为授课教师存在某一方面的缺陷,给听课者带来一些沮丧失望的心境。心理学研究表明,不管任何性质的心境都具有强烈的弥散性。也就是说,这种愉快和失望的心境使人们在其他问题上也会带上同样的感情色彩,产生"一好遮百丑"或"一丑遮百好"的心理感觉。因此,如果在听课时发生这种情形,那么在评课时要特别注意防止感情用事、以偏概全。例如,可以评一评教学的整体结构是否完整有序,体现这一完整性的各个要素的排列是否有序,这个顺序是否符合教学规律、是否符合学生的实际、是否符合课型特点,等等。

(二)评课的基本方法

1. 从教学目标上分析

教学目标是教学的出发点和归宿,它是否正确制订和达成是衡量课好坏的主要依据。所以分析课首先要分析教学目标。

首先,从教学目标制订来看,要看是否全面、具体、适宜。依据课标中对教学目标的要求,"全面"是指要从知识、能力、思想感情、学习策略、文化策略等五个方面来确定教学目标;"具体"是指知识目标要有量化要求,能力、思想情感目标要有明确要求,体现学科特点(参见课标);"适宜"是指确定的教学目标,能以大纲为指导,体现学段、年级、单元教材特点,符合学生年龄实际和认识规律,难易适度。

其次,从目标达成来看,要看教学目标是不是明确地体现在每一个教学环节中,教学手段是否都紧密地围绕目标,为实现目标服务;要看课堂上是否尽快地接触重点内容,重点内容的教学时间是否得到保证,重点知识和技能是否得到巩固和强化。

2. 从处理教材上分析

评析一节课上得好与坏不仅要看教学目标的制订和落实,还要看教师对教材的组织和处理;评析一节课,既要看教师知识教授的准确性、科学性,更要注意分析教师在教材处理和教法选择上是否突出了重点、突破了难点、抓住了关键。

3. 从教学程序上分析

教学程序评析包括以下几个主要方面:

首先，看教学思路设计。教学思路是教师上课的脉络和主线，是根据教学内容和学生水平两个方面的实际情况设计出来的。它反映一系列教学措施怎样编排组合，怎样衔接过渡，怎样安排详略，怎样安排讲练，等等。教师课堂上的教学思路设计是多种多样的。为此，评课者评价教学思路，一看教学思路设计符不符合教学内容实际、符不符合学生实际；二看教学思路的设计是不是有一定的独创性、超凡脱俗，是否给学生以新鲜的感受；三看教学思路的层次、脉络是不是清晰；四看教师的教学思路在课堂上的实际运作效果。

其次，看课堂结构安排。教学思路与课堂结构既有区别又有联系。教学思路侧重于教材处理，反映教师课堂教学纵向教学脉络；课堂结构侧重于教学技法，反映教学横向的层次和环节。课堂结构是指一节课的教学过程各部分的确立，以及它们之间的联系及其顺序和时间分配。课堂结构也称为教学环节或步骤。计算授课者的教学时间，能较好地了解教师的授课重点和结构。计算授课时间包括：

①计算教学环节的时间分配。看教学环节的时间分配和衔接是否恰当，看有无前松后紧或前紧后松的现象，看讲与练的时间搭配是否合理，等等。

②计算教师活动时间与学生活动时间的分配。看是否与教学目的和要求一致，有无教师占用时间过多、学生活动时间过少的现象。

③计算学生的个人活动时间与学生集体活动时间的分配。看学生个人活动、小组活动和全班活动时间分配是否合理，有无集体活动过多，学生个人自学、独立思考、独立完成作业时间太少的现象。

④计算不同学习水平的学生的活动时间。看不同学习水平的学生的活动时间的分配是否合理，有无善于学习者占用时间过多、学习障碍者占用时间太少的现象。

⑤计算非教学时间。看教师在课堂上有无脱离教学内容，做别的事情，浪费宝贵的课堂教学时间的现象。

4. 从教学方法和手段上分析

教学方法是教师在教学过程中为完成教学目标、任务而采取的活动方式的总称。其既包括教师"教"的方式，也包括学生在教师指导下"学"的方式，是"教"的方式与"学"的方式的统一。

评析教学方法和手段包括以下几个方面内容：

第一，看是不是量体裁衣，优选活用。教学有法，但无定法，贵在得法。教学是一种复杂多变的系统工程，不可能有一种固定不变的万能方法。一种好的教学方法总是相对而言的，它总是因课程、因学生、因教师自身特点而产生相应的变化。也就是说，教学方法的选择要量体裁衣，灵活运用。

第二，看教学方法的多样化。教学方法最忌单调死板。教学活动的复杂性决定了教学方法的多样性。所以评课既要看教师是否能够面向实际恰当地选择教学方法，同时还要看教师能否在教学方法多样性上下一番功夫，使课堂教学超凡脱俗，常教常新，富有艺术性。

第三，看教学方法的改革和创新。评析教师的教学方法既要评常规内容，还要看改革和创新。尤其是评析一些素质好的骨干教师的课，既要看常规内容，更要看改革和创新。要看课堂上对思维训练的设计，要看对创新能力的培养，要看主题活动的发挥，要看新的课堂教学模式的构建，要看教学艺术风格的形成，等等。

第四，看现代化教学手段的运用。现代化教学呼唤现代化教育手段。教师要适时、适当运用投影仪、计算机等现代化教学手段。

5. 从教师教学基本功上分析

扎实的教学基本功是教师上好课的一个重要方面，所以评析课还要看教师的教学基本功。

第一，评板书。板书应设计科学合理，言简意赅，条理性强，富有艺术性（字迹工整美观、板画娴熟等）。

第二，观教态。教师在课堂上的教态应该是明朗、快活、庄重，富有感染力，仪表端庄，举止从容，态度热情，热爱学生，师生情感交融。

第三，听语言。教学也是一种语言的艺术。教师的语言有时关系到一节课的成败。教师的课堂语言，要准确清楚，精当简练，生动形象，有启发性。教学语言的语调要高低适宜，快慢适度，抑扬顿挫，富于变化。

第四，审操作。看教师运用教具，操作投影仪、计算机等多媒体的熟练程度。

6. 从教学效果上分析

分析一节课，既要分析教学过程和教学方法，还要分析教学效果。评析课堂教学效果是评价课堂教学的重要依据。课堂教学效果评析包括以下几个方面：

一是教学效率高，学生思维活跃，课堂气氛热烈。

二是学生受益面大，不同程度的学生在原有基础上都有进步。知识、能力、思想情感目标达成。

三是有效利用课堂上的45分钟时间，学生学得轻松愉快、积极性高，当堂问题当堂解决，学生负担合理。

综上所述，评课是一门实践艺术，它绝非单单给教师授课情况打一个分数，或做出轻描淡写的点评，对教师的授课信口开河地阐发一些议论，等等。其实，在评课时评课者要关注一堂课的所有方面，如评课者的心境、评课的重点、评课的方式、评课的结论、授课教师的风格、学生的反应等。评课者必须善于保持一种理性、平和、公正、呵护的心态，确保评课活动能够给授课教师的努力做出一个公正的评语，给他们的教学劳动付出以积极的鼓励，让授课教师在聆听完评课者的评议之后获得长足的专业长进。在评课中，评课者必须眼观六路，耳听八方，通观全局，把握全程，力求对授课教师的教学情况做出科学的结论与点评。课堂效果的评析，有时也可以借助测试手段。即当上完课，评课者出题对学生的知识掌握情况当场做测试，而后通过统计分析来对课堂效果做出评价。

研讨话题

话题1：说课和评课对进行教学设计具有怎样的作用？又是如何作用的？

话题2：谈谈"一堂好课"的价值标准是怎么演变的？当代语文教育中的"一堂好课"的标准是什么？

拓展学习

请根据自己的教学设计文本，分别撰写一则评课稿和说课稿，并在此基础上反思教学设计的科学性、合理性、系统性。

实践篇

第一部分 文学类文本教学设计

第六章 诗歌

第一节 诗歌教学概述

一、基于核心素养的诗歌教学在语文课程中的地位及意义

《普通高中语文课程标准（2017年版2020年修订）》中指出："中国学生发展核心素养是党的教育方针的具体化、细化。为建立核心素养与课程教学的内在联系，充分挖掘各学科课程教学对全面贯彻党的教育方针、落实立德树人根本任务、发展素质教育的独特育人价值，各学科基于学科本质凝练了本学科的核心素养，明确了学生学习该学科课程后应达成的正确价值观、必备品格和关键能力，对知识与技能、过程与方法、情感态度与价值观三维目标进行了整合。"

早在《普通高中语文课程标准（实验）》（2003年）中就对中学诗歌教学做了明确的要求："培养鉴赏诗歌……的浓厚兴趣，丰富自己的情感世界，养成健康高尚的审美情趣，提高文学修养""理解作品的思想内涵，探索作品的丰富意蕴，领悟作品的艺术魅力。用

历史眼光和现代观念审视古代诗文的思想内容,并给予恰当的评价"。同时还要求:"学习鉴赏诗歌……的基本方法,初步把握中外诗歌……的艺术特征,注意从不同角度和层面发现作品意蕴,不断获得新的阅读体验",并"尝试诗歌……的创作"。发展到2020年,语文教学以核心素养为基准,以"学习任务群"的方式来综合呈现阅读类教学的课程内容和要求。"学习任务群5:文学阅读与写作"指出:"本任务群旨在引导学生阅读古今中外诗歌、散文、小说、剧本等不同体裁的优秀文学作品,使学生在感受形象、品味语言、体验情感的过程中提升文学欣赏能力,并尝试文学写作,撰写文学评论,借以提高审美鉴赏能力和表达交流能力。课内阅读篇目中中国古代优秀作品应占1/2。"可见,诗歌教学和鉴赏能有效地传承并发扬中华优秀传统文化,切实提高学生的文学素养,还能在多元化的解读中延续诗歌的生命和价值。中国诗歌文化源远流长,既可以陶冶情操,也能滋养情愫,在历史发展长河中发挥着难以替代的作用,是学生全面提升语文学科核心素养的重要依托和方式。

二、诗歌教学的现状及策略方法

诚然,诗歌是中华传统文化的重要载体,然而诗歌教学却是提升学生核心素养比较薄弱的环节。长期以来固化的教学模式、乏味的字词解析、反复的背诵默写,让学生产生了厌学诗词的心理。教学中,教师为了保证教学进度、确保教学成绩,容易"以教代学",反而造成教师教得辛苦,学生被动接受知识,学习效果不佳的结果。基于核心素养的要求,诗歌教学应更注重审美体验,能感受形象,品味语言,领悟作品丰富的内涵,体会其艺术表现力。这就要求诗歌教学需要从以往偏重思想德育方面向审美培育方面回归,让学生通过感知、理解、鉴赏来发掘、创造蕴藏在诗歌中的"美",促进其情感得到净化、思维受到启迪、精神境界得到提升,进而迸发出创新思维的火花,有效地使诗歌的工具性、人文性、审美性三体合一,最终使学生的语文素养、文化修养得到质的提升。

教师可以通过多种形式的诗歌诵读让学生感悟诗歌的音乐美、意境美、绘画美、韵律美。比如,可以通过多媒体手段让学生在声情并茂的诵读中体会、感悟诗歌的节奏和意境,并借助相关情境画面,增强学生内心情感的共鸣,让他们在美的体会中阅读、感悟、享受、理解;教师也可以引导学生在想象、联想中构建诗歌的绘画美,让学生开展讨论、研究、品读词句的精当与美妙,深化对诗歌内容的理解;强调自主学习,注重探究能力,在探索、研究、寻找诗歌规律的过程中,品味、体悟诗歌的韵味。此外,还应该指导学生尝试整合比较，锻炼思辨能力，把握思想主旨，整合相同的意象，把握人文情怀，以加强诗歌学习的兴趣；在古诗词教学中，应注重培养学生的思维能力，培养学生思维的深刻性、灵活性、敏捷性、批判性、独创性等品质。同时，还应注重课内外的有机结合，有意识地对学生进行诗歌鉴赏技巧上的指导，要求学生在课外阅读优秀诗歌作品，促进其文化底蕴的积累，并开展相关活动，提升并巩固教学成效。

第二节　诗歌教学知识点汇总

一、诗歌的概念

诗歌是一种抒情言志的文学体裁，它用高度凝练的语言，生动形象地表达作者的丰富情感，集中反映社会生活，并具有一定节奏和韵律。在形式上，诗歌一般以行为单位，分行排列。

二、诗歌的基本特点

（1）高度的概括性。诗歌的内容是对社会生活最集中的反映。
（2）饱含浓烈的感情。诗歌充分表达出作者的主观感情。
（3）形象性。诗歌借助丰富的想象，通过比喻、拟人、夸张等修辞手法表达思想感情。
（4）诗歌语言凝练、形象而富有音乐美。

三、现代诗歌

现代诗歌是指"五四运动"至中华人民共和国成立以来的诗歌。在新的理念下，现代诗歌作为一种语言艺术，必须以语言文字的审美教育为主体，兼具情感教育、人文教育、品格教育等功能。现代诗歌教学使学生在浓厚的文化气息中，不仅懂得如何学习诗歌，而且实现从学诗到品诗再到创诗的一个质的飞跃。

（一）现代诗歌的特点

（1）形式自由。

（2）内涵开放。

（3）意象经营重于修辞。

（4）有高度的概括性、鲜明的形象性、浓烈的抒情性和和谐的音乐性；在形式上，分行排列。

（二）现代诗歌的表现手法

现代诗歌的常用表现手法有想象、象征、夸张、复沓、重叠、跳跃等。

（三）鉴赏现代诗歌的注意事项

1. 鉴赏语言

由于体裁的特点，诗歌的语言要求用最简洁的词句来传达尽可能丰富的内容，这就形成诗歌语言凝练、含蓄、跳跃性强的特点。

（1）反复诵读，品味韵律。

（2）抓关键词，推敲语言。

2. 鉴赏形象

鉴赏诗歌必须准确把握诗歌中的艺术形象。要把握诗歌中的形象，就要抓住形象的特征。理解诗歌中的形象应立足于深层理解和整体把握，不能望文生义、浮于表面。

（1）捕捉意象，体察诗情。

"意"是作者表达的中心，寄托的思想、情感；"象"是具象，即具体可感的事物。把握意象是解读诗歌的第一步。

（2）调动想象，领略意境。

3. 鉴赏感情

诗歌是抒情言志的文体，鉴赏时，须深切体会诗歌的情感内涵。

（1）知人论世，找准情感。

欣赏任何一首诗歌，总要对它的作者和它所诞生的时代有一个初步的了解。要领会情感美，知人论世是第一步。

（2）比喻象征，发掘内涵。

4. 鉴赏手法

在诗歌鉴赏中，要能掌握诗歌常用的表达手法与艺术技巧，如拟人、比喻、借代、夸张、对比、象征、以动写静、小中见大、虚实结合、衬托、托物言志等。

四、古典诗歌（包括诗、词、曲）

（一）古典诗歌（包括诗、词、曲）的分类

首先，按诗歌的形式，古典诗歌可分为：

（1）古体诗，包括古诗（唐代以前的诗歌）、楚辞、乐府诗。古体诗不讲对仗，押韵较自由。古体诗的发展轨迹：《诗经》—楚辞—汉赋—汉乐府—魏晋南北朝民歌—建安诗歌—陶诗等文人五言诗—唐代的古风、新乐府。

（2）近体诗，包括律诗和绝句。律诗要求诗句字数整齐划一，有五言、七言之分，简称五律、七律。律诗通常为八句四联，四联即首联、颔联、颈联、尾联，每首律诗的第二、第三两联（颔联、颈联）的上下句必须是对仗句。

（3）词，又称为诗余、长短句、曲子、曲子词、乐府等。其特点是：调有定格，句有定数，字有定声。

（4）曲，又称为词余、乐府。元曲包括散曲和杂剧。其特点是：可以在字数定格外加衬字，较多使用口语。

其次，按诗歌的题材，古典诗歌可分为：写景抒情诗（包括山水田园诗）、咏物言志诗、即事感怀诗、怀古咏史诗、边塞征战诗、谈禅说理诗、赠友送别诗、闺怨诗。

（二）古典诗歌中的常见意象

某些事物在诗人的诗歌中被赋予了某些特定的含义，用来表达某种特定的感情。这些被赋予了某些独特内涵的物象就是意象。

1. 自然现象类

月亮——对月思亲，引发离愁别绪、思乡之愁。

白云——望云思友，见月怀人。

水——和绵绵的愁丝连在一起。

夕阳——常给人以失落凄凉、漂泊沧桑之感。

细雨、烟雾——寄托诗人无边的愁绪和郁闷的心情。

2. 树木花草类

柳树——古时常以折柳相赠来寄托依依惜别之情和行旅之人的思乡之情。

芳草——常常比喻离别的愁绪。

芭蕉——常常与孤独忧愁特别是离情别绪相联系。

梧桐——大多表示一种凄苦之音。

梅花——因为在严寒中最先开放,所以受到诗人的敬仰和赞颂。

松柏——后世常用其来象征孤直耐寒的品格。

红豆——红豆即相思豆,借指男女爱情的信物或象征友情。

红叶——常为传情之物。

3. 鸟兽类

蝉——诗人常以蝉的高洁表现自己品行的高洁。

杜鹃——常与悲苦之事联系在一起。

猿啼——常象征一种悲伤的感情。

鸿雁——常为传书的信使。

黄莺——善于歌唱,是春天的象征。

4. 特定地点类

南浦——在中国古代诗歌中,南浦是水边的送别之所。

长亭——是陆地上的送别之所。

关山——小陇山,古称陇山等;关塞山河。

5. 时令节日类

春——最初的内涵是温暖、生命、兴盛,后升华出富有人世哲理色彩的象征意义,如青春年华、男女情爱、美好理想等。

秋——秋风多厉,草木凋落,万物蛰伏。

中秋——即农历八月十五日,是阖家赏月的佳节,所以人们在这一天大多思念亲人。

重阳——即农历九月初九,古人以九为阳数故云。

寒食——清明前一日,寒食节须禁火三日,万户无烟,因此此节常与冷清、萧条有关。

清明——三月的节气名,也是祭祖扫墓的日子。

（三）古典诗歌的表达技巧

1. 表达方式

古典诗歌常用叙述、议论、描写、抒情四种表达方式。

描写方式有直接（正面）描写、间接（侧面）描写、白描、细节描写等。

抒情有直接抒情，也有间接抒情。直接抒情，即直抒胸臆，是一种不要任何"附着物"，由诗人直接对有关人物和事件等表明爱憎态度的抒情方式。间接抒情包括以下几种情况：借景抒情（或即景抒情）——情因景生，寓情于景（或融情于景）——景随情移，借物抒情（托物言志），借古抒情（怀古伤今、借古喻今）。

2. 表现手法

古典诗歌中常见的表现手法有渲染、烘托、象征、反衬、对比、比兴、动静结合、点面结合、虚实结合、以小见大、抑扬结合、远近高低结合、联想、想象等。

3. 修辞手法

古典诗歌常用的修辞手法有对偶、比拟、比喻、借代、夸张、排比、通感、互文、用典、双关、反复、反问等。

4. 古典诗歌的结构技巧

在古典诗歌中，通常是先写景叙事，后议论抒情，前面的景为后面的议论或抒情作铺垫，而后面的观点态度和思想感情也一定是在前面写景的基础上阐发出来的。古典诗歌中常见的结构技巧有：开门见山、伏笔照应、层层深入、先景后情、画龙点睛、过渡、铺垫等。

（四）古典诗歌的语言风格

所谓语言风格，是指诗人在长期的创作实践中逐渐形成的独特的语言艺术个性，是诗人的个人气质、诗歌美学观念在作品中的凝结，是具有恒定性的区别于其他诗人的艺术特色。语言风格是多种多样的，不同的诗人、同一诗人不同时期的作品往往表现出不同的语言风格。

诗歌的语言风格大致有以下几种：豪迈雄奇、沉郁顿挫、慷慨悲壮、朴素自然、婉约细腻、含蓄委婉、清新明丽、幽默讽刺。

第三节　诗歌教学设计典型案例及设计说明

一、现代诗歌《祖国啊，我亲爱的祖国》教学设计及其说明

（一）现代诗歌《祖国啊，我亲爱的祖国》教学设计

【教材分析】

《祖国啊，我亲爱的祖国》是统编版《语文》九年级下册第一单元的第一课，是一篇教读课文。这首诗写于我们伟大的祖国刚刚结束"十年浩劫"的历史时期。诗中选取了极具生活特征的意象，从不同的角度揭示了"我"与祖国不可分割的血肉联系，倾吐了"我"热爱祖国、献身祖国的强烈愿望，表达了那个时代青年的共同心声。

【学情分析】

九年级的学生也许在课外阅读过舒婷女士的诗歌，但是对她的生平、思想、诗歌风格等了解不多，对朦胧诗接触较少。学生们生活在和平年代，缺少生活磨砺，没有遭遇过磨难和痛苦，又对十年"文化大革命"了解甚少，因此仅通过诗歌本身让学生悟透诗歌主旨较难。所以，在讲授这首诗歌前要有朦胧诗简介、象征手法介绍等，以此来帮助学生理解诗篇所蕴含的思想感情，提高诗歌的阅读欣赏能力。讲授时，教师应更多着眼于学生自主学习意识的培养，达到诗歌教学对学生进行审美熏陶的目的。

【教学目标】

目标1　理解诗中的艺术形象，领会诗歌蕴含的深沉情感，培养学生解读诗歌的能力。

目标2　理解本诗运用反复手法在创造意境及抒情上的作用。

目标3　理解诗人热爱祖国、报效祖国的真挚情感，培养学生良好的审美情趣。

【教学重点】

探究诗中抒情主人公"我"的具体内涵，准确把握诗中抒情主人公的情感历程。

【教学难点】

认识诗歌的抒情特点，积累诗歌的欣赏方法。

【教学方法】

（1）诵读感悟法。通过反复诵读，感悟诗中蕴含的深沉情感。

（2）联想想象法。用于对诗中意象含义的把握。

（3）讨论点拨法。用于对诗歌主题的分析。

【教学时数】

2课时。

【教学用具】

多媒体、课件。

【教学过程】

第一课时

一、新课导入

同学们，爱国是一个永恒的主题，爱国诗人在诗中抒发的爱国之情总是和忧虑国家的命运相联系的。经历了"文革"浩劫之苦的朦胧派诗人舒婷，以沉重的历史积淀，将个体的"我"汇注于祖国的大形象之中，抒发了富有时代特征的一代人的严峻思考、深刻反省和顽强追求。今天，我们就一起学习这首与传统一脉相承的《祖国啊，我亲爱的祖国》，去体会诗人强烈的爱国之情和历史责任感。

二、解题

《祖国啊，我亲爱的祖国》发表于1979年7月，即中国进入改革开放新时期的第一个夏天。诗人以沉重的历史积淀，表达了希望光明的痛苦心情和挚情。我们从中可以体会到诗人对祖国的深情和挚爱。

三、作者简介

舒婷，1952年出生于福建省漳州市石码镇。祖籍福建泉州，20世纪50年代中期随母亲定居厦门。1969 年插队落户于闽西太拔，1972 年返回厦门。1980 年，调福建省文联。插队期间开始试笔，直至十年后的 1979 年，才开始发表诗作。著有诗集《双桅船》（获全国第一届新诗集优秀奖）及《会唱歌的鸢尾花》《舒婷顾城抒情诗选》，散文集《心烟》。她的诗被译成多国文字，介绍到德国、法国、美国、荷兰、日本、意大利、印度等国家。舒婷是新时期以来，最受青年欢迎的诗人之一。

四、背景介绍

这首诗发表于 1979 年 7 月，成诗却早在 1976 年的动荡时代。那是一个特殊的历史年代，我国刚刚经历了十年"文化大革命"的浩劫与摧残，知识分子受到迫害，教育质量普遍下降，教学秩序混乱，整个中华大地黑白颠倒。1976 年 10 月 6 日，中共中央果断采取措施，粉碎了江青反革命集团，结束了"文化大革命"。自此，中华人民共和国开始走向新生。

关于朦胧诗。朦胧诗是兴起于 20 世纪 70 年代末 80 年代初的一种诗歌，是备受生活的冷落与嘲弄的青年诗人创作的诗歌。他们多强调主体的真实感受，强调内在的思维，追求象征和意象化，往往象征、暗示、通感等手法并用，将生活扭曲变形，诗中常常蕴含着伤感情调和反叛精神。朦胧诗派的代表人物有北岛、舒婷、顾城，他们被称为"朦胧诗的三巨头"。

五、合作探究，研习课文

（一）诵读欣赏，整体把握诗意

（1）教师范读：把学生带进诗的氛围，初感诗的"美味"，为进一步学习、欣赏奠定基础。

（2）学生自由诵读：疏解字词，初步感知诗歌。

①注音。

干瘪（biě）　驳船（bó）　蜗行（wō）　胚芽（pēi）　迷惘（wǎng）　隧洞（suì）　绯红（fēi）　淤滩（yū）　纤绳（qiàn）

②释义。

疲惫：非常疲乏。

簇新：极新（多指服装）。

迷惘：由于分辨不清而感到不知怎么办。

绯红：鲜红。

喷薄：形容水涌起或太阳上升的样子。

（3）学生单独朗读，师生评价。

点拨：这首诗先抑后扬，体现出一种由舒缓到急促、由低沉到高亢的语言节奏。第一节，为长句式，多节拍，每两行表现一个意象，仿佛是一首由低音缓慢升起的乐曲，给人一种沉重感。诗句的这种音韵效果变化与诗人面对贫困祖国渐渐产生忧患意识的过程十分相似。第二节，诗句简短急促，把忧国的情绪强化为深深的悲怆感。第三节，诗句拉长，节拍增多。这种起伏变化造成全诗节奏反复回旋，抑扬顿挫，为在第四节把全诗推向巅峰创造了条件。第四节，节奏更快，而且运用排比手法，加强了语言的力度。这就把全诗的感情推向高亢、激昂的高峰。

（二）教师引导学生归纳概括各诗节的大意

明确：

第一节：回溯祖国数百年贫困、落后的历史。

第二节：写人民的痛苦和希望。

第三节：描绘处于历史转折时期的祖国形象。

第四节：强调"我"与祖国不可分割的关系。

第二课时

（三）具体研习，落实重点，突破难点

（1）这首诗写了哪些意象？这些意象蕴含和象征了哪些社会内容？要求学生边读，边思考，边讨论。

明确：这首诗为了抒发对祖国的深情，把其数百年的历史浓缩在四组意象群之中。这四组意象群是："破旧的老水车"，"熏黑的矿灯"，"干瘪的稻穗"，"失修的路基"，"淤泥上的驳船"；"贫困"，"悲哀"，"希望"，"飞天袖间"的"花朵"；"簇新的理想"，"蛛网"，"雪被下古莲的胚芽"，"泪眼的笑涡"，"雪白的起跑线"，"绯红的黎明"；"迷惘""深思""沸腾"的诗人，"伤痕累累""富饶""荣光""自由"的祖国。

第一组意象群以委婉曲折的笔触，回溯祖国数百年来的贫困、落后的历史，表达了诗人因祖国长期处于这种状态而产生的深沉悲痛的心情；第二组意象群写出了祖国和人民没有因贫穷和苦难而丧失希望；第三组意象群描绘祖国到了历史转折时期，已经走在了新生的起跑线上；第四组意象群再次强调"我"与祖国的关系，倾吐"我"献身祖国的热望。

（2）这首诗在运用意象上有什么特点？

明确：①在平凡中发现美，给人一种新颖、独创的美感。

②意象群体通过递进组合，既表现了祖国从苦难到新生的发展历程，又表现了诗人及青年一代从迷惘到深思再到热血沸腾的情感历程。

③设身处地，物我合一，把"我"融入事物之中，与诗歌所抒之情密切吻合。

（3）说说对诗中所表达的思想感情的理解。

明确：这首诗表达了诗人强烈的爱国之情和崇高的历史责任感。诗人情感的表现不是一成不变的，而是跌宕起伏、层层涌向高潮的。前两节写祖国千百年来的落后状况，因落后而导致的贫穷令人悲痛，诗人的情感是悲痛、沉重的。第三节写祖国重新奋起，诗人为之感到欢欣。第四节写"我"与祖国的关系，表达了诗人强烈的历史责任感和崇高的献身精神，诗人的情绪是高亢昂扬的。

（4）诵读全诗，再次强化感受。

（四）欣赏、品味

1. 体会圆周句式的表达效果

明确：圆周句式是重复同类型的句子或词语的一种修辞方法。它把十分完整的语言单位的几个部分，按圆周形进行连续排列，组成在意义和音调方面和谐统一的整体，体现诗歌的节奏美。

2. 象征和比喻的运用

明确：该诗构思突出表现在对抒情主人公"我"的拟物化上。"我"既是抒情主人公，又是具体的客观物象，也是祖国的象征。"我"的复杂矛盾意绪和多层次拟物交织出现，表现出一种独特的悠长、矛盾的心态，形成言有尽而意无穷的效果。诗中的一系列意象，既是抒情主人公"我"也是祖国的象征。诗中的意象又有比喻意义，如"老水车""矿灯""稻穗""路基""驳船"等比喻祖国承受的巨大灾难和面临的严重困难；"簇新的理想""雪被下古莲的胚芽""挂着眼泪的笑涡""雪白的起跑线""绯红的黎明"等比喻祖国的未来和希望。

六、课堂小结

同学们,从"十年浩劫"中过来,有着太多坎坷经历的诗人舒婷更能体会祖国命运与个人命运不可分割的紧密关系,面对陷入重重灾难和获得新生的祖国,自然产生出一种为个人不幸而悲伤、为祖国不幸而忧虑的情感,同时又有对个人和祖国的未来充满信心和希望的忧患意识与历史责任感。《祖国啊,我亲爱的祖国》就是表达诗人这种理念与心声的动人乐章。热爱祖国、歌颂祖国,不仅是文学永恒的主题,更是民族振兴的精彩传唱。我们有理由、有信心唱得更响、更亮!

七、布置作业

(1)熟读并背诵这首诗。

(2)阅读相关课外读物。有兴趣的同学学写一篇赏析文章,可以就整体谈,也可以从某一个角度谈。

(3)课外阅读舒婷的《致橡树》。

附:板书设计

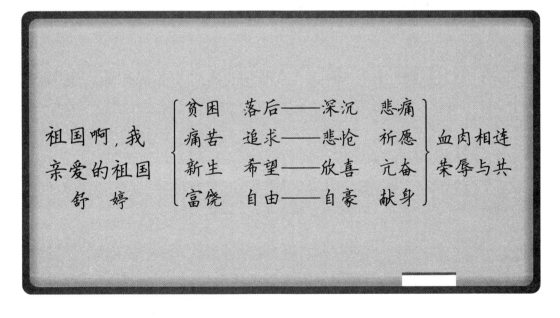

(二) 现代诗歌《祖国啊,我亲爱的祖国》教学设计说明

1. 本教学设计的基本理念

本教学设计首先通过引导学生反复诵读诗歌,使他们领略诗歌的气势、韵味和情感,抓住诗歌的音乐美,增强学生对诗歌的感性认识和建立比较个性化的评价标准,让学生入其境,得其趣,悟其味。其次,通过引导学生品味诗歌的语言魅力、艺术构思技巧,培养学生精炼、准确地运用语言的能力。再次,通过引导学生品味、感悟诗歌的意象,读懂诗情,培养学生的文学欣赏和审美能力及探究学习的能力。对学生而言,学习诗歌能陶冶情操,丰富情感,培养积极鉴赏的能力,培养想象、联想的能力,理解思想感情内涵,开阔胸怀,美化心灵。

2. 教学目标及教学重难点确定的依据

"引导学生在语文学习中接受优秀文化的熏陶,培养丰富的审美体验"是本教学设计的基本理念和教学目标之一。《祖国啊,我亲爱的祖国》是一首朦胧诗,也是一首深情的爱国诗歌。诗人舒婷将个体的"我"熔铸在祖国的大形象中,表达了诗人强烈的爱国之情和历史责任感。全诗四节,共有四个意象群,涌动着摆脱贫困、挣脱束缚、走向新生的激情。对意象群的理解和作者感情的领悟至关重要。因此,本课的教学重难点就设定为对意象的理解和对诗人情感历程的领悟,从而体会诗人对祖国母亲不可遏制的爱。

3. 教学过程中的设计亮点与有待完善之处

(1) 设计亮点:

①以反复诵读加强学生对课文的理解,并由此进入情境,以情带声,声情并茂。诵读贯穿诗歌学习的始终,突出阅读体验,有助于学生以感性的方式来获取知识,更有助于学生情感、意志、态度、价值观、审美趣味等多方面素质的提高。通过创设情境激发学生的学习兴趣,在体验活动中走进诗歌。

②抓住关键语句,发挥想象,细心品味诗歌富有表现力的语言,把握意象的含义。

③边读边想,讨论提问,把握诗歌的情感变化,分析诗歌的主题。

(2) 有待完善之处:

整个教学过程主要关注教学目标的具体实现以及教学重难点的攻克,所以集中讲授的环节更多一些。相较而言,学生活动较少,学生的主体地位无法得到充分体现。另外,教学环节对培养学生审美体验的内容体现得不突出,如何将知识教学与审美体验协调起来并都得到充分彰显,是此类文本教学设计需要思考的问题。

二、古典诗歌《念奴娇·赤壁怀古》教学设计及其说明

（一）古典诗歌《念奴娇·赤壁怀古》教学设计

【教材分析】

作为苏轼的代表作之一，《念奴娇·赤壁怀古》是统编版高中《语文》必修上册第三单元的第三课，是一篇教读课文。本诗表达了作者的旷达豪放及隐藏的自伤之情和无限感慨，具有非凡的文学价值。教师应指导学生通过文本阅读感受出来。

【学情分析】

高一年级的学生已经具备学习古代诗词的能力，而且在前期学过《赤壁赋》，对苏轼的人生经历和文风有一定的认识，这些为他们进一步感受苏轼的豪放词风、理解词人复杂矛盾的内心世界打下了良好的基础。但是学生对于用一定的方法鉴赏、分析诗歌还不熟悉，所以应该结合本课运用多种教法指导学生鉴赏诗歌。

【教学目标】

目标1　诵读吟咏，感受本词雄浑壮阔的意境，了解苏词豪放的风格。

目标2　掌握常用的鉴赏古诗词的方法，培养对意境的感受、分析能力。

目标3　了解作者壮志未酬的苦闷心情，正确理解本词"人生如梦"两句所蕴含的思想情感。

【教学重点】

（1）赏析眼前景，探析周郎的形象。

（2）了解"苏词"的艺术风格。

【教学难点】

理解"人生如梦"的情感内涵，学习作者旷达、认真的人生态度。

【教学方法】

诵读法、讲析法、讨论法。

【教学时数】

2课时。

【教学用具】

多媒体、课件。

【教学过程】

第一课时

一、新课导入

古人评价苏轼的《念奴娇·赤壁怀古》不同凡响。请大家观看电视剧《三国演义》片头，体会这首词的磅礴气势。（播放电视剧《三国演义》片头曲《滚滚长江东逝水》的视频）

二、作者简介

（可由学生介绍）

苏轼（1037—1101），字子瞻，号东坡居士，北宋眉州眉山（今四川眉州）人。宋代著名文学家，唐宋八大家（唐代的韩愈、柳宗元，宋代的欧阳修、苏洵、苏轼、苏辙、曾巩、王安石）之一。他学识渊博，多才多艺，在书法、绘画、诗词、散文等方面都有很高的造诣。他的书法与蔡襄、黄庭坚、米芾合称"宋四家"，散文与欧阳修齐名，诗歌与黄庭坚齐名，善画竹木怪石，其画论、书论也有卓见。他是北宋继欧阳修之后的文坛领袖。苏轼的词气势磅礴、风格豪放，他与南宋辛弃疾并称"苏辛"，共为豪放派词人。

思想：苏轼的思想较为复杂，以儒家思想为主，但仍有浓厚的老庄哲学和佛家思想蕴含其中。苏轼的一生可以说是历尽艰辛，大起大落。虽然处于逆境之中，但他却始终保持着一种随遇而安、随缘自适的乐观旷达胸怀，并始终不放弃对人生的热爱、对美好事物的追求。正因为如此，他才能在大自然的山山水水、清风明月中获得美的享受，从中排遣内心的苦闷，从而实现由现实人生向艺术人生的转化。

教师小结补充：苏轼生活在宋仁宗至徽宗时期，亦是北宋危机不断的时期，政治改革和诗文革新都发生在这时。才华横溢、理想高远但仕途坎坷的苏轼注定成为文坛的领导人物，他以豪放词风与婉约派形成鲜明对比，为词坛注入了一股雄风。豪迈奔放的感情、坦率开朗的胸怀，构成了"苏词"的浪漫主义基调。"苏词"内容广阔，凡吊古伤今、述志咏怀、感叹时政、描绘山川景色以至谈说哲理等都可以入词，从而扩大了词的题材范围。

三、写作背景

（可由学生介绍）

宋神宗元丰三年（1080），苏轼因"乌台诗案"被贬往黄州（今湖北黄冈）担任团练副使。元丰五年（1082），45岁的苏轼在游赤壁（位于今湖北黄冈赤鼻矶）时，吊古抒怀，写下了名篇《念奴娇·赤壁怀古》，表达了他对古代英雄的赞美之情和对自己壮志未酬的感慨。

关于"乌台诗案"：元丰二年（1079），苏轼调任湖州知州。上任后，他照例给朝廷写了一封感谢信，即《湖州谢上表》。在表中苏轼流露出对当政朝臣的轻蔑，其中有一段讥讽新法之词："伏念臣性资顽鄙，名迹堙〔yīn，堵塞〕微。议论阔疏，文学浅陋。……知其愚不适时，难以追陪新进；察其老不生事，或能收养小民。"与保守党对立的新党，便抓住这个大好机会，将这些话曲解，还以苏轼所写的百余首诗词作为罪证。他们指苏轼借古讽今，谤讪朝廷，影射皇帝；指苏轼并非直接攻击他们，而是间接指斥重用他们的宋神宗。他们以此作为把柄，弹劾苏轼欺君。结果苏轼以"文字毁谤君相"的罪名被捕，解往汴京（今河南开封）下狱。"乌台诗案"历时五个月，不论在朝在野，政见同与不同，营救苏轼者络绎不绝，最后宋神宗决定不杀苏轼，改判为贬谪到黄州。

所谓乌台，即御史台，因官署内遍植柏树又称柏台，因柏树上常有乌鸦栖息筑巢乃称乌台。由于此案的发起者都是御史台的言官，所以称此案为"乌台诗案"。

四、指导诵读

上阕高起，然后低回，平稳过渡后激昂慷慨、雄风浩荡、热烈奔放。读这首词的时候要铿锵有力，读出对历史英雄人物的仰慕之情。

下阕斗笔荡开，长音袅袅，渐紧渐烈，沉郁过后，复归于沉静旷远。尽管词中含有消极情绪，但仍要读出内敛的洒脱与豪迈之情。

（1）学生朗读，教师点评。

（2）教师朗读，学生点评。

（3）学生集体有感情地朗读全词一遍，了解大意。

五、合作探究

（一）上阕

上阕中，作者描绘了奔腾不息的长江，表现了其对雄伟壮阔的大好山河的热爱，并由此引起作者对英雄人物的怀念和追慕。

（1）题为"赤壁怀古"，那么上阕中写了哪些景物？你认为哪几句写得好？好在何处？

明确：①大江、浊浪、乱石（形仰）、惊涛（声俯）、千堆雪（色）。

②乱石穿空，惊涛拍岸，卷起千堆雪。

③诗人采用比喻、拟人、夸张等手法，用惊天地之笔、泣鬼神之墨，描写了宏伟、壮阔、雄奇、气势磅礴的赤壁之景。例如，乱——岩石山崖险怪；穿——山崖陡峭高峻；惊——浪涛奔腾澎湃；拍——惊涛力度之大；卷——江水汹涌翻滚。

教师补充："大江东去，浪淘尽，千古风流人物"三句，不仅写出了长江奔流的磅礴气势，而且将写景与写人融合为一。江水浩荡，巨浪翻腾，倚势挟风，一泻千里。这是一幅壮美的大江奔流图。"浪淘尽"三个字最妙，它不仅给人以极佳的视听效果，而且化空间为时间，从具体有形的长江转到抽象的历史长河，从对自然伟力的惊赞转到对人类社会杰出人物的歌颂。自然伟力所引起的心灵震撼同对历史上的英雄人物的羡慕叹惋妙合无垠地统一起来，给人以丰厚的意象美。作者面对波涛滚滚的江水发出感慨，把读者带到千古兴亡的历史氛围之中，抒发了作者对往昔英雄人物的无限怀念。

（2）上阕哪一句话抒发了作者的感情？是怎样的感情？这一句话在结构上起什么样的作用？

明确："江山如画，一时多少豪杰。"抒发了作者对英雄人物的仰慕之情。这一句起承上启下的过渡作用。

第二课时

（二）下阕

下阕具体描写风流人物的丰功伟绩，极力表现了作者对他们的仰慕之情，同时作者由英雄人物联想到自己的现实处境，发出了怀才不遇、壮志难酬的悲叹。

（1）文中刻画的周瑜是怎样的形象？

明确：词中的周瑜年轻有为、风流倜傥、温文尔雅，又有雄才大略，运筹帷幄，决胜千里。例如，"小乔初嫁"——年轻得意；"雄姿英发"——风姿出众；"羽扇纶巾"——从容娴雅；"谈笑间"——"指挥"若定；"樯橹灰飞烟灭"——从容破敌。

（2）苏轼为何仰慕周瑜？在描写周瑜的才华和功勋前，为何要插入"小乔初嫁了"这一细节？能否谈谈你的看法？

明确：词中插入"小乔初嫁了"这一细节的深刻含义，一是借周瑜娶小乔的事实，表明周瑜在指挥赤壁之战时，年纪很轻，才华横溢，很有作为；二是以美人烘托英雄，更能衬托出周瑜潇洒的风姿，英雄美人，相得益彰；三是小乔之姊大乔系孙策之妻，周瑜跟孙权外托君臣之义，内有葭莩之亲，取得孙权的绝对信任，这是他能够建功立业的一个重要条件。这正是作者所没有的但又十分渴望拥有的。

（3）这首词在表达上的显著特点是什么？试举例说明。

明确：这首词的特点是将写景、怀古、抒情融为一体。写景——描绘了古战场的雄奇景色；怀古——叙写周瑜的丰功伟绩；抒情——抒发贬谪失意、功业无成的感慨，表达了诗人洒脱、旷达的情怀。

（4）学生有感情地试背全词。

教师点拨：通过激情诵读，学生可初步把握这首词的气韵。这首词为什么会形成这种磅礴的气势？词人借描绘的形象要表达一种什么情感？其中的词句美在哪里？这就需要教师引导学生去研读、赏析词的具体内容，品味语言，含英咀华，准确地把握词的意境，这也是教学的重点所在。

六、拓展延伸

"人生如梦,一尊还酹江月"体现了作者怎样的人生态度?(讨论:倾向于哪种理解?)

一种理解是此时的苏轼善于自我解脱,自解自慰,比较达观;另一种理解是此时的苏轼有些消沉,愤懑无法排解,只好寄情山水。

(可由学生回答)

教师点拨:宋神宗元丰五年,苏轼因得罪皇帝,被贬官为黄州团练副使。一日,他漫步黄冈城外赤鼻矶,千里涛声在耳,赤壁旧垒在目,禁不住思接千古,将周瑜和自己相比。火烧赤壁时,周瑜为都督,上得主公信任,下有群僚敬畏,雄姿英发,春风得意,年仅34岁。而自己,47岁,华发早生。乌台诗案,朝廷见疑;湖州谢表,小人构罪。侥幸贬官黄州,谈什么建功立业!江水浩荡,万物载沉载浮;时局动荡,前途忽暝忽明。"人生如梦!"他禁不住长叹一声,倾洒一杯酒,聊以自慰。显然,苏轼游赤壁的感情是复杂的。"人生如梦",这是理想的浪花在现实的硬壁上撞碎了的哀叹,是逸气豪情、宏图大志无法施展的婉辞。这中间既有苍凉落寞、失去自我的凄凉,也有淘尽风流、奋发进取的高亢。

"人生如梦,一尊还酹江月",反映了理想与现实的矛盾,是词人仕途坎坷、壮志难酬的悲叹和愤慨,在貌似自慰自解的言辞之中激荡着一腔追慕英雄、渴望建功立业的豪迈之情。这里寄寓着作者入世、出世的双重矛盾心理,貌似"出世"——清净无为,超脱凡尘的老庄思想,实质是"入世"——渴望建功立业的儒家思想的精神价值。

七、布置作业

(1)背诵、默写全词。
(2)与柳永词进行比较阅读,感知豪放词与婉约词的差异。

附：板书设计

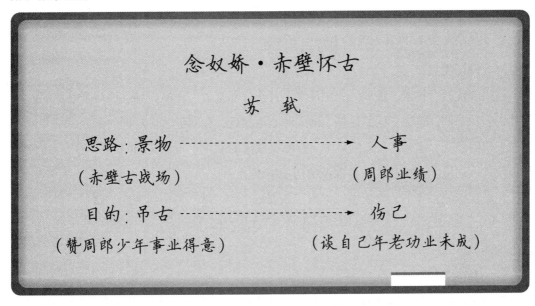

（二）古典诗歌《念奴娇·赤壁怀古》教学设计说明

1. 本教学设计的基本理念

从整个高中的语文教学和考试来说，诗词的重要性是不言而喻的。《念奴娇·赤壁怀古》是北宋词人苏轼的代表作，也是豪放派词作中的名篇，在宋词教学中占有重要地位。学习宋词的目的在于培养学生鉴赏古代文学作品的能力，同时通过分析、鉴赏，引导学生进入词境，采撷前人智慧，领略感人情怀，从而提高学生的人文素养。

2. 教学目标及教学重难点确定的依据

本课的教学目标强调诵读，意在使学生在诵读的氛围中感受苏轼词豪迈奔放的风格，体会词人壮志满怀却无处可酬的情怀。通过朗读、品评、分析、鉴赏，感受词人抒发的豪放情调，在读中赏，在赏中读。教学过程中，学生是主体，教师是主导。考虑到学生原有的基础、现有的困难以及学习上的心理特征，有针对性地确立教学的重难点。

本文是作者因"乌台诗案"被贬于黄州游赤壁时，面对眼前波涛滚滚的长江和历史陈迹，不禁联想到历史上壮阔激烈的赤壁之战和英雄周瑜而作，流露出的情感浓烈而复杂。学生只有先学会鉴赏方法，才能体悟情感，所以将赏析眼前景、探析周郎的形象作为本课教学重点。同时苏轼深受儒、道、佛三家思想影响，在人生境遇中，貌似出世，实是入世，具有旷达乐观的情怀。学生不结合背景赏析探究，很难理解"人生如梦"的精神内涵，因此将理解"人生如梦"的精神内涵，进而学习作者旷达乐观的人生态度作为教学难点。

3. 教学过程中的设计亮点与有待完善之处

（1）设计亮点：

运用现代教育技术，播放《三国演义》片头，那豪放、浑厚、悠远而略带苍凉的歌声及其内容和基调，与这首词的风格、词人的心境相近，有利于学生对词的豪放风格和词人思想感情的感受、理解。在音乐声中，歌唱家雄浑的歌声、与课文相同的历史内容可使学生很快进入词境，进而产生一种深沉的历史感慨。

在新课标的指导下，教学设计突出了新课标中以"学"为主的理念，而不是传统的以"教"为主；学生掌握了自主学习、合作学习、探究学习的方法，便可提升从感性到理性的思维能力。

（2）有待完善之处：

教师应该引导学生较细致、深入地品析诗词语言，让诗词语言充分撞击学生的心灵，激起思想的火花，从而感悟作者的丰富思想，培养并提高学生独立发现和自主学习的能力。这些理论认识常萦绕在教师的头脑之中，但能够作用于学生并得到反馈的相关实践活动的发展则相对滞后。

研讨话题

结合所学内容，思考现代诗歌和古典诗歌在教学设计中的异同。

教学设计

请在统编版中学语文教材中选取一篇诗歌，进行一则 1 课时的教学设计。要求：环节饱满，附带相应的板书设计、PPT 和教学后记。

第七章 散文

第一节 散文教学概述

一、基于核心素养的散文教学在语文课程中的地位及意义

中国散文源远流长,名篇佳作异彩纷呈,文化底蕴博大精深。自"五四新文化运动"以来,以"白话文"为语言形式的中国现当代散文获得了迅速的发展。中国现当代散文继承了我国古代、近代散文的优秀传统,又汲取了外国散文的丰富营养,取得了巨大的成就。散文在各阶段教材中都占有相当大的比例,其中入选中学语文课本的现当代散文,更是凭借其所具有深厚的历史积淀、浓郁的生活气息和优美简练的语言,成为中学语文教材中一道独特的风景。同时,现当代散文也是备受中高考语文试题命题者偏爱的文体之一。

因而,现当代散文作品历来在中学语文教材选文中占有较大比重,也是中学语文教学构成中的重要内容,在中学语文教学中占有重要地位。学生学习经典散文名篇,既能开阔视野,丰富语言储备,较好地构建与运用语言,又能在语文学习过程中使思维品质得到发展与提升,还能挥动联想和想象的翅膀去体验感受,去欣赏评价,去提升审美鉴赏能力与创造能力,更能在这些优秀散文作品的熏陶、浸润下,开阔文化视野,理解文化多样性,形成民族文化的自觉意识和自信态度,从而树立正确的世界观、人生观、价值观,塑造健全的人格。通过散文的教与学,促进学生主动"形成正确的审美意识、健康向上的审美情

趣与鉴赏品位,并在此过程中逐步掌握表现美、创造美的方法"(《普通高中语文课程标准(2017 年版 2020 年修订)》),是当代散文教学的重要目标,也是学生语文学科核心素养形成和发展过程中不可或缺的重要通道与载体。

二、散文教学的现状及策略方法

在中学语文阅读教学中散文教学的难度相对较大,许多教师对散文缺乏深入研究,难以抓住教学要点和重难点,不知道散文应当教什么,应当怎么教。综合来看,散文教学主要存在以下几个方面的问题:

(1)将散文教"散"了。

目前,散文教学设计主要围绕高考考点来设计并开展。课堂上,教师把主要精力放在"拆分"思路结构、"肢解"思想情感、"解剖"语言风格、"总结"写法特色上,将散文及其教学过程割裂开、碎片化,缺乏对散文的整体把握及对情感和风格的独特体悟的展示和分析。在具体的教学实践中,一篇散文由教师或学生泛泛地读过一两遍后,教师就迫不及待地开始讲解固定的答案,或者通过满堂不间断式的提问来引导学生划分段落层次、归纳主旨、说明写作特点等,较少关注学生是否已然"进入"文本中去了,读之时、读之后有怎样的感悟和心得。这是教师缺乏文体意识的一个表现。散文是作者内心的独白,饱含作者的真情实感。阅读散文就是要能够进入作者的内心世界,在品读中与之对话、与之共情、与之互鸣,感受蕴含其中的真挚情感和独具魅力的语言风格。

(2)将散文教"泛"了。

散文因其性质、功能、结构的不同,可分为不同的类别。散文类别不同,教学要点和教学方法就应该各不相同,散文的教授和学习要强化"这一篇"的教学设计意识。然而,许多教师在教学中对不同类型的散文不加区分,教学方案缺乏针对性,就导致教学重难点不突出,无法引导学生真正地理解散文的特色,学生就难以进行深入阅读和学习。因而,散文教学,一定要立足文本、尊重本文,教、学出"这一篇"的独特气质,不能泛化。

(3)将散文教"窄"了。

阅读教学和写作教学本是互为前提,相辅相成的。但我们往往只注重分开的讲解和提问,却忽视了启发学生领悟散文的写作特点,学生在课后也缺乏及时练习、巩固与拓展,致使学生的"学"与"用"脱节。课堂阅读与课外写作脱节,不能学以致用,使散文教学局限于阅读,不能和写作有效关联,相互促进,导致了学习范围和教学效果的狭窄化。

下面就散文教学如何摆脱困境，提出如下建议：

（1）优化教学策略，引导课堂主体——学生"扎进"文本中，亲历其境，真会其意。

（2）明确散文类别，更具针对性地制订、设计教学方案。

（3）阅读与写作联动，设计类似的作文情境，引导学生将散文的写作技巧吸收并内化为自己的写作技巧。

综上所述，散文教学是中学语文教学必不可少的构成部分，是对中学生进行语文教育的重要路径。散文教学效果好坏直接关系到学生语文素养、文化修养的形成，思维品质的发展，审美能力的提高。好的散文教学效果是促进中学生全面发展的助推器。教师要在实践过程中深入思考中学散文教学所面临的困境；要在探究散文教学的实践活动中落实以学生为本、以文本为根的教育理念；要根据散文所呈现出的形散神聚、个性鲜明、蕴含深意、语言优美等特点，努力突破重重困境，在改革、创新过程中提出可行的应对策略，提升教学水平，打造散文教学的高效课堂。

第二节　散文教学知识点汇总

一、散文的概念

散文，又称为美文，篇幅短小，形式自由，取材广泛，写法灵活，语言优美，能比较迅速地反映生活，被誉为"文学的轻骑兵"。

在中国古代文学中，散文与韵文、骈文相对，不追求押韵和句式的工整；在中国现当代文学中，散文是指除小说、诗歌、戏剧等文学体裁之外的其他文学作品。

散文又有广义和狭义之分。广义的散文，是指诗歌、小说、戏剧以外的所有具有文学性的散行文章。除以议论、抒情为主的散文外，散文还包括通讯、报告文学、随笔杂文、回忆录、传记等文体。随着写作学科的发展，许多文体自立门户，散文的范围日益缩小。狭义的散文是指文艺性散文，是一种以记叙或抒情为主，取材广泛、笔法灵活、篇幅短小、情文并茂的文学样式。

上海师范大学王荣生老师对散文的概括比较清晰简练：散文是一颗至诚至真的心灵所透出的对人生、对生活、对社会、对自然、对艺术的倾诉与见解，使我们通过这一扇心灵的"小窗"，获得许多深刻、新奇的思想与智慧的启示。

因此，散文是一曲"心灵的歌"，是一种意蕴丰厚，益智陶情，又具有弹性的文体。

二、散文的特点

（一）形散而神聚

"（散文）形散神不散"最初是肖云儒在1961年5月12日《人民日报》"笔谈散文"专栏的一篇名为《形散神不散》的短文中提出来的。他说："师陀同志说'散文忌"散"'很精辟。但另一方面，'散文贵散'。说的确切些，就是'形散神不散'。"散文的"散"主要表现在材料的选用、材料的组织和表达方式的运用等这些外在形式上；散文的"神"是指蕴含于外在的"形"中的思想感情，它是内在的，体现了作者的写作意图。具体说，"形散"主要是指散文取材十分广泛自由，不受时间和空间的限制；表现手法不拘一格，可以叙述事件的发展，可以描写人物形象，可以托物抒情，可以发表议论，作者还可以根据内容需要自由调整、随意变化这些手法。"神不散"主要是从散文的立意方面说的，即散文所要表达的主题必须明确而集中，无论散文的内容多么广泛、表现手法多么灵活，无不是为更好地表达主题服务。总之，"神"是文章的灵魂、统帅，驾驭着看似散的"形"，并使之为"神"服务。散文就是要有散有聚，能放能收，疏密有间，才够散文的味道。尽管此后"形散神不散"在20世纪80年代引发过争议。例如，1985年前后著名作家贾平凹首先在《文艺报》上发表文章对"形散神不散"提出批评；1986年下半年，《散文世界》也对"形散神不散"提出疑问；林非在1987年第3期《文学评论》上发表论文《散文创作的昨日和明日》，旗帜鲜明地对"形散神不散"提出尖锐的批评；1988年第1—2期《河北学刊》发表了4篇关于"形散神不散"的争鸣文章，当时的《文汇报》对此做了报道。然而"形散神不散"的主张归纳了散文创作的审美风貌和品格，对其后散文写作和散文研究产生了广泛而深远的影响，直接推动了散文的繁荣与发展。今天我们回望并审视"形散神不散"，仍然有着不凡的意义。至此，形散神聚成为衡量散文优劣的第一标准。

（二）个性鲜明，情感真挚，意蕴深厚

散文是一种主体性很强的文体，首先呈现出的即作者鲜明突出的个性。也就是说，作者剖心析肝，真诚道白，能让读者从文中见出其本人的经历、个性、趣味、爱好、志向、学识、修养……郁达夫说过："现代的散文，却更是带有自叙传的色彩。"散文无论用哪一人称写作，其中的情感必定是作者自己的。表"我"之情，抒"我"之意，散文贵在有"我"。梁实秋说过："一个人的人格思想，在散文里绝无掩饰的可能，提起笔便把作者的整个性情纤毫毕露地表现出来。"因而散文重在作家主体意识的坦诚流泻，言"我"之志，抒"我"之情，弹拨"自己的声音"。郁达夫曾经说：散文最大的特征是作家所"表现的个性"。朱自清也说散文就是要"表现自己"。王西彦更明确地强调散文要写出"赤裸裸的自己"。巴金在秋夜翻阅鲁迅的《野草》时，就说仿佛看见"一个燃得通红的心"，"先生的心一直在燃烧，成了一个鲜红的、透明的、光芒四射的东西。我望着这颗心，我浑身的血都烧起来，我觉得我需要把我身上的热散出去，我感到一种献身的欲望"。这些散文大家切身的创作经验说明，散文是作家在生活感悟中真诚坦率地弹拨出的"自己的声音"。正如梁实秋先生所说，散文的第一要素是"表现自我的真情实感"。作者不论是述说人生，还是描写自然，不论是说自家事，还是说人家事，无不从自我个性鲜明的真情感悟出发。这种感悟，既是对事物的特殊意义和特殊美质的发现，也是作者感情激荡、神思飞扬的心灵体验过程。作者的这种感悟，是散文思想感情、意味情趣的本源。作者借助想象与联想，由此及彼、由浅入深、由实而虚地依次写来，或融情于景，或寄情于事，或寓情于物，或托物言志，表达作者的真情实感，实现物我的统一，展现出更深远的思想，使读者领会更深的道理。因此，散文注重表现作者个人的生活感受，抒情性强，情感真挚，意蕴深厚。

（三）语言风格各具魅力，异彩纷呈

我们欣赏散文，既要细心领会作者对于自然和人生的描述与感悟，又要认真品评作者表达这种感悟时所用的形式。当然，散文之美，首先美在个性鲜明、情感真挚、意蕴深厚上，这是美的内容。但是，美的内容并不能抽象地存在，还要通过作家独具魅力的语言形式来表现。虽说优秀的散文作品的语言普遍具有自然、流畅、优美等共性，但是每篇散文独特的语言美还是不容忽视的。杰出的散文家的语言一定是独具魅力的，他们的语言风格一定是异彩纷呈的。例如，鲁迅的散文语言精练深邃，茅盾的散文语言细腻深刻，郭沫若

的散文语言气势磅礴，巴金的散文语言朴素优美，朱自清的散文语言清新隽永，冰心的散文语言委婉明丽，孙犁的散文语言清新质朴，刘白羽的散文语言潇洒奔放，杨朔的散文语言精巧细致……一些散文大家的语言，又常常因作品内容不同而有变化。例如，鲁迅的《记念刘和珍君》的语言锋利如匕首，《好的故事》的语言绚丽如云锦，《风筝》的语言凝重如深潭。会品味、鉴赏经典散文独具魅力的语言风格，就会对散文的内容认识、理解得更加深刻。

读一篇好散文，或如啜香茗而齿颊留芳，或如品陈酿而微醺陶然，或如饮甘泉而神清气爽；又或如从树声、鸟语里聆听到宇宙妙理，或如在绿潭清溪边明心见性，或如在一缕感思里咀嚼出人生的甘苦滋味……散文笔调的这种魅力，固然来自作家的真知、真见、真情、真性，但是要将其化为文字中自然的节奏、和谐的色彩、隽永的韵味，还必须依靠生动、优美的语言，不刻意雕饰而不乏文采，不有意追求而自得其意蕴。由此可见，散文风格鲜明的语言美是散文成为美文的一个重要方面。

三、散文的分类

散文分类标准不一，但基本上围绕性质、功能、结构三方面展开。综合各方观点和理论研究，一般将散文分为记叙性散文、抒情性散文和议论性散文。

（一）记叙性散文

1. 偏重记事的散文

这类散文以事件发展为线索，偏重对事件的叙述。它可以是一个有头有尾的故事，如许地山的《落花生》；也可以是几个生活片段的剪辑，如鲁迅的《从百草园到三味书屋》。作者在叙事中倾注真挚感情。

2. 偏重记人的散文

全篇以人物为中心。它往往抓住人物的性格特征进行描述，偏重表现人物的基本气质、性格和精神面貌，如鲁迅的《藤野先生》。

（二）抒情性（写景）散文

抒情性散文，或称写景散文，指以描绘景物为主来抒发作者对现实生活的感受、情感和意愿的散文。这类散文有对具体事物的记叙和描绘，但通常没有贯穿全篇的情节，其突出的特点是强烈的抒情性。它或触景生情，或托物言志，或直抒胸臆，给景物赋予深刻的社会内容，使其蕴含作者强烈的思想感情。例如宗璞的《紫藤萝瀑布》和朱自清的《荷塘月色》。

（三）议论性（哲理性）散文

议论性散文就是用散文的笔法议论，或者说是以阐述某个观点为中心的散文。与记叙性散文、抒情性散文不同的是，议论性散文的思想内涵是理，是对关于社会、人生等问题的独特思考，其目的在于启发人、教育人，散文只是它的写作笔法。议论性散文给读者一种富于理性的形象和情感，并且提供一个广阔的思索和联想空间。它往往蕴含深邃的哲理，熔情感、哲理、形象于一炉。例如严文井的《永久的生命》和《我为什么而活着》以及史铁生的《我与地坛》。

四、散文的组织结构

散文的组织结构，即散文的素材和思想的结合与安排。

散文的结构是文章的骨架，线索是文章的脉络，二者是紧密联系的。读散文要抓住线索、理清结构、掌握思路，才能准确把握文章的立意。

（一）散文的线索

抓住散文的线索，对作者的思路了然于胸，不但有助于理解作者的写作意图，也是鉴赏作者谋篇布局本领的突破口。

散文的线索通常有以下几种：

（1）以人物为线索，如朱自清的《背影》；

（2）以事物为线索，如巴金的《灯》；

（3）以时间为线索，如刘白羽的《长江三日》；

（4）以空间（地点）为线索，如鲁迅的《从百草园到三味书屋》；

（5）以感情为线索，如《阿长与〈山海经〉》和朱自清的《荷塘月色》；

（6）双线索（复线），线索分明线和暗线，如茅盾的《白杨礼赞》。

（二）结构安排

1. 总分式结构

总分式结构指文章层次之间是总说和分说的关系。这种关系有三种基本形式：①先总后分；②先分后总；③总-分-总。

2. 并列式结构

这种结构是指从若干方面下笔，不分主次，并列平行地叙述事件、说明事物。

3. 对照式结构

这种结构，在形式上是一正一反、一阴一阳、一实一虚，形成对照；在内容上是真与假、好与坏、美与丑、善与恶，形成对比。

4. 递进式

这种结构是指在阐述中心论点时，各层次、各段落之间是环环相扣、逐层深入的关系。

五、散文的语言风格

语言风格是作家通过作品表现出来的创作语言所特有的格调。由于作家的文学素养、美学追求、艺术个性不同，从而形成了不同的语言风格。

常见的语言风格有：①自然、平实；②明快、晓畅；③含蓄、委婉；④华丽、典雅；⑤清新、优美；⑥深刻、隽永；⑦诙谐、幽默；⑧犀利、辛辣。

六、散文的表达技巧及其作用

（一）表达方式

散文有五种表达方式，即叙述、说明、议论、抒情、描写。

（1）散文中的叙述有很多种，倒叙和插叙是重点。倒叙，可造成悬念，引人入胜。插叙，起到对主要情节或中心事件做补充说明、铺垫衬托的作用。

（2）散文中的抒情可分为直接抒情（直抒胸臆）、间接抒情（借景抒情、托物言志、情景交融）。散文中的抒情往往有抒发作者情感、揭示文章意蕴、表现形象意图的作用。

（3）散文中的描写分为动静结合、虚实结合、点面结合、明暗结合、正侧结合、声色结合、粗笔和工笔结合、白描等。散文中的描写常常用来展示人物特征、暗示时代背景、渲染情感氛围等。

（4）散文中的议论往往有揭示意义（主旨）、画龙点睛、深化主题的作用。

（二）表现手法

散文的表现手法有想象、联想、类比、象征、烘托、对比、渲染等。

（三）结构技巧

散文中常用的结构技巧有承上启下、制造悬念、首尾呼应、前后照应、铺垫等。

（四）修辞方法

散文中常用的修辞方法有比喻、拟人、设问、反问、借代、对偶、夸张、衬托、用典、化用、互文、反复等。

第三节 散文教学设计典型案例及设计说明

一、《秋天的怀念》教学设计及其说明

（一）《秋天的怀念》教学设计

【教材分析】

《秋天的怀念》是统编版《语文》七年级上册第二单元的第一课，是一篇教读课文。作为一篇饱含深情的怀念母亲的散文，本文在培养学生语文能力和升华学生情感方面具有十分重要的作用。依照语文学科核心素养和新课标的要求，本文的学习目标应为引导学生初步领悟作品的内涵，体验作品表现的真挚情感，品味朴素真诚的语言，从中获得对自然、社会、人生的有益启示。

【学情分析】

这节课的教学对象是刚升入七年级的学生。这个学段的学生好奇心强、思维活跃、乐于探究，但是由于生活经验不够、情绪不稳定、情感体验肤浅等原因，对感知特殊境遇下深沉无私的母爱还是存在一定困难的，分析不够深刻、表达不够准确、体会情感不够深沉的问题也是存在的，所以要引导学生认真阅读，深刻体悟。

【教学目标】

目标1　有感情地朗读课文，理解文章内容，把握文章主旨。

目标2　细读课文，分析母亲的形象，理解母爱的内涵。

目标3　探讨如何不辜负父母心愿，即思考我们应该怎样"好好儿活"。

【教学重点】

分析母亲的形象，理解母爱的内涵。

【教学难点】

探讨如何不辜负父母心愿，即思考我们应该怎样"好好儿活"。

【教法学法】

1．教法

（1）阅读感知法：遵循阅读的整体性原则，引导学生反复阅读文本，整体感知文章内容，把握作者的情感，培养学生的阅读能力。

（2）问题引导法：用提问的方式引导学生读文本，引发学生探究的兴趣。

2．学法

（1）品评赏析法：在学习过程中，对文中精彩的语句、段落进行品评、鉴赏。

（2）讨论交流法：通过问题的引导，让学生讨论交流，培养学生的语言感知能力和语言表达能力。

【教学时数】

1课时。

【教学用具】

多媒体、课件。

【教学过程】

一、放映幻灯片，导入情境

放映5~8张表现生活中家长爱护孩子的幻灯片（如父母骑车送孩子上学、

父母深夜陪孩子做作业、下雨天父母在校门口等着给孩子送雨伞等），唤起学生真实的情感体验。再通过朗读课文，为学习创设情境，做好情感铺垫。

二、通读课文，整体感知

在本环节设计的主要问题是：

（1）作者在秋天怀念的是谁？

（2）为什么会在秋天怀念？

提示：

（1）　　那花——？　　　　那花——菊花。

　　　　那人——？　　　　那人——母亲。

　　　　那段经历——？　　那段经历——双腿瘫痪，母亲病逝。

（2）线索是文中提到的三次"看花"。

第一次：母亲说要带"我"去，"我"不答应。

第二次：母亲说要带"我"去，"我"答应了，而母亲最终却不能同去。

第三次："我"和妹妹一起去。

要求：边读边在文中画出相关的语段，了解文章的情节。引导学生自主阅读，主动学习，同时培养学生搜集、整理信息的能力，概括文章内容的能力，简洁准确表达的能力。

三、品读课文，分析形象

在本环节设计的主要问题是：

（1）母亲是怎样"好好儿活"的？分析母亲的形象。

（2）母亲是怎样教导"我"要"好好儿活"的？理解母爱的内涵。

（3）请把你感受最深的地方画出来，并说说为什么受感动。

提示：

（1）①母亲喜欢什么？母亲为什么要带"我"去看花？

②当"我"答应母亲去看花的时候，母亲的表现如何？

　　　　我：什么时候？　　　　妈妈：喜出望外。

　　　　我：好吧，就明天。　　妈妈：一会儿坐下，一会儿站起。

　　　　我：烦不烦！　　　　　妈妈：絮絮叨叨。

（2）"在一块儿，好好儿活，好好儿活。"这句话有两层意思：第一层是"在一块儿"，意思是要不离不弃；第二层是"好好儿活"，意思是生活总是苦难的，要勇敢、顽强地活下去。

（3）说一说课文中最感人的地方。

例如：①"母亲就悄悄地躲出去，在我看不见的地方偷偷地听着我的动静。当一切恢复沉寂，她又悄悄地进来，眼边儿红红的，看着我。"——母亲默默承受、忍耐着"我"的粗暴无理。

②"'听说北海的花都开了，我推着你去走走。'她总是这么说。"——母亲多次要带"我"去看花，母亲希望看花能让"我"热爱生活，心情愉快一些，不再绝望。用心良苦的母爱！

③"母亲喜欢花，可自从我瘫痪后，她侍弄的那些花都死了。"——母亲爱花，她是个热爱生活的人。可是因为"我"，她没有精力和心情再养花。

④"母亲扑过来抓住我的手，忍住哭声说：'咱娘儿俩在一块儿，好好儿活，好好儿活……'"——"扑""抓"两个动作，体现了母亲想让"我"离开绝望，让"我"必须好好活下去。

⑤"母亲进来了，挡在窗前：'北海的菊花开了，我推着你去看看吧。'她憔悴的脸上现出央求般的神色。"——这里的"挡"，挡住的不是落叶，而是儿子郁闷烦躁的思绪。

⑥"我的回答已经让她喜出望外了。……她高兴得一会儿坐下，一会儿站起。"——能让孩子出去散散心，母亲非常高兴，她希望"我"开心和快乐。

⑦"她忽然不说了。对于'跑'和'踩'一类的字眼儿，她比我还敏感。她又悄悄地出去了。"——母亲觉得自己粗心，对自己说的话很敏感，怕儿子伤心。

⑧"母亲昏迷前的最后一句话是：'我那个有病的儿子和我那个还未成年的女儿……'"——母亲临终时仍挂念着孩子。

通过品读文章和教师的提示引导，增进学生对特殊处境的了解，进而讨论交流、分析鉴赏文中母亲的形象、母爱的内涵，增强学生的语言感悟能力，进一步把握人物形象的塑造方法，感悟博大深沉的母爱，突出教学的重点问题。

四、再读课文，引发思考

在本环节设计的主要问题是：

（1）"我"是怎样"好好儿活"的？
（2）我们应该怎样"好好儿活"？

提示：对于一个双腿瘫痪的残疾人，我们本来只是充满同情，但对史铁生却又充满了敬重。因为他的母亲用深沉的爱，助他活出了境界，活出了生命的高度，助他走上了成功之路。后来的他，就像大雁一样高飞在蓝天。他的生命的旋律是动听的，他的生活之花开得很灿烂。人生的道路很漫长，当苦难和逆境来临的时候，我们也应该"好好儿活"，更应该用这种"好好儿活"的心态去关爱我们的亲人和朋友。

五、布置作业

（1）阅读史铁生的《我与地坛》，写一篇读书笔记。
（2）以"难忘的爱的'镜头'"为题，写一篇不少于600字的文章。

附：板书设计

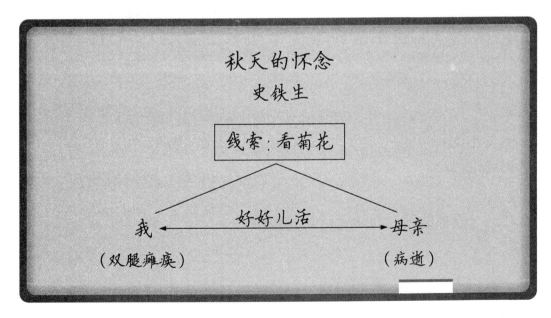

（二）《秋天的怀念》教学设计说明

1. 本教学设计的基本理念

散文教学是语文教学中比较宽泛也较为复杂的类型之一，亦是对语文教师学科知识积淀和个性化教学能力的考验。当代语文教育的特点使得散文教学培养审美的目标更加突出，但是这种审美教学和知识教学不是割裂的。因此，本文抓住"母爱"这个主题，通过渲染气氛、创设情境、激发想象将学生带入这一氛围中，使得师生双方在构建和解读文本的过程中，在"共情"体验和作用中，共同解读文本、挖掘文本。

2. 教学目标及教学重难点确定的依据

依照语文学科核心素养和新课标的要求，本文的学习目标定为引导学生初步领悟作品的内涵，进而体验作品表现的真挚情感，从而实现从文本到体会、从情感到生活的迁移与转化。在这一目标的指引下，本课的教学重点确定为分析母亲的形象。这就引出了本文的教学难点，即对于母爱内涵的理解，进一步可上升为对于母爱的理解和感动，探讨如何不辜负父母心愿，即思考我们应该怎样"好好儿活"。本课的教学重点和难点的确立，进一步诠释了重难点本身的逻辑联系——没有孤立的重点或难点，二者相互关照、相互联系、相互诠释。

3. 教学过程中的设计亮点与有待完善之处

（1）设计亮点：

本设计以母爱为抓手又不局限于母爱本身，使得此类话题有了更深入的解读和发掘。在设计过程中，关注问题设计的逻辑关系，在步步深入的提问和引导中激发学生的个体感悟。

（2）有待完善之处：

本教学设计对活动设计环节的把握还有欠缺，即缺少对生活的迁移和转化，还需要进一步地以当代学生的生活经验为基础，争取在现代的新型亲缘关系中进一步深化学生对"生命意识"的感悟。

二、《故都的秋》教学设计及其说明

（一）《故都的秋》教学设计

【教材分析】

《故都的秋》是统编版《语文》必修上册第七单元的第一课，是一篇教读课文。这篇抒情散文，感情浓厚，意味隽永，文辞优美。正如北京师范大学的刘锡庆教授曾经评论的那样："一篇好的散文，总能写出一种独有的情致来……从某种意义上说，散文就是一种情趣的艺术。"依照语文学科核心素养和新课标的要求,确定本课的学习目标为领悟作品的丰富内涵,注重审美体验,并在积极主动的思维和情感活动中获得独特的感受和体验。

【学情分析】郁达夫的散文风格独特。对于尚未养成深入品读习惯的学生,在阅读郁达夫的散文时,教师还应多加引导。力争通过充分的预习和反复的诵读,使学生感受到故都之秋的澄澈、寂静之美,读出作者对北国之秋的爱和赞颂;但学生对"悲凉"这个词语的深刻内涵及其体现出的作者独特的审美情趣能不能准确理解,需要格外关注,教师应加以引导。这"悲凉"不是消沉更不是哀叹,而是作者以其独特的性格气质所选择的赏景角度,是作者在用另一种慧眼看故都。它包含着丰富的内涵,即寂寞、萧索、破败。正因为"悲凉"能带给作者如此丰富的审美体验,契合了作者独特的审美情趣,所以作者才会用它来深情赞颂故都之秋。学生只有读懂这一点,才能说真正读懂了《故都的秋》,才可能真正进入教材所要求的"审美境界",才可能体味这篇散文独有的审美情趣。因而《故都的秋》的教学重点就是要引导学生"体会作品所描述的美景,进而进入一种审美境界"。

【教学目标】

目标1 感知作家独特的视角,领悟情景交融的表现手法。

目标2 通过朗读,培养学生感悟、品味、揣摩语言的能力。

目标3 理解本文"主观情"与"客观景"的自然融合。

目标4 体会作者在山河破碎、内外交困的现实下,赞美祖国自然风物的爱国真情及其内心的忧思及落寞,体会作者深沉的爱国之情。

【教学重点】

体会美景,进入审美境界,从而掌握文章以情驭景、以景显情、情景交融的写法。

【教学难点】

仔细推敲、品味文中悲凉伤感情调的由来,深层次理解本文的丰富内涵。

【教法学法】

围绕"解读文眼"和"探究悲凉"展开教学,强化诵读。组织学生对"悲凉"的具体体现展开讨论,引导学生读懂"悲凉"的内涵,并启发学生思考作者用"悲凉"一词来赞秋颂秋所体现的审美情趣,鼓励学生在文学阅读中丰富自己的审美体验。

(1) 移情法。列举描写秋天景物的古典诗句,营造浓浓的秋意,展现秋的文化,将学生引入欣赏秋景、感受秋文化的情境中去。

(2) 诵读法。书读千遍,其意自见。这个方法在散文教学中尤为突出。本文是现代散文史上的名篇,反复诵读可使学生感受到文章感情之浓厚、意味之隽永、文辞之优美。

(3)设疑讨论法。抒情性散文重在抒写作者的情志与意趣,但这种抒写往往不是直接进行的,而是通过精巧的构思,富有情感与哲理的语言,在写景、状物、叙事中实现的。因此,在教学过程中需要设计问题引导学生对此进行积极讨论,合作探究。

学生活动设计:(讨论)为了体现故都的秋味,作者选取了哪些景物?(解读5幅秋景图)

【教学时数】

2课时。

【教学用具】

多媒体、课件。

【教学过程】

第一课时

一、情景导入

(1)教师引导:秋是一个丰收成熟的季节,也是一个萧索败落的季节;是秋高气爽的时节,也是"潇潇暮雨洒江天"的时节;是枝头挂满累累硕果的时候,也是地上落满层层黄叶的时候。秋,可谓是四季中意蕴最丰富的季节,不管是文人墨客,还是"引车卖浆者流",逢秋景心里皆有所触动。各位同学,有关秋景秋情,你能想起哪些诗句或俗语?请分享给大家。

(2)学生举例。

(3)教师总结、概括并导入课文。例如,"万类霜天竞自由",秋日里,毛泽东读到的是壮丽;"风急天高猿啸哀,渚清沙白鸟飞回。无边落木萧萧下,不尽长江滚滚来",秋风中,杜甫读到的是悲凉;"寒蝉凄切,对长亭晚,骤雨初歇",秋雨里,柳永读到的是凄苦……美学家说:"一片自然风景就是一个心灵的世界。"今天,我们就从《故都的秋》走进郁达夫的心灵世界,看看他对北国之秋品味到的又是什么。(答:清、静、悲凉。)

二、知人论世,了解作家作品

提问:作者心中的秋,为什么这么清,这么静,这么悲凉呢?(以教师自

问自答为主）

（1）本文写于 1934 年。此时的中国，因连年战乱，民不聊生。此时的郁达夫居无定所，颠沛流离，饱受人生愁苦和哀痛。因此，作者描写的心中的"悲凉"已不仅是在故都赏景时的心态，而是对整个人生的感悟。（课文第十二自然段）郁达夫也感染上了悲秋情结。

（2）郁达夫，3 岁丧父，17 岁便随长兄一起赴日本留学。在异国生活的 10 年，是他饱受屈辱和歧视的 10 年。在性格方面，他抑郁善感。

（3）在文艺观和审美观方面，他提倡"静的文艺"，写的也是"静止如水似的遁世文学"。

（4）插入作者介绍。

三、分析鉴赏

（1）文题感知。

教师提问："故都"北平，即现在的北京。作者为什么不称"北平的秋"而叫"故都的秋"呢？（重在启发引导学生推敲词句，品味情感。）

提示：作为元、明、清三朝古都，北平可谓历史悠久，文化深厚。"故"有从前的、过去的的意思。人们对从前的、过去的事物往往会产生怀念、眷恋等感情。譬如，漂泊在外者称自己魂牵梦萦的家乡为故乡，对旧交、老朋友称故人。从"秋"字可以看出，文章描写的是秋景。因此从标题看，这是一篇饱含着深情的情景交融的文章。"故都"较之"北平"，用词更典雅，情感更厚重。

（2）通读全文，整体感悟。

思考：①有人写秋声，有人写秋形，也有人写秋色，郁达夫写的是什么？注意找出文中关键性的词句。

提示：秋天的感觉（味道）。

②说说哪句话最能概括故都之秋的特点。

引导学生找"文眼"。提示："可是啊，北国的秋，却特别地来得清，来得静，来得悲凉。"

③作者在文中是通过哪些景物描写来具体品味秋味的？

分析引导：第三自然段中的牵牛花，第四自然段中的槐树，第五自然段中的秋蝉，第六至第十自然段中的秋雨，第十一自然段中的果树。

第二课时

四、精读文章,体会由景入情的写作手法,把握情与景的关系

(1)教师提问:作者在对这些具体景物的描绘中,是如何体现"清、静、悲凉"之秋味的?

提示:色彩、声音、感觉。

(2)下面请一位同学诵读文章第三至第十一自然段,其他同学边听边解决两个问题:一是圈出表现秋天色彩的词语,二是标出传递声响的物品。请大家随朗诵者一道去"神游"故都,观秋色,听秋声,品秋味。

①观秋色。

教师提问:现在大家说说都找到了哪些表现秋天色彩的词语?

提示:青天——蓝绿,蓝朵——蓝色,秋草——黄色,落蕊——灰白,树影——暗灰,灰土——灰色,灰沉沉的天——灰色,青布——蓝绿,枣树——淡绿微黄。

教师提问:那么这些秋景秋物的色调属于冷还是暖?

启发引导:冷色调。我们知道,蓝色和白色属于冷色调,蓝色宁静、深远,白色素雅、纯净。冷色调同时也形成了秋的基调,给人的感觉是清静、淡然。不过作者仍嫌不够,在牵牛花出场前,他特意营造了一种由破屋、浓茶、碧天、驯鸽形成的充满北国情调的清凉的氛围,这个时候再加上牵牛花的蓝朵,真的让人感到了秋天特有的清气素色扑面而来。

教师提问:如果你是一个孤独的旅行者,目之所及都是这样的色彩与景物,你会产生什么样的感受?

启发引导:冷清,即课文中所概括的"清"的特点。

学生讨论,然后教师总结。

②听秋声。

教师提问:接下来我们来听听故都的秋声,主要有哪些声音呢?

启发引导:鸽子的飞声、蝉衰弱的鸣声、稀稀落落的风雨声、人们懒散的问答声。

教师提问:作者写了这么多声音,你读后有什么感觉?

启发引导：作者是以动衬静，以声音反衬了故都的寂静。

教师补充总结：在秋天的故都，在那无际的碧天下，连虫鸣、扫地声这样细微的声音都能听得清清楚楚，不正反衬出故都的寂静吗？

③品秋味。

教师提问：假如你是一个孤独的飘零者，身处在如此寂静的秋天里，心里会有什么感受？

启发引导：孤独、寂寞、悲凉、凄苦。悲凉，这便是故都的秋味。

教师提问：在故都北平的秋天，可选取的景物非常多，如绚烂的香山红叶、秀丽的北海碧浪、壮美的颐和园、金碧辉煌的故宫、雄伟的八达岭长城等。作者对这些景物只字不提，反而选取那些让人感觉"清、静、悲凉"的景物。这是为什么？

启发引导：这和作者的经历有关。他喜欢这样的景物，是因为它们带给作者的感受与作者当时的心情是一致的。

郁达夫笔下的悲凉包含了丰富而又独特的内涵：落寞、萧索、破败。而故都秋景所带有的这种落寞、萧索、破败的意味恰好符合他寂寞的心境、契合他忧郁的性格，也暗合了他悲欢杂陈、苍凉寂寞的人生滋味。因此，北国秋景在他眼中就呈现出强烈而独特的悲凉之美，所以他才会用"悲凉"去赞颂北国之秋。而他对这悲凉的情有独钟也体现了作者独有的那种异于常人的审美情趣。"为什么我的眼里常含泪水，因为我对这土地爱得深沉！"郁达夫也是如此。这"清、静、悲凉"的故都之秋表现的是深沉真挚的"心上"之秋、家国之思、故都情结。郁达夫爱故都之秋爱得如此深切，愿意为其折寿。正是因为他是用整个生命去爱秋，用整个身心去拥抱秋，用自己的灵魂去品尝秋，才品出了深蕴其中的为人所不能言的妙味，才有了这篇秋味十足的至美之文。从文中我们可以看到，他既追求清雅宁静之美也喜欢沧桑厚重之感的审美情趣，感受到他叹息人生苦短、痛惜生命枯萎消亡的思想情感，甚至还可窥探到他那颗敏感的心和他那种独特的欣赏生活的角度。

五、课堂练习

仿照马致远的《天净沙·秋思》，用郁达夫《故都的秋》中的景物入诗，写一首小诗，过把诗人瘾。

《天净沙·秋思》:"枯藤老树昏鸦,小桥流水人家,古道西风瘦马。夕阳西下,断肠人在天涯。"

仿写参考:

(1)碧天驯鸽蓝朵,槐蕊灰纹青枣,残蝉秋雨闲人。清静悲凉,盛秋景在故都。

(2)破屋浓茶小院,看天听声品人,清闲落寞秋士。槐蕊落地,品秋人在故都。

六、布置作业

以"我最爱的秋"为题,写一篇不少于600字的文章。

附:板书设计

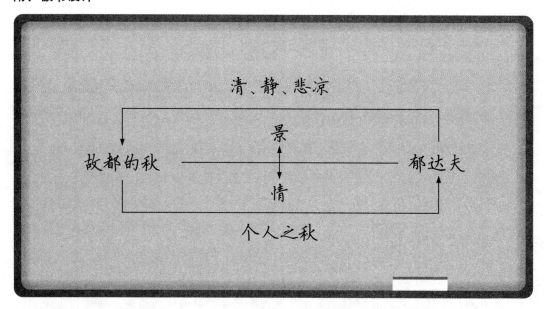

(二)《故都的秋》教学设计说明

1. 本教学设计的基本理念

语文学科核心素养关注审美体验、审美情趣等的养成。学生应通过学习学会理解、鉴赏散文,借此发展审美情趣和能力。本教学设计正是基于这种认识展开的,并将教学目标确定为领悟作品的丰富内涵,注重审美体验,在积极主动的思维和情感活动中获得独特的感受和体验。然而郁达夫的散文风格独特，这与其经历和感悟直接相关。教师的作用主要体现在引导学生自主发现和感悟，让学生通过充分的预习和反复的诵读去体悟故都之秋的澄澈、寂静之美，进而对"悲凉"这个词语的深刻内涵及其体现的作者独特的审美情趣进行创造性的解读。学生只有读懂了"悲凉"一词与作者独特审美情趣的契合之处，才能真正通过本文进入新课标所要求的审美境界，从而获得独特的审美情趣。

2. 教学目标及教学重难点确定的依据

本课的教学目标和教学重难点的确定是围绕"美"、立足"悲凉"展开的，是在诠释二者之间的关系中发展的。在体会"美"景，进入审美情境后，从景到情；在仔细品味、推敲"悲凉"的"情"中，情景交融。情与景共同作用，彼此融合，使得学生最终获得独特的、深层次的、立体丰富的审美情感。

3. 教学过程中的设计亮点与有待完善之处

（1）设计亮点：

本教学设计的亮点即用心之处在于，将教学设计个案置于郁达夫整体的散文风格和理论背景之下。将散文所表现的个性、社会性与大自然相调合。让学生在学习内容、鉴赏语句的同时，能够体会文学创作的特质，启发他们的文学思维和想象力。

（2）有待完善之处：

在散文教学中，能够突出学生的现实经验，准确找到相应学段学生特有的感情或生活体验，并将其作为切入点来进行教学目标和教学重难点的设计是较难把握的。所以，本教学设计如何能顺利从文本迁移到生活再到体悟是需要进一步探索的。

研讨话题

结合所学内容并查阅相关资料，谈谈你对散文教学理念中"形散而神不散"的认识。

教学设计

请在统编版中学语文教材中选取一篇散文，进行一则 1 课时的教学设计。要求：环节饱满，附带相应的板书设计、PPT 和教学后记。

第八章 小说

第一节 小说教学概述

一、基于核心素养的小说教学在语文课程中的地位及意义

小说是中学语文教学的重要组成部分。学习小说，不仅能帮助学生了解古今中外风貌，也有利于学生汲取其中所蕴含的文化精神、感受其独特的审美特征。中学语文教材共收录小说作品 34 篇，其中高中教材收录 17 篇。这 17 篇小说作品中，收录于必修教材的有 8 篇，收录于选择性必修教材的有 9 篇；整本书阅读 1 部，长篇小说节选 4 篇，中篇小说 4 篇，短篇小说 8 篇；中国古代小说 3 篇，中国现当代小说 8 篇，外国小说 6 篇。综合来看，以经典名篇居多，古今中外作品兼备，题材也较为丰富。

对于小说教学，《普通高中语文课程标准（2017 年版 2020 年修订）》在"学习任务群 1"中强调："从最使自己感动的故事、人物、场景、语言等方面入手，反复阅读品味，深入探究，欣赏语言表达的精彩之处，梳理小说的感人场景乃至整体的艺术架构，理清人物关系，感受、欣赏人物形象，探究人物的精神世界，体会小说的主旨，研究小说的艺术价值。"统编版语文教材在小说选编上体现出更加注重弘扬优秀传统文化、注重学生优秀品格的养成、培养学生对多元文化审美等特点；选文更加符合中学生的身心发展规律，能够更好地培养学生的认知能力和自主学习能力。可见，小说教学对以"语言建构与运用""思维发展与提升""审美鉴赏与创造""文化传承与理解"为基本内容的语文学科核心素养的形成具有重要的意义。

二、小说教学的现状及策略方法

（一）小说教学的现状及问题

第一，从教学理念与个人的文学素养来看，教师受到一元化思维和功利化思想的限制，在小说教学中常常出现以下问题：

①为了完成既定教学目标，过于看重知识传授而轻视文学的品评欣赏；

②忽视小说丰富的内涵，习惯于接受经典品评的结论，给小说人物贴标签，不认可标准答案以外的看法；

③对小说的内容解读与现代多元化社会现状脱钩，与学生独特的感悟相冲突，学生无法畅谈自己的见解，个性化解读得不到肯定和认可；

④忽视小说的社会价值与审美功用，只对文本进行肢解式的分析，培养所谓的阅读（或答题）能力；

⑤把考点作为教学重点，模仿高考中小说阅读考查的题型来设计问题，要求学生进行标准化作答。

整体而言，教师把对小说的"解读""教"给学生，会造成教师把持文本的阐释权，以教师的分析代替学生的阅读实践，使学生的阅读异化为记忆教师的"分析结论"，最终阻碍了学生真实阅读的问题。

第二，从文本定位的角度和教学模式的选择来看，小说教学浅表化、单一化倾向明显。

语文课程专家王荣生教授曾经感慨道："在中小学语文课程与教学中，小说，除了被拧干了的'人物、情节、环境'这三个概念，事实上已没有多少知识可教了。"小说课堂已日趋无聊与空洞，常常是统一的模式化讲解，单调僵化，教学内容、教学环节大同小异。由此造成学生缺乏整体意识，在阅读中不认真钻研文本，一开始就高谈阔论，惯于对文本进行过度解读。

第三，从学生的阅读实际和学习过程来看，忽视过程而强调结论，解读流于形式，且方法欠缺。

可以说，小说类书籍一直是大多数学生阅读的首选。然而我们不能回避的问题是，当代中学生似乎越来越远离传统意义上的经典小说，而是更加痴迷于流行小说尤其是各类快餐式、通俗化的网络小说。对于学习过的语文教材中的小说，很多学生缺乏来自自身感性或理性层面的生活感悟和情感体验。

（二）小说教学设计的理念与原则

第一，明确小说教学的根本宗旨在于丰富学生的人生体验、提升学生的人生境界。

在一定程度上，可以说，小说阅读与鉴赏的根本目的是培养"完整的人"。也就是说，小说教学的主要意义在于让小说阅读助力学生的成长。一部小说往往融入了作家的人生经历，是其心灵成长的反映，是其对现实世界的观察与思考，更是其思想认识和观念的结晶，体现了作家对真与假、善与恶、美与丑的辨别与取舍。我们的小说教学应深入到一部作品的意义价值层面，在教师、文本、学生的三方互联中，促进学生的精神发育与成长，使其获得有益的人生启示，健全人格的发展。

第二，超越"小说三要素"的理论局限，准确定位文本的教学价值。

当代文史巨擘张舜徽先生说："文体很多，务求实用。叙事有叙事之体，说理有说理之体，抒情有抒情之体，书札有书札之体，杂记有杂记之体，此数类最为重要，可以逐类诵习，辨明体例，以取行文之法。"小说教学自然具有不同于诗歌、散文、戏剧等文体教学的特殊性，但即使都属于小说这同一文体范围，小说教学的设计也绝不是千篇一面，没有所谓统一的教学模式之说。总体来说，就是必须要打破传统的围绕小说三要素来组织全部教学活动的陈旧模式和僵化套路。

在进行小说教学时，要尝试从着眼于"三要素"的现实主义分析过渡到叙事学（研究如何讲故事，叙事时间、视角等）和新批评（执着于研究作品的语言形式，即上文提到的词语、句式、修辞、韵律、风格等）的分析思路上来，准确把握各类型小说和具体文本的独特教学价值。另外，必须要说明的是，我们也不能矫枉过正，对于一些以塑造人物形象为中心或以故事本身为核心要素的小说，我们从传统角度进行分析和鉴赏是可以达到预期的教学效果的。

第三，要破除标准化、一元化思维，包容学生的多元化思维差异，倡导学生的个性化与创造性阅读。

一方面，从文体角度来讲，对于读者而言，任何小说文本所展现的都是具有历史意味的生活画面，读者对它的理解总是站在某一代人的特定视角之下的。另一方面，小说教学要充分调动自己的生活经验和知识积累，在主动、积极的思维和情感活动中，获得独特的感受和体验。学生唯有在探究性阅读和创造性阅读的过程中，才能发展想象能力、思辨能力和批判能力。最后，需要补充强调的是：我们绝不能任由学生抛开作家的实际思想以及作品内容的特定时空背景等去做无限制的自由解读,对每一篇文本的理解与评价总有一个内在的尺度。不能鼓励学生漫无边际地联系与臆测。纵然"一千个读者有一千个哈姆莱特",但也必须是"哈姆莱特"。

(三)小说教学设计的具体策略

第一,对文本进行全面、细致、深入的解读,确立"这一篇"的基本类型,找准文本的切入点、矛盾点或者空白点等。

首先,教师的文本解读能力直接影响到整个教学设计的准确度与深度。解读是从"表层形象"到"深层意蕴"的过程,是从了解"小说说了什么"到分析"小说是怎样说的"的完整过程。其次,我们必须清楚小说的创作以及理论也是不断发展的。现代小说观对传统的小说三要素的理解已经有了明显变化:情节,从强调"情节的完整性"到强调"生活中的某一横断面或纵切面";人物,从"塑造具有典型性格的人物"到"表现现实生活中人物性格的多面性与情感的复杂性";环境,由"自然环境和社会环境场景"到"现实与超现实叠加的场景"。我们对文本的解读也必须要兼顾不同时代、不同风格的小说作品,从而不断丰富、发展。再次,中学语文教材中选入的小说多数是情节、人物、环境等小说要素完备且显性呈现的作品,其中大多可以直接称为情节小说。当然,在不同的作品中小说三要素的重要程度可能会有差别,也有情节并不完整或不连贯的"诗性小说""风俗小说"和"散文化小说"等。对于这些作品,可以在小说三要素加上"主题"的层面进行常规解读,但一定不能把小说三要素割裂、静止、抽象出来,而是要认真思考其中的联系;面对将现实世界有意抽象、解构的"荒诞小说"和魔幻现实主义小说等,则必须把握住其最突出的艺术特征加以鉴赏。

第二,强化学生的阅读动机,满足学生的阅读期待,设计不同形式的课堂活动。

小说鉴赏的第一步就是读,离开了学生的阅读行为,鉴赏就无从发生,失去了意义。因而,必须结合学生的情感态度、个性特点、阅读习惯等因素精心设计一系列阅读环节。

阅读活动的形式要力求多变、灵活、富有创意。经常会用到的活动形式有圈点批注、多视角复述、主题辩论、剧本改编等。无论采用何种活动形式,目的都是为了促进学生的读,拉近学生与文本之间的距离,以"活动"推进鉴赏。

第三,提倡开放式思维与多元化评价,教学要有灵活性与包容度。

很多小说文本存在空白点与不确定性,作品的内涵具有多义性和模糊性。因而,在小说教学的过程中,不但教师本人要具有开放性思维,也要引导学生对作品进行多元化解读，对不同观点能够科学辨析与理解包容。

在小说教学中，教师要鼓励学生对作品进行个性化解读，尊重学生阅读的独特感受。这里要特别强调的是，教师一定要联系现实生活与时代主旋律来发掘作品的人文内涵，绝不能抱残守缺，用一些陈旧的思想观念来生硬解读小说主题或者评价小说人物。由于小说反映了社会生活的广泛性与复杂性以及人的多面性等，无论是教师还是学生，在阅读和鉴赏时都要把握一个相对灵活的尺度。

第四，合理进行文本扩展，扩大学生阅读面。

教师要着力引导学生多读泛读，培养并提升学生的阅读兴趣和品位，不断增强学生的小说阅读能力。阅读能力主要是通过大量阅读实践习得的，仅靠课堂上有限的几篇课文阅读是难以达成的。语文教育界的前辈早就正确地指出过：语文学习要"得法于课内，得益于课外"。拓展的具体途径有：从单篇阅读到群文阅读，从节选章节阅读到整本书阅读，再到同一主题的专题阅读以及跨媒介阅读，等等。例如，中学语文教材中节选的《边城》《老人与海》等小说作品，我们可以在鉴赏的过程中直接实现课文与原著内容的关联；课文《祝福》可以与《明天》组成群文阅读，对"封建礼教束缚下的寡妇"这一群体进行透视；课文《林黛玉进贾府》可以和1987版、2010版电视连续剧《红楼梦》以及越剧《红楼梦》、电影《红楼梦》等相关影视的片段资料整合在一起欣赏。

第二节　小说教学知识点汇总

一、小说的概念

小说是文学的一大类别，是一种与诗歌、散文、戏剧并列的叙事性文学体裁。它以塑造人物形象为中心，综合运用语言艺术的各种表现手法，通过完整的故事情节和具体的环境描写，广泛地、形象地、生动地反映社会生活。

二、小说三要素

小说三要素是指人物、情节和环境。

三、小说的表达技巧

（一）表达技巧的含义

表达技巧是指作者在创作中所运用的各种具体的表现方法。

（二）表达技巧的内容

（1）表达方式：记叙、描写、说明、议论、抒情。其中，描写方式主要有正面描写、侧面描写等；抒情方式分为直接抒情和间接抒情，而间接抒情又包括借景抒情、寓情于景等。

（2）修辞手法：比喻、比拟、排比、夸张、借代、双关、反问、反复和对偶等。

（3）表现手法：联想、想象、象征、衬托、对比、渲染、用典等。

（4）结构特色：先抑后扬、过渡、制造悬念、照应、伏笔、铺垫、开门见山、卒章显志等。

（5）材料安排：主次、详略、繁简。

第三节　小说教学设计典型案例及设计说明

一、《我的叔叔于勒》教学设计及其说明

（一）《我的叔叔于勒》教学设计

【教材分析】

《我的叔叔于勒》是统编版《语文》九年级上册第四单元的第二课，是一篇教读课文。莫泊桑短篇小说的题材丰富多彩，行文波澜起伏，情节巧妙曲折，用洗练的笔墨揭示人物的内心世界，在艺术上取得了很大成就。本文就是一篇体现其艺术风格、特色与功力的佳作。作品从少年若瑟夫的视角叙事，通过描写若瑟夫的父母菲利普夫妇对弟弟于勒态度的

前后反差，反映了19世纪后半叶法国小市民的真实生活状况和心理思想，其中也包含了若瑟夫对社会、对人生的认识。

【学情分析】

虽然九年级的学生已经接触过小说阅读，对小说三要素等理论知识也有所了解，但他们中的不少人仍然把小说鉴赏看作是以概括情节、分析人物、理解主题等为主要方法的、孤立的、缺乏内在联系的阅读活动，并没有真正掌握小说阅读的方法。

【教学目标】

<u>目标1</u>　培养学生正直善良、不自私、关爱他人的优秀品质。

<u>目标2</u>　引导学生初步掌握鉴赏小说的步骤与方法。

【教学重点、难点】

（1）学习反转、铺垫等小说叙述技巧。

（2）鉴赏从不同角度描写人物、展现人物内心世界的手法。

（3）多角度探究小说的主题。

【教学方法】

自主鉴赏，合作探究。

【教学时数】

1课时。

【教学过程】

一、激趣设疑，导入新课

我们都在亲情的环绕中长大，亲情是世间最美好、最温暖的一种情感。我们和自己的父母、兄弟姐妹、叔叔婶婶等亲人之间一定有许多动人的故事。不过，今天我们要读到的这个关于亲人的故事有一些不同之处。这个故事来自法国文豪莫泊桑所创作的《我的叔叔于勒》。

莫泊桑是19世纪下半叶法国杰出的批判现实主义作家，和俄国的契诃夫、美国的欧·亨利并称为"世界三大短篇小说巨匠"。其代表作有长篇小说《一生》《漂亮朋友》，短篇《项链》《菲菲小姐》《羊脂球》等。

二、圈读：了解小说内容

学生活动1：这篇小说的题目是《我的叔叔于勒》，是用"叔叔"这个称谓来称呼文中的人物于勒的。请速读全文，勾画出文中对于勒的其他称呼或他人在谈到于勒时的说法。

明确：可以勾画出以下词语：坏蛋、流氓、无赖、正直的人、有良心的人、好心的于勒、有办法的人、小子、家伙、贼、讨饭的。

学生活动 2：请你分别以"无赖于勒""有办法的于勒""讨饭的于勒"为题目，为全班讲述于勒某一个人生阶段的经历。

三、比读：体会叙述技巧

学生活动 3：合作讨论，如果删去课文第三至第五自然段直接叙述"父亲的弟弟于勒叔叔那时是全家的恐怖，据说他当初行为不正"，再删去后面的第十三至第十六自然段，是否会影响读者的阅读感受？这两部分中重复出现的语句是哪一句？有何作用？

明确：这两部分内容都重在表现全家人对于勒的热切期盼，希望他能给家人提供经济上的帮助，让家人过上好日子，字里行间洋溢着欢乐的、充满希望的气氛，突出了"父亲的弟弟于勒叔叔，那时候是全家唯一的希望"。在真正见到于勒，发现他的贫穷与落魄之后，之前充满期盼的家人竟然避之不及，惟恐被认出扯上关系。由期盼到躲避，对比反差极大，小说的故事情节经历了一个巨大的波折和反转，引人入胜，充分满足了读者的阅读期待。如果去掉这两部分，则平淡无味，显得单调。其中，"唉！如果于勒竟在这只船上，那会叫人多么惊喜呀！"这句话两次出现，除了表现期盼之外，更是为下文一家人旅行，在轮船上意外碰见于勒预作铺垫，使得故事的发展显得更加自然合理，前后构成呼应，结构更加精巧。

四、析读：学会分析人物描写

学生活动 4：同样一个于勒，在大家尤其是菲利普夫妇的口中却有那么多称呼，对于勒的态度前后差别太大，令人瞠目结舌。你觉得他们可能是怎样的人？请结合课文进行分析。

明确：菲利普夫妇一家是法国社会中一个普普通通的市民家庭，经济状况一般，可能还比较窘迫，"并不是有钱的人家，也就是刚刚够生活罢了"，平时的吃穿用度都需要仔细计算，再加上有大龄女儿要出嫁，可看出菲利普夫妇对金钱是很在意的。他们对"行为不正,糟蹋钱"的于勒非常反感,进而"打发他到美洲去",不担心他的健康等,亲情比较淡漠,甚至在之后得知于勒发了财,尽管对他的看法有了极大变化,但也始终看不到亲人之间的牵挂与思念,可见二人的自私。

小结:我们要从中揣摩、体会人物形象分析的方法,通过故事情节、典型事件来分析人物形象,通过人物描写来分析人物形象。找出描写人物的典型语句,揣摩人物语言、动作、神态背后的心理活动,用准确的词语归纳概括人物的性格特点。

五、辨读:探究作品的深层意蕴

学生活动5:联系课文,你觉得"我"也就是若瑟夫对菲利普夫妇的行为持一种怎样的态度?

明确:从开头叙述自己一家人的窘迫生活的口吻体会,"我"对父亲、母亲、姐姐也是十分关心和同情的。"在穷人家,这是最大的罪恶","于勒叔叔把自己应得的部分遗产吃得一干二净之后,还大大占用了我父亲应得的那一部分",这两句话很清楚地表明了"我"对父母反感于勒的理解;"人们按照当时的惯例,把他送上从勒阿弗尔到纽约的商船,打发他到美洲去"一句中,有意识地强调是"人们"而不单单指出自己的父母,比较有分寸地说明了这一选择有一定的合理性。但从另一方面来看,"我"对父母的做法也是有不满之处的。例如,"我不敢肯定父亲对于这个计划是不是进行了商谈","我总认为这个青年之所以不再迟疑而下决心求婚,是因为有一天晚上我们给他看了于勒叔叔的信"。"我"的口吻是略带迟疑与猜测的,含蓄地透露出自己一家人过分惦记、想要得到叔叔于勒的金钱这一心理在"我"看来似乎不够正当。最明显的是于勒被认出后,"我"的态度和表现与菲利普夫妇是有明显差别的。"我"仔细观察他的外表,"那是一张又老又穷苦的脸,满脸愁容,狼狈不堪",并且依旧称呼他为"叔叔",如文中所写"这是我的叔叔,父亲的弟弟,我的亲叔叔",还"给了他十个铜子的小费"。可见,"我"对于勒的遭遇十分同情,内心很不好受,想要给他一点自己力所能及的帮助。所以,从整体来看,"我"一方面对父母也就是菲利普夫妇有所同情与理解,另一方面,"我"从内心更看重亲情,更同情不幸的人,"我"不赞同菲利普夫妇的自私与功利。

学生活动 6：阅读课文删去的《我的叔叔于勒》原文的开头与结尾，进一步体会作者的创作意图。

开头："一个白胡子的老头儿向我们乞求施舍。我的同伴若瑟夫·达佛朗司竟给了他一枚值五法郎的银币。我觉得有点惊奇。他于是对我说：

这个可怜的人使我想起一段往事，这段往事我一直念念不能忘怀。下面我就讲给您听。"

结尾："从此我就永远没有再见过我父亲的兄弟了！

这就是你会看见我有时候拿出一块五法郎的银币施给流浪者的理由。"

明确：其实相对于对菲利普夫妇自私心理的含蓄批评（不是批判），作者可能更强调的是人性的善良与人道关怀。而这一主题是能够穿越时空，给人以永恒启示的。

六、课堂小结

"人"这个字的笔画只有两笔，一撇一捺，但这个简单的结构却蕴含着深刻的含义：作为人，我们必须学会相互支撑。

无论古今中外，我们无法不谈金钱，不过在面临利益取舍时，希望同学们能像若瑟夫一样，多一点同情，多一点关爱，多一点善良，对小人物多一些包容。

附：板书设计

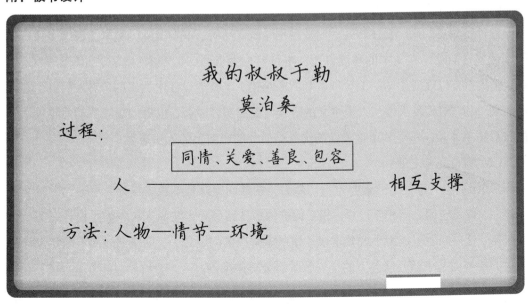

（二）《我的叔叔于勒》教学设计说明

1. 本教学设计的基本理念

本教学设计的宗旨很明确，就是要教给学生小说这种文体的阅读方法。阅读小说的第一步，自然是对文本内容的阅读和初步理解，知道小说写了几个人或什么故事。第二步，是要思考，如作者是怎样告诉读者这个故事的，如果换一种讲述的方式或者讲述的角度又会怎样。第三步，是要细读，进行深层探究，发现这个故事的内在关联，如人物之间的关系及其成因，一个人的思想性格、行为表现与结果之间的联系，场景与人物、事件的联系，等等。对这些问题的思考往往走向对文章价值、意义的探究，最终达成的是对小说三要素及小说主题的深度把握。本教学设计的"圈读：了解小说内容""比读：体会叙述技巧""析读：学会分析人物描写""辨读：探究作品的深层意蕴"四个主要鉴赏环节，其实就是按照以上步骤，并结合《我的叔叔于勒》这篇小说的内容及形式特点来进行设计的。

2. 教学目标及教学重难点确定的依据

在教学目标和重难点的设计上，既关注知识教学（小说的文体知识），也突出审美教育（情感的体验、迁移），还充分突出了对学生小说阅读习惯的培养与阅读方法的指导；始终围绕着学生的阅读兴趣，关注学生的自主阅读行为，让学生真正走入缤纷多彩的小说世界，对小说阅读产生持久的兴趣。

3. 教学过程中的设计亮点与有待完善之处

（1）设计亮点：

设计了圈点勾画、复述转述、比较辨别、语言品析、审辨批判、文本迁移等多种具体的阅读鉴赏活动。在文本的解读方面，本设计也力求回归文本本身，依托原著，尊重作者，坚决摒弃以往对主题的偏狭理解和武断结论。本教学设计中提出的"对人们自私心理的表现"和"对善良人性与人道主义的呼唤"更加契合原著，也更加能够调动九年级学生的自身情感体验，培养其正直善良的优秀品质和健康向上的人生态度。

（2）有待完善之处：

"知识"与"审美"、"素养"与"能力"的共同提升是本教学设计力图达到的教学效果之一，但是它们之间相互诠释、相互促进的最佳路径和方法尚未被本教学设计完美地呈现出来。这一问题也成为小说教学设计中最难解决的问题之一。期待通过对本教学设计的探讨，能够为基于核心素养下的小说教学研究提供案例。

二、《哦，香雪》教学设计及其说明

（一）《哦，香雪》教学设计

【教材分析】

《哦，香雪》是统编版高中《语文》必修上册第一单元的第三课，是一篇自读课文。它作为一篇抒情意味浓厚的短篇小说，题目的咏叹语调也提示和透露了这一点。《哦，香雪》是中国作家协会主席铁凝的成名作、代表作。这篇小说情节简单却富有诗意，如同"香雪"这个名字一样，洁净而又芬芳。小说以闭塞的小山村台儿沟为背景，通过对香雪、凤娇等一群乡村少女的描摹，叙写了每天只在车站停留一分钟的火车给宁静山村生活激起的波澜。

【学情分析】

这篇小说记叙的故事发生在 20 世纪 80 年代初我国改革开放刚开始时。这个时间距离现在较远，因此学生阅读这篇小说时会有一定的思想隔膜和情感障碍。

【教学目标】

目标 1　引导学生探究现代文明对农村的影响，培养学生对美好人性的追求。

目标 2　学习鉴赏具有浓郁抒情风格的小说，提升学生的审美能力。

【教学重点、难点】

（1）体会姑娘们对山外文明世界的向往和改变山村封闭落后面貌、摆脱贫穷的迫切心情，感受山里姑娘们的自尊自爱和纯美的心灵。

（2）品味小说自然清新、充满诗意的语言。

【教学方法】

以自主探究为主，引导学生用自己的心灵去感悟、用自己的语言去表达、用自己的观点去判断、用自己的思维去创新。

【教学时数】

2 课时。

【教学过程】

一、创设氛围，走近作家作品

"一座大山""几个女孩""两根冰冷的铁轨"和"一列黑沉沉的火车"，看到这几个短语，同学们有怎样的感受呢？也许有点单调，有些压抑，不过这就是中国作家协会主席铁凝在自己的成名作《哦，香雪》中的描述。她还评价说：《哦，香雪》是一个"没有故事的故事"。这篇小说创作于1982年，作者当时只有25岁，然而它的影响却持久不衰。这篇小说不仅荣获了全国优秀短篇小说奖及首届青年文学创作奖，还入选了"改革开放四十周年最有影响力小说"。

二、熟悉文本内容，探究作者的叙述技巧

学生活动1：这篇小说的题目就告诉我们主人公的名字叫香雪，她是一名17岁的山村姑娘。请同学们迅速阅读课文，也可以跳读，了解一下香雪有什么样的经历，以"香雪和_____的故事"这个短语来概括你关注到的课文内容。

学生概括，发言。

小结：学生们可能提及的有"香雪和__女伴__的故事""香雪和__火车__的故事""香雪和__乘客__的故事""香雪和__女学生__的故事""香雪和__同学__的故事""香雪和__父母__的故事""香雪和__文具盒__的故事""香雪和__梦想__的故事"等。

学生活动2：请你以刚才概括的短语为题目，用流畅生动的语言向同学们展开讲述这个故事。

指名2~3名学生讲述，再指名2~3名学生评价他们的讲述。

学生活动3：（思考）在同学们讲述的故事中，哪一个故事作者着墨较多，可以认为是小说中相对重要的情节呢？分组探究：作者是怎样来叙述这个故事的？

小结：应该是"香雪和__文具盒__的故事"。作者在引出文具盒之前有意进行了铺垫、蓄势，先说包括香雪在内的台儿沟的姑娘们每天吃完晚饭就赶去看火车，然后说凤娇拉着香雪看"金圈圈"、手表，再到香雪看到人造革学生书包，再到姑娘们和"北京话"的认识等，直到写到姑娘们上火车站做买卖，才不经意地点到了"有一回她向一位戴眼镜的中年妇女打听能自动开关的铅笔盒，还问到它的价钱"。这时，作者又巧妙采用了插叙与回忆的方式，写了香雪在学校因为自己的木头文具盒等被人孤立、取笑的事情，而这恰恰是香雪想要换回一个"能自动开关的铅笔盒"的原因。这里对人物的塑造开始向纵深开掘。下面香雪跳上火车换铅笔盒把故事推向了高峰，而最后她拿着铅笔盒步行回家的心

理描写则是颇有意味的余笔。香雪的其他经历都与这个铅笔盒的故事有所关联，为的是把这个故事叙述得更加自然合理，更加富有意义。

学生活动4：（探究）作者为何要写到其他人物和他们的活动行为呢？

小结：很明显，凤娇和其他山村姑娘们与香雪在认识层次、理想追求上有着较大的差距，这是对比衬托的写法。另外，文中出现的所有姑娘是一个完整而不可分割的群体，代表着山村美好的一面，闪耀着人性美的光辉，这是作者要赋予作品的深层内涵之一。

三、调动情感体验，探究作品的丰富意蕴

学生活动5：（探究）作者特别强调火车在台儿沟仅仅停留"一分钟"，然而这"一分钟"在文中被称为"五彩缤纷的一分钟"，它有着耐人寻味的意义，是很有价值的"一分钟"。结合小说内容，谈谈你对这"一分钟"的认识。

小结：对大多数山村姑娘来说，"一分钟"的停留让她们看到城镇女性的时兴装扮和生活物品，如烫发、发卡、橡皮筋、纱巾、香皂、尼龙袜、手表等，看到了火车、风扇等新鲜事物，看到了山外人不一样的相貌和言谈举止。综合起来说，就是让她们感受到了一个更现代、物质生活更好、能带来新鲜话题的，与山村世界相对立的城市世界。对凤娇而言，恐怕还得加上她不切实际、美好朦胧、坦率真挚的爱情幻想。

而对香雪而言，这"一分钟"的意义是最丰富的。由她对"皮书包""北京的大学""配乐朗诵""文具盒"等的注意，可以看出她作为"台儿沟唯一考上初中的人"，对知识与文化的追求和向往。由她想要得到一个"能自动开关的铅笔盒"的原因，再加上她对"一天吃几顿饭"的疑惑来分析，可以看出香雪对平等、自尊的个体价值的追求，她渴望摆脱因为贫穷而被孤立、歧视的境遇。从香雪换回文具盒，步行回村的路途上的所思所想来分析，"台儿沟一定会是'这样的'：那时台儿沟的姑娘不再央求别人，也用不着回答人家的再三盘问。火车上的漂亮小伙子都会求上门来，火车也会停得久一些，也许三分、四分，也许十分、八分。它会向台儿沟打开所有的门窗，要是再碰上今晚这种情况，谁都能从从容容地下车"，"她要告诉娘，这是一个宝盒子，谁用上它，就能一切顺心如意，就能上大学、坐上火车到处跑，就能要什么有什么，就再也不会被人盘问她们每天吃几顿饭了"，可见香雪已经拥有了面对外面世界的自信与勇气，

对自己以及山村的未来都产生了憧憬与希望。所以,"一分钟"对于香雪的意义就是使她明确了奋斗的方向,战胜了内心的卑怯,确立了自己生命的尊严与价值。

正如作者铁凝所言:"世上最纯洁、美丽的情感就是少女的梦想。尽管它幼稚、缥缈,甚至可笑,尽管它也许是人性中最为软弱的一部分,但同时也是最可宝贵的一种情感,作为美的对象,它可以洗涤人性中那些功利的、自私的、丑陋的部分,至少可以作为这些东西的反衬和对照。"以香雪为代表的姑娘们生活在遥远的小山村,却向往外面的世界,这群没有被现代文明洗礼的姑娘保留了最原始的纯美与洁净。她们的内心没有被大山所掩埋,表现出对知识的渴求、对进步的迫切需要、对现代文明的向往。她们主动向外探求,求新求变,积极向上,实现人生价值,明白知识就是力量。这便是属于"香雪们"的独特的自我心灵觉醒。

学生活动6:(探究)有人说,如同沈从文的《边城》,这部作品也隐藏着作者的忧虑与反思。谈谈你的看法。

小结:在作品中,我们从姑娘们在来自外面世界的人们面前不由自主的紧张、害怕、自卑等情绪中,不难感到山村的贫穷、落后以及想要改变现状的不易,从城里人的身上也不难发现他们对"香雪们"的疏离,甚至轻视、欺骗。可见城乡之间的沟通与融合还有很长的路要走。

学生活动7:同样处于青春年华,你们也有自己的成长故事,有自己的欢乐、困惑、矛盾或者感悟。请以"我生命中的一小时(或一天、一月、一季、一年)"为题创作一段青春随笔,200字左右即可。

四、咀嚼小说语言,探究文本的美学价值

学生活动8:找出你喜欢的段落或句子,反复诵读,说说你喜欢的理由。

明确:可以是关于人物描写的细节,也可以是景物描写等,不必要求一致,也不必对学生的理由阐述进行过多评判。只要学生用心品读,对作品的美有所感受即可。

学生活动9:著名作家孙犁曾经高度评价这篇小说,说它"从头到尾都是诗,它是一泻千里的、始终一致的。这是一首纯净的诗,即是清泉。它所经过的地方,也都是纯净的境界"。合作探究,说说你对这一评价的理解。

小结:首先是题目以及小说结尾的"哦,香雪"这三个字就充满了诗意。纯

洁的雪，散溢默默的香——香雪，多么干净无瑕又沁人心脾，多么娇柔又多么坚强！这是主人公美好形象的最佳映照。一个充满深情的呼唤——"哦"，既是姑娘们惊喜、热烈的呼喊，也是伴着群山回音的对香雪的欢迎与召唤，更饱含着作者对香雪的慰藉鼓励、热情赞美和真挚祝福。

在山村生活的人身上也闪耀着人性之美，是"纯净的诗"。"不管在路上吵得怎样厉害，分手时大家还是十分友好的，因为一个叫人兴奋的念头又在她们心中升起：明天，火车还要经过，她们还会有一个美妙的一分钟。和它相比，闹点儿小别扭还算回事吗？"——姑娘们是多么单纯坦率，没有心机和争斗，毫不矫揉造作。"如果他给她捎回一捆挂面、两条纱巾，凤娇就一定抽出一斤挂面还给他。她觉得，只有这样才对得起和他的交往，她愿意这种交往和一般的做买卖有所区别"——凤娇慷慨不自私，感情里不掺杂一丝功利。"因为她是那么信任地瞧着你，那洁如水晶的眼睛告诉你，站在车窗下的这个女孩子还不知道什么叫受骗"，"台儿沟再穷，她也从没白拿过别人的东西。就在火车停顿前发出的几秒钟的震颤里，香雪还是猛然把篮子塞到女学生的座位下面，迅速离开了"——香雪心思纯粹而又无比有自尊。

作者笔下的台儿沟也是一个诗情画意的地方。"它和它的十几户乡亲，一心一意掩藏在大山那深深的皱褶里"——它宁静而安详。"月亮是这样明净。群山被月光笼罩着，像母亲庄严、神圣的胸脯；那秋风吹干的一树树核桃叶，卷起来像一树树金铃铛，她第一次听清它们在夜晚，在风的怂恿下'豁啷啷'地歌唱"，"小溪的歌唱高昂起来了，它欢腾着向前奔跑，撞击着水中的石块，不时溅起一朵小小的浪花"——它宽厚温柔又活泼灵动。"古老的群山终于被感动得战栗了，它发出宽亮低沉的回音，和她们共同欢呼着"——它是香雪等山村人的依赖和根基，是他们永远的家园。

五、课堂小结

香雪和姑娘们在火车一分钟的停留中追寻着心中的远方之城，无论成败，追梦的旅途"五彩缤纷"，一切值得。

但愿我们每个人的心中都有一座诗意的远方之城，让我们看清脚下的路，一路欢歌，踏上前路吧！远方之城，是心之所安的地方。

六、布置课后作业

请以"五年后的香雪及其山村姐妹"为题目,对小说进行续写,字数为600字左右。

附:板书设计

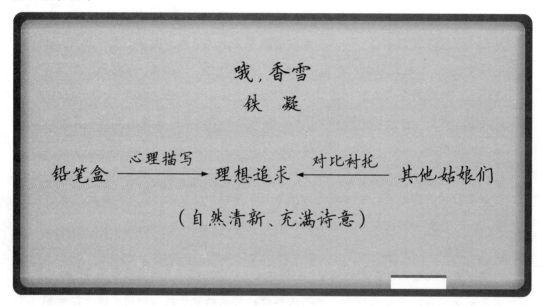

(二)《哦,香雪》教学设计说明

1. 本教学设计的基本理念

《普通高中语文课程标准(2017年版2020年修订)》指出:研习中国现当代代表性作家作品……旨在大体了解现当代作家作品概貌,培养阅读现当代文学作品的兴趣,以正确的价值观鉴赏文学作品……因此,本教学设计主要是从学生的情感体验出发,试图为当代学生理解香雪等人搭建起一座桥梁,那就是同属于青春的喜怒哀乐;并且始终引导学生对文本进行自主探究,从阅读中去发现技巧,从体悟中去培养审美。

2. 教学目标及教学重难点确定的依据

在确立教学目标之前,我们应先思考这篇已经诞生近40年的作品与当代学生之间的联系,以及阅读这篇小说如何能助益学生成长。通过文本研读与学情分析,可以得出:这篇小说展现了山村少女心灵的纯洁美好,对新世界、新生活的炽热追求与向往,表达了作者对时代、生活的严肃思考；而我们的学生同样处在青春追梦的路上，他们在成长中也遇到过挫折与质疑，也感受到希望与力量，他们也同样拥有感受纯真与美好的能力，也能体察到时代的进步与冲突。因此，本设计将教学的首要目标设定为"引导学生探究现代文明对农村的影响，培养学生对美好人性的追求"。这篇小说独特的片段化的叙述方式和诗意化的表达形式，决定了本课教学设计的重点：不在于故事本身，而在于作者是如何来讲述故事的；不在于对小说三要素的分别鉴赏，而在于整体去感受、评价作品的诗意之美。

3. 教学过程中的设计亮点与有待完善之处

（1）设计亮点：

著名语文教师程翔在阐述其对《哦，香雪》一课教学的思考时说："当阅读与学生的心灵建立联系时，学生才能感觉到阅读的必要性，阅读的意义才会显现出来。"本设计就是在对以上理念诠释的过程中展开的。因此，众多环节的设计都使得情感的培养和激发能够在课堂当中被学生较为深入地感知，他们能够在切实感受中体会文章的深刻意义。

（2）有待完善之处：

教学的过程也是处理矛盾的过程。本文作为一篇自读课文，应突出学生主体，教师应重在引导。因此，本教学设计关注情感的同时，没有完全直接将对小说三要素的讲解分析、剥离出来。但是，是否需要剥离？如何剥离？剥离到何种程度？这些是本教学设计保留的问题，值得大家深入探讨。

研讨话题

结合本章所学内容，思考小说教学与作文教学之间的关系？如何实现二者之间的良性互促模式？

教学设计

请在统编版中学语文教材中选取一篇小说，进行一则1课时的教学设计。要求：环节饱满，附带相应的板书设计、PPT和教学后记。

第九章 戏剧

第一节 戏剧教学概述

一、基于核心素养的戏剧教学在语文课程中的地位及意义

"学科核心素养是学科育人价值的集中体现","语文学科核心素养是学生在积极的语言实践活动中积累与构建起来,并在真实的语言运用情境中表现出来的语言能力及其品质;是学生在语文学习中获得的语言知识与语言能力,思维方法与思维品质,情感、态度与价值观的综合体现"。(《普通高中语文课程标准(2017年版2020年修订)》)。以语文学科核心素养为本的戏剧教学,一方面,为学生提供学习语言的机会,有利于学生语言的构建与运用;另一方面,它以独有的方式吸引着学生的注意力,学生通过亲身实践、深层体验,陶冶性情,训练思维,塑造审美境界,不仅能促进思维品质的发展和提升,促进鉴赏能力与创造能力的提高,还能继承和弘扬优秀传统文化,理解和借鉴不同民族和地区的优秀文化。在戏剧实践活动中,学生的交际能力、合作意识、情感意志等综合素质还能得到极大提升。

当前,学术界提出"戏剧教育是一种全人教育"的理念。教育部高等学校戏剧与影视学类专业教学指导委员会主任周星解释说:"我们所提倡的戏剧教育是一种全人教育,是以戏剧的形式,对人的思想、情感、表现、精神世界的抒发等所进行的教育。"他还引用我国古代科学家、政治家徐光启的话:"无用之用,众用之基。"美国学者艾林纳·蔡斯·约克

在20世纪初总结了戏剧带给儿童的作用，包括创造性、敏感性、流畅性、灵活性、想象力、情绪稳定性、社会合作能力、道德态度、身体平衡协调能力以及交流能力。法国蒙彼利埃"演员之春"戏剧节主席让·瓦雷拉在首届"世界好戏"论坛上说："戏剧是一个非常重要的提升全社会民众素质的方法。"他还介绍说："法国有着非常好的戏剧生态体系，不仅有国立的表演艺术学院，而且在大学和中小学都有强有力的全民话剧教育。"以色列卡梅尔剧院总经理朗·古埃塔说："以色列是一个很小的国家，但我们的学生每人每年至少要看两部戏。"

戏剧教学在欧美国家十分盛行，而在我国，面对新的形势和发展需求，依然需要不断的发展和改进。入选中学语文教材的戏剧篇目占比较低，相应的教学时数也较少。但戏剧鉴赏和诗歌、小说、散文鉴赏一样，是中学文学鉴赏教学中不可或缺的一部分，是学生语文学科核心素养得以提升的重要一环。

二、戏剧教学的现状及策略方法

（一）思想上功利意识太强，对戏剧教学重视不够

虽然戏剧与小说、散文、诗歌等体裁同等重要，但由于中高考基本不涉及戏剧内容，教师们为这一体裁用时、用力、用心的动力明显缺乏。初高中教材中本就只有寥寥的几篇戏剧作品，还常常不能引起教师的重视，戏剧教学不分文体而流于形式。例如，有的教师会讲讲戏剧知识，有的教师节选其中几段让学生分角色读一读，有的教师让学生看看视频，还有的教师则直接将此单元忽略，让学生自学。教师的漠视态度直接导致学生对于戏剧的学习意识不强、学习兴趣不浓。但随着社会的进步与发展，以及语文课程改革的深入，中学戏剧教学的意义越来越重大了。在中国，戏剧长期以来就承担着文化传承与国民性格建构的作用。"戏剧教育要让孩子思考并且学会成长，面向成人世界前进，而不是告诉他们只有童话世界，"周星说，"经典剧目更有利于人的全面成长，以平等的姿态让孩子体验真正的人生，理解成人世界的复杂。"因此，教师一定要改变观念，与时俱进，端正态度，改进方法，要意识到并承担起促进学生全面而有个性的发展，继承和弘扬中华优秀传统文化、革命文化、社会主义先进文化，建构国民优良性格的责任与义务。

（二）不能依据戏剧的体裁特色制订教学方案，教学环节不完整

戏剧不同于诗歌、散文、小说等文体，它是一门综合性的艺术。长期以来，很多语文教师将戏剧教学的关注点放在文学剧本本身。这种就文本解读文本的单一教学模式在一定程度上泯灭了戏剧本身深厚而独特的文学和艺术价值，是很难收到良好的戏剧教学效果的。所以，戏剧教学应当用时、用力、用心地完成"学习剧本—组织排演—学生表演—评论总结"的整个过程，才能确保戏剧教学环节的完整性，才能充分彰显戏剧本身的价值和特点。

（三）戏剧教学不以学生为主体，不以学生活动为核心

许多教师在戏剧教学实施方面存在着教学活动设计不以学生为主体，不以学生活动为核心的倾向，出现了戏剧教学以教师讲授戏剧知识和学生观看教材节选的戏剧篇目的视频影像为主的现象。这种做法使得教学抛开了学习的主体，让学生被动地成为听众和观众，学生游离于教学之外，教学相长的共鸣难以发生。因此，笔者建议：

（1）学习剧本时，可以引导学生把节选以外的整部剧都进行学习，可以鼓励学生改编剧本，并进一步鼓励学生创作剧本。

（2）组织排演时，一定要让所有学生都参与进去。除了安排学生做演员外，还可以让学生自主选择做编剧、做导演，或是做剧务（负责服装、道具等），尽量做到让全员都参与到这项综合性学习活动中。

（3）学生展演时，在条件允许的情况下尽可能组织有一定规模的展演比赛或展示活动。例如，组织全年级、全校或全教育集团校的评比、汇报或演出，设置的奖项类型尽量多样化。除奖励各类别表演人员外，还可以奖励编剧、导演、音效、道具、服装等人员，力求让所有参与人员都有成就感。

（4）反思评论、回顾总结与再学习。展演结束后，师生可以共同探讨在戏剧活动中的收获，参演的学生可以谈谈体验与感受，当观众的学生也可以进行评论或谈观后感。让·瓦雷拉说：事实上，观看戏剧也是戏剧教育的一部分。

综上所述，人类的发展处处有戏剧的影子，生命的成长也需要戏剧的情境和文化来滋养。戏剧教学是最贴近人性的教育方式之一。创设戏剧学习的情境，锻炼学生对剧本再创作的能力，给学生分配编剧、导演、演员、剧务、评议员等角色任务，让学生发挥所长，互相配合，全情投入。这也是对戏剧的二次创作。学生亲历了这一实践活动，在过程中学到

了知识，培养了认知和能力，获得了进步和成长。可以说，这一做法使得戏剧在娱乐的形式下，包含了教育的意义，诠释了文学教育与文明启迪、社会发展与素养提升的多元内涵。

第二节　戏剧教学知识点汇总

一、戏剧的概念

戏剧是一门综合性的艺术，它借助文学、音乐、舞蹈、美术雕塑、建筑等艺术手段塑造舞台形象，揭示社会矛盾，反映社会生活。换言之，戏剧即由演员扮演角色在舞台上当众表演故事的一种综合艺术。

在中国，戏剧是戏曲、话剧、歌剧、舞剧的总称。戏剧旧时专指戏曲，现在也常专指话剧。在西方，戏剧专指话剧。

二、戏剧的起源

戏剧的起源实不可考，有多种假说。目前比较流行的看法有二：一种为原始宗教的巫术仪式，中文的"巫""舞""武"三字同源，可能是对一种乞求战斗胜利的巫术活动的合称，即戏剧的原始形态；另一种为劳动或庆祝丰收时的即兴歌舞表演，这种说法的主要依据是古希腊戏剧，它被认为起源于酒神祭祀。

三、戏剧文学

（一）戏剧文学

戏剧文学即剧本，是舞台演出的基础，是戏剧的主要组成部分。作为与诗歌、散文、小说并列的一种文学体裁，戏剧是中西方文化艺术的瑰宝。

（二）戏剧文学的特点

（1）空间和时间要高度集中。戏剧不像小说、散文那样可以不受时间和空间的限制，它要求时间、人物、情节、场景高度集中在舞台范围内。小小的舞台上，几个人的表演就可以代表千军万马，走几圈就代表跨过了万水千山，变换一个场景和人物就可以说明到了一个全新的地方或相隔多少年之后……相隔千万里，跨越若干年，都可通过幕、场的变换，集中在舞台上展现。戏剧中通常用"幕"和"场"来表示段落和情节。幕指情节发展的一个大段落。一幕可分为几场。一场指一幕戏中发生空间变换或时间隔开的情节。戏剧一般要求篇幅不能太长，人物不能太多，场景也不能过多地转换。

（2）反映现实生活的矛盾要尖锐突出。各种文学作品都要表现社会的矛盾冲突，而戏剧则要求在有限的空间和时间里反映的矛盾冲突更加尖锐突出。因为戏剧这种文学形式是为了集中反映现实生活中的矛盾冲突而产生的，所以说，"没有矛盾冲突就没有戏剧"。又因为戏剧受篇幅和演出时间的限制，所以必须将剧情要反映的现实生活凝缩在适合舞台演出的矛盾冲突中。

戏剧中的矛盾冲突大体分为发生、发展、高潮和结尾四部分。一部戏剧从矛盾发生时就应吸引观众。矛盾冲突发展到最激烈的时候称为高潮，这时的剧情也最吸引观众、最扣人心弦。高潮部分也是一部戏剧的重头戏，是最"要劲"、最需要下功夫之处。

（3）戏剧的语言要表现人物性格。戏剧语言包括台词和舞台说明两个方面。

①戏剧的语言主要是台词。台词，就是剧中人物所说的话，包括对话、独白、旁白。独白是剧中人物独自抒发个人情感和愿望时说的话；旁白是剧中某个角色背着台上其他角色从旁侧对观众说的话。

戏剧主要通过台词推动情节发展、表现人物性格。因此，好的台词要能充分地表现人物的性格、身份和思想感情，要通俗自然、简练明确，要口语化，要适合舞台表演。

②舞台说明，又叫舞台提示，是戏剧语言不可缺少的一部分，是戏剧里的一些说明性文字。舞台说明包括剧中人物表，剧情发生的时间、地点，服装，道具，布景，以及人物的表情、动作、上下场等。这些说明对刻画人物性格，推动、展开戏剧情节，有一定的作用。舞台说明的语言要求写得简练、扼要、明确。舞台说明一般出现在每一幕（场）戏的开端、结尾和对话中间，一般用括号（方括号或圆括号）括起来。

（三）戏剧的种类

（1）从广义上讲，戏剧包括话剧、戏曲、歌剧、舞剧等。从狭义上讲，戏剧主要是指话剧。

（2）戏剧有多种分类。

①按矛盾冲突的性质，可以分为悲剧、喜剧和正剧；

②按容量大小，可以分为多幕剧、独幕剧；

③按表现手段，可以分为话剧、歌剧、舞剧、诗剧和戏曲；

④按题材，可以分为神话剧、历史剧、传奇剧、市民剧、社会剧、家庭剧、科学幻想剧等。

不过最基本、使用最多的分类，是将戏剧分为悲剧、喜剧和正剧。

悲剧的审美价值：唤醒性、神秘性、前瞻性、深刻性。

喜剧的审美价值：荒诞性、乖谬性、讽刺性、风趣性。

正剧的审美价值：严肃性、复杂性、广泛性、深刻性。

（四）戏曲

（1）中国的戏曲与希腊的悲剧和喜剧、印度的梵剧并称为世界三大古老的戏剧文化。

（2）中国的戏曲主要由民间歌舞、说唱和滑稽戏三种不同艺术形式综合而成。著名学者王国维说："戏曲者，谓以歌舞演故事也。"它起源于原始歌舞，是一种历史悠久的综合舞台艺术样式。经过汉、唐，到宋、元才形成比较完整的戏曲艺术。

（3）中国戏曲百花齐放，历久弥新。据不完全统计，我国各民族、地区有戏曲剧种达360多个。以下面18种戏曲受众面广、影响较大：①京剧；②越剧；③黄梅戏；④评剧；⑤豫剧；⑥昆曲；⑦粤剧；⑧淮剧；⑨川剧；⑩秦腔；⑪晋剧；⑫汉剧；⑬桂剧；⑭潮剧；⑮越调；⑯湘剧；⑰河北梆子；⑱河南坠子。

（五）元杂剧

（1）元杂剧，又称北杂剧，是元代用北曲演唱的传统戏曲形式。形成于宋代，繁盛于元大德年间。主要代表作家有关汉卿、郑光祖、马致远、白朴等。主要代表作有《窦娥冤》《倩女离魂》《汉宫秋》《梧桐雨》等。其内容主要以揭露社会黑暗、反映人民生活疾苦为主，现实主义与浪漫主义相结合，主线明确，人物性格鲜明。

（2）元杂剧在结构上最显著的特色是：四折一楔子和"一人主唱"。

折是音乐组织的单元，也是故事情节发展的自然段落。楔子是用来说明或介绍人物、联系情节的。

元杂剧的剧本分曲词、宾白、科介三部分。曲词由散曲中的套曲组成，供演员歌唱之用。每折由一人独唱，其他演员只有对白。科介是动作、表情。元杂剧一般是由一人主唱或由男、女主角唱。正旦主唱的称旦本，如《窦娥冤》为窦娥主唱。正末主唱的称为末本，如《汉宫秋》为汉元帝主唱。

（3）在音乐曲调方面，元杂剧以北方音乐为基础，因此有"北杂剧"的别称。元杂剧采用的是北曲联套的形式。每一折用一个套曲，每一个套曲一般都连缀同一宫调的若干支曲牌组成。曲词按曲牌填写，一折之中的每支曲牌都压同一韵脚，不可换韵。

（4）元杂剧中的角色分为旦、末、净、杂。

①旦包括正旦、外旦、小旦、大旦、老旦、搽旦。

②末包括正末、小末、冲末、副末。

③净是性格暴烈的男性角色。

④杂是除以上三类外的角色。

第三节　戏剧教学设计典型案例及设计说明

一、《窦娥冤》（节选）教学设计

【教材分析】

《窦娥冤》是统编版高中《语文》必修下册第二单元的第一课，是一篇教读课文。本文是元杂剧的代表作，也是中国古典悲剧的代表作，在中国文学史上有举足轻重的地位。学生通过鉴赏作品、感受形象、品味语言，学习领悟作品丰富的内涵，进而对传统文化——戏曲形成自己的情感体验和思考，鉴赏能力和审美能力会得到进一步提高。

【学情分析】

本课尽管是节选，但还是比较长的，学生对其进行深入学习、仔细研读有一定的难第二步：结合三个典故，深入分析三桩誓愿。

第三步：进一步探讨。

（1）现实中，这三桩誓愿可能实现吗？如何评价这种写法？

提示：血溅白练、亢旱三年（东海孝妇），六月飞霜（邹衍），苌弘化碧，望帝啼鹃。这些典故的主人公都有深重的冤屈，窦娥借用这些典故间接来表现自己的冤屈。

（2）窦娥前面指斥天地鬼神，最后又要依赖天地昭雪冤情，这样做前后矛盾吗？

提示：窦娥一上刑场就开始骂天，说老天爷瞎了眼，分不清善恶贤愚，而在后面的誓愿中她又要靠天，指望天地来给她印证。这又是为什么呢？她看到了命运的悲剧，社会的悲剧，骂天怨天，最后还是只能靠天。司马迁在《史记·屈原贾生列传》中评论了中华传统文化中的一种独特现象："夫天者，人之始也；父母者，人之本也。人穷则反本，故劳苦倦极，未尝不呼天也；疾痛惨怛，未尝不呼父母也。"说人在穷途之时会呼天，受伤害疼痛时会呼父母。可怜窦娥3岁丧母，7岁离父，没有父母可以呼唤，她能够呼唤的只有婆婆和天。"呼天现象"是中华传统文化的一种特色，中国人自古是敬天的。《论语·季氏》中说："君子有三畏，畏天命，畏大人，畏圣人言。""天"始终是古人心中的至高主宰，尤其是弱势群体老百姓，在依靠官府衙门无望的情况下，只能依靠老天爷，因此他们相信老天有眼，并且能够惩罚恶人。"夫王者有过，异见于国；不改，灾见草木；不改，灾见于五谷；不改，灾至身。"（《论衡·异虚篇》）他们相信，如果君王有过错，天就会降下灾祸；如果有过错还不改，灾祸就会延及君王自身。

五、布置作业

课外阅读完整版《窦娥冤》。

附：板书设计

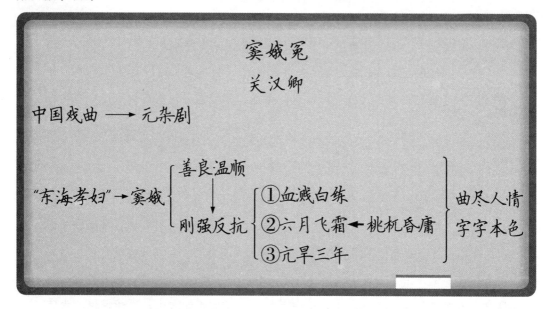

二、《窦娥冤》教学设计说明

1. 本教学设计的基本理念

戏剧以其独特的语言建构功能和审美鉴赏特质，使得戏剧教学成为素质教育和语文学科核心素养培养的重要渠道和内容。本教学设计正是基于这种认识展开的。在调动学生感官的基础上，加深他们对戏剧的认识；设计一系列与课文内容相关的现实问题，引导学生以发展的眼光积极地去思考。

2. 教学目标及教学重难点确定的依据

在教学设计中，笔者基于以上基本理念，紧扣戏剧本身的特点，设计了三个环环相扣的教学目标：其一，知识性目标，即了解元杂剧的基本知识，初步了解中国传统戏曲，旨在让学生清楚认识戏剧本身，夯实戏剧教学的基础；其二，审美鉴赏性目标，即品味戏曲语言，把握主人公形象，目的是让学生从知识到审美有更进一步的拓展；其三，思想性目标，即评价窦娥的三桩誓愿，领会作品的思想价值和艺术特色，旨在通过达成这一目标，发展学生对中华传统文化的认识，带动他们客观、发展地看待问题，形成科学的世界观和价值观。本教学设计确定的教学重难点是相互依存的，教学重点"评价窦娥的三桩誓愿"本身是解决教学难点"领会作品的思想价值和艺术特色"的前提和条件，而教学难点的解决又是对教学重点的深挖和迁移。

3. 教学过程中的设计亮点与有待完善之处

（1）设计亮点：

教学目标设计有梯度；教学重难点安排有逻辑；教学方法富有变化，能够充分调动学生的感官体验，从而热情投入对戏剧的学习；提出的问题具有挑战性，设计了一些具有质疑声的问题，能从当下学生的现实出发；对问题的设计和答案的设计较为开放，有利于激发学生的学习兴趣，使他们积极思考、主动探究。

（2）有待完善之处：

戏剧教学存在很多"一石激起千层浪"的教学点，这些点需要教师自己取舍，而教师往往会根据自己的教学目标和设计意图来选择这些"点"，因此就存在取舍的利弊问题。本教学设计也是在取舍当中完成的。至于取舍的结果是否真的最为得当，还需要进一步在教学实践中检验。

研讨话题

戏剧是一门综合性的艺术。除了文中阐释的教学方式以外，语文教学中的戏剧教学方式还可以有怎样的设计模式？尝试列举两种教学设计，并说明设计依据。

教学设计

请在统编版中学语文教材中选取一篇戏剧，进行一则 1 课时的教学设计。要求：环节饱满，附带相应的板书设计、PPT 和教学后记。

第十章 文言文

第一节 文言文教学概述

一、基于核心素养的文言文教学在语文课程中的地位及意义

《普通高中语文课程标准（2017年版2020年修订）》中指出："语文课程是一门学习祖国语言文字运用的综合性、实践性课程。工具性与人文性的统一，是语文课程的基本特点。语文课程应引导学生在真实的语言运用情境中，通过自主的语言实践活动，积累言语经验，把握祖国语言文字的特点和运用规律，加深对祖国语言文字的理解与热爱，培养运用祖国语言文字的能力。"文言文与白话文是汉语的两大书面语言系统，其产生时代有先后之分。它们之间是继承和发展的关系，在语音、词汇、语法方面有很多相同之处。一方面，文言文是中学生应该学习与逐步掌握的一种语言工具。文言文典雅、凝练、富丽、优美，往往寥寥数语便可精当议论、表情达意，其本身具有很大的语言价值；学好文言文，积累文言语料，可以古助今，有助于更好地掌握现代汉语，加强现代汉语的理解，还能丰富现代汉语的表达手段。

另一方面，《普通高中语文课程标准（2017年版2020年修订）》在"学科核心素养"一处强调："文化传承与理解是指学生在语文学习中，继承和弘扬中华优秀传统文化……增强文化自觉，提升中国特色社会主义文化自信，热爱祖国语言文字，热爱中华文化，防止文化上的民族虚无主义。"文化最主要的载体就是语言，对中华优秀传统文化而言，文

言文即是其最重要的载体。正如美籍华裔学者唐德刚先生所说："八千年来人类文明史中，学者们还未找到第二种文字能与我们传统语文比。它替我们保留了十九世纪以前，人类文明最丰富的记录。它保留的总量超过人类文明史上，所有其他文字所保留的总和。人类知识史上很多学科的'第一部书'，都是用文言文、方块字写的。"在中国古代到近代社会的漫长演进中，文言一直承担着记录、积累、传播中华文化的重要任务，也是中华民族能够超越方言限制、打破地域界限的相对有效的共同语，"文以载道"是中国古代文学的基本精神，因而文言文教学担负着传承中华优秀传统文化的重要使命。并且，文言文不仅通往传统世界，也与现实社会紧密相关，还可为我们进入未来世界提供必要的参照和指引，通过"以古鉴今""古为今用"，现代人将拥有更为开阔的认知视野。

统编版中学语文教材精选反映中华优秀传统文化的文言文经典名篇，题材多样，体裁覆盖面广，从诸子散文到历史散文，从两汉论文、魏晋辞赋到唐宋明清古文、文言小说，均有呈现。高中教材共选入古代诗文67篇（首），占全部选文数（136篇或首）的49.3%，其中古诗词33首、古文34篇，要求学生背诵的古诗文数量为20篇（首）；初中教材的古诗文选文数占所有选文数的51.7%，平均每个年级约40篇。显而易见，文言文在中学语文教材中占有半壁江山，比重最大。因此，文言文教学的质量至关重要。

新课标中明确指出，语文学科核心素养包括"语言建构与运用""思维发展与提升""审美鉴赏与创造""文化传承与理解"四个方面。从"语言建构与运用"这个层面看，文言文教学的目标要求可以具体表述为"培养学生阅读浅近文言文的能力"；从"文化传承与理解"这个层面看，文言文教学的目标要求可以具体表述为"提高学生文化素养""重视优秀传统文化的传承"。也就是说，文言文教学必须要注意"工具性"与"人文性"的统一。

二、文言文教学的现状及策略方法

（一）文言文教学现状

第一，从教学内容看，存在"知识碎片化"问题。首先，无法回避的是目前高考的评价方式还不尽完善，文言文阅读的考查基本固定在词义判断、语句翻译、理解文义、文化常识识记这几种题型上，整体偏重文言知识。其次，确实也有很多教师主观认为学生不理解字词就读不懂课文，更谈不上分析鉴赏。这导致教师把文言文简单地当作古汉语语言材料来学习，将70%~80%的教学时间用来落实文言实词、虚词、句式等文言知识的学习，甚至一字一句地翻译全文，把一篇篇文质兼美的文章肢解得支离破碎。结果学生学到的是冗杂的、零碎的古汉语知识，不仅语言素养并没有提升，而且在有限的课时内很难达到一定的阅读量，教学效果可谓"少慢差费"。

第二，从教学模式看，存在"程序同质化"问题。常见的文言文教学环节是：简单进行作者及背景介绍，重点疏通课文词句，最后归纳主旨，明确文章结构与写作特点。这种教法粗略一看，是字、词、句、篇，面面俱到，层层深入，似乎很充实且有条有理。但其实千篇一律，教学目标模糊，教学重点缺失，文言文本的差异性、语文素养的多维度等几乎都被忽略淡化，整个教学过程枯燥僵化，毫无生气。并且在实际授课中，往往难以进行科学、有效的课时分配以及进度控制，教师讲到哪里算哪里，课堂涣散而无序。

第三，从教学过程看，存在"主体边缘化"问题。任何科目的学习都不可缺少一个动力系统，即学习需求、动机、情感、意志，以及蕴藏其中的个体不断发展自我、塑造自我、超越自我的追求。由于巨大的时空背景阻隔，在文言文与现代人的实际生活之间本身就存在一道"天堑"，学生对文言文不容易产生自发学习的兴趣，那么教师就务必要设法激活学生学习文言文的动力系统。我们稍微留心就可以观察到，同样是上语文课，在文言文学习过程中，学生的学习兴趣消耗更大，学习动力更为缺乏。学生上课之前对文言文阅读畏之如虎，课堂学习中茫然无绪，找不到自主学习的着力点，长期的被动学习会导致"消化不良"，下课之后面对的则是抄写、翻译等机械化作业。在文言文的教学过程中，很多教师自始至终未指引、给予学生自主阅读的门径与方法，未组织起有效的合作与探究活动，未让学生体验到文言文学习的成就感。

（二）文言文教学设计的理念与原则

第一，中心目标：以文化人，提升素养。培养学生的核心素养，其根本目标就是"立德树人"。长期缺乏传统文化教育，会造成学生的国学根基浅薄，文化视野和知识结构褊狭，甚至出现理想与信仰危机、民族精神信念的缺失。作为教师，应该把文言文教学作为一种文化熏陶与精神浸润的有效途径，以文化人，引领一个个具体的、有限的生命个体与一个更开阔、更恢宏、更丰富、更无限、更永恒的世界产生紧密关联，让优秀的文言经典烙印在学生的记忆之中，让传统文化的积极因素深入学生的血液，生长为代代传承的文化基因。

第二，教学重点："言""文"并重，灵活配置。"文"以"言"存，"言"因"文"传。"言"与"文"绝不是二元对立的关系，而是紧密联系的统一关系。在20世纪30年代，叶圣陶先生就讲过：语文知识要"随文而教""因文而教"。因而，文言文教学必须"言"

"文"并重,不可偏废。必须打破文言文教学长期以来重"言"轻"文"的桎梏,要充分认识到文言文所蕴含的思想精华、审美意趣,要有意识地去借鉴文言文的结构章法、风格手法等,充分汲取其中的人文养分。当然也不能抛开词句,单就文章本身挖掘拓展,结果学生自主阅读文言文的能力并未得到培养和提升。我们可以设想:不解词汇,读不懂文言文,如何知意旨?如何借鉴文学技巧?如何涵养审美情趣?学生的理解分析能力、欣赏辨别能力,一定伴随着文言文的认读能力而逐步增长的。如同教育教学专家王荣生教授所言:"合宜的能力要有适当的知识来建构。"文言文知识是学生进行文本阅读的基石与凭借,不能因噎废食。

第三,教法学法:基于学情,自主探究。新课标明确指出:"语文学科核心素养是学生在积极的语言实践活动中积累与构建起来,并在真实的语言运用情境中表现出来的语言能力及其品质。"在文言文学习中,最忌的是教师包办代替,一味灌输,一定要在学生已有积累与体验的基础上帮助其获得新的理解与提升。当然,自主学习不等于自由学习,自主学习的核心是独立性,而独立性的前提是"我能学",也就是学生要具备自主学习的能力。由于文言文不同于其他文本的特殊性,教师还要指导学生去查阅工具书,合理利用手头的各类学习资料,以免学生养成死记硬背、囫囵吞枣的不良学习习惯。

(三)文言文教学设计的具体策略

第一,以文定教,选点突破。语文教育专家、上海师范大学教授王荣生明确提到"文言文的一体四面",即文言、文章、文学、文化。教师在确定教学内容时,首先要对文本从文言、文章、文学、文化四个角度做全方位解读,以文定教,不能简单地停留在"文言"这个最基础的层面。对于先秦诸子散文,自然首先要从"文化"层面解读,把握儒、法、墨、道等不同学派的思想宗旨;对于论说文,可以引领学生在"文章"这一层面多加思考与借鉴,其谨严之章法、缜密之说理,是训练学生剖析、归纳、辨别、批判能力,提升学生思维品质的极佳材料;对于一些抒情小赋、山水小品、记人叙事的作品,不能忽略其中的"文学"因素。其次是遴选教学重点,一课一得,不必面面俱到。例如苏轼的名作《赤壁赋》,可以讲赋的文体特征,可以讲写景、抒情、议论等多种表达方式的结合运用,不过如果结合创作背景、联系苏轼的特定人生经历,将教学重点放在"理解、评价苏轼对现实人生的苦闷与超越"这个层面上,显然会更大程度地体现出这一文本的价值。当然我们也常常会"以体定教"。课本中的文言文包括历史传记、诸子散文、游记小品、政论、骈赋、奏疏、序跋等各种体裁,有时我们应该抓住一篇课文的文体特点来设计教学。

第二，注重诵读，培养语感。中学语文教材的编写者、语文教育家张必锟在谈及"诵读"的意义时说："读来读去，许多字、词、句、篇都成了自己语言仓库中的一个部分，对文言的表达方式和表达习惯定能逐步熟悉起来。"也就是说，诵读的过程其实就是一个建立与培养语感的过程，而语感的培养是学习任何一种语言的必由之径。诵读的指导可以有以下途径：第一，读"准"，读对字音，读清句读；第二，读"顺"，因声求气，把握文脉；第三，读"美"，揣摩语气，涵泳情感。诵读不仅指的是朗读、吟诵，也包括背诵。新课标关于高中阶段背诵篇目的要求已经由原先的64篇增加到72篇，并且呈现出继续增加的趋势。

第三，落实积累，构建体系。积土成山，积水成渊。知识积累是能力提高的基础，有计划地进行积累，不仅可以丰富学生的古汉语语言材料和知识，使之形成系统，而且能转化为能力，提高学生的文言文阅读水平。在词汇、语法、文化常识中，词汇是重点。首先必须清楚的是，并非所有文言词语都要进行落实与归纳。对于不影响语句理解的词语，不必做出非此即彼的判断。积累文言词语的重点应该放到那些在现代汉语中仍然使用但意义、用法产生了变化，容易使学生产生错误理解的词语上面。词语的积累既可以"横向积累"，即分为实词、虚词、古今异义双音词、双声叠韵词、偏义复词、生僻词、高频词等不同类别进行积累，也可以"纵向积累"，即不局限于一课一篇，不断回顾、翻查从前学过的意义和用法，并随着新课的学习去丰富，逐步建立"多义词汇库"。教师要注意的是，进行积累不是让学生机械地照搬照抄，而是让学生对所学知识进行联系、归类、比较。词汇之外，要有意识地分阶段、循序渐进地进行古代文化常识的积累。总之，教师必须在熟悉各个学段的所有文言篇目及相关文言知识的基础上，统筹调配，筛选重点，前后联系，明晰、有序地引导学生的自主积累活动。

第四，合理拓展，整合资源。如何从课内篇目向外进行拓展与延伸？可以从以下方向考虑：同一题材的，学了苏洵的《六国论》，再拓展阅读苏辙的《六国论》和李桢的《六国论》；同一出处的，比如《史记·项羽本纪》的"鸿门宴"部分，可以同《破釜沉舟》《项羽之死》整合起来进行阅读；同一作者、同一体裁的，将归有光的《项脊轩志》与《寒花葬志》进行对比阅读。当然也可以是同一时代背景的，艺术风格相近的，同一体裁的作品，并没有一定之规。新课标提出的"学习任务群"中有一条是"跨媒介阅读"，我们可以据此进行文言文教学的创新设计。比如《项羽之死》的教学设计，在"评价人物"环节，就可以将"豆瓣""知乎"等网站的相关热帖、电影《西楚霸王》的片段、歌曲《霸王别姬》、《史记·高祖本纪》《史记·淮阴侯列传》中有关项羽的文字记述、李清照等人咏叹项羽的诗作等各类资源整合成一个板块，依据相关内容设计学生的探究活动。

第二节　文言文教学知识点汇总

一、文言文的概念

文言文，是以文言这种古代书面语所写成的文章，包括先秦时期的作品和后世历代文人模仿先秦书面语写成的文章。

二、基础语汇知识

（一）120个文言实词

爱、安、被、倍、本、鄙、兵、病、曾、察、朝、乘、诚、除、辞、从、殆、当、道、得、度、非、复、负、盖、故、顾、固、归、国、过、何、恨、胡、患、或、疾、及、即、既、假、间、见、解、就、举、绝、堪、克、类、怜、弥、莫、乃、内、期、奇、迁、请、穷、去、劝、却、如、若、善、少、涉、胜、识、使、适、是、书、孰、属、数、率、说、私、素、汤、涕、徒、亡、王、望、恶、微、悉、相、谢、信、兴、行、幸、修、徐、许、阳、要、宜、遗、贻、易、阴、右、再、造、知、制、质、治、诸、贼、族、卒、走、左、坐。

（二）18个文言虚词

而、何、乎、乃、其、且、若、所、为、焉、也、以、因、于、与、则、者、之。

三、词类活用

（1）名词活用为动词。

(2)形容词活用为动词。

(3)动词、形容词活用为名词。

(4)名词用作状语。

(5)使动用法。

(6)意动。

(7)数词的活用用法。

四、文言文特殊句式

文言文特殊句式一般分四类,即判断句、被动句、省略句、倒装句。其中较难理解的是倒装句。现代汉语的常规语序为"主-谓-宾""定(状)-中心语",即主语在谓语前,谓语在宾语前,修饰语在中心语前。但有时因修辞、强调等的需要,语序会发生变化。

五、文言文翻译

(1)文言文翻译的基本要求是信、达、雅。

(2)文言文翻译的具体方法有五种:留、补、换、改、删。

六、古代文化常识

古代文化常识是古代称谓习惯、历法、节气、职官、地理、礼仪、古代音律、科举制度、宗法等文化内容的统称。

(1)称谓。直称姓名,用于自称、厌称或自作介绍;称对方的字、号、斋名、谥号、官名、籍贯、为官之地等,有时或几项兼称,表示对对方的礼貌和尊敬;称对方为"公""君""吾子",这是专门表示尊敬或表示近亲的称谓;将某人称为竖子(小人)、鲰生(浅陋无知的人)、黔首(贱称百姓)等,表示鄙视对方;"卿"是早期古人对他人的敬称,后多用于君主对臣下的称呼;称谓中加"令""仁""贤"等字,表尊敬、客气。

(2)历法。纪年法,有年号纪年法、干支纪年法、年号干支结合纪年法。纪月法,有按序数与按四季纪月法。纪日法,有干支纪日法,即按初一、初二至三十的序数纪日法。每月的初一、十五、月底这三天又有特定的称呼,分别叫作"朔""望""晦"。纪时法,古人用地支表示 12 个时辰，每个时辰相当于 2 小时。从 23 点（夜 11 点）起至夜 1 点配子，依次顺推，前一个时辰为初，后一个时辰为正，这样也就等于将一昼夜 12 个时辰分成 24 小时。

（3）科举。隋朝以后各王朝设科考试，以选拔官吏，因分科取士，故称科举。到了明清，正式科举分为四级。凡举业的读书人，未通过第一级考试前通称童生。第一级考试叫院试，考取的人入府、州、县学，称为生员、秀才，其中成绩好的享受国家的廪膳补助，称为廪生。第二级考试叫乡试，每三年一次，秋季在各省城举行，凡本省秀才和监生均可考试，考中者为举人，第一名称解元。第三级考试为会试，每三年一次在京城举行，在乡试后一年的春天，各省举人可以参加，考中的称贡士，第一名称会元。第四级考试为殿试，由皇帝主持，取中者统称进士。殿试分三甲录取，第一甲取三名，依次称状元、榜眼、探花，合称三鼎甲。科考名列第一为元。明清两代凡在乡试、会试、殿试中都得第一，连续考中解元、会元、状元者，称连中三元。

第三节　文言文教学设计典型案例及设计说明

一、《桃花源记》教学设计及其说明

（一）《桃花源记》教学设计

【教材分析】

《桃花源记》是统编版《语文》八年级下册第三单元的第一课，是一篇教读课文。这篇课文是作者所创作的《桃花源诗》的序文。《桃花源诗》追述了桃花源的形成，歌咏了"春蚕收长丝，秋熟靡王税"这样一个人人安居乐业的理想社会；《桃花源记》记叙了武陵人偶入桃花源的见闻，富于传奇色彩。全文有新奇情节、有优美环境、有人物、有对话，叙述委婉曲折、层次分明。作者借武陵渔人行踪这一线索，把现实和理想境界联系起来，通过对桃花源的安宁和乐、自由平等生活的描绘，展示了一幅古代东方乌托邦的图景。这篇课文的故事性强，写景明丽如画，语言质朴自然。

【学情分析】

八年级的学生对文言散文已经比较熟悉，也识记了一些文言词语，有一定的文学鉴赏能力。多数学生在平时的生活中有较为丰富的游山玩水等旅游经历，懂得欣赏自然风景，有一定审美能力。

【教学目标】

目标1　恰当评价课文所描述的理想社会。

目标2　把握课文的叙事线索，理清结构层次。

目标3　品析精炼、生动的语言，积累文言词语。

目标4　朗读并且背诵课文，要求诵读音韵铿锵、句读分明，背诵准确无误。

【教学重点、难点】

（1）理解作者通过描写"世外桃源"来表达其不满黑暗现实，追求理想社会的思想感情。

（2）学习文章曲折回环、悬念迭起、引人入胜的写法。

（3）品味本文优美精练的语言。

（4）辨析"妻子""绝境""无论""交通"等词语古今意义的不同。

【教学方法】

（1）诵读法：习得语感，唤起形象，感受优美意境。

（2）创设情境想象法：通过想象，感受桃花源的美与真。

（3）合作探究法：小组合作讨论，领会作者的创作意图，评价桃花源社会。

【教学时数】

2课时。

【教学用具】

多媒体、课件。

【教学过程】

一、调动兴趣，导入新课

同学们，有没有去过云南中甸的香格里拉？那里有纯净的雪山、辽阔的高山草甸、宁谧的湖泊、幽深的森林，身处其中，人们似乎能忘怀一切，内心一片清澈。"香格里拉"这个极其美好的词语，出自美国小说家詹姆斯·希尔顿的小说《消失的地平线》,其中描绘了一块永恒和平宁静的土地。其实,不分国界,无论古今,每一个人心中都有一个自己所向往的美好世界。在1600多年前,有一位大诗人也创造出了自己心中的世外桃源。今天我们就一起来欣赏这篇《桃花源记》。

二、学生小组交流课前预习作业

抽取一组,派代表上台展示,学生互动评价。

(一)解释文中的古今异义词

(1)鲜美:(古义)鲜艳美丽;(今义)食物味道好。

(2)交通:(古义)交错相通;(今义)原是各种运输和邮电事业的统称,现仅指运输事业。

(3)妻子:(古义)妻子儿女;(今义)男子的配偶。

(4)绝境:(古义)与人世隔绝的地方;(今义)没有出路的境地。

(5)无论:(古义)不要说,更不必说;(今义)连词,条件不同和结果不变。

(二)解释出自本文的成语

(1)落英缤纷:鲜花盛开,花瓣纷纷飘落。形容春天美好的景色。也指花儿凋谢的暮春天气。

(2)豁然开朗:形容由狭窄阴暗突然变为开阔敞亮。也比喻心里突然悟出道理而感觉明朗。

(3)无人问津:没有人来询问渡口。比喻没人过问,受到冷落。

(4)世外桃源:指虚构的超脱现实的安乐美好的地方。也指空想的不存在的世界。

(三)解释下列句中加点字的意思

缘溪行。	缘:沿着,顺着。
渔人甚异之。	异:对……感到惊异。
欲穷其林。	穷:穷尽,走到尽头。
便要还家。	要:通"邀",邀请。
咸来问讯。	咸:都。

余人各复延至其家。	延：邀请。
诣太守。	诣：拜见。
此人一一为具言所闻。	为：给。
不足为外人道也。	为：对，向。
寻向所志。	寻：寻找。
寻病终。	寻：随即，不久。

三、寻访桃花源：初读课文，把握文脉

学生活动1：朗诵课文第一、第二自然段。

教师提示："桃花源"的发现者是谁？他是知道方位、有目的地去寻找桃花源的吗？如果咱们从发现者的角度，细心体会他的感受，那么该如何来诵读课文呢？

在学生逐句诵读，反复体会的过程中，着重引导明确以下诵读要点：

（1）"晋太元中，武陵人捕鱼为业。缘溪行，忘路之远近"应该用叙述的口吻来读，可以读得平淡、自然一些，为下文作铺垫。

（2）"忽逢桃花林"要读出武陵渔人眼前一亮的惊奇之感，与前文形成对应。

（3）"夹岸数百步，中无杂树，芳草鲜美，落英缤纷"几个短句依次递进，要读出逐步深入，不由自主地被吸引探寻，以至于迷失、陶醉之感。

（4）由"林尽水源，便得一山"到"山有小口，仿佛若有光"应该从渔人的眼睛去观察，读出一种有意探寻、饶有兴味且充满神秘之感的意味。

（5）"初极狭，才通人"与"复行数十步，豁然开朗"应该读出明显的对比意味。

学生活动2：快速阅读课文的第三、第四、第五自然段，尝试概括在发现桃花源之后渔人的行为表现。

明确：这篇文章其实是以武陵渔人的行踪为线索来组织全文的，渔人发现桃花源之后，感受桃花源，做客桃花源，再离开桃花源，重寻桃花源。

四、走进桃花源：二读课文，体验情境

学生活动3：诵读"土地平旷，屋舍俨然，有良田、美池、桑竹之属。阡陌

交通，鸡犬相闻。其中往来种作，男女衣着，悉如外人。黄发垂髫，并怡然自乐"一段文字，要求：读得流畅、优美，令人悠然神往，有如临其境之感。

学生活动4：组成多人小组，分别扮演渔人、村民甲、村民乙等角色，再现课文中渔人受到各家款待、相聚聊天的情景。

情景示例：

村中长老（在村口树下编筐，一抬头看见从山洞钻出的渔人）：你是何方人氏？怎么会来到这里？不如到老夫家去喝几杯聊聊吧？

渔人：我是打鱼的，误入此间。这里简直是神仙胜境啊！承蒙邀请，荣幸之至。

（两人同至长老家中）长老：去把咱家的芦花鸡杀了，再拿出我存的那坛桂花酒，好好招待我们的贵客。

（酒席上，长老、渔人、作陪的村民推杯送盏，喝得很尽兴。）

渔人：你们怎么会找到这么一个好地方的？

村民甲：说来话长，我们的祖先不幸遇上了战乱，仓皇逃命，才发现这个地方。

村民乙：从那以后我们就世世代代定居在这里了，现在也不知道是哪个君王统领天下啊。

渔人：现在是晋的天下，司马皇室取代了曹家。

村民乙：晋？司马家？曹家？怎么完全没听说过？

渔人：那你们知道大汉天子吗？

（长老、村民甲、村民乙一起摇头。）

五、赞美桃花源：三读课文，审美鉴赏

学生活动5：细读课文，仿照以下句式对有关桃花源的描写进行赏析。

赏析示例：我发现了桃花源的<u>美</u>，表现在"<u>芳草鲜美，落英缤纷</u>"，那里是一个<u>既清幽又明丽，既天然又富于浪漫气息</u>的地方。

赏析参考：

我发现了桃花源的<u>静</u>，表现在"<u>林尽水源</u>""<u>鸡犬相闻</u>"，那里是一个<u>远离尘世，没有喧嚣</u>的地方。

我发现了桃花源的<u>真</u>，表现在"<u>土地平旷，屋舍俨然，有良田、美池、桑</u>

竹之属。阡陌交通，鸡犬相闻"，那里是一个典型的宁静乡村，有必要的生产生活资料，有忙碌的劳作场景，有浓郁的生活气息的地方。

我发现了桃花源的善，表现在"黄发垂髫，并怡然自乐""余人各复延至其家，皆出酒食"，那里是一个老有所养，幼有所依，恬适安乐，人情温暖的地方。

六、评价桃花源：四读课文，提升思维

学生活动6：重点诵读课文后半部分，小组合作探究，思考为何作者要安排渔人离开后再也找不到桃花源这样一个故事结局。

教师提示：渔人有没有为重返桃花源作准备？作者为何要写太守和南阳刘子骥两次寻找，是否重复？

资料链接：

（1）作者简介：陶渊明，名潜，字元亮，东晋著名诗人。曾做过几任小官，因不满现实黑暗，辞官归隐，躬耕僻野，寄情山水。

（2）时代背景：太元（376—396），东晋孝武帝年号。当时，政治极度腐败，统治集团内部生活荒淫，互相倾轧，赋税徭役繁重，战争频发。

探究参考：尽管渔人离开时"处处志之"，尽管寻访时或有人力，或怀心愿，但重返桃花源已经再无可能。这说明作者所塑造的桃花源是他所幻想虚构出来的一处世外桃源，是作者心中的理想世界，是他关于大同社会的美好构想。在那里，人民自给自足，享受着和平安定的幸福生活。这其实与陶渊明所经历的现实世界构成了鲜明对比，全然呈现出他对战乱不息、政权更迭、权贵当道、政治黑暗、世风浇薄、民不聊生的现实社会的不满与批判。

七、课堂总结

桃花源是用心灵酿造的一坛美酒，是润泽精神世界的一捧甘露。即使时代变迁，青山绿水、平和快乐、简单朴实的生活依然是我们心中的向往。让我们倾听内心的声音，向着地平线奔跑，去追逐那永远的桃花源吧！

附：板书设计

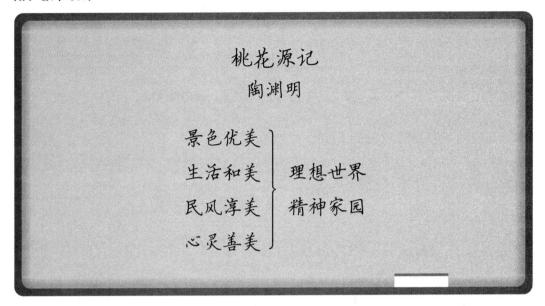

（二）《桃花源记》教学设计说明

1. 本教学设计的基本理念

本单元明确要求积累一定的文言文知识。为了避免教师一味讲解、灌输文言知识的枯燥无味，着意培养学生自主学习的能力，本教学设计大胆突破创新，把知识板块作为预习作业提前布置。作业设计贯彻了对文言文知识进行整合、建立知识体系的思想，分为古今异义词、成语、重点字词三部分，教给了学生归纳总结文言文词语的方法；课堂上由学生主持讲解、总结，树立了学生学习的自信心与成就感。这篇课文的语句理解难度不大，在落实了重点字词之后，学生基本能够贯通文义，这就为下面的赏析、评价环节打下了好的基础。这一设计体现"言""文"并重，灵活配置的原则。

2. 教学目标及教学重难点确定的依据

文言文的阅读理解离不开诵读，学生是在反复诵读的过程中逐渐深入文本的。本教学设计以诵读为抓手，安排了四次不同形式的诵读，分别对应"寻访桃花源""感受桃花源""赞美桃花源""评价桃花源"四个阅读环节，让学生把握文章的叙事节奏、写景技巧和深刻主旨。教师给予了细致、恰当的诵读指导，既培养了学生的诵读习惯，训练了诵读能力，又通过诵读在学生与文本之间搭建起"桥梁"，让学生感受到丰富的语言内蕴。

3. 教学过程中的设计亮点与有待完善之处

（1）设计亮点：

①语文教学应激发学生的学习兴趣，注重培养学生自主学习的意识和习惯，尊重学生的个体差异和不同的学习需求，爱护学生的好奇心、求知欲，充分激发学生的自主意识和进取精神，倡导自主、合作、探究的学习方式。因此，课堂上精心设计了充分的学生活动，通过仿句说话、情景对话、自主探究等形式，从感性到理性，由具体到抽象，层层深入，环环相扣，调动了学生的学习主动性，有效推进了学生的阅读进程，深化了学生的情感体验，提升了学生的审美能力和思维品质。

②仿句说话、情景对话、自主探究等学生活动的设计也兼顾了文言文教学的各个层面。"情景对话"属于文本理解，即"文章"层面，也涉及"文言"层面；"仿句说话"主要涉及"文学"层面；"自主探究"则属于"文化"层面。本教学设计整体贯彻了文言文教学"一体四面"的教学思想。

③最后要补充的是，关于作者与创作背景的介绍，本教学设计也力求不落窠臼。一是不追求详尽与面面俱到，这与学情有关，学生在之前学习陶渊明《饮酒》一诗时已经对此有所了解。二是把这一板块的内容由开头部分后移，也不单独列出，而是融进主题探究环节。这样做一方面是为了启发学生用"知人论世"的方法来探究主旨，另一方面也是为了避免学生感觉僵化死板而丧失学习兴趣。

（2）有待完善之处：

①因为时间的限制，一些环节的设计（包括问答、活动环节）并没有完全展开，所以拓展延伸的内容比较有限。

②本教学设计中努力将文言知识和文言审美的关系贯通，但是二者的有效、高效结合还须进一步打磨，二者如何较好地相互诠释也需要进一步探索。

二、《项脊轩志》教学设计及其说明

（一）《项脊轩志》教学设计

【教材分析】

《项脊轩志》是统编版高中《语文》选择性必修下册第三单元的第二课，是一篇自读课文。明清小品是我国古代文学中的一份珍宝，以生动晓畅之语传真挚之情、天然之趣，给人以玲珑剔透、闲适恬淡之感。《项脊轩志》就是明清小品文的代表作品，在其极其平淡的语言中蕴含了永恒的触动人心的力量。全文以"悲""喜"两种情感为线索，串起了一轩、三代女性以及一个大家族的兴衰，流露出作者因家族变迁、物是人非而产生的寂寥无奈之情，既让人深感亲情之厚重，又慨叹命运之悲凉。这篇文章以回忆的视角写成，前一部分写于作者18岁时，最后两段写于15年后。文章字清意远，语浅情深。

【学情分析】

高二年级的学生正处于对个人价值进行确认的阶段，再加上学习压力的增大、网络世界的冲击，虽然对亲情、责任等有一定的体验与认知，但感知身边人和事的热情与敏感度已逐渐消减弱化，认识较为模糊，感受较为粗糙。因此，应该引导学生把目光投注到寻常而又多彩的生活中去，发现日常生活中的珍贵细节，唤起学生内心的丰富情愫。

【教学目标】

目标1 引导学生感受亲情的可贵与美好，培养学生应对挫折，不断充实自我的精神品质。

目标2 培养学生理解、领悟、欣赏、评价古代散文的能力。

目标3 训练学生结合语境理解文言词语的能力，积累文言知识。

【教学重点、难点】

（1）学习作者善于捕捉生活典型细节和场面来表情达意的方法。

（2）体会本文笔墨清淡而情意真切动人的语言特色。

【教学方法】

（1）诵读法。

（2）移情法。联系生活实际，引导学生深入体味文中的动人情感。

（3）圈点勾画法。

【教学时数】

2课时。

【教学过程】

一、导入新课

2016年获得国际安徒生奖的作家曹文轩老师，曾经就有些文人在餐桌上写作的尴尬状况说过，他特别希望我们的文人能够像古代知识分子一样，有自己的书房，室内图书满架，室外花木扶疏。其实，现如今我们许多同学都拥有这样的书房，但是否有古代知识分子那样的情趣和心志呢？今天借《项脊轩志》，看看古代文人的情趣追求与精神世界吧。

二、初步疏通课文，整体把握文章内容，梳理文章脉络

教师引导：本文是一篇借记物以叙事抒情的散文名作。"志"乃记的意思，是古代记叙事物、抒发情感的一种文体。那么，课文都记叙了哪些内容？

学生活动1：快速阅读，找出作者围绕项脊轩写了几位亲人、哪些事件，并圈点勾画出相关语句自主翻译。

教师根据学生翻译情况对重点字词、语句的理解进行点拨、落实。

明确：写了祖母、母亲、妻子三位亲人，先后叙述了修葺项脊轩、诸父分家、母亲叩门扉问饥寒、祖母过余、项脊轩四次遭火、妻子学书等事件。

学生活动2：朗读全文，体会第一自然段与之后的段落在诵读时给人的情感体验有何不同。

明确：抓住第二自然段就可以把握其前后段落内在感情的明显变化，是由"喜"转"悲"。第二自然段承上启下，"多可喜"承上，"多可悲"启下。

三、赏雅轩，感青春之"喜"：美读，品评课文第一自然段的写景文字，体悟景中之情

学生活动3：对比修缮前后项脊轩的变化。

明确：修缮前，狭小——"室仅方丈，可容一人居"，破漏——"百年老屋，尘泥渗漉，雨泽下注"，阴暗——"又北向，不能得日，日过午已昏"；修缮后，明亮——"日影反照，室始洞然"，幽雅宁静——"杂植兰桂竹木于庭""万籁有声""庭阶寂寂"，作者"偃仰"其中，轩前小鸟、月影相伴，充满诗情画意。

学生活动4：自由选读第一自然段中自己最喜爱的语句，并说说诵读时的感受。

点拨："借书满架，偃仰啸歌"，可以用一种高昂、奔放的语调，读出酣畅愉悦、胸怀大志、充满自信之感；"小鸟时来啄食，人至不去"，可以读得轻快灵动一些，体现出青春的朝气和活泼的生命情调；"风移影动，珊珊可爱"，可以用舒缓、优美的语调来读，流露出陶醉其中、惬意恬适之感。

四、评人物，悟丧亲之"悲"：情读，鉴赏课文中回忆三位女性的细节，感受真挚动人的亲情

学生活动5：（思考）作者写母亲与写祖母和妻子的角度有何不同？勾画出相关语句，并分析"母亲"是一个怎样的女性形象。

明确：写祖母、妻子是直接描写，写母亲是间接描写。因为作者自幼失母，在母爱的体验方面是一片空白，情感上有巨大缺失，孤苦无依，凄凉悲惨。通过老妪之口来追忆其母亲的往事，更显得真实，也更突出痛彻肺腑的悲情。分析"母亲"形象可以通过动作描写，比如"娘以指叩门扉"，"叩"之轻柔显示出母爱的温柔与细致；也可以体会其语言"儿寒乎？欲食乎？"，看似絮叨，其实表现出母亲对孩子的牵肠挂肚。

学生活动6：祖母在这一段文字中共说了三句话，三句话的语气和语调略有不同。试着读一读，体会祖母对孙儿的情感。

点拨：第一句"吾儿，久不见若影，何竟日默默在此，大类女郎也"，既有疼爱、戏谑，又包含赞许，声调可以高扬、欢乐一些；第二句"吾家读书久不效，儿之成，则可待乎"，是祖母看到孙儿如此努力，感到值得期望，高兴得喃喃自语，因而要读得略微低沉、激动；第三句"此吾祖太常公宣德间执此以朝，他日汝当用之"，应该读得坚定、有力，表示勉励与鞭策。

学生活动7：赏析"庭有枇杷树，吾妻死之年所手植也，今已亭亭如盖矣"。

明确：这一句看似写树，实则怀人，睹物思人，树在人亡，对比强烈。"亭亭如盖"的枇杷树青翠秀颀，一派生机与活力，而温婉可人的妻子却红颜陨落，已成死别。曾经爱妻"凭几学书"，"述诸小妹语"，何等亲爱缠绵！而如今往事在目却音容难觅，此情此景，人何以堪，从而抒发对流年易逝、人事全非的悲慨。以此句作为结尾，收到了"言有尽而意无穷"的效果。

五、联作者，立人生之"志"：结合作者的人生经历与原文被删去的"项脊生曰"一段文字，感知作者的精神意志，积蓄成长动力

学生活动8：结合课文以及以下资料，对归有光进行自主评价。

资料链接：

（1）作者简介：归有光，字熙甫，又字开甫，苏州府昆山县（今江苏昆山）

宣化里人。别号震川，又号项脊生，世称"震川先生"。其散文风格朴实、感情真挚。他是明代"唐宋派"代表作家，被称为"今之欧阳修"，后人称赞其散文为"明文第一"。明嘉靖十九年（1540），归有光中举人，之后参加会试，八次落第，遂徙居嘉定安亭江上，读书谈道，学徒众多。嘉靖三十三年（1554），倭寇作乱，归有光入城筹备守御，作《御倭议》。嘉靖四十四年（1565），将近60岁的归有光得中进士。及第后历官长兴知县、顺德通判、南京太仆寺丞等职，故被称为"归太仆"。一度留掌内阁制敕房，参与编修《世宗实录》。隆庆五年（1571），归有光病逝，享年66岁。

（2）原文补充。

项脊生曰："蜀清守丹穴，利甲天下，其后秦皇帝筑女怀清台；刘玄德与曹操争天下，诸葛孔明起陇中。方二人之昧昧于一隅也，世何足以知之，余区区处败屋中，方扬眉、瞬目，谓有奇景。人知之者，其谓与坎井之蛙何异？"

明确：人常说人生有四大不幸之事，而归有光就拥有其三，但我们发现其文字中并没有丝毫的颓废和悲凉。贫寒、丧亲都为痛苦经历，却因志向的支撑，而成了生活的馈赠。尤其是少年归有光秉承祖训、发奋读书的经历，是对青春奋斗者过往艰难时光的一首赞歌，让人自我激励，让人感恩成长。他并未一味抱怨，而是在项脊轩里专心致志、发奋苦读，不断超越物质生活的辛苦，汲取先贤的精神营养，达到心灵的充盈和富足。

六、课堂总结

一间小小的书房，承载的是对至爱、亲情的永恒回忆，是有志青年的理想与抱负。归有光由少年到中年，始终不忘母亲对他的哺育之恩、祖母对他的勉励之意、妻子对他的爱恋之心。人生之路上，有亲人牵挂、懂得感恩是一种幸福，怀揣理想、勇敢前行是一种责任。

七、布置作业

回顾自己家庭生活的一个场景，运用细节描写抒发真情，写一段话，不少于300字。

附：板书设计

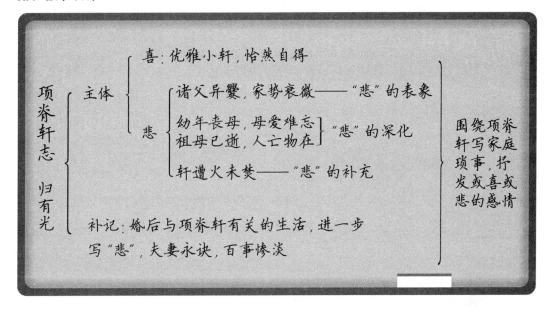

(二)《项脊轩志》教学设计说明

1. 本教学设计的基本理念

本教学设计力求回归经典、传承经典，引领学生鉴赏灵动自由的古代抒情美文，探究经典超越时空的艺术魅力。透过文本，咀嚼优美灵动的写景佳句，还原其中丰富而立体的人物形象，品读细节之美，触及古代士子积极健康、饱满丰厚的内心世界，从而完成对学生鉴赏美、创造美的能力的引领与点拨。

2. 教学目标及教学重难点确定的依据

清人王锡爵在《归公墓志铭》中评论归有光的文章："无意于感人，而欢愉惨恻之思，溢于言语之外。"指出归有光善于描写生活细节、平凡场景，往往能生动传神地表现出自己的情感，增强文章的形象性、生动性和真实性。本课的教学目标、重点和难点就是基于鉴赏、学习这一突出的艺术特点设计的。本教学设计旨在引导学生抓住一个动作、一种表情、一句言语等细小之处，来自主品评人物，以求如见其人、如闻其声，感受作者寄寓其中的深情；并通过设计环环相扣的鉴赏活动，来触动学生的心灵、陶冶学生的情操。

"以体定教"是确定教学方法的基本前提之一。本教学设计从其散文这一文体出发，引导学生由"形"溯"神"，深入体会融于写景、叙事之中的悲喜之情。另外始终注重诵读在揣摩情感过程中的关键作用，在每个阅读、鉴赏环节都安排了不同形式的学生诵读活动。

3. 教学过程中的设计亮点与有待完善之处

（1）设计亮点：

关于"文""言"的关系处理是本教学设计的亮点之一。因本文是一篇自读课文，所以本教学设计采用以"文"带"言"，即在语境中理解文言词语，完成语言建构。整节课不刻意讲解某一个词语或句式，而是在把握文章内容、鉴赏艺术特色的过程中同步解决落实相关知识的学习，并且完全建立在学生自主质疑的基础之上。因此，在教学设计中采取在每个阅读鉴赏环节都要求学生勾画、圈点出相关语句并进行理解，这样教师就可以在学生质疑时随时解答并落实相关文言知识。例如，在提及家族分崩离析之悲时，可以顺带从字源角度解释"爨"的意思；在分析"我"的读书求学经历时，可以联系《论语》"吾十有五而志于学"来落实课文中"束发"一词的含义；等等。这符合"不以文害意"的鉴赏原则，也突出了学生在学习中的主体地位。

（2）有待完善之处：

由于关注点不同，使得基于文本的拓展延伸部分显得不够充实，在处理文言知识教学和文化审美教育的结合上，还须有更有效、生动、丰富的手段和理念融入。

如何把文言知识和蕴藏其中的优秀传统文化以"润物细无声"的方式传递并感染给学生？如何跨越时代将文言文与当下学生生活相联系，使得文言文的价值实现穿越，最大化地感染学生？这些不仅是本教学设计也是文言文教学亟须解决的大问题。

研讨话题

读书百遍，其义自见。请辩证地谈谈这句话的含义。你小时候学习文言文的方法是怎样的？与现在教学文言文的方法相比较，有怎样的改变？

教学设计

请在统编版中学语文教材中选取一篇文言文，进行一则1课时的教学设计。要求：环节饱满，附带相应的板书设计、PPT和教学后记。

第二部分
实用类文本
教学设计

第十一章 新闻

第一节 新闻教学概述

一、基于核心素养的新闻教学在语文课程中的地位及意义

　　实用类文体是中学语文教学中的重要文体，包括新闻、传记、回忆录、演讲稿等具体样式。其中，新闻在中学实用类文体中占有较大的比重，是中学语文阅读教学的重点之一。《义务教育语文课程标准（2011年版）》要求阅读新闻时能把握文章的基本观点，获取主要信息；目的在于培养现代公民快速阅读的基本素养，无须涉及新闻学上的专业术语，也不必做过细分析。《普通高中语文课程标准（2017年版2020年修订版）》在"实用性阅读与交流"任务群中对"新闻传媒类"学习内容的要求为："学习多角度观察社会生活，掌握现代社会常用的实用文本，善于并学习运用新的表达方式"；目的在于"丰富学生的生活经历和情感体验，提高阅读与表达交流的水平，增强适应社会、服务社会的能力"。

　　统编版初中语文教材将新闻文体整合为一个独立单元，增加了新闻采访和写作，并以

"活动·探究"的新样式出现。单元内部以任务驱动的形式组织课程内容，共分为三个任务：新闻阅读、新闻采访和新闻写作。这既有别于传统的综合性学习活动，也不同于口语交际活动，是一个综合了阅读、实践和写作的综合实践学习单元。采用此方式编排，既为教师提供了更大的教学空间，也提出了更高的要求，要求教师从理念和方法上做出新的改变，以适应新闻教学的改革和学生核心素养发展的需求。

将更多新闻文本引入中学语文教材，其目的在于加强学生对新闻等实用类文体的掌握，促进学生对新闻的敏感性、实用性、时效性等特性的深度掌握，进而提升中学生的语文学科核心素养。这既满足了《基础教育课程改革纲要（试行）》对基础教育提出的"具有社会责任感，努力为人民服务""具有初步的创新精神、实践能力、科学和人文素养以及环境意识"的需要，也体现了《普通高中语文课程标准（2017年版2020年修订）》中"跨媒介阅读与交流"学习任务群的要求："引导学生学习跨媒介的信息获取、呈现与表达，观察、思考不同媒介语言文字运用的现象，梳理、探究其特点和规律，提高跨媒介分享与交流的能力，提高理解、辨析、评判媒介传播内容的水平，以正确的价值观审视信息的思想内涵，培养求真求实的态度。"

二、中学新闻教学的现状及教学设计的方法与原则

（一）中学新闻教学中存在的主要问题

就语文课程改革的现状而言，在阅读教学中，普遍存在重视文学类文本而忽视新闻类文本的现象。新闻类文本在教材、教法等层面上的改革在一定程度上滞后于小说、散文等文学类文本的改革。主要问题有：

1. 教材方面

教材的问题主要是对新闻文本重视程度较低，高质量文本选编数量不足。在以选文为主、以单元进行编排的传统语文教材中，初、高中各学段通常设有一个新闻单元。因此，新闻文本存在文本简略化、习题化的倾向。在统编版语文教材中，该问题得到了一定程度上的关注，新闻文本的选择趋于多样化，时代感更为强烈。

2. 教师方面

教师的问题主要是认识不足，文体意识薄弱，将教授的重点放在了新闻标题、导语、主体等知识或文本结构的研究上，而没有对新闻类文本进行深入的解析，导致新闻的独特

价值在课堂上体现不足，拓展延伸不够；采访实践等活动性任务安排较少，在体现教材的编写意图、发挥新闻文本和活动探究的独特价值上较为欠缺。

3. 课堂方面

课堂教学的问题主要是教学思维固定化，设计思路单一化。由于课时所限，课堂教学大都集中于对新闻文体知识进行梳理，所以对新闻文本的处理呈现简单化、套路化的模式。教学设计浅显，对新闻评论、媒体立场辨别等方面缺乏深度挖掘，使得学生的思辨能力难以提升、新闻素养难以养成。

4. 学生方面

学生方面主要存在以浅表化阅读、碎片化阅读、个人倾向性阅读为主要特征的问题。以上都属于功利化阅读，会使得学生对新闻学习普遍不够重视，对新闻的功能和新闻的社会价值理解不充分，进而影响了他们未来更好地了解社会、融入社会、服务社会。

（二）中学新闻教学的方法

1. 问题驱动新闻教学法

近年来，"少教多学"成为语文课堂教学的重要原则之一，新闻教学应该以学生为主体，提高学生的课堂参与度，以有效引导学生进行深入思考、自主探究、高效学习。因此，一方面，可采取问题导向式教学法，为学生提供新闻阅读思路，引导学生找准新闻文本的学习目标。导入问题的方式大致分为以下几种：

一是作者为什么写该条新闻？新闻背景、关联事件等。

二是作者是如何导入的？新闻要点、作者切入点等。

三是作者主要写了什么内容？新闻事实、作者选材角度等。

四是作者的主要观点是什么？新闻剖面、作者意图等。

五是作者的选材方法、叙述视角、修辞运用等能否突出作者的价值观与写作意图？

六是该新闻的哪些方面值得我们借鉴？

七是在进行新闻写作时，如何更好地选材和表述？

以上问题的导入，可以更好地发挥教师的主导作用。教师作为学生学习的引导者，要为学生搭建脚手架，培养学生独立进行新闻阅读的能力。但需要注意的是，在教师引导的同时要时刻关注学生的主体地位，在开放而有活力的语文课堂氛围中，学生能够畅所欲言，成为课堂的主人，使得新闻教学的课堂进而成为观点自由表达、汇集碰撞的场所。

另一方面，转变学习方式，采取合作探究式学习。学生在自主学习时可以与其他同学一起进行合作探究，能有效地弥补课堂讲授的不足、开阔学生的自学视野、开发学生的思维向度。

2. 新闻价值导向教学法

新闻作为实用类文体，其在文化传播、人文思想、社会生活等领域具有特殊的价值。因而，引导学生把握新闻价值，有利于学生认识新闻的核心，挖掘新闻文本的社会价值和现实意义。

一是把握内在的文化价值。新闻是社会的文字化缩影，是社会重要的文化载体。其展现的不仅是新闻内容，更是人类社会发展的轨迹。因此，新闻对人类文化的传承、交流和发展具有重要的促进作用。

二是把握贯穿的思想价值。新闻是客观事实与作者思想的统一，相关事实经过作者深入的分析、思考，并通过专业的视角呈现出来，能够给人以心灵的震撼和思想的启迪。挖掘思想价值，还能让学生转变思维角度，从作者的角度考虑问题，以达到共情。

三是把握蕴含的社会价值。新闻文本产生的社会价值包括政治价值、历史价值、人文价值等。学生阅读新闻文本，要能够准确、迅速地捕捉国内外发生的大事，深刻理解作者报道新闻的社会意义，是学生个体社会化的重要通道。

四是把握现实的生活价值。通过解析人物形象所承载的生活价值，领悟其所体现的时代精神，认识劳动的价值与意义，理解个人价值追求与国家民族命运的辩证统一关系，增强文化认同、社会认同、民族认同，树立积极乐观、高尚豁达的生活态度。

3. 新闻内容辨析教学法

一是新闻文本与文学作品的对比教学。文学作品立足于形象性，是作家通过塑造鲜明生动的艺术形象去反映一定社会生活的产物，有诗歌、散文、小说、剧本等类别，是表现人类审美属性的语言艺术。而新闻文本立足于真实性，旨在公开传播事实信息。因此，可以在新闻文本与文学作品在属性、特征等方面的对比教学中突出新闻的实用性、现实性等特征。

二是同一事件的新闻类比教学。新闻事实与观点的区分，是新闻阅读中特别需要注意的一个原则。可针对同一事件、不同记者撰写的报道内容进行对比学习，对比同一事件在不同的新闻报道中在"六要素"的呈现方式上的不同。例如，新闻选取的角度、题目的吸睛程度等。因此，对于同一事件，不同的报道其侧重点也会不同。类比教学不仅可以促进新闻文本的知识性学习，还可促使学生学会从新闻中提取观点，进而以反思性和批判性的眼光看待新闻报道，学会从新闻观点中了解事实真相。

4. 综合教学实践法

一是贴近新闻媒介研究新闻。教师可与学生同读一份报刊，看头版着重报道的新闻内容；教师也可和学生共同浏览新闻网页，体会网络新文体、新语言以及不断出新的网络话语方式，学习网页的超文本和比较复杂的非连续性文本的阅读方式与方法；师生还可以使用新闻搜索功能，针对时下重大事件展开新闻搜索，对重要新闻进行叙述和评议，察看不同网站展示的信息重点，体会不同记者的语言风格，评述新闻的写作手法；等等。

二是运用媒体平台，丰富新闻教学活动。语文特级教师赵谦翔曾别出心裁地开设了一门"《东方时空》感悟"课。每天早晨，师生共同阅读中央电视台创办的电视新闻杂志《东方时空》，收看《早间新闻》，让学生了解天下事、身边情，然后及时撰写观后感，将《东方时空》这本无字"书"搬进课堂。赵谦翔老师所在班级获得了语文平均分数全省第一的好成绩。这启发我们，坚持学习新闻能够给学生带来新鲜的源头活水，能够营造出"家事国事天下事事事关心"的开放式学习氛围，使学生在语文学习的道路上迅速茁壮成长起来。

5. 热点事件行知法

一是紧扣社会热点审视新闻。例如，自新冠疫情发生以来，与其相关的新闻报道、新闻评论始终是公众关注的热点。一些语文教师在此过程中不仅关注新冠疫情的报道，还在阅读过程中运用语文视角审视与疫情相关的其他系列报道，引导学生认识疫情中的"对立面"，对比失职者、谋利者、散布谣言者与逆行者、奉献者、志愿者等矛盾形象，激发学生对人性两面性的思考，引导学生更好地去拥抱善意。

二是激发采写新闻的创造动力。教师可以鼓励学生模仿记者去采访，去写作，去创办"有思想、有新意、有特色栏目"的校园活动或刊物。为学生创设记者提问、应答和有效沟通的情境，以加深学生对新闻知识的理解和运用。还可以引导学生进行评论写作，对社会上最近发生的新闻事件进行点评，体会新闻的时效性和真实性，提升学生的分析论证能力和新闻审视能力。

（三）中学新闻教学的主要原则

（1）实事求是原则。

（2）科学评价原则。

（3）基础主导原则。

（4）渐进发展原则。

（5）丰富实践原则。

（四）新闻教学的注意事项

由于新闻文本往往包含着非新闻成分，如背景材料、媒体倾向、记者观点等，所以在教学中，既要帮助学生确立当下中国主流媒体、官方媒体的价值导向，强调真实性，明确课堂学习应以正向、主流新闻为本的价值立场，又要循循善诱，教导学生学会使用已有的新闻知识和经验去分析、阐释、判断问题。比如，当下网络新闻因其对点击量的特殊需求，要求标题能"抓人"，以致出现"标题党"的问题，有些标题甚至严重背离了新闻事实，这是应当注意和批判的。再如，一些戴有色眼镜的媒体，对某些事件的报道采取"断章取义""无端嫁接"甚至"捏造事实"的方式，以达其吸引读者、博取眼球等的不良目的。对这些现象，教师应引起重视，正确引导学生认真甄别。

第二节　新闻教学知识点汇总

一、新闻的概念与种类

新闻是对新近发生的事实的报道。新闻文体的本质特征是真实的再现，其目的是准确及时地向受众传播事实。一般情况下，新闻应当包含六个因素（五个"W"与一个"H"）：何时（When）、何地（Where）、何事（What）、何因（Why）、何人（Who）、如何（How）。通过对这六要素的把握，我们就可以在面对一篇新闻时，迅速地了解其主要内容。

新闻属于实用类文体中的一类，而语文教材中的新闻、传记、访谈、报告文学等都包括在大新闻范畴之中。传统意义上的新闻作品包括消息、通讯、评论、摄影和漫画，也有将深度报道、特写和调查报告并入的，共八类。现今，也有综合作品的表达内容与方式，将其分为三类，分别是新闻报道类（消息、特写、通讯、调查报告等）、新闻评论类（社论、评论员文章、评述等）、新闻附属类（报告文学、回忆录等）。现行的统编版初中语文课本，主要涉及消息、特写、通讯三种新闻类文本。

二、新闻的结构与基本特征

（一）新闻的结构

新闻的结构一般包括标题、导语、主体、背景和结语五个部分。标题一般包括正标题、引标题和副标题；导语一般是新闻开头的第一段话或第一句话，其主要作用是概要描述需要报道的主要内容；主体是新闻的主要部分，充分地介绍新闻内容，也可以说是对导语的进一步扩展；背景指的是新闻事件发生的环境或者条件。曾庆香在《新闻叙事学》中指出，新闻的线性结构和新闻文本的行文顺序基本一致。以下是曾庆香提出的新闻线性结构图：

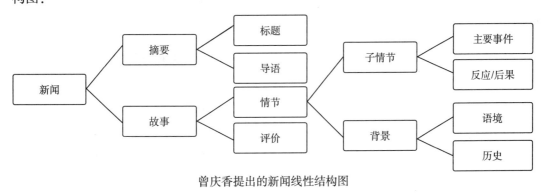

曾庆香提出的新闻线性结构图

（二）把握新闻的共性特征

"真实性"特征。新闻来源于客观事实，也可以说新闻是对客观事实的反映，所以人们常说"真实是新闻的生命"。然而，纯客观叙述事实的新闻是不存在的，作者的主观立场与观点往往会通过各种方式体现在新闻中，需要读者用批判性的眼光从中还原新闻事实。

"时效性"特征。新闻是新近发生有价值的事实。时效性是新闻的又一文体特征，这也是新闻区别于其他文体的一个重要特征。

"传播性"特征。新闻产生的目的是快速、准确地将信息传递给一般文化的普通受众。依据传播媒介不同，新闻可以分为报刊类、广播类、电视类、网络类。

在教学过程中，教师要牢记并把握新闻的这些基本特征，才能够更加有效地指导学生进行学习。

(三) 把握不同新闻类型的特征

消息的特征：消息是以简要的文字迅速传播新近发生事件的新闻体裁。其篇幅短，内容简明扼要，文字干净利落；以记叙为主，通常一事一报，讲究用事实说话；更注重时效，报道快速及时。

特写的特征：特写是镜头式的新闻片段，具有视觉性和纵深性。其以描写为主，要点是选好镜头、深入描写、情感渗透及背景引入。

通讯的特征：通讯是较详细地报道典型人物及事件来龙去脉的新闻体裁。其内容多，范围广，取材全面；表现手法多样，结合叙述，兼以描写、说明、抒情或议论，富有感情色彩或理论价值；比消息的篇幅长，时效性要求较宽松。

第三节 新闻教学设计典型案例及设计说明

一、《人民解放军百万大军横渡长江》教学设计及其说明

（一）《人民解放军百万大军横渡长江》教学设计

【教材分析】

《人民解放军百万大军横渡长江》是统编版《语文》八年级上册第一单元的第一课（第二则），是一篇教读课文，属于新闻文体。该新闻是 1949 年 4 月 22 日人民解放军横渡长江取得胜利后，毛泽东满怀豪情写的一则全面报道前线战况的新闻稿。

【学情分析】

在此之前，初中学生还未系统地接触过新闻文体，这是初次学习，想要他们全面理解和掌握这类文体还存在困难。因此，本教学设计将在课文学习的基础上，加入多种教学方式，使学生逐步掌握该文体。

【教学目标】

目标 1 了解新闻相关知识。

目标2　把握新闻的内容及结构特点。

目标3　品读语句，体会消息语言简洁、准确的特点。

【教学重点】

根据消息这一新闻体裁的基础知识，了解本文的写法特点。

【教学难点】

品味语言，欣赏新闻写作的艺术。

【教学方法】

讲授法，自主探究，小组合作，多媒体辅助教学。

【课时安排】

1课时。

【教学用具】

多媒体、地图。

【教学过程】

一、激情导入

教师配乐朗诵毛泽东诗作《七律·人民解放军占领南京》，并播放当年解放军横渡长江的视频。

> 钟山风雨起苍黄，百万雄师过大江。
> 虎踞龙盘今胜昔，天翻地覆慨而慷。
> 宜将剩勇追穷寇，不可沽名学霸王。
> 天若有情天亦老，人间正道是沧桑。

这首诗是毛泽东为人民解放军解放南京而作。我们今天学的这篇消息，就是中国人民解放军胜利渡过长江后，毛泽东满怀豪情写的一则全面报道前线战况的新闻稿。

（设计意图：激发学生的学习兴趣，唤醒学生的求知渴望，顺势使学生进入学习情境，为下面的教学作铺垫。）

二、资料链接

（一）背景链接

经过辽沈、淮海、平津三大战役以及在战略决战阶段的其他战役，中国人民解放军已完全有把握在全国范围内战胜国民党，但南京国民党政府于1949年4月20日悍然拒绝签订《国内和平协定（最后修正案）》。4月21日毛泽东和朱德发布了《向全国进军的命令》，人民解放军于同日凌晨发起进攻，强渡长江。

（二）文体链接

（1）新闻有广义和狭义两种。广义的新闻泛指出现在电视、广播、报纸及网络等一切传媒上的对新近发生的事实的报道，包括消息、通讯、特写、速写（有的将速写纳入特写）等。狭义的新闻专指消息，即用概括叙述的方式和简明扼要的文字对最新发生的有社会价值的典型事实所做的准确简短的报道。

（2）新闻的六要素是：何时、何地、何人、何事、何因、如何。

（3）新闻的表达方式：主要是叙述，有时兼有议论、描写。

（4）新闻的特点：真实、及时、准确、简明。

（5）新闻中最常用的文体是消息，即狭义的新闻。在结构上，其一般包括标题、导语、主体、背景和结语五个部分。前三者是主要部分，后二者是辅助部分。

①新闻的标题必须能简明、准确地概括消息内容，以帮助读者快速了解所报道的内容。消息的标题有主题（正题）、引题（眉题）、副题（次题）三种。

正题：概括与说明主要事实和思想内容。

引题：交代背景或揭示消息的思想意义，说明原因，烘托气氛。

副题：提示报道的事实结果，或做内容提要。

②导语是指一篇新闻的第一自然段或第一句话。它是用简明生动的文字，扼要地揭示新闻的核心内容。

③主体是新闻的主干部分。它紧接导语之后，对导语做具体全面的阐述，具体展开事实或进一步突出中心，从而写出导语所概括的内容，表现全篇新闻的主题思想。注意要先写主要的，再写次要的。

④背景指事件发生的背景、周围的环境及与其他方面的联系等。背景位置不固定，常插在主体部分，也有插在导语或结语之中。

⑤结语指新闻的最后一句或一段话，是消息的结尾。依据内容的需要，结语可有可无。

（6）新闻的固定格式：倒金字塔结构，即不按事件发生发展的先后顺序撰写，而是倒叙，先说结果，然后根据事实的重要程度依次叙述相关信息，让读者在最短的时间内把握最重要的信息。

（设计意图：通过了解课文内容的写作背景和新闻文体的相关概念，能更好地把握本则消息的内容和消息文体的特点。）

三、检查预习

（1）给加点的字注音（投影）。

鄂（　　）　　绥靖（　　）　　阻遏（　　）　　泄气（　　）

溃退（　　）　　豫（　　）　　歼灭（　　）　　管辖（　　）

上当（　　）　　要塞（　　）　　荻港（　　）　　芜湖（　　）

锐不可当（　　）

（2）解释词语（投影）。

摧枯拉朽：枯指枯草，朽指烂了的木头。比喻腐朽势力很容易打垮。这里指人民解放军攻势凌厉，不可阻挡。

四、自研自探

（一）整体感知我来说

（1）当回播音员：大声朗读课文，找出这则消息的六要素。

时间：1949年4月20日夜至22日22时。

地点：西起九江（不含）东至江阴间约1000华里的长江战线。

人物：人民解放军百万大军。

起因：国民党反动派拒绝签订和平协定，人民解放军为打倒蒋介石、解放全中国而发起渡江作战。

经过与结果：中路军30万人首先突破安庆、芜湖线，西路军35万人中的

2/3 已渡过长江，占领广大南岸阵地。东路军 35 万人已大部分渡过南岸，经过激战，已歼灭及击溃一切抵抗之敌，占领扬中、镇江、江阴诸县的广大地区，并控制江阴要塞，封锁长江，切断镇江无锡段铁路线。

（设计意图：把握文本内容，了解消息的六要素。）

（2）当回小记者：速读消息，找出标题、电头、导语、主体并在课本上标注出来。

标题：人民解放军百万大军横渡长江——内容提要。

电头：新华社长江前线 22 日 22 时电——及时准确。

导语：第一、第二句话，简述我军胜利渡江——概述事件。

主体：从"二十日夜起"到篇末，详述三路大军渡江战斗的经过，并指出我军胜利渡江的重要意义——渡江战况。

（设计意图：把握文本内容，了解消息的结构特点。）

（3）当回军事家：看地图复述三路大军的进军战况。

①根据课文内容，完成以下表格。

渡江江域	数量	地点	时间
中路军			20 日夜起的 24 小时内
西路军		九江—安庆	
东路军			21 日到 22 日

②表格内的渡江江域为什么要按中路—西路—东路的顺序安排？

结构顺序的安排是由时间和事件本身的特点决定的。首先，中路军最早渡江，所以先写；其次，中、西两路军所遇抵抗相对较弱，东路军所遇抵抗较为顽强，所以将中、西路军安排在前写，东路军安排在后写。同时这样的顺序安排，也反映了三路大军渡江的先后顺序，体现了人民解放军在渡江作战中先从中间突破，再以三路并进的战略部署。

（设计意图：把握文本内容，理清作者思路。）

（二）深入分析我来赏

（1）"新华社长江前线二十二日二十二时电"属于新闻结构中的哪一部分？在新闻中起什么作用？能否删去？为什么？

"新华社长江前线二十二日二十二时电"是电头；写明通讯社的名称、发电时间；在文中不能删去；体现材料真实可信，消息及时。

（2）找出本文的导语部分，说明它在文中的特点及作用。

第一、第二句话；概述事件，简述了我军胜利渡江，简短一句导语，浓缩了消息的主要内容，语言简洁精练；既给读者以完整鲜明的印象，又引起下文。

（3）本文在写法上有什么特点？

①依时叙事。按时间顺序安排内容，条理清晰，多而不杂。

②详略得当。报道东路军时有几处不同：一是较具体地写了战斗情况，二是更详尽地写了战果。

③叙议结合。在报道中、西两路军作战情况后，加入议论，指出我军取得胜利的原因：一是我军英勇善战，锐不可当；二是国民党的广大官兵一致希望和平，不愿交战。此时加入议论，既交代了我军取胜、敌军失败在政治上和军事上的原因，更重要的是使读者进一步认识到国民党反动政权必然覆灭的命运，从而深化了报道的主题。

（学生先独立思考，然后将自己的感知和疑惑带到小组内讨论，最后在全班交流。引导学生采用自主、合作、探究的学习方式，发表自己的看法。）

（三）新闻语言我来赏

（1）题目是"人民解放军百万大军横渡长江"。这里的"百万"是实数，还是虚数？

是实数。中路军30万人，西路军35万人，东路军35万人。人数的确切，更体现出报道的真实、准确、严密。

（2）"西起九江（不含），东至江阴，均是人民解放军的渡江区域。"其中，"不含"起什么作用？能否删除？

"不含"在这个表明地点的句子里，准确反映了当时九江尚未解放的实情。

（3）标注词赏析。

原文："二十日夜起，长江北岸人民解放军中路军首先突破安庆、芜湖线，渡至繁昌、铜陵、青阳、荻港、鲁港地区，二十四小时内即已渡过三十万人。二十一日下午五时起，我西路军开始渡江，地点在九江、安庆段。至发电时止，该路三十五万人民解放军已渡过三分之二，余部二十三日可渡完。"

"突破"一词准确地表现了战斗过程，表明有敌军防守、我军歼灭、击溃守敌和冲破敌阵的情景。如替换为"越过"则不准确，因为其对象是静态的，表现不出战斗经过。

"渡至"一词含义丰富，有横渡和到达两层意思，文字简洁有力，准确表现了水战进军的特点。如替换为"到达"则太宽泛。

"二十四小时内即已"一句，时间明确、具体，含有渡江迅速、作战顺利之意，准确表现了我军渡江速度之快。如替换为"共"，则时限不明，效果不突出。

"至发电时止"一句，在交代时间上比"现在"一词更为确切。

"余部"这一军事术语相比较"剩下"此类表达，更为准确得体。

（4）本文是一则新闻，客观、真实地报道我军胜利渡江的经过，字里行间亦流露出作者强烈的感情。请找出两处包含作者强烈感情色彩的语句，并读一读。

（设计意图：使学生体会新闻文体语言真实、准确、简明的特点。）

五、课堂小结

这节课我们学习了消息这一文体的相关知识，老师给学生1分钟时间回顾一下这堂课上所学的知识和内容，然后邀请学生谈谈在这节课上的收获！

（设计意图：学生归纳总结，有利于对本节课所学内容的回顾、掌握。同时，老师根据学生的回答，及时掌握学生的学习情况，并作补充。）

六、布置作业

开展"我也做小记者"的活动，每人撰写一篇新闻稿，报道校园内的新人新事。

（设计意图：此举意在培养学生的新闻写作能力，练习书面表达能力。）

附：板书设计

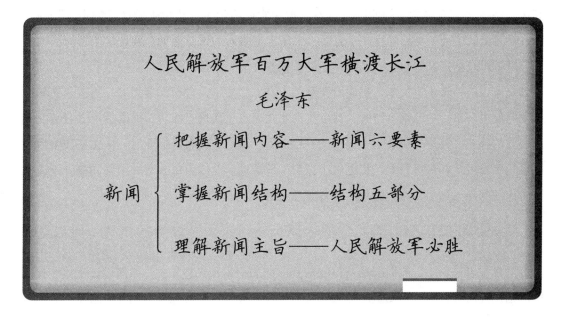

（二）《人民解放军百万大军横渡长江》教学设计说明

1. 本教学设计的基本理念

语文教学不仅是为了传授知识，还有一个很重要的目的就是提高学生的语文素养。因此，本教学设计旨在在课堂上引导学生开展自主探究与合作交流，构建一个情境丰富、更具吸引力的学习平台，从而激发学生学习的积极性，促使学生更好地理解文义、掌握文本知识、提升阅读能力，最终提升其语文综合素养。

2. 教学目标及教学重难点确定的依据

《人民解放军百万大军横渡长江》是一篇新闻稿，而七年级的学生此前还未系统接触过新闻，因此本教学设计将教学目标定为：了解新闻相关知识；把握新闻的内容及结构特点；品读语句，体会消息语言简洁、准确的特点。将教学重点定为根据消息这一新闻体裁的基础知识，了解本文写法特点；教学难点是品味语言，欣赏新闻写作的艺术。

3. 教学过程中的设计亮点与有待完善之处

（1）设计亮点：

本教学设计的亮点是将相对枯燥的理论知识融合在多种教学方式上，使学生通过活动真切地感受并掌握新闻这一文体的内涵和特点。首先，在激情澎湃的诵读中导入课文，为减少学生与课文的距离感，由教师亲自朗读毛泽东《七律·人民解放军占领南京》，同时播放当年解放军渡江的视频，激发学生的好奇心与学习兴趣，为学习此文打下情感基础。其次，坚持"少教多学"的原则，本着"把课堂还给学生，让学生做课堂的主人"的原则，将阅读的主动权交给学生。一方面，采用丰富多彩的课堂活动，如让学生扮演战地记者、扮演作战指挥家等角色，调动学生的积极性。另一方面，通过自主探索和生生、师生互动交流，进一步走进文本，碰撞出智慧的火花，引发学生进行深度思考。再次，充分把握课后反思环节。在课堂小结时，对一些重要知识点再次进行梳理，根据学生学习情况做出必要的补充，并逐一解决学生提出的一些问题。最后，在布置作业时，从文章和生活的联系角度出发，在班级开展"我也做小记者"的活动。设计由每人写一篇新闻稿，报道校园内出现的新人新事，学以致用，培养学生的新闻写作能力。

（2）有待完善之处：

活动的设计方式需要进一步优化，因为一节课中参与课堂活动的学生人数是有限的。活动的参与者是学生，他们的参与程度与其前期的积累和兴趣相关。如何设计优质、有梯度的活动环节，使得绝大多数学生都能加入其中，是一个值得继续探究的问题。

二、《喜看稻菽千重浪》教学设计及其说明

（一）《喜看稻菽千重浪》教学设计

【教材分析】

《喜看稻菽千重浪》是统编版高中《语文》必修上册第二单元的第一课，是一篇典型的人物通讯。文章通过大量精准、具体、丰富的事例，展现了科学家袁隆平重视实践，实事求是，不迷信权威，敢于创新的精神，以及引领"绿色革命"、改善和服务民生的伟大心愿。

【学情分析】

相较初中，高中的学习在深度和广度上都大大加强，因此必须充分调动学生学习的积极性。可根据本文文体的特殊性、内容的丰富性、立意的深刻性、描述的层次性等特征，再充分考虑高一年级学生的认知结构及心理特点，制订教学目标。

【教学目标】

目标1　了解人物通讯的写作特点和袁隆平的相关事迹。

目标2　掌握本篇人物通讯的写作方法，体会其选材特点和细节描写的手法。

目标3 学习袁隆平的高尚品质和精神境界，树立正确的人生观和价值观。

【教学重点】

了解、学习袁隆平的创新精神和高尚品质。

【教学难点】

进一步学习掌握通讯的写法。

【教学用具】

多媒体。

【课时安排】

1课时。

【教学过程】

一、创设情境，导入新课

播放《感动中国2004年度人物颁奖盛典》中主持人诵读2004年度感动中国年度人物之一的袁隆平的颁奖词的视频。

他是一位真正的耕耘者。当他还是一个乡村教师的时候，已经具有颠覆世界权威的胆识；当他名满天下的时候，却仍然只是专注于田畴。淡泊名利，一介农夫，播撒智慧，收获富足。他毕生的梦想，就是让所有人远离饥饿。喜看稻菽千重浪，最是风流袁隆平！

袁隆平为什么能够获此殊荣呢？下面，我们来学习一篇关于袁隆平的人物通讯，看看作者是如何描写袁隆平的。

（设计意图：采取多媒体视频导入，迅速吸引学生的注意力，从情感上拉近学生与袁隆平的距离，形成对袁老的整体印象，渲染课堂氛围。）

二、了解作者，认知文体

（1）沈英甲，笔名佳英，中国共产党党员，大学本科学历。曾任《世界博览》等杂志编辑。著有纪实文学《走进神农架》《采访死亡手记》等作品。

（2）人物通讯是用来报道特定人物的一种新闻体裁。它通过对人物对象进行报道，反映一个人或几个人的思想、言行、事迹，并在一个主题贯穿下容纳相当丰富的材料，着重以人物的精神面貌来感染、教育读者。

三、初读课文，整体感知

请同学们有感情地通读全文，说说课文写了袁隆平哪四个方面的内容？这四个方面的内容分别体现了袁隆平作为一名科学家的哪些方面的品质？

明确：

第一问：概括内容。

（1）实践是他发现真理的途径；

（2）创新是他的灵魂和本质；

（3）实事求是是他的立场和态度；

（4）引领"绿色革命"是他的心愿。

第二问：袁隆平的品质。

（1）严谨认真的工作态度，从实践中发现真理的工作方法；

（2）不迷信权威，不动摇、不退却，极具韧性的学术品格；

（3）坚持真理，捍卫真理，不计个人风险得失的道德操守；

（4）心怀天下，情系世界，生命不息，追求不止的理想志向。

（设计意图：学生有感情地朗读全文，整体感知文章，理清文章思路，能使学生进一步了解袁隆平的生平事迹和优秀品质。通过概括典型事件，更好地凸显人物精神。）

四、精读体味，体会情感

（1）思考：袁隆平为什么被称为"泥腿子专家"？

（2）"中国的稻田里为什么能够走出袁隆平这样一位世界级的农业科学家？"作者为什么要用这样的提问？

（3）文中提及的哪些事件体现了袁隆平"创新是他的灵魂和本质"？

（4）人物通讯要注意新闻性与文学性相结合，新闻性要突显重点，文学性要有丰富的细节。本篇人物通讯的精彩之处有哪些？

明确：

①围绕主旨选取典型事件；

②小标题清晰明白，结构统一；

③细节描写使人物形神兼备；

④准确的数据增强文章的真实性。

(设计意图:高中生已具备一定的合作探究能力。这样的题目设计,不仅可以促进学生对文本的个性化解读,还加深了学生对文本的理解,有助于培养学生的合作意识和探究能力。)

五、总结文章,升华情感

一生只为一事来

挽起裤腿,弯腰驼背,
你轻抚每一株禾苗稻穗,一颗一粒,
孕育生存发展的希望。
系上领带,从容大方,
你站在聚光灯下细数艰难岁月,一点一滴,
镌刻万世流芳的勋章!
脱下西装,和从前一样,
你又回到无比熟悉的淤泥田间,一生一事,
绘制禾下乘凉的梦想。
从此田园不再荒凉,
处处皆为希望,
世代饥荒成过往。

(设计意图:课堂小结以一首诗歌《一生只为一事来》来致敬袁隆平,将课堂气氛再次推向高潮,从而使学生再次感受"杂交水稻之父"袁隆平的高尚品质。)

六、布置作业,拓展延伸

(1)练笔:选择自己熟悉的一位人物为报道对象,进行人物通讯的写作练习,不少于500字。

(2)推荐阅读魏晓雯写的《袁隆平》一书。

(设计意图:通过课后延伸写作,巩固了对本课教学难点的学习,使学生进一步掌握人物通讯的相关知识与写作方法。同时推荐阅读有关袁隆平的图书,既延伸了课堂知识,又增加了学生的文化素养,有利于培养学生的社会责任感。)

附：板书设计

```
喜看稻菽千重浪          挽起裤腿 ——(劳动)—— 朴实无华         最是风流袁隆平
沈英甲                  系上领带 ——(研究)—— 开拓创新
                       脱下西装 ——(实践)—— 实事求是
```

（二）《喜看稻菽千重浪》教学设计说明

1. 本教学设计的基本理念

语文是培养学生综合素质的重要课程，而核心素养已经成为当前语文教育的主要目标。本设计力图通过讲授语言真实、准确的人物通讯，培养学生以丰富材料和精当语言还原事实的文字能力。通过通读与精读文章的四个有机组成部分，使学生了解科学与农业、思想与实践、困难与理想间的辩证关系，培养学生的辨析思维。通过教师引导和与学生交流，促使学生对中国社会文化、制度优势的思考，从而形成以国家和人民为重的价值观，达到思想的升华。

2. 教学目标及教学重难点确定的依据

本课教学重难点确定的依据是新课标中关于培养学生"语言建构与运用""思维发展与提升""文化传承与理解"等核心素养的要求。学生通过学习人物通讯的写作方法、写作特点、阅读技巧，学会把握文本的写作目标、文思脉络与价值导向，深刻领悟袁隆平的高尚品质与精神境界，以此来促进语言建构、思维发展与文化感知。

3. 教学过程中的设计亮点与有待完善之处

（1）设计亮点：

本设计的亮点是巧妙导入，层层深入，逐步提升。首先是以情感体验式课堂导入。通过观看"感动中国"颁奖视频，将学生带入"袁隆平为什么能获此殊荣"的设问情境，为展开文本做好铺垫,激发学生走进文本的积极性。

其次,在课堂教学的主体部分强调层层递进,使学生对文义的理解和思想感情的把握逐步深化。一是在此过程中,始终让学生做语文学习的主体,教师则成为学习活动的组织者和引导者。二是在初读部分,通过两个思考问题,引导学生概括典型事件,以初步感知人物精神。三是在精读部分,提出四个设问,将"实践出真知""中国具备科学家成功的土壤""创新与求索是科学进步原动力"三种隐含的思想感情,借学生的探讨与分析提炼出来。此外,这篇通讯虽然已成旧闻,新闻价值已不大,但仍可通过集体探讨活动,让学生以思辨促表达、以表达促思考,提升新闻类文本方面的素养。四是在总结部分引入另一种文学表现形式——诗歌,将语言训练、思维提升与审美鉴赏融为一体,让学生更好地感知科学家袁隆平坚持不懈地研究杂交水稻的丰富事实,体会其埋头实践、敢于创新、为国奉献、勇于捍卫真理的高尚品质。

(2)有待完善之处:

由于本文字数多且内容丰富,受课时所限,一些与学生探讨、交流的内容不够深刻、全面。

研讨话题

请思考并举例回答:新闻对语文学习的意义是什么?

教学设计

就当下教育存在的问题,找寻一个话题,自拟题目撰写一篇新闻稿。

第十二章 非连续性文本

第一节 非连续性文本教学概述

一、基于核心素养的非连续性文本教学在语文课程中的地位及意义

非连续性文本是从经济合作与发展组织（OECD）组织的"国际学生评价项目"（简称PISA）中的阅读素养测试项目引进的一个术语。PISA测试项目规定了四种文本阅读类型，即连续性文本、非连续性文本、混合文本和多重文本。非连续性文本作为一种文本形式，是相对于有承接关系的句子或段落组成的连续性文本而言的一种阅读材料，它通过相对独立的多个文本或图表等的关联组合，来描述同一件事物，反映一个共同的现实问题。《义务教育语文课程标准（2011年版）》首次引入非连续性文本。随着语文课程改革的深入、语文学科核心素养的提出，非连续性文本开始越来越多地出现在学生的日常学习和考试中。

非连续性文本在我们的日常生活中十分常见，比如车票、发票、演说词、网站跟帖、地图、使用说明、广告牌、宣传单、清单、统计图、索引、目录、开场白、颁奖词、致辞、结束语等。从这些常见的非连续性文本可以看出，非连续性文本是一个丰富而庞杂的文体类型，而非某类或几类文本的简单指涉。非连续性文本的一大特点是生活性和实践性强，它们被切实地应用于生活的各个方面。非连续性文本的出现和应用是时代发展的必然。目前，以互联网和迅捷交通为基础的新时期工商服务业将各国、各领域、各类人群紧

密相连，城市群发展导致生活节奏越来越快，信息化特别是新媒体时代的到来，导致文、图、表等多类型综合性材料大量出现。因此，加强非连续性文本的教学，有利于拓展学生的语文视野，提升群文阅读能力，为学生更好地适应社会发展奠定更加坚实的语文基础。

《普通高中语文课程标准（2017年版2020年修订）》在"实用性阅读与交流"学习任务群中指出："本任务群旨在引导学生学习当代社会生活中的实用性语文，包括实用性文本的独立阅读与理解，日常社会生活需要口头与书面的表达交流。通过本任务群的学习，丰富学生的生活经历和情感体验，提高阅读与表达交流的水平，增强适应社会、服务社会的能力。"新课程标准之所以提出非连续性文本的概念，是因为此类文本具有很强的实用价值，更贴近现实生活，对学生发展符合实际生活需求的阅读能力具有重要意义。一方面，非连续性文本旨在培养学生能够理解、运用、反思并积极参与阅读书面文本的能力，以增进学生的知识，发挥自我潜能，并积极参与社会生活，最终实现个人目标。这与当下倡导的"为生活的阅读，贴近生活的阅读，在生活中阅读"的基本理念相契合，有利于学生解决实际生活中的阅读障碍，在阅读的过程中实现自我阅读素养的提升。另一方面，中学生思维活跃、成长迅速，处于阅读能力全面发展的关键时期，非连续性文本的阅读将有助于其收集处理信息、整合归纳信息、反思评价信息的阅读能力的提高，这将对学生终身阅读能力的形成有着重要的意义。具体来说：

第一，更能体现教育的生活性。相比侧重情感培养的连续性文本而言，非连续性文本阅读内容往往与生活紧密结合，有利于学生更好地适应快节奏的现实生活。因此，非连续性文本具备终身学习的价值，其学习方法也将使学生受用终身。也就是说，学习非连续性文本不仅体现了"为生存准备"的阅读时代诉求，更能为语文学科核心素养的发展发挥长远价值。

第二，更能体现教育的实践性。非连续性文本引入初中语文阅读，可将连续性文本的体验式阅读方式转换为从文本材料中分析、判断、获取价值信息的阅读方式，丰富学生文本阅读的多元化体验，扩充学生的阅读视野，将多种阅读能力集中在一份材料之中进行培养和锻炼，增强了语文阅读教学的实践性。

第三，更能体现教育的整体性。非连续性文本简洁、系统地呈现了文本的关键信息，其阅读具有"短、简、快"的特点，能够大大缩减阅读时间，提高阅读效率。其多维的思考路径，能够提高学生整体把握文本内容的能力和语言综合运用的能力，从而弥补语文连续性文本阅读教学的不足。

第四，更能体现教育的赋能性。学生在经过连续性文本教学中赏析语言、把握汉字运用规律、掌握和传承母语文化的学习过程后,再进行非连续性文本阅读训练,可以有效提升准确获取文本信息的能力、解释文本信息的能力和反思评价文本内容的能力。

二、非连续性文本的教学现状及教学设计方法原则

(一)当前非连续性文本教学中存在的主要问题

非连续性文本这一新术语的提出,意味着教师要掌握与应用新的教学理念。将新的教学理念贯彻、落实到教学实践中的前提,是对新的教学理念进行透彻的理解并加以灵活应用。然而新的教学理念在教学实践中一直未能得到很好的贯彻、落实的原因有两个方面:一方面,新术语是从别的学科引入语文学科的,相关的探讨一直拘泥于理论上的辨析;另一方面,长久以来的教学思维惯性使一线教师采用并掌握新的教学理念变得较为困难。具体如下:

1. 教师对开展新型阅读教学缺乏认识

语文教材中编入的非连续性文本较少,其目前在考试中出现的频率、占比均不及其他文体,加上教师对有关该类型文本的教学经验不足,导致教师重视不够,缺乏对非连续性文本阅读教学的有效指导。教师普遍对非连续性文本的概念模糊,缺乏扎实的理论知识,沿用连续性文本的教学模式,对教材内外的非连续性文本利用不足,致使非连续性文本教学尚未形成系统的课堂教学体系和教学策略体系。

2. 学生非连续性文本阅读素养不足

多数学生在面对非连续性文本时,习惯以阅读连续性文本的方式来解读,缺乏对非连续性文本的正确认知。学生在面对图画、表格、图文解读等文本形式时较为陌生,显得不适应,尤其对非连续性文本信息的提取、特定用词的理解存在困难。在信息化生活环境中,学生容易迷失于浅阅读、快速阅读的阅读方式中,惰于进行文本阅读(即仅仅关注信息筛选和浅层理解,而不动用更高层次的思维模式),懒于在不同文本之间进行迁移转换,疲于进行信息的加工重组、信息之间内在联系的构建、信息的反思评价,久而久之,不利于高阶思维逻辑和能力的培养。而这种自觉的高阶思维逻辑与能力是非连续性文本阅读素养不可或缺的。

3. 定位模糊致使课堂教学存在普遍误区

有些教师将非连续性文本阅读教学简单处理为答题技巧的传授,或将其简单等同于综

合性学习去锻炼综合能力，或照搬连续性文本阅读教学策略，拘泥于感性思维训练、直线型价值观的培养和人文熏陶，未能聚焦于信息检索、处理、评价等综合能力的培养，对非连续性文本的应用价值发掘不准确、不到位。

4. 教学评价缺乏科学化标尺

非连续性文本试题常立足于文本信息的阅读吸收，缺乏对阅读迁移能力的关注，即缺少对运用文本信息解决问题的能力的考查。有的地区的试题类型过于单调，仅考查学生对单一文本信息的提取概括能力，缺乏对材料间内在联系的建构。长此以往，非连续性文本会在语文教学中丧失应有的地位和价值，不利于学生语文素养的形成与发展。

（二）非连续性文本的教学原则及教学设计方法

1. 立足非连续性文本的教学原则

一是要明确文本理解的简明性。区别于连续性文本的情感体验式阅读教学形式，非连续性文本的阅读教学，不需要对文本内容做深层次的挖掘，更多的是对文本信息的教学处理，着重于指导学生观察材料信息，迅捷地捕捉、筛选、提取文本中的重要信息。

二是要注重文本阅读的关联性。非连续性文本的材料内容形式是相对独立的、分散的，但整体上却"形散而神不散"。每个材料都会围绕一个共同的主题呈现，构成一个主题一致、各个侧面相对完整的文本体系。因此，在教学中，要更加注重信息与信息之间的关联性。

三是要认识阅读结论的开放性。在阅读文本信息的同时，教师应鼓励学生根据自己的阅读体验，寻求多元化答案。学生不必对文本内容做出全方位的阐述，只要结论能够大致反映阅读的主旨及要求即可。可以先由教师引出主题，帮助学生进行研讨式阅读，然后根据自己的生活经验给出具有意义的结论，不必苛求答案的完全一致性。

2. 把握非连续性文本的教学基本策略

一是针对不同阅读类型采取不同的教学策略。其一是对于图表类。首先需要能够读懂图表内的文本、数据、公式等信息，在此基础上逐渐对全部文本形成系统认知，之后通过整合、对比形成自己的结论。其二是对文字拟写类。重点是吃透题目要求，注意文本信息与观点的统一性即可。其三是材料探究类。可以通过引导教学、自主探究的方式，促使学生多读文本、细品文义，抽丝剥茧，逐步弄清题目中的各类信息。教学重点在于对不同材料的比较与整合，借助同中求异或异中求同的原则找出材料之间的联系，从而得出有意义的结论。

二是根据不同的文本主旨给出不同的阅读策略。根据非连续性文本中主旨或各种文本形式与内容之间的内在逻辑规律进行判断。针对文本内容，应从宏观角度把握，从阅读材料中快速掌控整体性信息，采取视线快速阅览的扫描式阅读方法；聚焦文本核心内容，须找出关键、有效的信息点，采取检索式阅读，快速有效地汇总各类有效信息；针对有明确阅读指向的文本，应根据题目中的阅读要求，采取定向性阅读，根据特征定位处理信息，把握目标语句和信息点；针对文本材料内容跳跃性强、文本层次结构复杂的文本，须采取咀嚼式阅读，多角度地对文本进行审视，通过指读、回读、逐句阅读等方式，反复推敲核心内容，锁定并概括有价值的信息。

3. 扩充非连续性文本的教学资源

一是拓展教材资源。教师可以根据教学需要，在课前或课后指导学生进一步搜集更直观的图标、数据等非连续性文本资料，组织学生开展学习交流，培养非连续性文本的阅读能力。同时，要善于活用课本中的非连续性文本资源。例如，在插图的运用上，语文教材中的插图是为了配合展现课文中的主要人物、情节或场景，开阔学生视野，拓宽学生思路，而拍摄或绘制的，具有形象、生动、可感知的特点；准确运用注释，合理解读注释；在单元主题的运用上，就一个单元而言，每篇文章构成了非连续性文本，其单元总结就是对这个非连续性文本主旨的归纳和概括，这部分文本具有很强的实用性和教学价值。

二是对教材资源进行必要增补。比如在学习《壶口瀑布》《苏州园林》等写景类文章时，通过提前制作与文章内容、描写顺序相契合的图片，可以极大地增加阅读的趣味性和理解的深刻性。

三是非课本资源的开发。校园内的非连续性文本资源既贴近学生的学习生活，又能够满足语文非连续性文本教学的需要。例如，校园宣传栏为了吸引学生的注意力，经常呈现出图文并茂的形式，其中蕴含着大量的非连续性文本阅读资源；校园里每条走廊和每个教室墙上悬挂的名人名言也是随处可见的非连续性文本；教室的黑板报和评比表、校园内的光荣榜等，都简洁明了地向学生传递着丰富的信息。这些资源都可以有效利用，或者选定一个阅读主题，展开主题式的非连续性文本阅读，让学生通过广泛阅读、发掘整理、交流探讨，积累并活化非连续性文本的阅读经验。

4. 灵活运用策略反哺课堂教学

一是丰富课堂互动性教学活动。教师可以结合名著导读和古诗词诵读部分，在班级中开展各种各样的阅读活动，顺势还可以加强阅读应用训练。活动的形式与内容应当在贴合教学文本的基础上体现非连续性文本的特征，力求多样性、创新性。可以将一些有内部联系的内容进行抽取组合，以谜题方式启发学生联想，从而巩固学生的语文阅读能力，把原本的语文阅读主体进行非连续性文本式的加工，有助于学生建立不同文本之间的阅读联系，从而提升非连续性文本的课堂教学质量。

二是广泛运用非连续性文本载体。教师可以灵活运用热搜榜、贴吧、微博等新兴网络媒介，或者借助《参考消息》等综合类报纸，将最新发生的学生感兴趣的热点事件整合成非连续性文本，引导学生通过阅读提炼结论。还可以通过集体探讨、交流，促使学生能够迅速就某几个相互关联的事件、不同作者对同一事件评价的文章、不同历史时期同一类事件的变化等内容进行分析，以把握同一话题在不同侧面、不同阶段的意义，从而达到语文阅读整体素养和水平的提升。

三是实施非连续性文本辅助教学。非连续性文本不仅是一种文本形式，更是一种辅助学习工具，灵活使用可以有效提升教学效果。例如，让学生撰写寻人启事，模拟家人突然失踪后撰写寻人启事的具体情境，让学生置身其中进行思考，对家人的外貌、穿着、身体特征、语言特点等要素进行组合。这些非连续性文本的选取和组合，是对学生思考能力、信息汇总能力和表达能力的多重考验，不但能增强应用文的教学效果，还能提升学生解决实际问题的能力。

（三）需要关注的问题

（1）在意识层面，教师应认真学习核心素养和语文新课标中对非连续性文本阅读的要求，阅读相关参考文献，分析、参考其他地区学校的非连续性文本的教学实践和经验，充分认识非连续性文本的发展现状，从理念和行动上接受新兴的文本形式。

（2）在研究层面，教师应加深对非连续性文本教学策略的探究，加强对非连续性文本教学策略的理论总结。不仅要研究各学科、各类试题的解题方法，还要以培养学生语文学科核心素养为本，真正理解、贯彻中学语文非连续性文本阅读教学的主旨要求，提升阅读教学的系统性、针对性和有效性。

（3）在实践层面，教师应积极主动地将非连续性文本融入自己的生活和工作中。加强对语文非连续性文本教学的实践反思，基于核心素养，强化课程标准，将阅读落实到位，促进学生阅读素养和能力的有效提升。

（4）在结果层面，教师需要从非连续性文本考试压力的桎梏中摆脱出来，引导学生用已有的知识和经验去解释文本，并对文本的内容与形式进行反思和评价；还要能指导学生根据不同的文本类型以及不同的应用情景，灵活机动地采用相应的策略去挖掘、解读生活中的非连续性文本，真正将该类文本的教学落到实处。

综上所述，统编版语文教材在编写上注重"工具性"与"人文性"、"语文素养"与"人文情怀"两两结合的编写原则。所以教师授课时，除了基于非连续性文本而关注"工具性"和"语文素养"之外，还须跳出非连续性文本本身，重点培养学生的"人文性"和"人文情怀"。

第二节　非连续性文本教学知识点汇总

一、中学语文非连续性文本的主要类型及特点

（一）非连续性文本的主要类别

一是文字说明类，即为了说明某一事物，由文字和符号组成的精练的具有说明性的图文组合，如黑板报、名片、指示牌、说明书、旅游图例、公交站牌等。二是图表类，即由图片、图例、表格、符号、数据、文字等组合而成的非连续性文本，如课程表、座位表、思维导图、电话簿、列车时刻表、各类标志等。三是媒体类，即由多种信息传播媒介形成的非连续性文本，如新闻集锦、微博、微信群文、贴吧留言，甚至网页搜索结果等。四是其他类，即其他由多种材料组合形成的非连续性文本，如多媒体广告、总结性报告、公文等。

（二）非连续性文本的主要特点

非连续性文本中材料之间的顺序并不固定，可任意排序，没有前后承接等逻辑关系，在表意上具有非连续性特征，在形式上具有直观性、简明性、概括性、关联性、跳跃性、易于比较等特点。同时，日常生活中经常遇到的多种材料都以非连续性文本形式体现，学习非连续性文本的目的之一是掌握灵活运用阅读策略解决实际问题的能力，可见非连续性文本更贴合现实生活，更有实用价值，因而在功能上有生活性、实用性等特征。对于非连续性文本特点的认知有助于学生在生活中辨别和运用非连续性文本，同时也有助于教师有

针对性地指导学生对非连续性文本进行学习。

二、非连续性文本的教学重点——以培养学生的能力为目标

通过加强非连续性文本教学,一是锻炼学生查找和获取有效关键信息的能力,要求学生能够从文本提供的时间、背景、主题等基本要素中快速地定位所需信息;二是形成对文本的整体理解能力,要求学生能够从宏观上把握非连续性文本共同的内涵与外延,以形成整体感知;三是习得解释文本信息的能力,要求学生能够结合自己的已有知识、经验,对文本提供的关键信息进行加工处理,从而得出阅读需要的正确解释;四是习得反思和评价文本信息的能力,包括梳理文本的逻辑结构,对碎片知识点进行归纳、整合、串接,然后对文本观点、结构做出客观的反思和评价。

三、非连续性文本阅读的主要考试题型

从近年来的中考试题看,非连续性文本阅读题型愈加常见。主要有以下几种题型:

第一是图表信息甄选类。这类试题考查学生对图表、图例中的文字、符号、数字提示和细节信息的提取、分析、反思、评价能力。

第二是要点探究类。试题中的几则非连续性文本均围绕一个主题展开,只是从不同角度或不同层面进行描述。考查学生在把握材料内容共性的同时,找出各材料区别于其他材料的个性因素,并通过发现材料间的内在关联或规律,得出自己的结论。

第三是标语、广告语拟写类。这类试题是给定一个主题,让学生拟写广告宣传语、名句名言等。考查学生对主题内容的分析提炼能力和灵活表达能力。

第四是漫画启示类。这类试题是选取讽刺、批评或颂扬某些生活实践或政治事件的漫画,要求学生读懂画意,进而表达自身的看法、观点或建议。

第五是其他类,如图文综合阅读,考查学生的综合辨析能力。

四、非连续性文本在教材中的体现

统编版语文教材中没有专门的非连续性文本课文,但教材编写者为了提升阅读效果,紧密围绕主体课文,在每个单元的主题、小结、预习、插图、注释及口语和写作等部分

设置了教学提示，这些教学辅助内容本身就具备了非连续性文本的特征。在语文综合性学习中，各种图文漫画、材料探究、片段文字拟写、文摘资料，也体现出语文阅读教学直观性、综合性、开放性的性质与特点。可以说，语文教材中的这些非连续性文本，符合学生的认知结构、知识结构，符合由表及里、由具体到抽象、由常规思维到创造性思维的认知规律。

以插图为例，教材常运用插图来充实内容。教材插图是重要的教学资源，可以起到丰富、深化文本解读的重要作用。比如，写人类文章用插图来呈现一个具体的人物形象，记事类文章用插图来表现一个经典场景，写景类文章配上图画就能呈现出一处动人的风景。教师以此引导学生进行多角度的全面探讨，能有效地培养学生的观察力、思辨力、联想力和理解力，最终提升语言表达及文字综合运用的能力。这些非连续性文本将知识与技能、过程与方法、情感态度和价值观的三维目标整合起来，很好地体现了整体阅读教学的目标与价值。

第三节　非连续性文本教学设计典型案例及设计说明

一、非连续性文本教学设计

【设计意图】

《义务教育语文课程标准（2011年版）》对非连续性文本阅读是这样表述的："阅读由多种材料组合、较为复杂的非连续性文本，能领会文本的意思，得出有意义的结论。"在2019年西安市中考语文试卷中，已将以前对连续性文本说明文的考查转变成对此类非连续性文本的考查。因此，对非连续性文本的阅读方法的指导显得尤为重要。

【学情分析】

对于九年级的学生来说，已经具有感知并理解文章内容的能力，但对于非连续性文本阅读这一综合性阅读还欠缺一定的阅读能力和有效的做题技巧。

【教学目标】

目标1　了解非连续性文本的相关知识。

目标2　熟练地掌握重要题型的解题思路和方法。

【教学重点】

能阅读由多种材料组合而成的较为复杂的非连续性文本，能从文字材料或图表等材料中捕捉、读懂信息，最终得出结论。

【教学难点】

针对不同题型，运用不同的解题思路。

【教学方法】

自主、合作、归纳。

【教学时数】

1课时。

【教学用具】

多媒体、导学案。

【教学过程】

一、导入新课

（1）定义：非连续性文本大多是由文字、统计图表、漫画、数据等材料组合而成的阅读材料，每个材料都是独立的个体，但它们之间又具有某种联系，用来描述同一事物，反映一个共同的现实问题。具有直观、简明、概括性强、易于比较等特点。

（设计意图：要求学生掌握非连续性文本的概念和特点。）

（2）命题预测：以多种形式呈现选材，紧跟社会热点，题型以综合性考查为主，注重考查学生的综合分析能力与应用能力。

（设计意图：使学生了解非连续性文本阅读理解出题的方向和题型。）

二、阅读练习，掌握答题思路和方法

（1）非连续性文本分为以下几种样式：①文本类；②图表类；③图文类。

（2）快速阅读文本，掌握主要内容。

（设计意图：新课标要求学生养成默读习惯，每分钟不少于500个字。这是用限时任务促进学生快速阅读。）

（3）看习题，析题型，讲方法。

习题1 我国建成的空间站具有什么特点？请根据材料三简要概括。（3分）

答题思路：

看——回原题，画关键词；

抓——分层次，抓关键句；

加——提整合，深加工；

答——扣题目，分点答。

示例答案：①配备一套能对40%以上的天区进行观测的巡天望远镜。②拥有完整的可再生生命保障系统。

（设计意图：此题旨在考查学生提取、整合信息的能力。）

习题2 我国的天舟一号飞船与国外货运飞船相比，具有哪些优势？请根据材料二简要分析。（4分）

答题思路：

看——看题目，圈点勾画；

找——回原文，查找筛选；

比——读图表，纵横比较；

析——析问题，提炼整合；

答——扣题目，周全作答。

示例答案：①全球首个掌握全自主快速交会对接技术的飞船。②在航天领域首次实现了100V高压锂离子蓄电池组在轨应用。③货物运送上行能力位居全球第二。④货物运送上行货重比最高。

（设计意图：此题主要考查学生通过比较归纳得出结论的能力。）

习题3 下列对材料有关内容的理解，不正确的一项是（　　）。（3分）

A. 载人飞船能将航天员送入太空，但其电力供应无法满足大型载荷的需求。
B. 空间站是航天发展的必然选择，是人类最好的太空技术实验和应用平台。
C. 目前，我国已跻身于世界少数几个具备大吨位空间货运能力的国家之列。
D. 天舟一号飞行任务取得圆满成功，标志着我国已经正式进入空间站时代。

答题思路：①勾画关键词；②回文本定位；③做分析判断；④比较看差异。

答案：D。

（设计意图：考查学生对材料有关内容的分析和概括能力。）

三、课堂小结

准确审题→画关键词→分析结构→理清层次→筛选信息→提取信息→组合归纳→规范作答。

四、布置作业

练习2020年全国各地中考语文试题中的非连续性文本阅读题。

（设计意图：趁热打铁，通过中考原题，巩固本节课所学的解题方法。）

附：一、板书设计

非连续性文本阅读

分类：1.文本类；2.图表类；3.图文类

方法：

文本类答题思路：看—抓—加—答

图文类答题思路：看—找—比—析—答

总结：

　　准确审题画关键词

　　分析结构理清层次

　　筛选信息提取核心

　　组合归纳规范作答

二、导学案

阅读下列材料,回答相关问题。[1]

材料一:

载人飞船虽然可以将航天员送入太空,但无法携带较大的载荷进行空间实验,飞船电力供应也无法满足大型载荷或是大规模空间实验的需求。因此,建设能部署大量实验载荷并提供充足能源开展实验的空间站,是航天发展的必然趋势。国际空间站实践表明,它是人类最好的太空技术实验和应用平台。我国空间站建成后,将具备完全自主的载人航天能力。

(摘编自欧阳自远主编《十万个为什么》)

材料二:

天舟一号作为我国首个空间货物运输飞船,飞行任务取得圆满成功。它突破了货物运输、推进剂补加等关键技术,使我国跻身于少数几个具备大吨位空间货运能力的国家。天舟一号还是全球首个掌握全自主快速交会对接技术的飞船,并且在航天领域首次实现了100V 高压锂离子蓄电池组在轨应用。天舟一号是我国载人航天工程"三步走"发展战略第二步的收官之作,标志着我国即将开启空间站时代。

货运飞船货物运送能力比较

国家和地区		俄罗斯进步 MS	欧洲 ATV	日本 HTV	美国天鹅座	中国天舟一号
技术指标	发射质量/t	7.2	20.75	16.5	7.5	13.5
	上行能力/t	2.25	7.67	6	3.5	6.5
	上行货重比	0.31	0.37	0.36	0.46	0.48

注:"t"表示吨,为计量单位。

上行货重比=上行能力/发射质量,上行货重比越高,货物上行效率越高。

(摘编自白明生等《天舟一号货运飞船研制》)

材料三:

中国空间站具备后发优势。建成后,会单独发射一个光学舱,光学舱里架设一套口径两米的巡天望远镜,可以对40%以上的天区进行观测,可以源源不断地为科学家们研究宇

---

[1] 王崇翔. 文化试卷 以文化人 以文育人 [J]. 语文教学与研究, 2020(11): 96-97.

宙学和天文学提供海量的科学数据。同时，空间站还将拥有完整的可再生生命保障系统。

（摘编自《中国的空间站什么样》）

练习题：

1. 我国建成的空间站具有什么特点？请根据材料三简要概括。（3分）

2. 我国的天舟一号飞船与国外货运飞船相比，具有哪些优势？请根据材料二简要分析。（4分）

3. 下列对材料有关内容的理解，不正确的一项是（　　）。（3分）

A. 载人飞船能将航天员送入太空，但其电力供应无法满足大型载荷的需求。

B. 空间站是航天发展的必然选择，是人类最好的太空技术实验和应用平台。

C. 目前，我国已跻身于世界少数几个具备大吨位空间货运能力的国家之列。

D. 天舟一号飞行任务取得圆满成功，标志着我国已经正式进入空间站时代。

二、非连续性文本教学设计说明

（一）本教学设计的基本理念

非连续性文本在各地中考语文试卷中出现的频次逐年上升，主要是新课程标准对初中学生的阅读能力提出了新的要求，即"能够阅读由多种材料组合、较为复杂的非连续性文本，能领会文本的意思，得出有意义的结论"。

（二）教学目标及教学重难点确定的依据

以发展学生的语文学科核心素养为指向，同时结合近两年中考语文试卷中的非连续性文本阅读题型的变化及学生学习实际，本教学设计将教学目标定为：了解非连续性文本相关知识，熟练地掌握重要考试题型的解题思路和方法，为学生更好地学习、应用生活中的各类非连续性文本打下基础。教学重点是掌握不同类型材料的阅读方法和技巧，难点是针对不同题型运用不同的解题思路。

（三）教学过程中的设计亮点与有待完善之处

（1）设计亮点：

为有效完成本节课的教学目标，突破教学重难点，本教学设计选择了三篇典型的科技类作品作为非连续性文本阅读材料，亮点是取材前沿、吸引力强，并通过巧妙设计练习题，引导学生多角度分析，促使学生从多元材料中迅速提取有价值的信息，并学会分析、整合信息。在教学中，首先明确非连续性文本的概念及特点，了解中考题型及出题思路，再进行练习，以中考考试标准为导向引起学生的重视。其次，通过对主客观两方面的分析，让学生迅速把握非连续性文本阅读的核心技巧。通过讲授主观题型，帮助学生掌握对文本和图表的提炼概括能力、语言的综合运用能力。讲授客观题时，让学生首先通读原文，把握大意，然后在题目中画出关键词，再回到文中画出重点范围，进行选项比较，看出差异，求得答案。最后，通过一主一客，让学生自主提炼阅读答题的关键步骤。如此，学生可掌握非连续性文本阅读不同题型的解题思路和方法。当学生在见到类似的题目时，就能有的放矢、事半功倍地作答。正如人们常说的一句话：授之以鱼，不如授之以渔。这真正有助于学生语文能力的全面提高。

（2）有待完善之处：

①不足之处是因为课时有限，所选的非连续性文本并不长，这也在无形中降低了阅读难度。

②非连续性文本教学的目标之一是让学生能将语文和生活自然贯通，在学习中激发将语文应用于生活的能力。这需要教师具备丰富的经验和卓越的对信息加工、转化的能力，这是较难把握的。因而，这一点在本教学设计中体现得还不够明显。

研讨话题

结合所学内容和课程改革的相关理念，谈谈你对陕西省中考加入"非连续性文本阅读"的理解。

教学设计

从2020年全国各地的中考试题中，选取一篇非连续性文本阅读材料，进行一则"非连续性文本阅读"的教学设计。

第十三章 论述类文本

第一节 论述类文本教学概述

一、基于核心素养的论述类文本教学在语文课程中的地位及意义

语文学科核心素养要求"发展逻辑思维、提升思维品质"。论述类文本是一种具有明确观点,并由作者举证对自己的观点予以分析、证明、论说的文体。这种文体主要考查的是学生独立思考、分析、判断问题的逻辑思维能力。在近十年的陕西高考语文试卷中,作文写作文体都以议论文为主。2017年,陕西高考语文试题的最后一道大题从沿用多年的全国卷作文改为应用文体的写作。高考语文试卷中阅读题的第一大题为论述类文本阅读题(高考命题人称其为现代文阅读题),虽然只是9分的客观选择题,却全面考查了学生的思维能力及语文素养。论述类文本教学的重要性由此可见一斑。

在碎片信息泛滥、大数据深刻影响产业发展的今天,我们的学生更需要拥有准确的判断力、独立的思考能力,并且能够从海量信息中筛选、甄别出对的信息,才不会人云亦云。这是时代给我们提出的要求,也是学生在成长中应具备的一种非常重要的能力。《义务教育语文课程标准(2011年版)》在义务教育(初中)阶段的实施建议中明确指出:"尤其要注重激发学生的好奇心、求知欲、发展学生的思维,培养想象力,开发创造潜能,提高学生发现、分析和解决问题的能力,提高语文综合应用能力。"《普通高中语文课程标准(2017年版2020年修订)》将整个高中语文学习的课程内容分为18个学习任务群,其中

第 6 个学习任务群是"思辨性阅读与表达",表述为"本任务群旨在引导学生学习思辨性阅读和表达,发展实证、推理、批判与发现的能力,增强思维的逻辑性和深刻性,认清事物的本质,辨别是非、善恶、美丑,提高理性思维水平"。这个学习任务群就是针对教材中的论述类文本教学而要求的,具体的学习目标与内容是"阅读、学习阐发以及理性表达"。

经粗略统计,在初中 6 册和高中 5 册共 11 册统编版语文教材中,《语文》七年级上册第四单元收入了毛泽东的《纪念白求恩》,这篇文章是为单元写作目标——"思路清晰"而服务的,旨在让十三四岁的初中生初步接触论述类文本,为之后系统学习这类文本奠定基础。《语文》七年级下册第四单元收录了梁启超的《最苦与最乐》,这篇文章是标注★号的。教材中标注★号的文章都是要求学生自主阅读的。但是,这篇文章是编者精心挑选出来的适合初中生学习的论述文典范,结构规整,行文严谨,在论述文本中极具示范价值。《语文》八年级下册第四单元以演讲词的形式选录了 4 篇时代背景、风格、主题各异的文章。值得注意的是,这个单元是以"活动·探究"的形式呈现的,整个单元设计了三个任务:任务一是自读 4 篇演讲词;任务二是在自读的基础上,学习撰写演讲词;任务三是举办演讲比赛。整个单元设计环环相扣,既符合初中生的认知水平及学习发展轨迹("阅读-写作-实践"三位一体),也贯穿了新课标对初中生语文学科核心素养听、说、读、写能力的培养要求。到了九年级,初中学生处于形象思维向抽象思维转化发展的时期。故《语文》九年级上册安排了 2 个单元共 8 篇论述类文本的学习。这 8 篇文章极大地满足了学生思维发展的需要,它们紧紧围绕语文学科核心素养的要求对学生进行培养和塑造,通过让学生学习和积累论述类文本的基本知识点,总结出论述类文本阅读的方法和步骤。《语文》九年级下册则收录了 4 篇文艺随笔式的论述类文本,比《语文》九年级上册中的规范的论述类文本在形式上多了一些随意性,但是思想性更强,更侧重于提升语文综合能力,同时也为高中学生论述类文本的学习打下了坚实基础。统编版高中《语文》必修上册第六单元收录了 6 篇论述类文本,前两篇是文言文《劝学》《师说》,这两篇文章从论述文本的角度看,都是规范的论述类文体,观点明确,结构清晰,有中心论点和分论点,甚至采用多种方法来论述。例如,荀子《劝学》里的比喻论证是该文章的一大亮点,也是教师教学设计中无法回避的教学重点;韩愈的《师说》结构非常清晰,采用了对照论证、引证法等论证方法,使得文章逻辑严密、论证层层推进,极具说服力。另外 4 篇为现代文,其中鲁迅的《拿来主义》一文以其独具特色的驳论论证方法,使其始终成为中学语文教材中的经典之作。高中《语文》必修下册中的第五、第八两个单元属于论述类文本单元，选文涉及古今中外：有结构严谨、论点明晰、借古讽今的杜牧的《阿房宫赋》；有对比鲜明、结构清楚、开宗明义的苏洵的《六国论》；也有经典演讲词，如恩格斯的《在马克思墓前的讲话》、马克思的《在〈人民报〉创刊纪念会上的演说》；等等。而在高中的三册选择性必修语文教材中，只在中册第一单元收录了包括3篇自读课文在内的6篇论述类文本，这些文本的作者仍然是来自古今中外的伟人、哲人或思想家。

综上所述，论述类文本阅读贯穿于整个中学语文教学，在中学语文教学中所占比重较大，且文本安排由浅入深、由抽象到具体、由形式到内容、由阅读到写作实践。这样的布局符合中学生思维发展的规律，也满足中学生思维发展的需求，更重要的是充分体现出信息化时代，社会对人才思维品质和能力的要求，为中学生语文学科核心素养的培养和提升提供了重要的保证。

二、论述类文本的教学现状及教学设计原则

（一）论述类文本教学现状分析

论述类文本教学一直以来都是中学语文教学的重点和难点。特别是《义务教育语文课程标准（2011版）》及《普通高中语文课程标准（2017年版2020年修订）》中都突出了"发展学生的逻辑思维能力，提升学生分析综合能力，及全面提高学生语文素养"的相关要求，使得论述类文本成为教学重点。在实际教学中，论述类文本文体枯燥和思想性、逻辑性强的特点，使它既不具备诗歌语言之节奏美，也缺乏小说故事情节跌宕起伏、人物个性鲜明之内容美，更没有散文语言抒情、充满哲理的理趣之美，难以引发学生学习的兴趣。学生缺乏主动学习的积极性，教师面对论述类文本教学也充满困惑。

初中语文论述类文本教学在侧重于引导学生逐步掌握论述类文本的基本特点、三要素的界定、基本结构特征等相关基本知识的同时，还需要做好与学生思维发展（由形象思维转向逻辑思维）一致的过渡与转化。高中语文论述类文本教学主要侧重于对学生逻辑思维能力的训练和思维品质的培养，还包括对论述类文本中相关信息的筛选、重点语句的理解，对文本中重要信息的归纳与推断，等等。事实上，在当下的中学语文教学中，教师常常有意无意地回避对学生逻辑思维的训练与培养。因为教师本身在逻辑思维能力方面也存在较大欠缺，很少有中学教师在这方面用功研究并取得成效。所以，中学语文论述类文本教学特别是高中语文论述类文本教学，常常沿用教师先介绍写作背景，然后带领学生找中

心论点,再归纳总结出论证方法等固定套式。这导致学生学习兴致不浓,囫囵吞枣,教师教学枯燥无味,走马观花,而真正研讨文本思想性、逻辑性的启智创思式的教学过程难以开启并普及。

(二)论述类文本教学的原则

从语文学科核心素养的角度和新课标对论述类文本教学的要求,并结合论述类文本自身的特点来看,论述类文本教学的大原则应该是着力于思维的训练与发展,特别是批判性思维的养成与发展。语文教育要培养学生具有明辨是非的能力、科学理智的头脑,就必须重视学生思维能力的训练,重视发展其批判性思维。在思维发展的大原则下,根据中学生正处于从形象思维向抽象思维过渡的阶段,论述类文本教学应遵循以下三个基本原则:

第一,激发学生的学习兴趣是论述类文本教学的基本保障。孔子说:"知之者不如好之者,好之者不如乐之者。"(《论语·雍也》)。《普通高中语文课程标准(2017年版2020年修订)》在教学实施建议中提道:"创设综合性学习情境,开展自主、合作、探究学习",并且要求教师"探索信息化背景下教与学的方式的转变"。中学生已经逐渐有了学习的自主性与自觉性,要想达到最佳学习效果,就需要激发学生的学习兴趣,变被动学习为主动学习。美国心理学家布鲁纳指出:"学习的最好动力是对学习材料的兴趣。"创设有利于激发学生学习兴趣的学习情境,是进行论述类文本教学非常有效的教学方法之一。在初中语文教学中,创设学习情境可以是设计多样的语文实践活动。我们可以围绕"听、说、读、写"能力的培养来设计语文实践活动。例如课前三分钟荐读,即学生轮流推荐自己喜欢的论述类文本,并阐述文本观点,简要介绍喜欢的缘由,甚至可以就自己认可的文本观点与其他同学展开辨析和讨论。这样的语文实践活动还可以延伸到高中语文论述类文本教学中,甚至拓展到议论文的写作教学中。此活动需要对学生提出更高的实践要求,如在课前对学生进行论述类文本分析的概括与点拨,指导学生利用思维导图或图表对文本的逻辑关系进行梳理,并于课堂上阐述,与其他同学合作探究,等等。再如,开展课外论述类文本的读书交流活动,可以由学生自行阅读,并以读书交流会、主题墙报、知识问答竞赛等多样化的形式进行交流。还可以设计一些逻辑推理的小活动,如"芝麻开门""脑洞大开"等。同样的活动在不同学段的语文课堂教学中可以设计不同的教学目标,以满足处于不同思维发展阶段的学生的不同需求。

第二,努力构建"阅读–写作–再自读"三位一体的教学模式。阅读教学为写作教学张本,写作教学为阅读教学筑基。阅读和写作是不可分割的。前面也曾提到统编版《语文》八年级下册第四单元的单元设计就是"活动·探究"——自读演讲词、撰写演讲词、举办演讲比赛。这样的单元设计再一次明确了阅读和写作的紧密联系。《普通高中语文课程标准（2017年版2020年修订）》的"学习任务群6：思辨性阅读与表达"中"学习目标与内容"也体现出这一点：目标一是阅读古今中外论说名篇，把握作者的观点、态度和语言特点，理解作者阐述观点的方法和逻辑；目标二是学习表达和阐发自己的观点，力求立论正确，语言准确，论据恰当，讲究逻辑。因此，我们在进行论述类文本教学设计时也须重视这一点：在教学过程中渗透写作指导；进行文本分析时，尤其是分析文本结构、作者逻辑思维、论证方法时，先进行片段写作教学及训练，再进行全文写作教学及训练。论述类文本教学由课堂延伸到课外，再由课外回归到课堂的良性循环模式将使学生受益无穷。

第三，坚持以学生"思维发展，特别是批判性思维能力发展"为原则进行教学设计。俄罗斯著名作家车尔尼雪夫斯基说过："要使人成为真正有教养的人，必须具备三个品质：渊博的知识、思维的习惯和高尚的情操。知识不多就是愚昧，不习惯于思维就是粗鲁或蠢笨，没有高尚的情操就是卑劣。"当下，学生普遍缺乏批判性思维能力已成为不争的事实——在生活中，表现为盲从、从众；在学习中，常常是人云亦云。体现在阅读中，特别是经典阅读中，往往是"顶礼膜拜"，囫囵吞枣式的照搬，不去思考，也不会思考。因此，坚持以学生"思维发展，特别是批判性思维能力发展"为原则进行教学设计，就要求教师要多读多思多写作，边阅读边判断，边理解边质疑，边思考边总结，要自我培养批判性思维的习惯和能力。说到底，就是以一种独立的精神进行阅读学习和教学。

（三）运用论述类文本教学培养学生思维能力特别是批判性思维能力的方法

首先，设定基于思维能力发展的教学目标。高中语文学科核心素养之一的"思维发展与提升"是直接指向思维能力发展的素养要求。在设计教学目标时必须落实语文学科核心素养，而这四个核心素养是相辅相成、相互作用的。在论述类文本教学目标设计中，"语言建构与运用"体现在学生能积累文本中的重要词语、成语，熟练掌握其含义并会正确运用，能清楚地表达文本主要内容和作者思想，能积极参与课堂讨论、师生互动，表达自己的观点与质疑；"思维发展与提升"体现在学生能抓住中心论点，能用抓"三要素"的方法阅读分析文本行文思路（作者的思维逻辑）和论证方法，并体会文本的论证特点和作者思想的深刻性与独特性，能够模仿作者的行文思路对某些问题提出自己具有独创性的观点，能进行同文体作品创作；"审美鉴赏与创造"体现在学生能够发掘文本写作特色，鉴赏其语言特点和风格；"文化传承与理解"体现在学生能搜集论述类文本的相关背景资料，知人论世，体会作品思想性背后的社会意义与时代意义。

其次，设计基于学生思维能力发展的教学过程。在课堂上，师生双方为了完成教学目标而共同努力的全部过程就是教学过程。教学目标的设定是教师在课前根据对文本的解读、研修以及对学情的了解而进行的预设，但实际上，课堂教学除了预设还有许多随时随地的"生成"。围绕教学目标，教师逐步引导学生层层深入、抽丝剥茧式地完成各项教学任务，落实对学生语文学科核心素养的培养。基于论述类文本的逻辑性和独特性等特征，论述类文本的教学过程可以分为以下环节：质疑性导入，思辨性任务，自主合作探究，拓展与迁移，思考与写作。

第一环节：质疑性导入。质疑性导入是指教师利用文本，设计质疑性问题来导入课堂教学。教师设计的问题要体现出趣味性和启发性，使学生产生参与兴趣，创建探究式学习的良好氛围。这既调动了学生思考问题的积极性，也极大地激发了学生的学习兴趣。

第二环节：思辨性任务。思辨，即思考、辨别。思辨性任务要求学生能够全面、客观地看问题，一分为二地展开分析问题。其以语文学科核心素养为纲，以学生的语文实践活动为主线，激发学生独立思考、自主表达。思辨性任务的设计须着眼于学生的思维能力特别是批判性思维能力的发展，要充分考虑到学生的个性化、创造性等特点，以自主合作探究性学习为主要学习方式，凸显学生学习语文的根本途径。论述类文本的任务设计要充分体现思辨的特征，激发学生多角度地全面思考问题，通过多个任务的衔接，引导学生的思维逐渐走向深处。同时，须注意尊重学生的主体性及个性，防止学生盲目跟从教师而缺乏独立思考的精神。

第三环节：自主合作探究。可以说，学生学习方式的转变是新课标精神的一大亮点。自主，体现在对学生个体差异的尊重，它不是指任由学生自由发展，而是调动全体学生的学习兴趣，激发学生主动学习、主动求知的内驱力。合作探究，是指组织学生开展语文实践活动，鼓励学生以各种形式相互协作，并展示与交流学习成果。通过这一环节的学习，能够实现学生的个性化阅读，激发他们的思辨能力，从而发现蕴含在论述类文本中的哲理与逻辑的深邃之美。

第四环节：拓展与迁移。现代教育的大语文观是"语文即生活"，也就是说语文学习在生活中无处不在。因此，仅仅靠语文课堂上的有限时间，无法满足学生的语文学习要求，更无法进行系统化的语文学科核心素养的培养，我们需要将语文教育拓展迁移到生活中去，从而实现大语文教育的追求。拓展，是在原有的教学设计上增加新的内容，这里不仅仅是数量的增加，更多的是内涵的深入。迁移，是指语文学习从生活中来再到生活中去的过程。通过论述类文本的有效教学，使学生能够学以致用，帮助学生学会判断、学会辨别、学会反思，学会批判与辩证地认识事物，达到举一反三，触类旁通，透过现象认识本质的目的。

第五环节：思考与写作。这一环节是对整节课堂所学内容的小结和延伸。在论述类文本教学的最后环节，可以安排训练学生思考与写作的作业。作业，既是教师用于检验课堂教学效果的重要手段，也是学生课堂学习的巩固和深化。思考与写作的作业设计应符合论述类文本的特点，在作业中继续训练学生思维，并且要求学生以写作的方式呈现自己思考的成果，方便教师发现课堂教学的疏漏之处和学生思维中存在的问题，及时查漏补缺。

最后，设计基于学生思维能力发展的教学评价。《普通高中语文课程标准（2017年版2020年修订）》中对教学评价的建议是："语文课程的评价的根本目的在于全面提高学生的语文学科核心素养。"评价的过程即学生学习的过程。教师应围绕阅读与鉴赏、表达与交流、梳理与探究等学习活动，再具体到语文学习情境和人物活动中，全面考查学生核心素养的发展情况。对论述类文本教学的评价除了考试的方式以外，还要关注学生在语文实践活动中表现出来的参与意愿、思维特征以及沟通合作、解决问题、批判创新等能力。评价过程中须注意评价主体的多元化，也就是将原来的教师一人评价改为由学生、家长、教学管理人员等共同参与的多元评价方式。

第二节　论述类文本教学知识点汇总

首先需要说明的是，我们在中学语文教学中讨论的论述类文本主要指的是议论文，因此在以下内容中就用"议论文"代替"论述类文本"来进行讲述。议论文的三要素是论点、论据、论证过程。

一、论点

论点是议论文的灵魂，也是议论文的思想核心。论点就是作者在文章中表达的观点。一篇议论文只能有一个中心论点。中心论点常常是一句话。中心论点的表达必须简明准确，应该采用下定义的方式来表达；是非分明，表达不能含混，态度不能不置可否。中论点下可以有若干个分论点，但分论点必须为中心论点服务，且统一于中心论点。

例如，《荀子·劝学》开篇第一句："君子曰：学不可以已。"（君子说：学习不可以把它停止。）这句话是全文的中心论点，可以说是开宗明义。下面作者又围绕中心论点分别设置了三个小分论点，即学习的意义、学习的作用、学习的方法。这实际上就是议论文最经典的结构方式，即是什么、为什么、怎么做。

二、论据

如果说论点是议论文的"心脏"，那么论据就是议论文的"血肉"。论据是作者用来佐证自己观点的材料。论据主要有事实论据和道理论据两种。事实论据指的是史实或者事实，这些是众所周知且不容置疑的。例如，苏洵的《六国论》是以战国时期齐、楚、燕、赵、韩、魏六国灭亡的历史来作为论据，既是史实，也是事实，不容辩驳。道理论据往往是一些哲人、伟人、思想家通过日常观察、思考总结归纳出的精辟且含义深刻的道理，这样的道理是人人认可，无须辩驳的。

这里要强调的是，议论文的论据是用在论证过程中的，论据是为论点服务的。议论文中的记叙和记叙文中的记叙有着本质的差别。记叙文中的记叙是为了叙事或描写人物，议论文中的记叙是简要交待论据，为议论服务的。所以在使用论据时，要注意提炼、概括出与论点贴合的内容，结合论点展开议论，才能有力地支撑论点。

三、论证过程

这里讨论的论证过程主要是在论证的过程中所采用的论证方法和论证思路（作者的思维逻辑）。议论文的论证方法从宏观上来讲，主要有两大类：立论、驳论。我们中学语文教材中的选文普遍都是立论，很少出现驳论，生活中接触到的议论文也以立论为主。立论是指针对某个问题直接提出自己的见解并阐明理由的论证方式。驳论是指先不提出自己的观点见解，而是提出与自己观点相对立的观点进行驳斥，全部驳倒后只剩下自己的观点，从而证明自己的观点就是正确的的一种论证方式。立论的方法较多，主要有举例论证、引证、对比论证、比喻论证、类比论证等。例如，《劝学》中的比喻论证，《六国论》中的引证和对比论证，《拿来主义》中的比喻论证和举例论证，等等。论证方法主要运用于论证过程，其结合论据分析证明论点的正确性。由于论证方法有多种选择，所以议论文的论证思路也有多种，最常见的有并列式、递进式、对照式等。

第三节　论述类文本教学设计典型案例及设计说明

一、《中国人失掉自信力了吗》教学设计及其说明

（一）《中国人失掉自信力了吗》教学设计

【教材分析】

《中国人失掉自信力了吗》是统编版《语文》九年级上册第五单元的第一课，是一篇教读课文。统编版《语文》九年级上册共有两个单元的论述类文本，这两个单元都是以两篇讲读课文和两篇自读课文组成。这些选文的作者来自古今中外。这些选文堪称论述类文本的典范之作，其中以鲁迅的《中国人失掉自信力了吗》为代表。两个论述类文本阅读单元的选文符合九年级学生思维发展从形象到抽象过渡，并且逐步发展抽象思维能力的要求。根据卫灿金教授在《语文思维培育学》中提出的相关观点，抽象思维的发展包括两个方面：一是形式逻辑的发展，二是辩证逻辑推理的发展。结合《语文》九年级上册两个单元的选文，可以确定这两个单元课文的教学设计重点应落实在形式逻辑向辩证逻辑的过渡训练。本文就是训练辩证逻辑思维的最佳范文。

本文是一篇驳论文，这一点有别于其他论述类文本。驳论文不同于一般立论文，它的特点是不在文本开头直接提出中心论点，中心论点要在驳斥完与之对立的论点后，水到渠成地呈现出来；文章结构也比较特别，不是按照一般立论文的"是什么，为什么，怎么做"的思路来写，而是按照"先破后立"的大结构来写作，论证层层深入、抽丝剥茧，从现象到本质，最终一针见血地呈现在读者眼前。

本文写于1934年9月25日，在1931年日本侵略军发动"九一八事变"后的第三年。作者正是在这样的社会背景下，针对当时社会中的悲观论调，特别是当时反动政府、反动文人发布了许多愚弄和欺骗国民的言论，使鲁迅深深地感到"有写一点东西的必要"了。他的目的是揭露当时政府的欺骗行径和丑恶嘴脸。

本文是一篇概括性极强的议论文，文章有两个主要的论断："我们从古以来，就有埋头苦干的人，有拼命硬干的人，有为民请命的人，有舍身求法的人"，以及"这一类的人们，就是现在也何尝少呢"，"不过一面总在被摧残，被抹杀，消灭于黑暗中"。以上都是全篇论述的基础，而且都是有充分的历史和现实事实为依据。但这些在文本中却没有直接呈现出来，这就要求学生在学习文本时，一定要阅读相应的历史与现实材料，获得感性的认识，拉近与作者的距离，理解作者的写作目的和深刻思想。同时，在进行教学设计时，还须注意作者在字里行间含而不露的情感。因为鲁迅不仅仅是伟大的作家、思想家，还是一个心怀家国、胸怀人民的革命先驱和民主主义战士。

【学情分析】

九年级的学生在前面的学习中分别以讲读、自读以及"活动·探究"的形式学习过一般论述类文本。他们对议论文三要素及相关概念都有认识，对于一般论述类文本的论证方法和论证思路也有所了解。但是对于驳论文，尤其是对于这篇写在"九一八事变"三年后，针对社会现实，以文笔犀利、思想深刻为特点的鲁迅的驳论文，仍存在一定的学习难度。这篇文本的教学设计侧重于训练学生的逻辑推理能力，使学生能够掌握文本的行文思路、作者的逻辑。这对于还未进行过逻辑思维训练的九年级学生来说，更是难上加难。以上都是教师进行教学设计时需要关注的。

【教学目标】

目标1　了解并掌握驳论文的文体特点、行文结构和论证方法。

目标2　体会并分析作者层层深入、抽丝剥茧，从现象到本质的逻辑思维的严密性。

目标3　体会作者论证背后字里行间含而不露的情感变化。

目标4　培养学生正确的世界观、历史观，学习鲁迅伟大的使命感和责任感。

【教学重点】

了解并掌握驳论文的文体特点、行文结构和论证思维。

【教学难点】

（1）体会、分析作者层层深入、抽丝剥茧，从现象到本质的逻辑思维。

（2）体会作者论证背后字里行间含而不露的情感变化。

【教学方法】

情境导入法、朗读品味法、问题点拨法、自主合作探究。

【教学时数】

1课时。

【教学用具】

PPT、投影仪。

【教学过程】

一、导入

创设情境，进行导入。PPT中提前准备好以下内容："九一八事变"相关介绍及图片。选取与"我们自古以来，就有埋头苦干的人，有拼命硬干的人，有为民请命的人，有舍身求法的人"一段文字相匹配的几个典型人物进行介绍。人物的选取可从古到今，中外兼备，联系现实，特别是新冠肺炎疫情阻击战中出现的可歌可泣的英雄人物。引入学生既熟悉又陌生的人物事迹，以引起学生的兴趣。比如文天祥、史可法、钟南山、张定宇等。此环节可以由教师举例，抛砖引玉，引出学生对于以上人物的认识和评价，再由学生举出类似的典型人物及其事例，教师点评，其他学生也可参与讨论。

二、合作探究

活动1：请同学们以小组合作的方式找出本文的中心论点，并讨论分析本文的中心论点是怎样提出的？

明确："中国人失掉自信力了吗？"反问强调："中国人没有失掉自信力。"这一论点不是开门见山直接提出来的，而是作者逐层深入、抽丝剥茧，带领读者思考、概括出来的。作者先分析了当时的社会现象，面对日军发动"九一八事变"三年后的社会现状，作者关注的是中国的政府、知识分子、国民三类人的反应与态度。当时，国民政府有三种不同态度——自夸；寄希望于"国联"（国际干预）；求神拜佛，怀古伤今。于是知识分子出来慨叹：中国人失掉自信力了吗？接下来鲁迅就针对这些社会现象及知识分子的悲观论调进行分析和驳斥，而在这样的分析驳斥中鲁迅给了我们答案也就是中心论点：中国人没有失掉自信力；不仅没有失去自信力，而且中国人的自信力建立在"中国的脊梁"上。

活动2：请同学们以小组合作探究的方式梳理出本文的行文思路，理清作者的思维逻辑，试看作者是如何一步一步带领读者走进文本，找回所谓的失掉的自信力的。

明确：指导学生紧抓作者提出的三个概念——"他信力""自欺力""自信

力"及其展开过程,体会作者论述的严密。

此环节可以安排学生合作探究,在练习本上完成后,上讲台用投影仪来展示,其他同学可以质疑讨论,再由教师点拨。

活动3:请同学们以小组合作探究的方式发掘作者字里行间的情感变化,理清作者情感线索。

明确:在此环节中,教师可先带领学生诵读课文,反复吟咏品味,再点拨学生从关键词语入手。例如,第八自然段中的"他们在前仆后继的战斗",用词庄重,内心充满敬仰之情;"被摧残,被抹杀,消灭于黑暗中",语气沉重,心情也沉重。再如,"说中国人失掉了自信力,用以指一部分人则可,倘若加于全体,那简直是污蔑"。"污蔑"一词语气强烈且狠,可以说这是作者情感从累积到爆发的情之所至,如鲠在喉,不得不发。

这些情感的变化,学生可以逐一发言,也可打乱顺序发言,只要能说出一点即可,最后由教师统一梳理。

三、小结

本文是鲁迅在"九一八事变"发生的三年后写的,作者所关注的是日军侵华三年后,中国人的反应和态度。这个问题在当时具有普遍意义,面对民族危机,作者对"如何去应对"进行了思考。

作者从社会现象谈起,由现象到本质,提出了知识分子的慨叹:"中国人失掉了自信力。"然后在对此问题的分析中,提炼出三个概念及其分析过程。由"他信力"到"自欺力"的分析驳斥,层层推进,推出本文的中心概念——"自信力",然后从历史和现实两个层面分析证明自己的观点——"中国人没有失掉自信力",最后再进一步升华,提出"要论中国人",要"看地底下"的"中国的筋骨和脊梁"。这对我们认识当下的中国社会及其未来的发展具有重要的启示,值得我们深入思考。

四、作业

(一)拓展迁移

课下搜集、阅读相关历史与现实材料,如鲁迅在文章中号召的那样——"自己去看地底下",去发现、搜集身边的那些"埋头苦干的人、拼命硬干的人……"将其撰写成人物事迹报告,并在课堂上展示交流。

(二)课后思考

课文中有一条注释:"文中加黑点的语句,最初发表时被国民党书报检查机关删去了。"这最能显示作者的写作处境。同学们想想:这些文字为什么被删去?删去后对作者表达思想和情感有什么影响?有兴趣的同学还可以做成研究性学习小论文。

附:板书设计

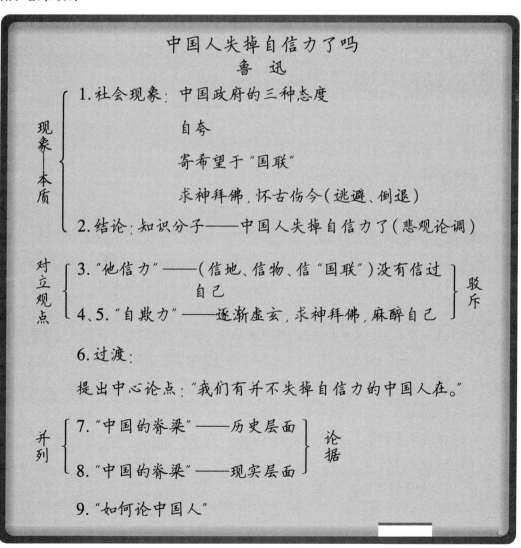

(二)《中国人失掉自信力了吗》教学设计说明

1. 本教学设计的基本理念

本教学设计首先采用了创设情境的方法，以激发学生的好奇心和求知欲。即引导学生先了解文本相关创作背景，知人论世后再积极思考文本的思想和内涵。然后，通过小组合作的方式，完成文本重难点的学习实践。在对文本重难点学习的过程中，由教师点拨引导、学生合作探究，去共同发现、分析并解决问题。这样的合作学习，不仅提高了学生的语文综合应用能力，还引导学生学会倾听和分享、沟通和协作，掌握探究学习的方法，提高实践和创新能力。

2. 教学目标及教学重难点确定的依据

教师设计与文本相关的小问卷提供给学生自主预习，再搜集整理学生问卷中呈现的群体性问题，进而有针对性地设定教学目标。教学重点应是教学过程中必须给学生教授的最基本、最核心的教学内容。教学难点是文本涉及的难理解的知识、难掌握的技能技巧。本文难理解的和难掌握的内容主要是作者的论证过程（逻辑思路）及隐而不露的情感。结合九年级学生学习的特点，将其设定为教学重难点。

3. 教学设计的亮点及有待完善之处

（1）设计亮点：

本教学设计的亮点在于紧紧围绕学生的思维能力发展来设计教学，并且采用了多种教学方法，特别是对学生合作探究能力和语文学科核心素养的培养。本教学设计环节清楚，学生活动符合学生思维发展由浅入深、由表及里的特点。特别是将板书设计与学生活动衔接起来，既有学生活动结果展示，也有教师的点拨指导。创设情境激发了学生学习的兴趣，可帮助学生更好地理解文本的思想性和深刻内涵。小组合作探究是有意识引导学生学会学习、学会分享、学会解决问题。教师在教学过程中协助学生搭建了提升思维的平台，帮助学生在以后学习论述类文本中养成逻辑思维的能力。

（2）有待完善之处：

由于字数限制，本教学设计做得比较简单，但可大体呈现出笔者的设计意图和设计流程；没有细化到每句教学语言，也无法预设课堂生成资源，只能提供给大家一个简单模板。还望读者在此处多多考虑，以臻完善。

二、《拿来主义》教学设计及其说明

（一）《拿来主义》教学设计

【教材分析】

《拿来主义》是统编版高中《语文》必修上册第六单元的第三课，是一篇教读课文。无论是人教版还是统编版，鲁迅的《拿来主义》一直是语文教材的保留之作，特别是人教版语文教材在近20年里几经改编，删除了相当比例的鲁迅作品，但依然保留了这篇文章，其典型性可见一斑。《拿来主义》是一篇代表性的杂文。杂文，特别是鲁迅的杂文，有其鲜明的个性色彩。一是强烈的现实针对性（这一点在《中国人失掉自信力了吗》一文中已有体现）。本文是针对"如何对待外来文化和中国传统文化"来进行论述的。这个问题可以从鲁迅生活的时代延伸到当下的中国社会，当下社会中的种种现象都与这个问题有关，也是落实语文学科核心素养之文化传承与理解的培养。二是鲁迅的杂文思维、杂文笔法。所谓杂文思维，即不同于一般立论文的"提出问题、分析问题、解决问题"的思路，也无法简单地用议论文三要素去分析，只能跟随作者的思路，注意他怎么想、怎么说，也就是梳理作者的思维逻辑。这是训练学生逻辑思维发展的必要手段，也是落实语文学科核心素养之思维发展与提升的培养。在鲁迅的作品中，杂文笔法体现为对现象的高度概括（如《中国人失掉自信力了吗》一文中作者概括出的"他信力""自欺力"），以及议论的形象化、典型化。这使鲁迅杂文形成形神兼备、风格独具的突出特征。因此，教授本文须注意以上几点，同时这几点也将成为教学设计中的教学目标及重难点。

【学情分析】

本文的教学对象是高一年级学生。高一年级学生在初中论述类文本的学习中，已经基本掌握了一般立论文的阅读方法，也接触过鲁迅的另一篇较为简单的驳论文《中国人失掉自信力了吗》，了解过驳论文的基本特点和写法。但是面对杂文高度抽象化的概括和议论的形象化、典型化，学生理解起来难度较大，还须教师在课堂教学中重点引导点拨。

【教学目标】

目标1 了解杂文的特点，认识杂文与一般立论文的不同，体会本文强烈的现实针对性和普遍性，掌握杂文的学习方法。

目标 2　梳理鲁迅杂文的逻辑思维，理清作者怎么想、怎么说，学习并学会运用鲁迅的杂文思维。

目标 3　品味鲁迅的杂文笔法，认识并学习其高度抽象化的概括和议论的形象化、典型化。

目标 4　通过学习本文，培养独立思考、分析问题的能力，受鲁迅伟大人格魅力熏陶形成正确的世界观、人生观、价值观。

【教学重点】

鲁迅杂文的特点及其杂文思维、杂文笔法。

【教学难点】

鲁迅的杂文思维（怎么想、怎么说）和杂文笔法。

【教学方法】

自主合作探究、点拨法、问答法。

【教学时数】

1 课时。

【教学用具】

PPT、投影仪。

【教学过程】

一、导入

创设情境导入：在 PPT 中提前准备几则新闻事件，如西方圣诞节的没落、新冠肺炎疫情期间中国与西方国家在保障民生及保护人民生命方面的对比、习近平关于如何对待传统文化和西方文化的讲话。

由此，教师可以把学生引入对中国传统文化和西方外来文化的态度的思考，特别是在这样一个特殊的世界大环境中，我们该如何对待中西方文化。

二、自主合作探究

体会学习鲁迅的杂文思维、杂文笔法。

任务 1：请同学们阅读文本，初步感知杂文特点，理清文本的主要内容。

明确：本文中作者首先驳斥了"闭关主义""送去主义""送来主义"，然后提出了观点"拿来主义"，在课文中表现为一个过渡段——"所以我们要运用脑髓，放出眼光，自己来拿！"在过渡段中作者用到了关联词"所以"，因此就有"原因"。从这里来看，全文的大结构是因果论证，过渡段前为"为什么要'拿来'"，过渡段后则是怎样"拿来"。从这个角度来看，它与一般立论文有相似之处。

任务2：请同学们以小组合作探究的方式，完成本文的思维流程图（作者的行文思路和结构），并标注出论证方法。完成后在投影仪上展示交流。

提示：鲁迅曾说，杂文家批评一个人，或者一种社会现象、文化思潮，常"加以简括的名称，虽只寥寥数字，却要明确的判断力和表现的才能的"（《且介亭杂文二集·五论"文人相轻"——明术》）。我们在初中学习过《中国人失掉自信力了吗》，其中把如何面对异族入侵自己民族的态度和心理概括为"他信力"和"自欺力"，这样高度抽象化的概括就是鲁迅杂文的一大特色，即杂文思维。

所以，同学们也可以从这样的"简括法"入手，理清作者的杂文思维。

任务3：体会品味作者的杂文笔法。请同学们以小组合作探究的方式，在文本中找出你认为的杂文笔法（鲁迅高度抽象化的概括及形象化、典型化的议论）。此内容也可见板书设计。

明确：作者把形形色色的对待外来文化和传统文化的态度，概括为"送去主义""送来主义""拿来主义"，既简单明了，又非常醒目。

"送去主义"：反讽手法，明褒实贬。举例论证——"尼采"只是给予，不想取得，结果疯了；假设论证——如果是我们，只是一味地送去，而不思取得，那么只能让子孙"磕头贺喜，讨一点儿残羹冷炙做奖赏"，是何等的可悲可怜！现在难道没有这样的认识吗？

"送来主义"：送来的都是洋货，是"抛给"，这就区别于主动"拿来"，这实际上是一种文化侵略。在现代，不是一样有很多年轻人总认为"月亮还是外国的圆""外来的和尚好念经"，就这样逐渐迷失在外来文化中。这难道不值得我们中学生警醒吗？

"拿来主义"：有三个关键词。一是"自己"，强调"自己"，这就突出了面对外来文化的主体性和主动性；二是"运用脑髓"，突出了我们需要独立思考、独立判断、独立选择，也就是必须动脑；三是"放出眼光"，要有眼界，有见识，要深刻、独到。

在这三大主义的论述中,我们能感受到作者语言的嘲讽,在描述中蕴含褒贬的意味。

再明确:作者的比喻论证。他把传统文化比作大宅子,描写了三种人即三种面对传统文化的态度。一是"害怕污染而不敢进门"的"孱头",二是"放一把火烧光"的"昏蛋",三是"欣欣然接受一切"的"废物"。在这里,鲁迅概括得高度准确,刻画得惟妙惟肖,非常形象、典型。还有对"拿来主义者"的刻画,以及对传统文化中的精华、糟粕的概括比喻,有"鱼翅""鸦片""烟枪烟灯""姨太太"等。"拿来主义者"要"沉着,勇猛,有辨别,不自私"。这处作者留给我们进一步思考的空间。比喻论证使深刻的哲理形象化,深入浅出地帮助读者理解作者的思想,更具说服力。

以上这些都能体现出鲁迅的杂文笔法。

三、总结

本文是鲁迅杂文的经典之作。对论说对象的高度概括和议论的形象化、典型化是鲁迅杂文最突出的特点。用鲁迅自己的话说就是"论时事不留情面,砭痼弊常取类型"。前者是极强的现实针对性,后者就是高度抽象化的概括和议论的形象化、典型化。鲁迅不愧为杂文大家,我们不得不佩服他笔下形形色色的形象,他把深刻而尖锐的社会问题概括为几个形象、几种主义,使读者一目了然地看到社会现实和作者的思考,值得我们学习。

四、作业

(1)课下阅读:阅读鲁迅《灯下漫笔》,并且尝试为其画出思维流程图。注意其杂文思维、杂文笔法,在思维流程图中尽可能标注出来,下节课课堂进行成果展示交流。

(2)写作训练:选择一种社会现象,模仿鲁迅的《拿来主义》或者《中国人失掉自信力了吗》,尝试写作一篇针对社会现实的驳论文。(此项作业选做)

附：板书设计

拿来主义
鲁 迅

第一部分（第一至第七自然段）

由现象到本质 {
1. 问题提出背景："闭关主义"——自己不去，别人也不许来
   西方文化冲击，反思传统文化得失
   "送去主义"——"进步"反讽
2. 无人说："拿来"——第一次提出"拿来"
3. 驳斥"送去主义"：举例论证"尼采"疯了，假设论证"中国"没了
4. 引出"送来主义"
5. 再次提出"拿来"
6. 驳斥"送来主义"：举例论证"废枪炮""香粉""电影"等
7. 结论："所以我们要运用脑髓，放出眼光，自己来拿！"
   ——"拿来主义"的内涵
} 高度的抽象化概括——简括法

第二部分（第八至第十自然段）：打比方（比喻论证）

8. "大宅子"——中国传统文化 { 孱头 / 昏蛋 / 废物 } 议论的形象化、典型化

以上作者都不赞同

怎么做 {
9. "拿来主义者"占有，挑选。
   "鱼翅"——传统文化中的精华
   "鸦片"——取其精华，弃其糟粕
   "烟枪、烟灯"——糟粕，留一点儿作警示
   "姨太太"——糟粕，全部丢弃
} 议论形象化

10. 小结全文

"主人是新主人，宅子是新宅子。"

"拿来主义者"：沉着，勇猛，有辨别，不自私。

"拿来主义"主旨："没有拿来的，人不能自成为新人，没有拿来的，
文艺不能自成为新文艺。"

(二)《拿来主义》教学设计说明

1. 本教学设计的基本理念

《普通高中语文课程标准（2017 年版 2020 年修订）》中规定："发挥语文课程的独特功能，促进学生语文学科核心素养全面发展……创设综合性学习情境，开展自主、合作、研究学习。"本教学设计就是基于这一理念完成的。本文是鲁迅杂文的代表，集中体现了鲁迅杂文的特点，特别是鲁迅作品的杂文思维和杂文笔法都是本文特色。所以作为论述类文本的典范，在进行教学设计时需要落实学生语言建构与运用、思维发展与提升、文化传承与理解等方面的全面发展。鲁迅是伟大的思想家和作家，也是民主主义革命战士。在教授本课时，还须重视对学生情感、态度与价值观的正确引导，全面发挥语文教学的育人功能，促进学生语文学科核心素养的全面发展。除此之外，本教学设计还考虑到高一年级学生已经具备论述类文本的基本阅读能力和相关知识，他们的思维发展已从形式思维过渡到抽象逻辑思维。因此，本课是培养学生逻辑思维的最好范本。

2. 教学目标以及教学重难点确定的依据

本文是一篇杂文。杂文有别于一般议论文，无法简单地从议论文三要素入手来进行分析，也不能单纯地归纳为"提出问题、分析问题、解决问题"，还须认真带领学生关注作者"怎么想，怎么说"（文章的论证逻辑）。由此，把作者的杂文思维、杂文笔法定为教学目标。此外，对于杂文特别是对于鲁迅杂文高度概括及议论的形象化、典型化的分析理解，学生学习还存在一定难度。所以，本教学设计对教学重难点的确定也是基于以上特点展开的。

3. 教学设计的亮点及有待完善之处

（1）设计亮点：

本教学设计的亮点在于紧紧围绕鲁迅杂文的两个基本特点——杂文思维、杂文笔法进行设计。在教学过程中，以自主合作探究的方式引导学生学会学习、学会分享、学会倾听，进而提升逻辑思维能力，教会他们学会发现、学会分析、学会判断、学会选择。

（2）有待完善之处：

本教学设计中的活动环节设计得较为简单，只是提供给大家一个杂文教学的基本模板；作业布置虽兼顾到了读写能力的培养，但没有落实整本书的阅读理念。以上种种，还需要大家继续学习研讨，以期碰撞出更多智慧火花。

研讨话题

结合本章所学内容,谈谈论点、论据、论证三者之间的逻辑关系。

教学设计

请在统编版中学语文教材中选取一篇议论文,进行一则 1 课时的教学设计。要求:环节饱满,附带相应的板书设计、PPT 和教学后记。

第三部分 写作教学设计

第十四章　写作教学概述

一、基于核心素养的写作教学在语文课程中的地位及意义

（一）写作教学的地位与意义

《普通高中语文课程标准（2017年版2020年修订）》在学习任务群5"文学阅读与写作"中对写作教学提出了要求："本任务群旨在引导学生阅读古今中外诗歌、散文、小说、剧本等同体裁的优秀文学作品，使学生在感受形象、品味语言、体验情感的过程中提升文学欣赏能力，并尝试文学写作，撰写文学评论，借以提高审美鉴赏能力和表达交流能力。"该任务群从阅读与写作的辩证关系入手，对写作教学进行了规定和要求，告诉我们：高水平的写作教学往往融入、体现在最基本的阅读教学中，所以从某种程度上可以说：学课文是为了写文章。只有对文章的内容、情感、手法有了更好的理解，才能在自己的笔端自然生发出更高一级的对真善美的诉求。

统编版中学语文教材的写作教学设计承继了低学段写作教学中"随文学习，章节指导"的教学基本模式，课文成为写作活动借鉴的第一范例，章节指导成为总结写作理论的专栏。这种范式较好地突出了教与写的统一性，让学生下笔有思路、写作有参照、表达有方法。写作教学融入教材的课文和章节总结中，本身就宣示了其重要的地位和意义。从小学阶段的句段式作文写作训练，到中学阶段的整篇作文、文体作文写作训练，写作教学的核心任务在于通过阅读写作不断涵养、培育学生的语文学科核心素养。当然，学生在写作

过程之中产生的成就感还源于对语言建构、文字特点和表达技巧等知识的熟稔与运用。其实，写作教学在中学阶段的总体设计上已明确形成了以文体教学为架构、以单元教学为依托的总思路，教材中的每个篇章单元都具体承担着不同的写作教学任务。从语文学科核心素养提升的角度及新课程标准的规定来看，写作教学不只是进行写作的专门训练，它更多地肩负着实现对"祖国语言文字的理解与热爱"、对"情感、态度与价值观的综合发展"的重大使命。这种认识和定位也契合了不以写作职业化为取向的中国文学传统的"文以载道"的社会功能。

（二）写作教学的内容与要求

写作教学在中学语文教学初中段以记叙文、说明文写作训练为主，高中段以议论文写作训练为主。以统编版《语文》七年级上册中的写作安排为例：6 个教学单元下共设计了 6 个写作训练，分别是"热爱生活，热爱写作""学会记事""写人抓住特点""思路要清晰""如何突出中心""发挥联想和想象"。这些写作训练与课文紧密结合，目标性和操作性都较强。统编版高中语文教材对写作训练板块的设计也明显继承了初中教材的风格。以《语文》必修上册为例，第一单元青春诗歌主题教学配套的是"学写诗歌"，第二单元人物传记主题教学配套的是"写人要关注事例和细节"，第三单元诗词教学配套的是"学写文学短评"，第四单元"家乡文化生活"学习活动配套的是"撰写调查报告"，第五单元"整本书阅读"配套的是"阅读任务的设计"，第六单元"学习之道"主题文章阅读配套的是"议论要有针对性"，第七单元"秋味"主题文章阅读配套的是"如何做到情景交融"。虽然文章的编排突破了文体的局限与古今的藩篱，但单元阅读内容密切而明确地呈现出了"单元学习任务"。这个学习任务，既是在阅读之后的作业实践，也是能力层级之上的学习与运用。

可见，"文学阅读与写作"任务群的要求在统编版语文教材的编排上已经得到较为明显的体现和贯穿：阅读教学的终点是为我所用的写作，写作源于阅读，而高于阅读。"操千曲而后晓声。"写作教学正是要训练我们从"听曲"到"制曲"的提升，这个提升过程最重要的是包含了我们对美的情感、思想、表达等的认可和汲取，最终融汇吸收成为能准确表达我们自己的审美、情趣、思想的创造性的文字。从这个角度而言，写作教学在中学语文教学中占据制高点，写作能力是语文素养与能力的核心体现。这就要求教师要时刻保持写作敏感，在语文教学领域的方方面面都要有对写作教学的渗透意识和迁移转化的能力。

二、写作教学的现状及教学设计的原则与方法

（一）写作教学的现状

受传统语文教育价值观的影响，写作能力作为语文教育的主体与关键，一直被认定为是语文能力的最高体现。由于当今语文学科的考试中阅读比例的加大，使得现实的语文教学中，常常出现阅读与写作相对立的现象。例如，把写作与命题作文对立，把语文基础知识的积累与写作对立。其主要表现为：

第一，没有能够把阅读与写作紧密结合起来进行融通互促式的语文教学。教师设计阅读教学的目标是为了回答问题，而非借鉴其文本中的思想和语言，很难提升学生的写作素养。

第二，没有把平时的作文与考场作文结合起来。很多语文教师错误地认为，日常作文练笔是自己心情的写照，考场作文是对外表现力的展示，内外有别。

第三，认为日常阅读教学中对词语与句子的教授主要是为了应对考试中语文基础知识的考查，缺少将这些知识迁移应用于写作的意识和规划。

（二）写作教学的原则与方法

第一，把握迁移性原则，掌握"阅读—写作"融通式的教学方法。在日常教学中，教师要注意在阅读中进行写作的迁移、在积累中进行写作的运用。在作文评讲时，能自觉将写作中的表现手法、词汇语法、文字语言等进行阅读文本式的解析或向所学课文迁移，让学生知道二者在理念、运用上的根本联系。

第二，引导学生把日常练笔与考场写作结合起来。教师要注重在完成阅读教学后，再从写作教学的角度对文章的思想主旨、写作特点、好词好句进行梳理归纳，并在课后进行应用性小作文训练，还要解决日常语文教学中存在的练笔频度不够、作文批阅周期长、课堂学习与课后写作结合度较低等问题。一味地按照教材的有限专题写作，再加上写作频次较少，间隔期较长，学生的写作热情就容易淡化，写作能力也容易退化。因此，教师在做好教材整体写作设计的基础上，如果能够根据教材选文的内容特点设计相应的小练笔，让学生学有所用，思有所写，立刻迁移，实施转化，那么学生写作能力的提升就会水到渠成。

第三，在生活中把握写作的主题和方向，在体验和感悟中深化写作的意识。未来语文

能力的提升一定与学生体悟生活、感知幸福的能力相关。语文，从来都不只是语文本身，它是人类对历史与哲学、文化与生活等各个领域的综合体验和感悟。唯有具备认知事物的能力、具备发现美好的眼睛，才能真正实现写作中科学化与审美化的融合，从而提升语文的写作能力，形成卓越的语文素养。

综上所述，《普通高中语文课程标准（2017 年版 2020 年修订）》中关于写作，从学科核心素养之语言建构与运用方面提出："通过主动的积累、梳理、整合，逐步掌握祖国语言文字的特点及其运用规律，形成个体语言经验"；从思维发展与提升的角度提出："通过语言的运用，获得直觉思维、形象思维、逻辑思维、辩证思维和创造思维的发展，促进深刻性、敏捷性、灵活性、批判性和独创性等思维品质的提升"；从审美鉴赏与创造的角度提出："学生在语文学习中，通过审美体验、评价等活动形成正确的审美意识、健康向上的审美情趣与鉴赏品位，并在此过程中逐步掌握表现美、创造美的方法"。语言的建构与运用是语文学科核心素养的基础。写作作为语言建构与运用的直接具体体现，与学生的思维品质和审美趣味紧密相关，写作最能体现个人在思维、审美等方面的独特气质。"文以载道"，通过写作，"材"与"不材"都在字里行间显示出来。

三、写作教学知识点汇总

（一）记叙文知识点

记叙文知识点一览表

概念			指以叙述、描写为主要表达方式，以写人、叙事、写景、状物为主要内容的文体。
按内容分类			记人为主的记叙文、记事为主的记叙文、写景为主的记叙文、托物言志类的记叙文。
记叙文六要素			时间、地点、人物及事件的起因、经过、结果。
记叙文常见表达方式	记叙	人称	第一人称、第二人称、第三人称。
		记叙的顺序及作用 顺叙	也称正叙，就是按照事件发生、发展、结局的时间先后顺序进行叙述的方法。特点是秩序井然，文气自然贯通，条理清楚。
		倒叙	把事情的结局或某个突出的片段先写出来，然后写事情的发生、经过等。特点是制造悬念，引人入胜，富有波澜，增强文章的生动性。

续表

记叙文常见表达方式	描写	记叙的顺序及作用	插叙	在记叙过程中，由于表达需要，暂时中断叙述，插入另一个或几个与中心事件有关的情节或事件的叙述方式。插叙插入的是基本事件之外的有关情况，去掉并不影响事件本身的完整性。
			补叙	根据需要，要对前面所写的人或事做简短的补充交代的叙述方式。补叙补入的是基本事件发展中的有机环节，去掉会影响事件本身的完整性。
		线索		时间线索、地点线索、人物线索、事件线索、物品线索、情感线索。
		概念		用生动形象的语言，对人物、事件、环境进行精描细刻，使其栩栩如生地呈现在读者面前。
		分类	人物描写	语言描写、动作描写、神态描写、心理描写。
			景物描写	指对自然环境和社会环境中的风景、物体的描写。作用是揭示人物活动的环境，使读者有身临其境之感。
	说明			用简明的语言客观而准确地解说事物或阐述事理的一种表达方式。
	议论			引发读者思考，表明自己的见解，点明人物或事件的意义，突出中心，升华主题，起到画龙点睛作用的句子。
	抒情			作者表达主观感受，倾吐心中情感的文字。可分为直接抒情、间接抒情两种。
记叙文常见写作技巧	开门见山			文章一落笔就入题，不转弯抹角，简洁明快，引人入胜。
	设置悬念			把文章后面将要表现的内容放在文前做一提示，不马上解答，以引起读者好奇。如倒叙法、疑问法、误会法、巧合法、省略法等。
	以小见大			用平凡细微的事反映重大的主题，能突出表现中心，为读者提供广阔的想象空间，容易引起读者共鸣。
	一线串珠			就是围绕一个观点、一个主旨、一个话题，选择典型材料，多角度、多方位地展开描写记叙，以鲜明的观点突现主旨。
	对比衬托			为了突出、强化主要事物，用其他与其相似或相反的事物从旁陪衬烘托，使主要事物更加鲜明地凸显出来。它能将主要事物的特点表现得更加鲜明。
	画龙点睛			在文章的关键处用几句话点明事物、人物、景物的意义所在，或揭示作品主题，给人以启迪。
	前后照应			为使文章气血贯通、脉络清楚，在文前设置暗示、伏笔，在文后再进行交代的写作手法。分为三种，即内容和标题相照应、行文中间照应、结尾与开头相照应。

续表

记叙文常见写作技巧	卒章显志	在文章结尾时，用一两句话点明中心、主题的手法，也叫篇末点题。可以增加文章的深刻性，有画龙点睛之效。
	一波三折	为避免平铺直叙，将事情叙述得波澜起伏，引人入胜的写作手法。
	欲扬先抑	对本要大力颂扬的对象在一开始却抑它，以对比铺垫，使好的、美的地方更加好、更加美丽。
	直抒胸臆	直率地抒发自己的思想感情。
	借景抒情	带着强烈的主观感情去描写客观景物，把自身所要抒发的感情、表达的思想寄寓在此景此物的描写中。
	托物言志	运用象征或起兴等手法，通过描摹客观事物的某一个方面的特征来表达作者的情感或揭示作品的主旨。
	动静结合	它往往是在一种意境里描写动态与静态，以静为主，以动衬静，形成意境和形象的和谐统一，使静态的事物活灵活现。
	虚实结合	把抽象的述说与具体的描写结合起来，或是把对眼前现实生活的描写与回忆、想象结合起来。

（二）议论文知识点

议论文知识点一览表

概念	即说理文，是一种剖析事物，论述事理，发表意见，提出主张的文体。
分类	立论文：以议论为主要表达方式，通过讲事实、摆道理，直接表达自己的观点和主张的文章体裁。
	驳论文：论辩是针对对方的观点加以批驳，在批驳的同时阐述己方观点。驳论的方法分为驳论点、驳论据、驳论证。
议论文三要素	论点：正确、鲜明地阐述作者观点的句子，是一篇文章的灵魂、统帅。任何一篇文章只有一个中心论点，但一般可以有若干分论点。
	论据：支撑论点的材料，是作者用来证明论点的理由和根据。分为事实论据和理论论据两种。
	论证：用严密论据来证明论点的过程。论证的目的在于揭示论点和论据之间的内在逻辑关系。

续表

议论文常见表达方式	基本结构	提出问题（引论）→分析问题（本论）→解决问题（结论）。
	论证结构	总分式、并列式、递进式、对照式。
	举例论证	列举确凿、充分、有代表性的事例证明论点。作用：具体、有力地论证了观点，增强文章的说服力。
	道理论证	用经典名著中的精辟见解、古今中外名言警句及公认的定理公式等来证明论点。作用：增强文章的权威性和说服力。
	对比论证	拿正反两方面的论点或论据作对比，可以是两个不同的事物，也可以是一个事物的两个不同方面。作用：通过对比让人印象深刻。
	比喻论证	用人们熟知的事物作比喻来证明论点。作用：生动形象，使文章浅显易懂，易于理解和接受。
	引用论证	引用名人名言、格言警句、权威数据、笑话趣闻等来分析问题、说明道理的论证方法。作用：可以增强说服力、权威性、趣味性等。
	归纳论证	用列举具体事例来论证一般结论的方法。
	演绎论证	根据一般原理或结论来论证个别事例的方法，即用普遍性的论据来证明特殊性的论点。
	类比论证	从已知的事物中推出同类例子的方法，即从特殊到特殊的论证方法。
	因果论证	通过分析事理，揭示论点和论据之间的因果关系来证明论点。因果论证可以用因证果，或以果证因，还可以因果互证。

（三）应用文知识点

应用文知识点一览表

概念			指人们在生活、学习、工作中为处理实际事务，经常使用的具有明道、交际、信守功能和约定俗成的惯用格式的文体，如公文、书信、契约等。
特点			语言庄重、简洁、严密、规范，格式体例稳定，实用性、目的性强，时间要素明确。
应用文的常见格式	书信	称谓	信纸第一行顶格写，后面加冒号。
		正文	第二行空两格写起，转行顶格。可有若干段落。
		结尾	在正文最后一行或另起一行写的"此致""祝"等结束、祝愿性词语。
		署名	一般写在祝颂语下一行的后半行。
		日期	写在署名的下一行，靠右边写上年月日。

续表

应用文的常见格式	启事	标题	第一行正中写启事的名称。
		正文	第二行空两格起,写启事内容。
		署名日期	末尾右下方分两行写。
	通知	标题	第一行居中写"通知"二字。
		称谓	第二行顶格写被通知方的名称,后加冒号。如果正文已明确了通知的对象,被通知方的名称也可略去。
		正文	另起一行,空两格起写正文。如果正文内容较多,可分条写,以便读者把握内容要点。
		署名日期	署名和日期分两行写在正文的右下方。
	新闻	标题	标题概括新闻的主要内容。
		导语	要求用极简明的话概括新闻的最基本内容。
		主体、背景	是新闻的主要部分,要求具体清楚、内容翔实、层次分明地表达所要记述的基本要素。
		结尾	对新闻内容的小结。
	广播稿		格式和一般新闻用稿的格式没有区别。但要注意收听效果,语言要通俗化、口语化一些,避免因音同字不同造成误解。
	演讲稿	概念	在一定的场合中,对某种有意义的事物或问题,通过口头语言,面对观众直接发表意见的讲话文稿。
		特点	针对性、鼓动性、通俗性。
		格式	居中写题目;顶格写称谓;空两格写正文;结尾。
	颁奖词	概念	在某一主题的颁奖典礼上,对获奖对象的事迹所作的一种评价性文稿。
		特点	饱含褒奖,对人物事迹的评价体现一定深度,精练简洁,因人定论,因事定调,表现个性。
		写法	大处着眼,概括人物的事迹;高屋建瓴,彰显人物的精神;富有真情,褒扬肯定;言简意赅,自然流畅表达。

研讨话题

我手写我口,我手写我心。请结合对语文学科核心素养的认识,谈谈对这句话的见解。

教学设计

请根据你的写作体验,设计一个以激发学生写作兴趣为目的的写作活动的教学片段。要求:以学生为活动主体、教师为活动指导,对活动内容进行设计。

第十五章　立意

"看似寻常最奇崛，成如容易却艰辛。"写文章不仅仅是对学生语文素养和语文能力的考查，更与一个人的内在修为和积淀紧密相连。一个人的智慧、精神、气度、为人处世，无不显现在字里行间。如若内功深厚，自然倚马可待，挥笔而就；反之，则如粮仓无米的破败之家，虽饥肠辘辘——有心去写，却难以成炊——无力成文。

一、审题

"文章合为时而著，歌诗合为事而作。"写作，是为了发声，让他人听到自己的心声，满足与他人交流的愿望。发声，则需要与他人搭建一个共同的讨论话题的平台，发声的前提是审题。即写作者对作文题目或材料所明示或暗示的中心、范围和体裁等做全面的审视和把握，明确话题的中心。有了话题，还需要确定自己的观点——立意，确立自己说话的主旨和意图。因此，准确审题是正确立意的前提，审题像是远行之人出发前先做旅行攻略，立意就是经过反复思考最终确定最佳路径和行程方案的过程。

审题，必须扣住题的旨意、核心。抓住题目中的标志性词语、中心词，比较词义的大小、写作范围的宽窄，确定内容的虚实，对比显性和隐性信息，这些是审题的核心步骤。审题还要抓题眼，即抓住揭示写作中心、暗示思想感情的典型词语或句子。

审题，还务必注重细节，明确范围。注意写作的人称、数量、时间、地点、体裁及有无写作情感的暗示，甚至关注到标点符号。准确、全面、注意细节、多角度思考的审题才能较好地把握题目的旨意，否则就会出现偏差。一旦方向偏离题意，就会南辕北辙，甚至下笔千言离题万里。

二、立意

苏轼说画竹要成竹在胸,作文则应"意在笔先"。"文章之道,必先立本,本丰则末茂。"(魏禧《魏叔子文集》)清代学者魏禧告诉我们文章写作的法则,就是必须先确立中心,好像大树的干一样,它的主干丰实粗壮了,其枝叶也就茂盛了。意胜则文胜,立意之高下直接决定着文章的优劣成败。不论一个话题在我们心中有多少个立意,但一篇文章只能有一个主题、一个中心,只能围绕一个立意展开,绝不能有多个中心,庞杂不清。

立意,要鲜明、正确。要旗帜鲜明地表达自己的爱憎,赞成什么,反对什么。文章的观点要符合自然和社会的客观发展规律,符合国家的大政方针、道德准则;反映生活的本质和主流,体现积极向上的人生观;歌颂真善美,批判假丑恶;不偏激,不片面,乐观向上,积极阳光。

立意,要高远、深刻。看问题要视野广阔、境界高远,能广泛联系生活实际。要透过现象看本质,辩证地看待事物。要有独特的认知,带给人以启示。

立意,要新颖、独特。敢于打破陈旧的思维模式,要反映新时代、新社会的风貌,要具有新的思维角度,发表新观点、新见解。

"横看成岭侧成峰,远近高低各不同。"对同一则材料或同一个题目,不同的人会有不同的审视角度,不同的视角便会有不同的立意。即使有相同的审视角度,也常常会因每个人的认识、思想境界、视野、经历、修养、学识、思维等的不同而有立意高下之分。古人云:"炼句不如炼字,炼字不如炼意,炼意不如炼格。"强调在炼字、句、意、格中,以炼格最为重要。因此,不断提升学生的思想境界,培养学生广泛阅读的良好习惯,鼓励学生深入了解社会、积极参加社会实践,才能真正涵养学生的思想,修炼内功,形成独特的眼光,培养出深度思考的能力。诚然,这种内功的积淀和修炼非一朝一夕所能成就,需要教师具备长远的、发展的眼光,耐心于细节处的培养,终会迎来春暖花开的时刻。

综上所述,"为文之道,欲卓然自立于天下,在于积理而练识"(《魏叔子文集》)。在教学实践中培养学生形成独特深刻的见识,教师必然要授之以渔。在日常教学中,在立意方法上也须给予一定的指导。例如,抓住材料中已给出的关键词或句子,进而就把握住了立意核心的"关键把握法";对于二元话题作文或两则及两则以上的材料作文,首先要分析这些话题或材料之间的偏正、并列、因果、递进、从属等关系,以便确定文章立意的重点和内容逻辑的"关系梳理法";对比喻性题目、寓言故事、漫画等材料要联系现实生活,挖掘其背后深刻含义的"寓意揭示法";对材料中的事件、行为的结果,探究其产生原因的"因果分析法";对不同材料寻找相同点、相同材料探究其不同点的"异同辨析法";把原材料的问题逆向推想,从相反的角度打破传统思维,敢于大胆质疑、创新的"逆向思维法";抓住题目叙述、说明或评论中明显流露出的褒贬情感倾向,确立最佳立意角度的"明晰褒贬法";在原材料已知内容的基础上,对原材料做合理的横向或纵向的联想以及恰当的推理、引申的"纵横延伸法";等等。

尽管单纯的掌握方法并不能直接使学生的写作立意深刻独到,但学生掌握的方法越多,对其的运用越熟练,越有助于培养严谨审题、快速立意的能力。"作文如治兵,择械不如择卒,择卒不如择将。"(杨万里《答徐赓书》)方法不过是士卒手中的器械,治兵最终靠的是择将。审题立意的能力最终取决于识高、学富,取决于端正的学习态度和严谨的思维习惯,需要我们在实践中不断感悟、运用、提升。

研讨话题

立意,往往决定一篇文章的高度。但在现实教学过程中,学生为了"拔高",往往出现"假、大、空"的问题。我们该如何把握其界限?

教学设计

请选择一篇近三年的中考满分作文,依照具体文本,谈谈作者是如何立意的。并在此认识的基础上,写一篇关于作文"立意"的感悟小文,不少于800字。

第十六章　素材

如果把写作看成是建造房子，那么立意就可以看作是设计图纸，结构就是房屋的框架，素材就是建筑房屋的材料。有了好的建筑材料才能确保房屋的建造质量，没有质量的房屋是没有生命的。写作也是这个道理。仅有高远的立意远远不够，写作材料的选择与运用也至关重要。材料是写作的基础，是确保文章质量的关键。写作材料恰当、准确、典型、新颖，才能与高远的立意相映生辉，文章才会有感染力、说服力、生命力；写作材料陈旧、老套、不能佐证观点，文章就失去了说服力和生命力。可见，素材的选择与运用是非常重要的。

一、素材的选择

写作素材从哪里来？"得之在俄顷，积之在平日。"平日里累积的优美词句、名言警句、成语典故、古今中外名人逸事等写作素材，对于大家来说是信手拈来，自如调遣。从我们自身来看，则常有"书到用时方恨少""巧妇难为无米之炊"之感，是因为我们在素材的积累上是"穷人"，没有家底，说话自然理不直气不壮。那些大家根基深厚，素材库丰盈四溢，自然"调兵遣将"从容不迫。

首先，写作素材是分散在生活中未经加工的原始材料，在生活中要善于发现，长于积累，才有选择的余地，才具备巧妙选取与运用的可能。缺乏足够的积累，只能东拼西凑，难以写成卓越出彩的文章。

其次，读书是积累素材的重要途径。"胸中书富五车，笔下句高千古。"平时要广泛阅读，博览群书，做好读书笔记，制作读书卡片，写作时才能高屋建瓴，思如泉涌。契诃夫说："作家务必要把自己锻炼成一个目光敏锐、永不罢休的观察家！……要把自己锻炼到观察简直成为习惯……仿佛成第二天性了。"用心观察生活，勤于动脑思考，是积累素材的另一条通衢大道。生活是我们取之不竭的创作之源，它包罗万象，时时更新。不断进步发展的时代源源不断地产生着鲜活的素材。做生活的有心人，细致观察、勤于思考，努力做到人情练达，就会练就发现独特写作素材或对相同素材进行独到加工与诠释的能力。

最后，勤于动笔，善于分类，适度创新，是巩固、丰富素材的必要手段。我们大脑的容量是有限的，但联想与想象的空间是无限的。素材在积累的过程中，有时会丢失部分信息，我们需要勤于动笔，做好科学分类，才能聚沙成塔。素材的选择要考虑时效性，有时需要适时、适度、适当地运用合乎逻辑的联想和想象对素材进行加工创造，这样有助于素材的保存、丰富和发展。长此以往，坚持不懈，自会妙笔生花。

二、素材的运用

厚积才能薄发。对写作素材的选择运用是有章法的，去粗取精、去伪存真、由此及彼、由表及里是素材选择的一般步骤。

首先，素材的选择必须紧密围绕观点展开。能恰当证明观点，具有针对性、准确性的素材，才是首选。

其次，素材要典型、新颖，尽量不落俗套，要善于发现一般事件背后不一般的道理。为了加强素材运用的效果，我们还应学会围绕观点对素材提炼概括、合理剪裁，让素材更符合立意的核心，更贴切说明主旨。为了取得素材效果最大化，我们还要学会围绕观点展开论证分析。例如，对素材的正反两方面进行分析，由果溯因、由因推果的因果分析，假设联想分析，引申类比分析，等等。经过选择、分析、雕琢的素材才能让文章鲜活，才能使素材本身充满意义和价值。

还需要注意的是：文章的立意制约了写作素材的选择，素材的选择与运用成就了文章不同的特性与风格。总之，素材是否恰当、准确、典型、新颖直接影响到文章质量的高低。以各种不同的方式（充实、扩容、分类、整理、盘点、联想、想象等）积累、运用、盘活素材，才能使文章的生命力越发强大。

研讨话题

请结合本章所学内容,谈谈如何将一个原始素材加工改造为写作中可以使用的有效材料。

教学设计

可能大多数学生在以"母爱"这一老生常谈却难度颇深的话题为主题进行写作时,所选择使用的素材都是类似的,但由于选取角度或描述方式的不同,会使得原本的"俗"素材变成了新素材。请就这一问题,谈谈如何盘活素材。并在此认识的基础上,写一篇关于作文"素材"的感悟小文,不少于800字。

第十七章 结构

文无定法，但有常道。文章的基本结构也就是文法，是写作必须熟习的。譬如搭建房子，地基、屋架、顶盖是房屋建筑的基本，明白了这个结构，我们就可以在这个基础上进行一定的变形与创新。没有包办一切的灵丹妙药，在写作中也没有一成不变的结构套路。什么样的结构是由什么样的内容所决定的。量体裁衣，不同的内容决定了文章不同的结构。

一、文体与结构

作文的结构往往体现作者的思维逻辑。因此，合理、巧妙的结构是作文得分的关键点之一。文章的结构首先与文体相关，根据不同的文体，设计不同的结构。初中语文记叙文的写作结构一是"总—分—总"及其变式"总—分""分—总"；二是并列式；三是对照式。高中语文议论文的写作总体上呈现为"总—分—总"、并列式（含对比）、递进式、引议联结、起承转合五种结构形态。在实际教学中，教师可以根据学段的特点和要求，引导学生在掌握基本"总—分—总"结构形式的基础上，进行并列式和对照式结构专项训练。

以高中语文教材中的议论文结构为例，如果学生对议论文的基本结构认识不明确，就很容易出现以下现象：在议论文写作中意识不到首段要树立靶子、亮出观点的重要性，致使文章中心游移、主旨不明确；写作过程中，缺乏摆事实、讲道理的论证意识，使得议论文写作出现故事冗长、缺乏议论、文体不清晰等现象；理论联系实际的能力薄弱，千篇一律地使用古今中外名人轶事，导致文章牵强空洞，内容陈腐，不具现实意义；写作时照搬某些优秀作文套路，追求日记式、小标题式、镜头剪辑式、故事汇编式等形式上的标新立异，导致形式主义文章的呈现。

上述这些做法都背离了议论文基本结构的一般特点，其根本在于学生对议论文基本结构（论点、论据、论证）的理解与应用不透彻、不熟悉，对议论文在生活中的应用目的、意义特点等不清楚、不理解，反受所谓满分作文的诱惑，迷恋特殊结构以标新立异。这样的议论文由于作者对基本结构与原理的混淆导致内容上缺乏思考与逻辑、思想上模糊立场与认识，与新课标中对作文在思维品质、情感态度价值观、审美与创造等方面的要求相去甚远。

二、结构的教学

教师在训练学生写作时必须明确基本结构的类型、特征、功用，只有思想上理解了，运用上才能落实。诚然，文无定法，在对基本结构熟悉的基础上，再学习、借鉴一些特殊的写法，能够成为学生写作的有益补充。就如教授拳法一样，首先要有一套连贯的、自成体系的招式，然后需要在实际应用中根据情况随机组合，灵活选用并善于演绎，形成更有特点、更具实用性的组合招式，才能出其不意，稳中求胜。

结构的教学，可以针对学生在议论文写作中常常出现的唯结构论、无结构论等典型问题展开。唯结构论，导致写作偏执于结构，单一结构包办一切，不顾材料与写作要求，刻舟求剑，不知变通；无结构论，指写作缺少议论文的通识，貌似性灵派写作，文笔清奇，天马行空，但始终朦胧而不知所云，失去了议论文有的放矢的论点鲜明性和论证严密性。

综上所述，教师在授课时，不但要依据不同文体的结构——分类练习，更重要的是要善于讲解每种基本结构的优点、功用、适用类型、使用要点，让学生在思想上可以认同，在形式上能够操作，最终作用于不同命题下，自由切换，因材制宜，用最便利、恰当的结构形式写出自己的思想创见。唯有如此，才能改善当下学生作文中存在的千言万语不知从何写起的结构混乱或文体不明的问题，克服应试作文中普遍存在的千文一面的套版写作问题。让优秀的作文有适配的结构，让适配的结构有利于学生语言表现力、创造力、逻辑思维能力的提升，是写作教学的基本追求。

研讨话题

三段式、五段式是目前较为普遍的写作结构。请谈谈你对这些典型结构的认识。文章的结构是否要有一个确定的模板？

教学设计

请选择一篇近三年的中考满分作文，依照具体文本，谈谈作者是如何把握结构的。并在此认识的基础上，写一篇关于作文"结构"的感悟小文，不少于800字。

第十八章 深刻

一、深刻的意义

"文贵穷理,理贵言情。"写文章要紧的是穷究义理,穷究的过程就是文章由浅入深的认识过程。有人说:文章为什么非要深刻?如果将事情记叙完整、观点表达清楚,思想内涵肤浅一点又何妨?让我们先看一看这个例子。鲁迅在小说《祝福》中刻画了一个旧中国农村劳动妇女的典型形象——祥林嫂,她勤劳、质朴、善良、坚忍,只因丧夫丧子,不但没有得到人们的同情、帮助,反而成为一个被践踏、受鄙视、遭嘲弄而最终被封建礼教吞噬掉的人物。祥林嫂的悲剧自有其自身不觉悟的原因,更有着广阔的社会根源。可以说,她身边的每一个人都不自觉地将她推向死路,她最终被毁灭是必然的结局。我们从中看到世态的炎凉、人性的冷漠,可以认识到封建礼教的罪恶,懂得只要封建制度还存在一天,封建礼教就不会灭亡。而今封建制度早已被推翻,但祥林嫂悲剧的影子时而还在现实中再现,封建礼教思想还没有从我们的大脑里彻底摒除,仔细想想,令人恐怖至极。这就是文章深刻的力量!鲁迅以一个农村妇女的典型故事让人深受启发,揭示了封建礼教吃人的本质。深刻的文章正如剥笋,层层去皮,真味方出。

所谓的深刻,就是观点具有丰富的思想性、强烈的时代感、准确的前瞻性、无可辩驳的逻辑性,它可以给人以启发,激起心灵的共鸣,引发精神的震颤,升华灵魂的觉悟。深刻,就是能从人们司空见惯的现象中,拨开迷雾,戳穿表象,撕去伪装,让人们透过现象认识本质,进而探究事物的本源,追问事物的出处,反思存在的意义。深刻,不能一味地听凭感性冲动,而要深入实际,以变化发展、普遍联系的眼光看问题,多角度观照,揭示问题产生的深层原因,抓住事物产生的脉络,推究事物发展的结局,寻找解决问题的方法。深刻,上可追溯丰富的优秀的传统文化,下能广泛联系客观现实,体现博大精深的人文精神，深刻的文章必然充满哲思，必将点亮睿智之思。

二、深刻的方法

王国维在《人间词话》中说："有境界则自成高格。"深刻的观点来自深邃的思想，深邃的思想源于高超拔俗的思想境界。清代文学家刘熙载说："高出一头，深入一境。"意思是说写作构思要比别人高出一头，就要比别人深入一层境界。这不仅是看问题深入一步，更是做人追求高格。教师要引导学生做一个有道德的人，让思想境界超凡脱俗，自会以非凡的眼光和气度看待万事万物，从而拥有深刻的观点、写出有深度的文章。因此，作文的根本是做人，做一个思想境界高尚的人，培养自己的浩然正气，所写文章才会掷地有声，不同凡响。

首先，深刻的思想来自缜密清晰的思维逻辑，是一个人思维能力的体现。语文学科核心素养要求我们发展学生的直觉思维、形象思维、逻辑思维、辩证思维和创造思维，要提升学生思维品质的深刻性、敏捷性、灵活性、批判性和独创性。教师应引导学生学习掌握辩证地看待、分析问题的基本原理、基本规律和思维的基本方法，使他们能熟练地对一些事物或现象进行较为全面的辩证分析，养成深入思考的良好习惯。长此以往，他们会在思想深处建立现象与本质的哲理性联结，遇到如个人与国家等关系问题时，就会上升到部分与整体的哲学辩证上。整体常常决定部分，但部分会反作用于整体；没有部分，就无所谓整体。二者相互作用，相互依存。有了这样辩证思维的能力，再反观生活、联系现实，深刻的思想观点就油然而生了。

其次，深刻的见地来源于反复的实践。以小见大、推问深思、比较鉴别、推陈出新、反向思维等深刻的技巧，是在勤奋多思、反复精思、多维思辨、不断锤炼的过程中逐步造就的。写作是思想情感外化的实践，需要在反复实践中认识，在不断反省中提升。

综上所述，王安石《祭欧阳文忠公》说："其积于中者，浩如江河之停蓄；其发于外者，烂如日星之光辉。"深刻，源于不辍的积累，源于勤勉的实践。积储深厚，浩大如江水，将其体现在写作之中，才能造就出熠熠生辉、卓尔不凡的千古文章。

研讨话题

深刻,在写作教学中,大都是从立意、思想等较为深入的层面去谈的。那么,在语言、结构、素材等这些比较外显的层面是否需要深刻?又如何做到深刻呢?

教学设计

请选择一篇近三年的中考满分作文,依照具体文本,谈谈作者是如何做到深刻的。并在此认识的基础上,写一篇关于作文"深刻"的感悟小文,不少于800字。

第十九章　文采

一、卓越文采的养成

语言是表达情感和思想的工具，精微的情思必须凭借恰切的语言才能外化交流。所谓"吟安一个字，拈断数茎须"（卢延让《苦吟》），说的就是诗人在语言上的极致追求。语文学科核心素养中的"语言建构与运用"强调："学生在丰富的语言实践中，通过主动的积累、梳理和整合，逐步掌握祖国语言文字特点及其运用规律，形成个体语言经验，发展在具体语言情境中正确有效地运用祖国语言文字进行交流沟通的能力。"这段话明确地提到了文采的培养途径与方法。"途径"就是在丰富的语言实践中，即在阅读书籍、文学鉴赏、口语交流等活动中去感受体会富有文采的语言表达。"方法"就是不断积累好的词句，梳理归纳对同一事物不同的语言表达特点，感悟文字内涵与使用规律。在高考语文关于作文的评分细则中，文采作为高于基础等级的发展等级中一个重要的组成部分被单独提到。其对于文采的要求，包括四个方面：一是用词贴切；二是句式灵活；三是善于运用修辞手法；四是文句富有表现力。

首先，内容的充实是文章具备卓越文采的前提和保障。人人都希望妙笔生花，写出有文采的文章，那么文采是如何养成的呢？《论语·雍也》中说："质胜文则野，文胜质则史。文质彬彬，然后君子。"其意为质朴胜过了文饰就会粗野，文饰胜过了质朴就会虚浮，质朴和文饰比例恰当，然后才可以成为君子。这句话表面上谈的是君子的气质与形象，但实际上对文章在内容与文采的选取上具有很强的启发性，卓越的文采和丰富生动的文章内容是息息相关的。文辞是为表现情志服务的，优秀的文章都是因情为文的。刘勰在《文心雕龙·情采》中说："圣贤书辞，总称文章，非彩而何？"其肯定了圣贤文章内容与文采兼备的特征。《文心雕龙·宗经》篇又鲜明批判"楚艳汉侈，流弊不还"的华而不实的浮夸文风。这些都反映出文采涵养与内容精深的密切相关性。因此，要为自己的文章增添文采，首先要重视对所表达内容的真切感受与深度思考。譬如，积极参与丰富多彩的语言实践活动，激发对生活的感受与表达；保持经常阅读的习惯，注意揣摩并摘录文章中关于不同生活话题的优美章句。只有通过阅读与生活对人的情思的不断丰富与激发，我们对语言文采的感受力和诉求才会更加深刻高远。

其次，要增添文采必须在追求语言的形象性上下功夫。语言的形象性首先是用词用语的准确性，唯有准确才能形象刻画出事物的特征面貌。诗歌中的推敲练字，小说中的动作描写，都是一字之别，其意境与风貌便判若云泥。其次是生动形象，唯有形象性才能让读者感受到画面的栩栩如生，带来阅读的美感。而常见的形象性表现手法有比喻、拟人、渲染、对比等。例如运用比喻来描述事物，可能最恰切的喻体只有一个，其他比喻总不如最恰切的那一个在情感、轻重、冷暖上来得妥帖，来得形象。钱锺书的《围城》中就有许多富有文采而又恰切、形象的比喻范例。例如，小说开始的描写："夜仿佛纸浸了油，变成半透明体；它给太阳拥抱住了，分不出身来，也许是给太阳陶醉了，所以夕照晚霞隐褪后的夜色也带着酡红。"钱老用喻富有文采，他准确、形象地写出了当时的天气和船上的气氛。对于语言的形象性训练，需要平时的积累、借鉴，更需要在语言实践活动中不断揣摩、反思和练习，力图用更精准、更形象的词语去刻画生活、表达情感、分享审美体验。

最后，增添文采还需要我们更新自己的字词语句。语言是有生命的，是不断发展的。一个时代的语言反映一代人的审美与风貌。我们不能一直沿用陈旧的语言描述这个新事物层出不穷的新时代，新生事物的活力应该与时代词汇相适配。伴随社会发展，每年都会产生新的流行词语、网络语言、名言金句，其中不少在反映当下社会现象与心理上可谓独一无二。例如，"吐槽""逆行""硬核""凡尔赛"等概括力和形象性兼备的词语都值得重视。"仰望星空""文化自信""看得见乡愁"等词句都是对这个时代特征最闪亮的概括和抽象。一个有眼光的作者绝不能抱残守缺，把自己封闭在陈旧的语言天地里，要与时俱进，才能在日新月异的生活中写出富有文采的文章。

二、提升文采的方法

语文学科核心素养在创新性方面有如下阐述：在语言建构层面，强调在语言的学习中形成个体言语经验；在思维发展层面，强调通过语言的学习获得创造思维的发展，促进灵活性、批判性和独创性思维品质的提升；在审美鉴赏与创造层面，强调通过审美鉴赏逐步掌握表现美、创造美的方法，表达自己的情感、态度和观念，表现和创造自己心中的美好形象，并能讲究语言文字的表达效果及美感，具备创新意识。新课标对语言创新、思维创新、审美创新也做出较为明确的要求，这些要求与创新的时代特点紧密呼应。写作是语文学科能力的"硬核"，写作创新尤其能反映一个人的语言创新力、思维创新力和审美创新力。那么，具体到文章上，怎样才能使自己的文章具有创新精神呢？

首先，形成独到的见解、新颖的观点。在对事物的判断认识上，不拘泥于前人见识，知古而不泥古。面对日新月异的时代发展现实，一定要提升自己的创新意识，培养独立思考的能力，不人云亦云，不拾人牙慧，否则，就会陷入刻舟求剑的传统思维之中不能与时俱进，难以获得发展。在纷繁的社会生活中，对于社会事件、现象的认识，既要有主流意识、"正能量"的积极态度，还要善于对一些具有争议性的新事物进行多角度思考，深入辨析，发现新思想、新动态，切忌囿于一家之言。例如"东施效颦"一词，传统思想大都立足批判该行为，却很少从平等人权的角度出发，去看待弱势群体对美好生活追求的初心，没有看到一切学习都是从模仿与"拿来"开始。如果像这样把思考代入时代的行列中，对古老的话题反弹琵琶，文章就被赋予了一定的创新性与启发性，给人耳目一新的感受。类似的现象很多。时代、环境、文化、认识与价值的变化，需要"我思故我在"，需要我们用文字表达出自己对生活独到的见解和思考。

其次，要注重素材、构思与文体的综合创新。素材创新，在写作中指的是材料要新鲜，避免使用陈旧的素材。新鲜指的是在写作中注意内容与生活、与时代的结合，使文章更接地气、更具生活气息。学生为完成任务而写文章，把自己当成转述者而非创作者，作文中选用的素材趋于通俗化、大众化，缺乏结合时代价值和开放性视角的创新意识，从而使文章陈旧隔代，缺乏新鲜感。构思与文体的创新，要求在谋篇布局上根据文章的内容和主题做出相应的改革创新。具体到文章的结构顺序上，创作者应有自己精心巧妙的安排，不能因循守旧。例如，鲁迅在《药》一文中对明暗线的处理，简洁而丰富；欧·亨利的《警察与赞美诗》的结构出人意表。文体的创新要求创作者慧眼独具，不走寻常路，根据话题与立意量体裁衣，选择得体恰当的文体形式，或故事新编，或推理想象，或书信玄幻。例如，李白的游仙诗《梦游天姥吟留别》，不落前人之窠臼，给人耳目一新的感觉。

最后，活在日日维新的当下，语言的创新也是文章创新的一个重要方面。写作中要善于学习、揣摩、借鉴不同作家的语言表达特点和方式，探索并形成属于自己的更鲜活、更形象、更准确、更有感染力的个性化语言风格。

研讨话题

文章有文采体现在哪些方面?

教学设计

请选择一篇近三年的中考满分作文,依照具体文本,谈谈作者是如何做到有文采的。并在此认识的基础上,写一篇关于作文"文采"的感悟小文,不少于800字。

第二十章　写作教学设计典型案例及设计说明

第一节　"横看成岭侧成峰，审题立意基本功"写作专题教学设计及其说明

一、"横看成岭侧成峰，审题立意基本功"写作专题教学设计

【教材分析】

这是统编版《语文》九年级下册第二单元的写作专题。九年级的语文写作教学对学生提出了更高要求：初步学习议论文的写法，文体上以写议论文为主，要求学生学会审题，能够针对不同要求、不同情境构思立意，并能以多种文体表达自己的真情实感。

教学重点是提升学生的思维品质，所以教学要激发学生写作的兴趣，调动学生已有的写作体验，学习并掌握审题立意的基本方法，为深度、流畅、有力表达自我观点、见解打下坚实基础。

【学情分析】

初中学生主要学习写作记叙文和说明文，九年级开始学习议论文的有关知识。写作要求从文通字顺、语言简明，到语言连贯得体，到准确审题立意、选用恰当文体流畅表情达意，再到学会修改润色、有创意地表达，难度阶梯式上升，跨度较大。学生的形象思维能力还可以，而理性思维能力不足。尤其在审题立意方面还没有掌握基本知识和方法，只有

一点朦胧的感性认识,而审题立意是写好作文的第一步。初中议论文学习又是高中议论文学习的基础。因而在初中的写作教学中,教师应激发学生的写作热情,具体、系统地对其写作进行方法指导,为其日后的写作学习奠定基础。

【教学目标】

目标1　理解审题立意的基本要求。

目标2　掌握不同类型作文审题立意的基本方法。

目标3　在写作实践中提升学生审题立意的能力,提升学生的思维品质。

【教学重点】

在理解作文审题立意基本要求的基础上,提升学生的思维品质。

【教学难点】

在写作中灵活运用审题立意的基本方法,提升写作能力。

【教学方法】

讲授法、讨论法、合作探究法。

【教学时数】

1课时。

【教学用具】

多媒体。

【教学过程】

一、以故事导入

宋徽宗赵佶喜欢绘画,朝廷常以诗句为题考试画家。有一次,主考官以"踏花归去马蹄香"为题让画家以画来表现诗句内容。开始,画家们面面相觑,一筹莫展。过了一会儿,就先后动起笔来。有的画家绞尽脑汁,在"踏花"二字上下功夫,画了许多的花瓣,一个人骑着马在花瓣上行走,表现游春的情景;有的画家在"马"字上下功夫,画面上一个少年跃马扬鞭,在黄昏时急速归来;有的画家在"蹄"字上下功夫,画了一只很醒目的大马蹄;有一位画家着重表现"香"字,他画了一个夏天的黄昏,一个官人骑马归乡,马儿奔驰,马蹄高举,有几只蝴蝶追逐着马蹄蹁跹飞舞。

如果你是考官,你觉得哪一幅画最好?请说出理由。

学生自由发言。

教师明确：最后一幅画最好。因为只有这一幅画真正表现了"踏花归去马蹄香"的含义。蝴蝶追逐马蹄，使人立即联想到马蹄踏花泛起的香味引来蝴蝶，将闻得到、看不见的"香"字巧妙含蓄地表现出来。其他画，恰恰都忽略了这个"香"字而落选。这个故事告诉我们，立意是艺术创作的核心，"文以意为主"，"意犹帅也"，立意之高下决定了文章的成败。

二、明确立意的要求

结合刚才的故事和我们自身的写作经验，你觉得怎样的文章好？由此概括一下对文章立意应有怎样的要求。学生自由发言，在此基础上教师帮助学生概括、补充，师生最后共同总结出以下几点：

（1）一篇文章只能有一个主题或一个中心，绝不能中心庞杂。

（2）立意要鲜明、正确。要旗帜鲜明地表达自己赞成什么、反对什么，体现出乐观、积极向上的健康思想，歌颂真善美，批判假丑恶。

（3）立意要高远、深刻。看问题能视野宏阔、境界高远，能够透过现象去揭示事物的本质，给人以启示。

（4）立意要新颖、独特。要反映新时代、新社会的精神风貌，有新的思维角度、新观点、新见解。

三、确定立意的前提——准确审题

立意必须建立在准确审题的基础上。

（1）学生以小组为单位合作学习，列出审题应注意的问题和方法。每小组选一位同学展示。各小组相互补充，不得重复。

（2）学生自由上讲台修正表达不准确的地方。

（3）教师帮助学生分析，最后梳理得出结论。

审题就是揣摩作文命题意图，推敲题目的含义和要求，明确文章该写成什么文体、该确定怎样的中心、该选用哪些材料、该怎样安排详略等。

①审题的要求：准确、全面、注意细节、多向思考。

②审题的方法：

扣题意：扣住题目的旨意、核心，抓住题目或引语中的标志性词语、中心词，比较词义的大小、写作范围的宽窄，确定内容的虚实及显性和隐性信息。这是审题的核心。

抓题眼：所谓作文的题眼就是揭示写作中心、暗示思想感情的中心词、关键词或句子。

重细节：审题还须注意写作的人称、数量、字数等要求，有无写作情感的暗示，标点等细节。

明范围：审题要明确题目有哪些限制，如时间、地点、具体内容等。注意题目中的副词，诸如"最""也""还""更""其实"等副词所隐藏的信息和要求。

定体裁：最后还要明了题目要求所写文章的体裁是记叙文、议论文、说明文、应用文体中的哪一种。对于没有限定的，要根据自己的情况选择。

四、学习立意常见的技法

教师讲解相关知识。

初中生常见的作文有命题作文、半命题作文、比喻类作文和材料作文。

（一）命题作文、半命题作文

关键把握法：有的材料或题目已经给出了关键词或体现观点的句子，抓住这些词或句子，就把握住了立意的核心。

例1 作文题目：合唱。

要求：①文体自选；②不要套作，不得抄袭；③不得透露真实的姓名、校名、人名等相关信息；④不少于600字。

明确："合唱"就是关键词。它是众人齐声歌唱，追求的是一种整齐、和谐之美。写作时可以从"合唱"的本义出发，结合生活体验，叙写与合唱相关的人与事，重在阐发个人的感悟体验。也可以从"合唱"的引申义、比喻义出发，选取具体的生活场景，表现生活、社会的某一方面的精彩和谐，可以写我们所处时代背景下全民参与、自然和谐、积极奋进的时代精神。文体可记叙可议论。

（二）比喻类作文

寓意钩沉法：人们在现实生活中的某些思想、观点、认识可以通过一些比喻、寓言等形式反映出来，这就需要我们善于联系现实生活，挖掘其丰富深刻的含义来立意，不能停留于事物的表面。

例2　作文题目：阳光。

要求：①文体自选；②不要套作，不得抄袭；③不要透露真实地名、校名、人名等相关信息；④不少于600字。

明确：很明显，这是一个比喻类作文，需要我们拓展思路找出它的本体。阳光的特点是温暖、光明灿烂、无私奉献等。那么，哪些事物像阳光一般？可以联系生活实际，推出阳光的本体可以是关怀、温暖、和睦、光明、奉献、宽容、大度、快乐、向上、互助等。我们可以选取成长过程中的点滴感受，找准与"阳光"的特性一致的词挂钩链接，就可写出流露真情实感的好文章。

（三）材料作文

（1）梳理关系法：对于二元话题作文或两则及两则以上的材料作文，我们首先要分析这些话题或材料之间是并列、因果、递进、对比、从属等关系中的哪一种，以便确定文章立意的重点和内容的逻辑关系。

例3　阅读下面的文字，按要求作文。

如何除去旷野中丛生的杂草？

不妨播种下庄稼！

请以"播种"为题目，写一篇不少于600字的作文。

要求：①文体自选；②不要套作，不得抄袭；③不得透露真实地名、校名、人名等相关信息。

明确：这是给材料的命题作文，又是比喻性题目。"杂草""庄稼"是比喻。杂草比喻生活中的假恶丑，庄稼比喻真善美。联系材料来看，题目"播种"告诉我们要在心灵里除去这些假丑恶，要播种下真善美。二者之间存在对立性，属于条件关系。不拔除杂草，庄稼就没有生长之地；要让杂草不生长，就必须播种庄稼。联系生活实际来想：要使一个人内心不冷漠、不自私，就必须在他的心灵里播种爱心、热情和宽厚；要使他灵魂保持纯洁高贵，就必须播种下高尚的美德之花去占据他的心灵。扩大到社会生活中，要让假恶丑无处容身，就要播种真善美；要铲除社会上的丑陋阴暗面，就必须让公平正义的阳光照耀它。明白了以上道理，播种的意义才能体现出来。

（2）多向思维法：有些材料蕴含的观点并不唯一，从不同的角度可以得到不同的结论。例如，既可以着眼于甲事物立意，又可以着眼于乙事物立意，还可以着眼于甲乙两事物的关系立意；既可以联系事物（对象）的正向立意，还可以联系其侧面和反向立意。我们要学会从多角度审视材料，并注意选择能够发挥自身写作特长的角度进行写作。

例4 有个鲁国人擅长织麻鞋，他的妻子擅长织白绢。他们想到越国去居住，于是有人对他们说："你们将会贫穷不堪了。"这个鲁国人问他是何道理，那人说："麻鞋是穿在脚上的，而越国人是赤脚走路的；白绢是做帽子的，而越国人是披发的。你们夫妻的特长，在越国是无法施展的，怎么能不穷呢？"

请以上述材料为话题写一篇文章。可以写你的经历、体验、感受、看法，也可以编故事、寓言等。所写内容必须与上述寓言有关。要求：立意自定，文体自选，题目自拟，不少于600字。

明确：这则材料的对象有两个，即鲁人夫妇和劝说者，站在他们各自的角度看都有一定的道理。顺着原材料观点指向去考虑，肯定劝说者，是正向立意；从材料劝说者观点的对立面鲁人夫妇角度否定劝说者，是逆向立意；还可以站在第三方旁观者的角度看问题，客观评析，一分为二地肯定与否定。这样就有三个大的立意角度：

①正向立意：做事要调查研究，不能脱离实际盲目去干。
②逆向立意：没有机会的地方常常孕育生机。做事要锐意进取，大胆尝试。
③综合角度：做事既要大胆设想又要小心求证，才能立于不败之地。

正向立意较容易，学生不易跑题，容易把握。逆向立意会让人耳目一新，文章深入一层。综合角度往往具有一定思辨性，要求逻辑严谨，辩证客观，对学生思维能力要求更高，更能写出立意新颖、主题深刻的文章来。

五、课堂实践，合作探究

（一）感知巩固

（1）每位学生选取表1、表2中感兴趣的两个题目独立完成。
（2）完成后与小组同学讨论自己的学习成果并作修改。
（3）答疑解惑，师生一同修改未能取得一致的结论。
（4）全班交流展示，互相评价。
表1要求：抓住关键词，找出限制条件，写出立意。

表 1

题目	审题		立意
	关键内容	限制条件	
我是你甜蜜的负担	负担	甜蜜	自己带给别人负担又让人内心充满甜蜜的事
那些灿烂的细节			
你的光照亮我的世界			
每个站点都有风景			

表 2 要求：添加限制条件，明确选题范围，确定写作中心。

表 2

题目	审题		立意
	关键内容	限制条件	
出发	出发	带着感动出发	体会真情美好，表现自我成长
碰撞			
记忆			
亮点			

(二) 合作探究

教师给每个大组分配一个题目，以小组为单位，学生共同完成。全班展示、互评、修改。

表 3 要求：多向思考，巧妙立意。

表 3

题目	正向立意	逆向立意
班门弄斧	做事要精益求精，高标准，严要求，对得起自己的良心	下棋要找高手，敢于向权威挑战
三天打鱼，两天晒网		
当局者迷，旁观者清		
开卷有益		

六、小结

同学们，古人云："文章之道，必先立本，本丰则末茂。"审题立意只是写好作文的第一步。了解了一定的方法还远远不够，需要我们平时多实践，在实践中不断提升我们的思维能力。这样才能为条理清晰地叙事说理、流畅通达地表达出我们的真挚情感，打好坚实的基础。

七、作业

完成作文：你的光照亮我的世界。

附：板书设计

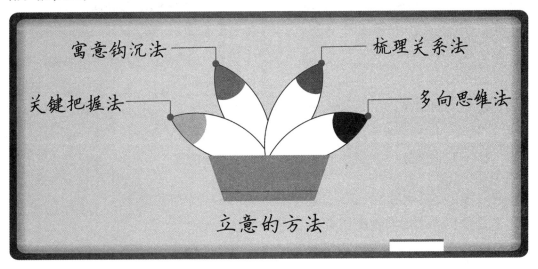

二、"横看成岭侧成峰，审题立意基本功"写作专题教学设计说明

（一）本教学设计的基本理念

《义务教育语文课程标准（2011年版）》对学生写作明确提出了"写作要有真情实感，力求表达自己的感受、体验和思考。多角度观察生活，发现生活的丰富多彩，能抓住事物的特征，有自己的感受和认识，表达力求有创意。注重写作过程中搜集素材、构思立意、列纲起草、修改加工等环节"的要求。初中七、八年级主要以记叙文、说明文写作为主。

在九年级上学期第一次提出了观点要明确、要言之有据、论证要合理的议论文写作基本要求。而九年级下学期是初中最后一个学习阶段，在写作能力上对学生提出了更高要求，要求学生能根据写作的不同要求进行准确审题，多向思维、正确地立意，根据自己的特点灵活选择恰当的文体表达自己独特的感受、真切的体验，表达力求有创意。因此本单元的写作专题"审题立意"看似独立，却不能仅仅停留在某一类文体上，应站在所有文体的高度综合认识和把握。

（二）教学目标及教学重难点确定的依据

南朝萧统在《文选·序》中说："以立意为宗，不以能文为本。"立意是写作的前提和基础，是写文章必先明确的大问题，立意之高下决定了文章的好坏。学习这个专题，要注意把握审题立意的基本要求，掌握审题立意的基本方法，重在实践中灵活运用。

同个知识点对初中学生和高中学生的教学要求是不同的，教学设计必须依据不同要求、学生不同的认知特点进行设计。九年级学生初学写议论文，是打基础的阶段，掌握审题立意的方法并灵活运用是教学重点。而高中学生则要求进一步提升他们记叙、说明、描写、议论、抒情的能力，达到思路清晰连贯，善于锤炼语言，能够个性化、有创意地表达。在思维能力的要求上，高中的课程标准明确提出要促进学生深刻性、敏捷性、灵活性、批判性和独创性等思维品质的提升。因此，教学的重点应落在学生思维品质的提升上。

（三）教学过程中的设计亮点与有待完善之处

（1）设计亮点：

首先，适度搭建支架，以引导为主，尺度恰当。

①教学目标依据学生特点准确定位，重点放在基本方法的理解和掌握上，为学生未来写作搭建一定的知识支架，夯实基础，引导推动自如。既给学生一定的知识指导，又训练了学生由浅入深分析问题的能力，深浅把握恰当。

②故事导入，充分激发学生自主探求的欲望。审题基本要求由学生体验并归纳出相关知识，教师不轻易把知识送出去，教师在学生概括的基础上进行总结，开启了学生的思维，收到了良好的教学效果。

③表格设计的层次逐级深入，个人独立思考与集体合作探究优势得以发挥，训练结果高效，发展了学生思辨的思维品质，充分调动了学生学习的积极性、主动性，提升了学生

的思维能力。

其次，板书重点突出，设计优美。

本课有两个教学任务，即把握审题立意的要求与方法。审题是为立意服务的。板书应突出重难点，设计优美独特，这样才能给学生留下深刻印象，让他们更好地掌握知识、提升能力。

（2）有待完善之处：

内容安排较满，使得学生自由发挥和质疑的时间受限；设计了部分较具难度的题目，使得教学时间和节奏不易把握。

第二节　议论文结构之并列式结构教学设计及其说明

一、议论文结构之并列式结构教学设计

【教材分析】

议论文结构训练应强调议论思维的逻辑和议论的条理性，让学生学会横向议论和纵向议论。并列式议论文结构练习，旨在培养高中生在议论中养成良好的思维品质和条理清晰、表达明确且具备一定结构意识的议论能力。

【学情分析】

学生在行文中缺乏对思维角度的认识和把握，影响到思维品质和议论类文章深度和精度，写作中出现泛泛而谈、无结构、无角度、不深刻的现象。

【教学目标】

目标1　围绕中心论点设置分论点。

目标2　围绕分论点，运用并列式结构展开论证。

目标3　提高学生谋篇布局的能力。

【教学重点】

掌握议论文并列式结构设置的角度和方法。

【教学难点】

准确把握议论文的思维角度，对议论观点精细化论证，避免议论文并列式结构形式化问题。

【教学方法】

举例与练习。

【教学时数】

1课时。

【教学用具】

多媒体。

【教学过程】

一、导入

议论文作为基于论辩而产生的一种实用文本，承载着我们对观点的深刻认识和围绕观点而归集的有力论据。因而，在实际论辩中，一个论据的证明力度相比两个论据的证明力度就显得微弱，一个论点的说服力相比两个方向一致的论点的说服力就差很多。

二、以《鹤林玉露》中罗大经谈论勤的文段为例，请大家分析归纳作者的议论文论证结构及其论点

余尝论勤有三益：盖民生在勤，勤则不匮。一夫不耕，必受其饥；一妇不蚕，必受其寒。是勤可以免饥寒也。农民昼则力作，夜则颓然甘寝，故非心邪念无从而生。鲁公父文伯之母曰：瘠土之民，莫不向义，劳也。渊明诗曰："田家岂不苦，弗获辞此难；四体诚乃疲，而无他念干。"是勤可以远邪辟也。户枢不蠹，流水不腐，周公论寿必归之无逸，吕成公释之曰："主静则悠远博后，自强则坚实精明，操存则血气循轨而不乱，收敛则精神内守而不浮。"是勤可以致寿考也。

师生互动归纳：本文的论证结构为并列式。

中心论点："为人当勤劳"。

①勤劳，可以有所获，免饥寒也。（创财）

②勤劳，可以有所事，远淫邪也。（修身）

③勤劳，可以有所劳，延寿考也。（健体）

围绕"勤劳"这个话题，作者议论的角度主要立足于勤劳的作用而谈，从创财、修身、健体三个角度足见勤劳之必要，观点"为人当勤劳"自然成立。

所以并列式议论文就是说文章展开的各层次之间的关系是平等的，或者它们的分论点之间的关系是并列表述的，都是围绕一个话题展开，只是从不同角度来认识、论证中心论点。并列式议论结构一般从三个方面进行论证：是什么、为什么、怎么办。从这三个方面去认识事物，有助于我们对事物的认识更聚焦、更深刻。

是什么——认识论，透过现象看本质，对事物的重新诠释和定义。

为什么——因果论，通过认识重要意义与功能作用，强化对事物的认同。

怎么办——方法论，面对这类事物的解决之道与态度方法。

三、探究式学习

高速发展的社会呼唤心灵的理解。而能去设身处地地理解别人，也被看作是一个人眼界、心胸的体现。生活中我们需要别人理解，也经常要面对不被理解。有时候，过分地谋求别人的理解会延缓我们前进的步伐，不求理解反而更易让我们在人生的征途中轻装上阵。

对于"理解"，你有怎样的认识或看法？请以"理解"为话题，写一篇800字左右的作文。

教师引导：

这段文字可以是从工作、生活中的不理解、误解而产生的误读误判、流言蜚语、矛盾冲突来谈呼唤理解的重要性；也可以谈生活中人们因过度追求理解而导致心力交瘁，自我辩解中的百口莫辩，反复申明中的愈描愈黑……以此建议人们有时候要不求理解，勇敢前行。学生可以从两个方面见仁见智，谈自己对"理解"话题的个人认知。

学生练习从理解"是什么"角度谈对呼唤"理解"的认识：

①呼唤"理解"是化解矛盾，增进情谊的润滑剂。

②呼唤"理解"是团结同志，推进效能的助推器。

学生练习从理解"是什么"角度谈对不求"理解"的认识：

①不求"理解"是"风萧萧兮易水寒"的刚毅决绝。

②不求"理解"是"死亦为鬼雄""不肯过江东"的孤傲。

教师点拨:"是什么"也可以变为"不是……,而是……"。这种句式背后是引导我们摆脱对事物的固化认识、直觉认识、形象认知,试着去摆脱对事物的传统认识,发现其形象背后的精神、价值、特征等,也是引导我们重新认识事物并深化思维的一种句式。

学生练习从"为什么"角度谈对呼唤"理解"的认识:

①呼唤"理解"让我们一起面对人生的风风雨雨。

②呼唤"理解"让我们共同开创美好的未来。

学生练习从"为什么"角度谈对不求"理解"的认识:

①不求"理解"让风风雨雨铸就我们坚定的筋骨。

②不求"理解"让艰难险阻磨砺出一颗冠军的心。

教师点拨:"为什么"引导我们思考不求"理解"的原因,引导我们从理性上为自己的选择和行动寻找依据与初衷,主动对其意义、作用、价值进行发掘,也是对某种行为和现象的合理性的思考与探索。常见的表达形式有:让……;使……;能……。

学生练习从"怎么办"角度谈对呼唤"理解"的认识:

①呼唤"理解"需要友爱。

②呼唤"理解"需要宽容。

学生练习从"怎么办"角度谈对不求"理解"的认识:

①不求"理解"需要你迈出孤独而坚定的铿锵步伐。

②不求"理解"需要你心怀对光辉梦想的执着渴望。

教师点拨:"怎么办"引导我们思考面对这种现象和解决这种问题时应具备的条件与要素等,从对条件与因素的总结中可以看出我们的价值观、方法论和思考力。常见的表达形式为:靠……;需要……;离不开……。

教师总结:

并列式结构优点:

①使文章思路清晰,条理分明。议论文重在阐明道理,而要说明某个问题,如能分成几个方面来进行论述,往往可以使议论显得有条不紊,多而不乱。

②能显示出作者在特定的思维范围内不同指向的深度开掘,体现出作者思

维的深刻程度。

③使议论自称排比或并列，结构与气势兼具，使读者产生强烈印象，从而增加议论的说服力。

并列式结构运用应注意：

①并列式是角度一致下的并列关系，若分论点角度不一致，则不构成并列关系。如以"诚信"为话题确立文章的分论点时，不能写成：诚信是个人立身之本；诚信需要我们有自我反思的精神。这两个分论点出发的角度不同，一个是从"是什么"出发，一个是从"怎么办"出发，二者不能构成并列关系来深化对中心的理解，反而会对彼此产生影响和制约，而且在内容上不能浑然一体，不能发挥议论文集中、深刻议论的战斗力。

②并列式结构中的内容不能交叉、重复，不能只是句式形式上的并列。如以"苦难"为话题确立文章的论点时，经常出现的分论点是：苦难是锤炼人精神的磨刀石；苦难是增强人意志的高钙片。从形式上来看，这两个论点——"磨刀石"与"高钙片"很相似，构成并列关系。但从内容上来看，精神之中包含着意志，所以二者之间并不能构成并列关系。

四、课后练笔：阅读下面的材料，根据要求写作

2019年，"硬核"一词流行。电影《流浪地球》的热映，引发了一场对"硬核科幻"的讨论；在中美贸易战中，华为集团绝地反击，成功突围，被称为"硬核华为"；在大连地铁车厢里，76岁的刘增盛老人腰部挂着一个"勿需（须）让座"的LED显示牌，被称为"硬核大爷"。

"硬核"一词因出现频率高，弘扬社会正能量，被《咬文嚼字》编辑部评为2019年十大流行语之一。硬核，译自英语"hardcore"，原指一种力量感强、节奏激烈的说唱音乐风格，后来引申指面向核心受众，有一定难度和欣赏门槛的事物，近年来人们常用硬核形容很厉害、很彪悍、很刚硬等。

2020年，新冠疫情暴发，中华民族面临巨大考验。在抗疫过程中，"硬核"一词有了更丰富的内涵。

作为时代有为青年，对于"硬核"，你有怎样的认识和思考？请自选角度，自拟题目，写一篇不少于800字的并列式结构议论文。

附：**板书设计**

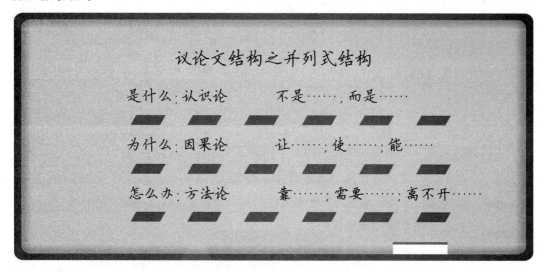

二、议论文结构之并列式结构教学设计说明

（一）本教学设计的基本理念

议论文是思辨性和逻辑性很强的文体，学生议论文水平受限直接源自逻辑的紊乱。帮助学生在议论中建立基本结构形式，实际上是引导他们不断提升思维条理性、改善思维品质的举措。并列式议论结构是议论文中常见的结构形式，通过对这种结构形式的练习，有助于学生对事物的认识摆脱浅表性认识，促进他们对话题的深度掘进，从认识论、因果论、方法论上去有序议论。

（二）教学目标及教学重难点确定的依据

议论文写作中，学生常常不能脱离"一个论点，两个例子"的议论文写作模式。一些看起来优秀的议论文其实缺少对结构和条理的分析与借鉴，常常满足于个别句子的精彩表述，导致议论文写作在低水平徘徊，看着很美，写起来很累。文章中语言累赘，事例堆砌，逻辑混乱，缺少观点句、中心句，等等。这些现象比较普遍。基于上述情况，本课的教学目标确定为通过对并列式议论结构的学习，提升学生议论文写作中组织结构的能力，通过三个方面的定向训练，建立学生清晰的思维逻辑，在理解运用中不断提升思维深度、议论水平和结构能力。

本课的教学重点为并列式议论文思维角度和议论观点的精细化；在实际写作中，并列式分论点的重点在于思维的精细和不同角度的发现。不少学生日常缺少对事物的较深入思考，认识角度单一。并列式结构引导学生在思考上由表及里、由果及因，在方法要素上多角度运用，改变简单粗放的议论习惯和思维习惯。

本课的教学难点是，在学生运用并列式议论结构的时候，议论观点同质化、内容交叉重复问题比较突出，实际上反映出思维的角度还比较狭窄，提炼观点角度单一。在写作训练中，要特别向学生强调此类问题的重要性，引导他们从不同角度、不同层面展开对问题的探索思考，避免并列结构的形式化。

（三）教学过程中的设计亮点与有待完善之处

（1）设计亮点：

本教学设计的亮点之一在于借用了《鹤林玉露》这样一个典型并列式结构的例子，不仅有助于学生对并列式结构的具体感知和对并列式观点精细深刻的明确感受，而且名人名篇也足以使人信服。亮点之二是在学生活动环节的探究式学习中引入话题"理解"和在课后作业中引入话题"硬核"，它们都能让学生产生代入感——"理解"与他们的生活契合度高，而"硬核"的时代性很强，所以学生的写作主动性应该很高。

（2）有待完善之处：

本教学设计不足的地方是受制于课堂时间，广义的并列式议论结构还应该包括正反对比式，但考虑到这种结构是最基本的结构，故本节课略过不提。另外课堂上围绕"理解"的并列式观点提炼应该是学生积极参与的，这里不能一一呈现，仅做典型列举。课堂主要用于打开学生的思维，体现在并列式分论点的提炼上，每个分论点下如何运用例证和议论在此节课略过不提。另外在探究性学习上还可以再举例，再展示一篇并列式结构范文，或许会产生更好的教学效果。

教学设计

请选择一个近三年的中考或高考作文题目，进行一个完整的作文教学设计。要求：环节饱满，附带相应的板书设计、PPT和教学后记。

第四部分 语文综合性学习教学设计

第二十一章 综合性学习

第一节 综合性学习教学概述

一、基于核心素养的综合性学习在语文课程中的地位及意义

（一）综合性学习的地位

《义务教育语文课程标准（2011年版）》指出："综合性学习主要体现为语文知识的综合运用、听说读写能力的整体发展、语文课程与其他课程的沟通、书本学习与实践活动的紧密结合。"

（二）综合性学习的意义

1. 提高学生收集、筛选、整合信息的能力

统编版中学语文教材中的每个综合性学习活动都有明确的主题，学生围绕主题要开展

多项活动,需要在课前进行大量的资料收集和整理工作。要求学生能从报刊、图书、网络等媒体中获取有关资料,能从海量的信息中筛选出最契合主题的信息,并以文字、图表、照片等方式展示。在语文综合性学习中,学生收集、筛选、整理资料的能力大大提高了。

2. 加强学生自主意识和合作意识,提高彼此交流的能力

语文综合性学习活动能充分激发学生的自主意识和进取精神,落实自主、合作、探究的学习方式。以统编版《语文》七年级上册"文学部落"综合性学习为例,这个活动除了要让学生了解文学的内涵、形式、特征外,还要能自主地组织文学活动,如办刊、演出、讨论等活动。这有利于学生全面提高语文素养,培养主动探究、团结合作、勇于创新的精神。

3. 提高学生的"语言建构与运用"能力

叶圣陶先生曾说:"口头为语,书面为文。"新课标也明确指出:"语言文字是人类社会最重要的交际工具和信息载体,是人类文化的重要组成部分。"语言的建构与运用能力不是一蹴而就的,它需要完整的过程和不断的训练才能达成。语文学科注重学生听、说、读、写能力的整体发展。在综合性学习活动中,学生能提出学习和生活中感兴趣的问题,共同讨论,并在一次次的活动中熟练掌握转述、劝说、推荐语、采访提问、开场白、颁奖词、演讲等的口语交际方式。

4. 灵活的学习方式促进思维发展和提升

语文课程的综合性学习没有统一的教材,是一种"活化"的学习。它的学习内容是灵活的,即在教师指导下,学生可根据自己的兴趣和疑惑自由选择学习课题。它的学习方法也是灵活的,即学生不仅要读书,还要到自然界和社会中去观察、去调查,并利用图书馆、网络等信息渠道获取资料。学生不仅要走进课本还要能从课本中走出来,灵活运用课本中的知识解决实际生活中的问题,发表自己的看法。教师可以在此过程中形成过程性材料,这种材料的不断丰富、发展和完善,就是综合性学习不断深入的见证。

二、统编版初中语文教材综合性学习的特点

(一)主题设置符合学生的年龄特点、成长规律

统编版语文教材在综合性学习的设置上抓住了学生成长的规律,并结合学生的年龄设置了不同的教学内容。例如《语文》七年级上册第二单元"有朋自远方来"的主题,结合

刚进入初中阶段的十二三岁的孩子，面对陌生的环境，内心充满了好奇和胆怯，想要结识更多的朋友是每个孩子的心声。活动设计不仅让学生在合作讨论中勇于"破冰"、展示自我，而且锻炼了学生的人际交往能力。

（二）主题选择注重传统文化的传承

"传统文化是语文的根"。综合性学习中的"友善""爱国""孝敬""诚信""和谐""自强不息"等主题，无不体现着中华民族源远流长的民族精神，无不渗透着中华民族博大精深的文化传统。只有继承和弘扬优秀中华传统文化，才能真正树立文化自信。语文综合性学习是实现"文化传承与理解"的直接手段。

（三）以活动为主的组织形式，贴近学生生活

统编版初中语文教材中的综合性学习均以丰富多样的活动呈现，如演讲、朗诵、辩论等。它突出了学生的主体地位，极大地调动了学生的积极性，丰富了课堂内容，能够培养学生解决问题的能力，提高学生的语言综合能力，形成人际交往能力。

（四）综合性突出，学以致用

综合性学习最突出的特点即综合性，这体现在听、说、读、写能力的综合，课内、课外的综合，"知识和能力""过程和方法""情感态度与价值观"三维目标的综合，语文课和其他科目的综合，探究学习和接受学习的综合，等等。在综合性学习中，我们需要达成的共识是：达到从学语文到用语文的目的。因而，学以致用是综合性学习的目标和归宿。

三、综合性学习教学中存在的问题

（一）纸上谈兵较多，具体操作很难

综合性学习有很多是专业性较强且跨学科的专题性学习，并不是所有教师都具备这样的知识储备和驾驭能力，有时候要花费较多时间去搜集整理资料并学习消化，甚至要向相关学科的专业人士求教。在实际教学中，部分教师甚至直接跳过综合性学习，省略这一环节。此部分的实际教学与理想中的教学相差较大。

（二）方案制订简单，步骤流于形式

无论在初中、高中，部分教师对综合性学习的重视程度都不够，未对此部分内容进行深入探究，且没有结合自己所带班级的学情、学生的兴趣，就按照课本或教参教学，活动流于形式，流水账般地完成了此部分教学。有，却不精；有，确不准；有，确无味。学生并未有较大收获。

（三）课程进度紧张，难以有序开展

综合性学习涉及的内容多且知识面广，如果不在课前组织学生预习准备，课堂教学将无法有效展开，而布置预习又要耗费学生较多的课余时间。在教学实施环节，有的专题一节课时间太短，教学无法充分展开。如果流于形式，则学生无知识收获，失去了教学的意义；如果增加课时，就势必会挤占单元课文阅读教学课时，难以平衡。

（四）学生随意性大，缺少规范引导

综合性学习以学生为主体，在教学中以活动为主要形式，但在实践教学中可看出学生并未从思想上重视此环节。课堂活动中，虽然都能做到人人有话说，但能做到在充分准备资料的前提下围绕本次主题而谈的学生却少之又少，随意性较大。而教师在此种情况下，又缺乏规范、有效的引导，使综合性学习教学效果大打折扣。

（五）学生热衷玩乐，轻视活动价值

在综合性学习活动中，小组合作、讨论交流等形式必不可少。当教师将发言的机会给学生时，学生却易出现"打擦边球"现象，也就是说着和主题有点关系的玩笑话，并没有真正参与到老师设置的活动中来。这样当然就不能在综合性学习活动中得到语言、文化、思维上的提高，活动的真正价值也不能体现。

（六）学生安全至上，校外很难开展

教师们都清楚综合性学习教学走出课堂、走进生活的情境化教学，应该是最能激发学生兴趣的。例如《语文》八年级上册第六单元"身边的文化遗产"主题活动，在有十三朝古都之称的西安，身边处处都是文化遗产，如果能带着学生实地考察、搜集资料，那么撰写申请报告就会比较简单。而在当今的教育现实大环境下，学生外出上课需要很多手续和大量时间，需要更多的人和众多的部门一起协调保障。这些困难都造成很难在校外开展这样的活动的现状。

四、综合性学习教学设计的原则、步骤和方法

（一）综合性学习教学设计的原则

1. 联系生活，切近时代

中高考命题明确指出：坚持正确的政治方向，坚持以课程标准为命题唯一依据，坚持联系社会和学生生活实际，坚持引导教育教学。教师在综合性学习教学中要树立大语文观，教学设计不仅要备教材里的课文，更应该从课文走向课外，从课内走向生活，要引导学生关注时事热点、关注社会生活。只有这样，才能真正学活语文。作为教师，更应广泛关注方方面面的新闻，紧跟时代步伐，及时更新自己的资料库，这样设计出来的教学才生动有趣。

2. 学生主体，集体参与

学生是学习和发展的主体，在综合性学习活动中其主体地位更须彰显。教师在教学设计时还应关注学生的个体差异和不同的学习需求，爱护学生的好奇心、求知欲，充分激发学生的主动意识和进取精神，倡导自主、合作、探究的学习方式。教学内容的确定、教学方法的选择、评价方式的设计，都应有助于这种学习方式的形成。但一定不能忽视的是，要面向整个班级，关注到发言不够积极的学生，让他们在综合性学习的课堂上有事可干、有话可说，让学生增强集体荣誉感、提高团结协作能力。

3. 少教多学，促进提升

"少教多学"是进行教学设计的一条准则，但怎样才能做到以"少教"达到"多学"？在综合性学习教学课堂上，教师要注意自己的角色是学生的引路人、活动的组织者，不能喧宾夺主。我们还要注意课堂问题的设置，多提有价值的、符合学生思维能力的问题，培养其思辨力、理解力。我们还要相信学生，放手让学生去学习、实践。只有大胆尝试，才有可能会成功。此外，语文教师还要大胆继续进行课堂教学改革，积极探索自主、合作、探究的教学模式，提高学生的语文综合素养。

4. 巧设情境，积极向上

真实而富有意义的语文综合性学习活动课离不开情境的创设，情境是学生语文学科核

心素养形成和发展的载体。近几年来，命制试题时多以情境导入，这一趋势更加符合学生学习运用知识的场景。因此，我们在平时的教学中，更应将所讲主题融入特设的情境中，以激发学生的兴趣，有利于他们解决日常生活中的问题，学会表达与交流，积极健康成长。

5. 由易到难，循序渐进

在本部分教学设计中，更应按照学生的认知规律，遵守由易到难、循序渐进的原则，统编版语文教材也是如此编写的。例如《语文》九年级上册"走进小说天地"主题，教材中设计了三个活动，分别是"小说故事会""小说人物大家谈""展开想象的翅膀"，是由易到难进行设计的。学生先能用准确的语言流利地概述小说内容，其次对小说中的人物形象进行分析，最后学以致用——运用小说中想象的手法进行写作。

6. 地域文化，融入其中

《义务教育语文课程标准（2011年版）》中指出语文教育的特点："丰富的人文内涵对学生精神世界的影响是广泛而深刻的，学生对语文材料的感受和理解又往往是多元的。因此，应该重视语文课程对学生思想情感所起的熏陶感染作用，注意课程内容的价值取向。"我们应将地域文化融入教学设计中，让学生从了解自己的家乡到熟悉自己的家乡再到爱上自己的家乡，提升学生的审美情趣和文化修养，形成良好的个性和健全的人格。

7. 人员搭配，科学合理

综合性学习活动常以"小组合作"的形式展开。每个小组中都有较活跃的人和发言不积极的人，教师在进行人员分组时要注意人员搭配，遵循"组间同质，组内异质"的分组原则，做到调动每个学生的积极性，让每个学生都参与到活动中来。

8. 方法为主，注重实践

《义务教育语文课程标准（2011年版）》中写道："语文课程是学生运用祖国语言文字的课程，学习资源和实践机会无处不在，无时不有。因而，应该让学生多读多写，日积月累，在大量的语文实践中体会、把握运用语文的规律。"教师在教学中要更注重实践，学会积累和探索一些好的学习方法，真正把综合性学习教学的作用落到实处。正如捷克思想家、教育家夸美纽斯所说："一切语文从实践去学习比用规则学习来得容易。"

（二）综合性学习教学设计的步骤

1. 明目标，抓重点

在综合性学习的教学设计上，教师在核心素养的背景下，应明确课程标准要求学生达到的阶段目标，领悟统编版语文教材的编写意图。在备课时，教师应结合本班学生的学情，明晰每个主题的教学目标和学生的学习目标，抓住备课重点，不能眉毛胡子一把抓；有重点的教学，才是更高效的教学，才能针对每节课重点选择恰当的方法去突破。

2. 选教法，解疑点

教师在备课时要从教材本身的特点出发，根据综合性学习教学的特点，精心选择整理教法，这是备好课的关键。语文教学过程本就十分灵活，对综合性学习教学更是如此。常说"教无定法"，教师教课不能固定在一套教学结构与教学方法中。要根据教学目标，针对学生可能产生的问题，选择合适恰当的教学方法或教学手段。

3. 扣问题，释难点

在做教学设计时，要有效抓住课堂提问环节，对学生无意义的问题不问。在备课时，围绕本节课的难点设置问题，要由浅入深、循序渐进，让学生通过对问题的思考，来解决本课的疑难问题。这可以大大提高学生解决问题的能力，也可提升学生的思维能力，在回答问题时又可提高其语言表达能力。

4. 列步骤，梳小点

综合性学习的备课涉及面广，资料众多，有些教师感觉无从下手。教师在平时的教学中要把握"化大为小"原则，一步一步将每节课所要讲的内容列出大纲来，再将每个大点进行细化，梳理出小点，或者以思维导图、知识树这样的形式来理清思路。这样备课，就不会因为内容多而出现思维混乱或讲不清楚知识点的情况。

5. 设结果，析妙点

设结果是指预设某项活动可能会在下面几个方面出现的结果：意义和影响，思想的成长，目标的完成，成功的经验，存在的不足，活动的得失，等等。而析妙点就是在活动结束后，回顾和总结过程，分析精妙之处，总结活动规律。比如"行走城墙"综合性学习活动，妙在集体合影，凝聚了力量，鼓舞了士气；妙在以练笔形式巩固，学生分享成果。也有妙点是在教学过程中临时生成的，美妙无比。比如"争做古城文明小卫士"综合性学习，活动最初是以宣传文明和保护环境为预设，后来在活动中结合疫情防控增加了向市民普及戴口罩方法的内容，把文明行为向纵深拓展。

（三）综合性学习教学设计的方法

1. 创设情境法

情境当然是语文综合性学习活动的载体，有情境的教学才是生动的、生活化的。我们可以结合学生的生活体验积极地开发、创设情境。比如，在高中阶段，根据《陈情表》《项脊轩志》等课文创设"讴歌亲情"的学习主题。教师可先与学生分享古往今来很多名家用真心真语抒发亲情的语句：孟郊"谁言寸草心，报得三春晖"的母子之情；苏轼"但愿人长久，千里共婵娟"的兄弟之情；李密"臣无祖母，无以至今日；祖母无臣，无以终余年。母、孙二人，更相为命，是以区区不能废远"的祖孙之情。然而现在的中学生却感受不到亲情，是我们的父母不爱我们了吗？以这样情境化的导语开课，将学生引入当前的社会现状中，留问题引学生深思，便于后面课堂活动的开展。

2. 成果展示法

这是语文综合性学习常用的教学方法。例如，《语文》七年级上册的"文学部落"读书交流活动中的阅读展示，《语文》八年级上册的"身边的文化遗产"主题活动中的资料搜集展示，《语文》八年级下册的"古诗苑漫步"主题活动中的特色朗读演绎展示，以及手抄报、调查问卷、组内探讨交流、成果展示等。这些都是综合性学习必不可少的成果展示方法。

3. 过程评价法

在语文综合性学习教学中，除了教师的评价之外，要多让学生开展自我评价和相互评价。课程标准中有关于评价的着眼点，如在活动中的合作态度和参与程度，能否在活动中主动地发现问题和探索问题，能否积极地为解决问题去搜集信息和整理资料，能否将学习成果与大家展示和交流。我们在评价时，要充分注意学生在解决问题的过程中所采用的思路和方法，对不同于常规的思路和方法，尤其要给予足够的重视和积极的评价。

4. 分享体验法

例如在《语文》八年级下册的"倡导低碳生活"主题活动的教学设计中，可提前安排学生准备此部分学习内容，让学生留心身边的低碳行为，感受低碳生活带给人们的好处，将其用笔记录下来或者拍成小短片，制作好宣传材料，带到课堂上与同学们分享。这样的形式既能锻炼学生的综合能力，又能将低碳生活的知识通过身边的人宣传给更多的人。

5. 表演小品法

这种方法最大的特点是熟悉的同学在台上演出，最能吸引大家的注意力，也能将学生快速带入情境当中，有利于活动的开展。例如《语文》七年级下册第四单元"孝敬亲老，从我做起"主题中的"见不贤而内自省"活动中，教师可在教学中请学生表演几个生活中的微小片段，以引起学生的学习兴趣。

表演小品法教学参考：

小品内容：

学生进门，将书包一甩，坐在书桌前，低头准备写作业。

妈妈（走进孩子房间，高兴的样子）：呀，姑娘回来了！今天怎么样？累不累啊？老师今天讲的什么呀？听得懂吗？没跟同学闹矛盾吧？

学生：哎呀！你烦不烦，一回来就问、问、问！（边说边将妈妈推出房间）

妈妈转身，出门，继续做饭。

妈妈（端水进屋）：先喝杯水吧，天这么热，饭一会儿就好。

学生：我在学校都喝过了。我都这么大了，要想喝水我自己知道倒，别管我。

妈妈转身，叹气。

学生重重地将门关上。

教师提问：你看完后有什么感受呢？

学生发言。

教师总结：带上我们对今天活动的感悟，我们不如扪心自问一下：平时有没有做到孝敬呢？子曰："父母之年，不可不知也，一则以喜，一则以惧。"我们喜什么？惧什么？你能否对今后的你说几句话呢？

活动形式：先在练笔本上写心得，然后点名分享。

6. 小组竞争法

这种方法在初中语文的综合性学习中较为常见。首先将班级学生划分为几个小组，最好让每个小组给自己起个组名，然后将这节课的主题分为几个活动，每个活动结束都要有评价并给出相应分数，最后计算最终得分，获胜的小组获得相应的奖励。在这样的活动中，学生们的竞争意识增强了，且组内成员的团结协作能力加强了，学生们的集体荣誉感得到了培养。

7. 实地探查法

实地探查法应该是学生最喜欢的一种方法，能走出学校，走入生活。在实地进行调查研究，搜集整理或亲身体验，使实地探查法成为给人印象最深的一种教学方法。例如，"身边的文化遗产"主题活动可以组织学生一起走入博物馆；"孝敬亲老，从我做起"主题活动可以组织学生去敬老院做义工；等等。这样学生再从课外回到课堂上的时候，就一定有话可说、有事可写了。

8. 过程检测法

在综合性学习教学设计中，教师也应时刻把握中高考的动向，将中考或高考试题结合在教学过程中,对课堂内容进行检测。例如在"人无信不立"主题活动教学设计中,可结合 2020 年重庆中考题目完善采访提纲。

为了弘扬当代的诚信美德,你所在的小组将采访下面的诚信模范。请你拟写两个采访问题,完善下面的采访提纲。

采访提纲

采访主题:挖掘当代诚信的内涵。

采访对象:陈淑梅、李其云夫妇(重庆市铜梁区巴川街道居民)。

背景资料:2013 年,陈淑梅夫妇的儿子因故去世,留下了 67 万元的巨额债务。陈淑梅夫妇用卖包子、打短工、捡垃圾等方式,替儿子偿还了债务,得到周围人的同情和关照。2017 年,二人被评为"第六届全国道德模范诚实守信模范",受到习近平的接见。

采访问题提示:

①面对这样的问题,为什么选择替儿子还债这一方式而不是终结债务?
②是什么支撑你们坚持下来的?
③受到习近平总书记的接见,你们对"诚信"有了哪些新的认识?

你的问题:①_____
　　　　　②_____

第二节　综合性学习教学知识点汇总

一、统编版初中语文教材"综合性学习"模块知识点汇总

统编版初中语文教材"综合性学习"模块知识点汇总表

年级	单元	主题	活动内容
七年级（上）	第二单元	有朋自远方来	①交友之道； ②向朋友展示自我
	第四单元	少年正是读书时	①填写调查问卷； ②同学之间找差距； ③共同研讨促阅读
	第六单元	文学部落	①读书写作交流会； ②布置文学角； ③创立班刊
七年级（下）	第二单元	天下国家	①激发心志：爱国人物故事会； ②陶冶心灵：爱国诗词朗诵会； ③启发心智：爱国名言展示会
	第四单元	孝亲敬老，从我做起	①征集活动方案； ②分工合作，组织活动； ③分享体会与感受
	第六单元	我的语文生活	①正眼看招牌； ②我来写广告词； ③寻找"最美对联"
八年级（上）	第二单元	人无信不立	①引经据典话诚信； ②环顾身边思诚信； ③班级演讲说诚信

续表

年级	单元	主题	活动内容
八年级(上)	第四单元	我们的互联网时代	①网络词语小研讨； ②电子阅读面面观； ③用互联网学语文
	第六单元	身边的文化遗产	①文化遗产推荐与评选； ②实地考察，搜集资料，撰写申请报告； ③班级召开模拟答辩会
八年级(下)	第二单元	倡导低碳生活	①确定宣传主题； ②搜集资料，撰写宣传文稿； ③制作宣传材料，开展宣传
	第四单元	古诗苑漫步	①声情并茂诵古诗； ②别出心裁品古诗； ③分门别类辑古诗
	第六单元	以和为贵	①探"和"之义； ②寻"和"之用； ③班级讨论会
九年级(上)	第二单元	君子自强不息	①认识自强不息的内涵； ②寻找自强不息的人物； ③演讲：青年当自强不息
	第四单元	走进小说天地	①小说故事会； ②小说人物大家谈； ③展开想象的翅膀
九年级(下)	第二单元	岁月如歌 ——我们的初中生活	①成立编委会，做出分工； ②搜集资料，创作文稿； ③编辑加工，装帧制作

二、统编版高中《语文》必修上册"综合性学习"模块知识点汇总

统编版高中《语文》必修上册"综合性学习"模块知识点汇总表

单元	学习任务群	人文主题	语文素养	学习活动
第四单元	当代文化参与	我们的家园:了解家乡,参与家乡文化建设,增进家乡文化认同;关注和参与当代文化生活,培养适应社会、服务社会的能力;增强文化自信和弘扬社会主义核心价值观的自觉性	①学习调查、访谈和实地考察等,收集整理资料,聚焦并提炼问题,展开专题研讨,提高对各种文化现象的认识能力和阐释自己见解的能力; ②认识我们生活的家园,见证时代的变迁,思考家乡与自我成长之间的关系; ③研读学习资料,深化对家乡的认识,辩证思考传统与现代的关系,提升当代文化参与意识	家乡文化生活: ①记录家乡的人和物; ②家乡文化生活现状调查; ③参与家乡文化建设
第八单元	语言积累、梳理与探究	语言家园:感受祖国语言文字独特的美,培养热爱祖国语言文字的感情;体会中华文化的博大精深、源远流长,理解、认同、热爱中华文化,增强文化自信	①了解汉语词汇的构成和词语的特点,通过多种方式积累词语; ②学会辨析词义的方法,把握词义变化的规律,认识古今汉语的联系和差异; ③结合词义特点,通过词义的辨析和词语的使用,探究语言表达中词语选择的艺术,提高理解和运用词语的能力; ④学会梳理语言现象,探究语言文字运用规律,增强语言文字运用的敏感性,感受祖国语言文字的独特魅力	词语积累与词语解释: ①丰富词语积累; ②把握古今词义的联系和区别; ③词义的辨析和词语的使用

三、统编版高中《语文》必修下册"综合性学习"模块知识点汇总

统编版高中《语文》必修下册"综合性学习"模块知识点汇总表

单元	学习任务群	人文主题	语文素养	学习活动
第四单元	跨媒介阅读与交流	媒介素养：理性面对全媒体时代，善于运用各种媒介与他人交流沟通、获取信息；能够以正确的价值观审视信息，辨别真实与虚假，培养求真求实的态度	①了解不同媒介的特点，学习综合运用多种媒介获取信息、表达交流； ②理解、辨析、评判媒介信息，辨识其立场，多角度分析问题，形成独立而正确的判断能力； ③学会正确面对海量信息，并恰当筛选利用，以提高媒介素养，更好地适应信息时代的生活	信息时代的语文生活： ①认识多媒介； ②善用多媒介； ③辨识媒介信息

四、统编版高中《语文》选择性必修上册"综合性学习"模块知识点汇总

统编版高中《语文》选择性必修上册"综合性学习"模块知识点汇总表

单元	学习任务群	语文素养	学习活动
第四单元	科学与文化论著研习	培养求真务实的科学态度和勇于探索的创新精神	逻辑的力量： ①发现潜藏的逻辑谬误； ②运用有效的推理形式； ③采用合理的论证方法

第三节 综合性学习教学设计典型案例及设计说明

一、综合性学习"君子自强不息"主题活动教学设计

【教材分析】

本课为统编版《语文》九年级上册第二单元综合性学习内容。"天行健，君子以自强不息"出自《周易》，意思是君子为人处世，应遵循天道，自力更生，发愤图强，持之以恒，永不停息。这是我们中华民族的文化精髓，是我们文化自信的来源。该教学活动就围绕"君子自强不息"这一中华传统美德展开。

【学情分析】

九年级学生已经具备一定的搜集整理资料的能力，而本课需要学生提前完成与主题有关的资料搜集整理任务。学生在七、八年级已经学了很多自强不息的人和事，对于"自强不息"有一定的认识。而且到了九年级，学生在小组合作上有一定的默契，利于活动开展。

【教学目标】

目标1 通过搜集、筛选、整理资料，以关键词的形式概括提炼出"自强不息"精神的具体表现。

目标2 在小组讨论中，交流、探究关于自强不息的名言、人物或故事，理解自强不息精神的内涵。

目标3 善于寻找、发现自强不息的人物，学习他们的优秀品质，继承和发扬中华传统美德，并学以致用，做一个自强不息的人。

【教学重点、难点】

（1）体会"自强不息"一词所承载的厚重的文化内涵和精神，理解这一精神对个人修养、国家发展、历史进步等方面都有重要意义。

（2）在课程学习中落实中考关于"综合性学习"的考点和知识。

【教学方法】

引导思考，合作探究。

【教学时数】

1课时。

【教学用具】

多媒体。

【教学过程】

一、课前准备

（1）组织学生分组搜集古今中外的与自强不息有关的名言、诗句、人物或故事等资料。

（2）安排学生撰写演讲稿《青年当自强》，并选出优秀作品在课前进行演讲。

二、导入新课

首先来看一组校训，我们发现了什么？（用PPT展示图片）

清华大学校训：自强不息，厚德载物。
东北大学校训：自强不息，知行合一。
兰州大学校训：自强不息，独树一帜。
厦门大学校训：自强不息，止于至善。

这些校训中都有"自强不息"四个字。那么，"自强不息"一词最早出现在哪里呢？《周易》中的"天行健，君子以自强不息"。与它对应的还有另一句话是"地势坤，君子以厚德载物"。现在，"自强不息，厚德载物"已经成为很多大学的校训。

古人向来有遵循天地的传统，如老子在《道德经》中说到的"人法地，地法天，天法道，道法自然"。"法"是效法、学习的意思，整句话是人向天地、自然万物等效法学习的意思。《周易》是其中的集大成者，以占卜为基础，体察万物，作为古人行为规范的准则。"天行健，君子以自强不息"的意思其实就是天道运行刚健有力，君子也应如此。那么今天就围绕"君子自强不息"这一活动主题展开综合性学习。

三、释"自强不息"含义

（一）夯基础

基础知识是一切语文学习的基石。对汉字的考查常常在综合性学习中出现，题型也基本分为以下两类：

（1）正确、规范、工整地书写汉字。准备米字格，请同学上台书写"自强不息，厚德载物"八字。

（2）在米字格中，按顺序依次写出字的笔顺。在PPT中给出米字格，台上、台下同时书写"载"的笔顺。

（二）晓内涵

（1）以小组活动的形式展开综合探究，参考已经整理好的或课本给出的资料交流：如何理解自强不息的精神？怎样才能做到自强不息？

要求：活动中组织者1名，记录员1名，发言代表1~2名。

发言范例：我们搜集到的格言/诗句有＿＿＿＿＿＿＿＿＿＿＿，从中我们认识到自强不息的精神就是＿＿＿＿＿＿＿＿＿＿。

（2）学生充分讨论，选代表发言，别的小组来作评价，教师引导即可。

可能说到的句子有：

第一类：课本资料。

①从名言中认识"自强不息"。

名言名句举例

名言名句	体现的精神品质
士不可以不弘毅，任重而道远。——《论语》	品德刚健
君子求诸己，小人求诸人。——《论语》	人格独立
故天将降大任于是人也，必先苦其心志，劳其筋骨，饿其体肤，空乏其身，行拂乱其所为，所以动心忍性，曾益其所不能。——《孟子》	积极进取

②从中国古典诗词中认识"自强不息"。

中国古典诗词举例

中国古典诗词	体现的精神品质
路漫漫其修远兮,吾将上下而求索。——屈原《离骚》	坚持理想信念
长风破浪会有时,直挂云帆济沧海。——李白《行路难》	坚定倔强,不屈不挠
千磨万击还坚劲,任尔东西南北风。——郑燮《竹石》	自信坚定,乐观豁达

第二类:课外资料。

黑发不知勤学早,白首方悔读书迟。——颜真卿《劝学诗》

少壮不努力,老大徒伤悲。——《汉乐府·长歌行》

生当作人杰,死亦为鬼雄。——李清照《夏日绝句》

捐躯赴国难,视死忽如归。——曹植《白马篇》

胜人者有力,自胜者强。——老子《道德经·第三十三章》

不怨天,不尤人。——《论语·宪问》

(3)教师小结。

自强就是自力更生,奋发图强,在困难面前顽强拼搏。不息是指永不停息,持之以恒,不轻言放弃。一个自尊、自信、自立的人必定会对未来充满希望,会永远向上,奋发进取。

升华思想:国家发展、历史进步中的自强不息的事例——历经磨难不屈不挠的伟大祖国和人民;美国第16任总统林肯。

资料一 中华民族是历经磨难、不屈不挠的伟大民族,中国人民是勤劳勇敢、自强不息的伟大人民,中国共产党是敢于斗争、敢于胜利的伟大政党。历史车轮滚滚向前,时代潮流浩浩荡荡。历史只会眷顾坚定者、奋进者、搏击者,而不会等待犹豫者、懈怠者、畏难者。全党一定要保持艰苦奋斗、戒骄戒躁的作风,以时不我待、只争朝夕的精神,奋力走好新时代的长征路。——十九大报告

资料二 亚伯拉罕·林肯(1809—1865),共和党人,美国政治家、战略家,黑人奴隶制的废除者,第16任美国总统。其任总统期间,美国内战爆发,史称南北战争,林肯坚决反对国家分裂。他废除了叛乱各州的奴隶制度,颁布了《宅地法》《解放黑人奴隶宣言》。林肯击败了南方分离势力,维护了美利坚联邦及其领土上不分人种、人人生而平等的权利。

四、讲"自强不息"故事

回顾课本中学过的与自强不息相关的故事，并与大家分享，且告诉我们从中我们了解到＿＿＿＿＿＿＿＿＿＿就是自强不息。

参考资料：《秋天的怀念》中的史铁生，《愚公移山》中的愚公，《夸父逐日》中的夸父，《岳阳楼记》的作者范仲淹，《醉翁亭记》的作者欧阳修，《记承天寺夜游》的作者苏轼，《陋室铭》的作者刘禹锡，《再塑生命的人》的作者海伦·凯勒，《台阶》中的父亲，《伟大的悲剧》中的斯科特一行人，《美丽的颜色》中的居里夫人，《钢铁是怎样炼成的》中的保尔。

五、感"自强不息"精神

（1）播放央视新闻频道关于高艳能同学自强不息的视频，并阅读以下材料，请以记者张明的身份对高艳能同学进行采访。

要求：①采访要围绕活动主题，一个问题即可；②语言亲切、自然、简洁、明了。

材料 云南省罗平县马街镇第一中学学生高艳能是一个单腿残疾人。他拒绝照顾，还毅然参加了 2019 年的中考体育测试。他借助双拐，用单腿跑完 1000 米，完成了测试，被誉为"奔跑少年"。（2019 年陕西省中考语文试题）

（2）学生发言，老师进一步指导并总结采访要领。

采访要领：①主动问好，并表明自己的身份；②正式提出问题，要紧扣活动主题；③注意采访的目的性，要能体现被访者的精神品质；④语言简明、连贯、得体。

示例：高艳能同学，你好！我是记者张明。你本可以免试，为什么还要坚持跑完 1000 米全程呢？

六、学"自强不息"品格

材料 小强同学由于不适应初三的学习生活，心中苦恼，在他的朋友圈发了这样一条消息：初三了，上课怎么听也听不懂，作业怎么做也做不完，晨跑怎么跑也跑不动，反正就是年级的吊车尾，干脆放弃算了……我太难了！

你作为小强的朋友，能评论几句，帮他排忧解难吗？请用简洁的语言表达，100字左右。

让学生在5分钟内将评论内容写在练习本上，然后点名发言，教师点拨。

示例：小强，初三确实辛苦，也会常常面临失败，但我们不到最后一刻都不能放弃。苏轼一生命运坎坷，但他能乐观面对，给我们留下了一篇篇不朽之作。我可以帮助你，咱们一起乘风破浪，直挂云帆！

七、布置作业——写"自强不息"体会

面对今日课上所学，你能写下对自强不息的体会吗？请写在练笔本上，500字左右。

附：板书设计

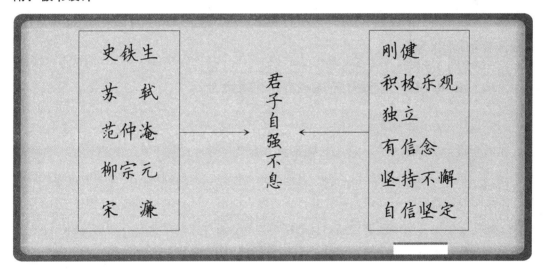

二、综合性学习"君子自强不息"主题活动教学设计说明

（一）本教学设计的基本理念

（1）"以人为本"已成为当今教育的基本价值坐标。它要求教师在做教学设计时应立足于每一位学生的发展，尊重每一位学生的差异性、自主性和独立性。

（2）教学设计要有层次感，符合学生的认知规律。还可借助学过的课文引导学生在对

主题内涵的认知上细致化、明确化，才能取得较好的效果。

（3）课前安排学生自己搜集资料，课堂上学生相互交流，老师补充提升。真正以学生活动贯穿整个课堂，对综合性学习做有益的探索。

（4）通过本次教学活动，旨在提高学生语言、审美、文化、思维等方面的素养。

（二）教学目标及教学重难点确定的依据

（1）语文课程标准从国家层面规定了一定阶段的学生学习语文所必须达到的基本目标，教师应把语文课程标准作为制订教学目标的重要依据。

（2）结合自己所带班级的学情和本课所处的学段来制订教学目标。

（3）研读教材、教参，仔细探究选文的内容，确定教学目标。

（4）教学目标确定的依据离不开"知识与能力""学习过程与方法""情感态度和价值观"的三维目标。

（5）教学重难点的设置不能完全等同于教学目标，应该在教学目标中抓住重中之重，以提升学生的能力为主。

（三）教学过程中的设计亮点与有待完善之处

（1）设计亮点：

本教学设计思路清晰——释"自强不息"含义、讲"自强不息"故事、感"自强不息"精神、学"自强不息"品格、写"自强不息"体会，由易到难，符合学生认知逻辑顺序。本教学设计紧跟相关知识点；能结合历史名人故事、社会热点问题及学生身边的各类事例，能使学生更真切地理解自强不息的精神内涵；通过课前学生自行搜集资料、课堂上老师补充增添，扩充了学生的知识储备，丰富了学生的写作素材；对即将参加中考的学生进行精神滋养，鼓励学生积极迎接各类挑战。

活动以学生为主体进行设计，学生参与的过程就是自我诊断调整、小组修改提升、生生和谐共同发展的过程；以活动为载体，培养学生与他人合作的意识和能力，训练学生的语言表达能力，提升学生的思辨能力，提高学生的语文学科核心素养。

（2）有待完善之处：

本教学设计的主要关注点在讲解"自强不息"本身，以及对它的意义和内涵的阐释，所举材料也多从"自强不息"的案例出发，让学生感悟。这在一定程度上忽视了"如何自强不息""为什么要自强不息"这一迁移到学生自身认识的问题探究上，这将成为未来综合性学习教学设计的改进方向之一。

研讨话题

请举 1~2 则案例，具体谈谈语文综合性学习对于形成语文学科核心素养的意义。

教学设计

请在统编版中学语文教材中选取一个综合性学习的主题，进行一则 1 课时的教学设计。要求：环节饱满，附带相应的板书设计、PPT 和教学后记。